한국 최고 부자들의
금맥과 혼맥

**한국 재벌·신흥부자의
부와 권력은 어떻게
확대되고 대물림되는가**

한국 최고 부자들의
금맥과 혼맥

소종섭 지음

**2022년 3월 9일
제20대 대선 유력 후보
혼맥 분석!**

북랩 book Lab

PROLOGUE

혼맥(婚脈)은 금맥(金脈)이다. 부와 권력의 세습 막후에는 혼맥이 작용하는 경우가 많다. 요즘은 많이 달라졌다고는 하지만 보이지 않는 그들만의 리그가 여전히 존재한다. 현실이 그렇다. 대표적인 게 재계다. 그러나 재계만 그런 것은 아니다. 정계, 법조계, 관계, 연예계 등도 그렇다. 혼맥을 매개로 하여 거대한 그물망으로 연결돼 있다. 대한민국 1%의 그들에게 혼맥은 보이지 않는 권력이다.

한국의 재벌은 크게 네 유형으로 나눌 수 있다. 우선 토지자본을 산업자본으로 변모시키는 데 성공한 경우다. 삼성, LG, 효성 등이 대표적이다. 이들 기업의 창업자인 이병철, 구인회, 조홍제는 태어날 때부터 한 해 수천 석을 거둬들이는 대지주의 아들이었다. 요즘 말로 하면 금수저를 물고 태어났다고 할 수 있다. 자본력을 바탕으로 시대 흐름을 놓치지 않고 창업했고 산업화 흐름에 올라타면서 재벌로 성장했다.

반면 맨주먹으로 창업해 재벌로 성장한 경우도 있다. 현대, 롯데 등이 대표적이다. 현대그룹 창업자 정주영은 네 차례 가출 이후 쌀가게 점원에서 시작해 오늘날의 현대家를 일궜다. 롯데그룹 창업자 신격호는 당시 공무원의 한 달 월급에 해당하는 돈만 들고 혈혈단신 일본으로 갔다. 그곳에서 기업을 일궈 한국으로 진출하는 수순을 밟았다. 이들은 무일푼에서 재벌이 된, 그야말로 신화를 일군 주인공들이다. 고향인 인천에서 트럭 한 대로 시작한 조중훈 한진그룹 창업자, 광주에서 택시 두 대로 시작한 박인천 금호아시아나그룹 창업자도 이에 해당한다고 볼 수 있다.

세 번째 유형은 해방과 한국전쟁의 혼란기에 기회를 잡아 부를 일군 경우다. SK, 한화, 아모레퍼시픽그룹 등이다. 최종건, 김종희, 서성환은 적산 기업을 불하받거나 지방에서 서울로 거점을 옮기면서 기업으로 성장하는 과정을 밟았다. 선경직물에 입사한 최종건은 이를 불하받으면서 1953년 창립을 선포해 대기업 SK로 성장했다. 김종희도 조선화약공판주식회사를 인수해 1952년 한국화약주식회사를 창업, 오늘날 한화의 모태를 만들었다. 개성에서 창성상회를 운영하며 가내수공업 형태의 화장품업을 하고 있던 서성환은 해방과 함께 서울로 올라와 '태평양상회'를 창업하며 성장하기 시작해 아모레퍼시픽그룹이 됐다.

네 번째 유형은 정보통신 기술의 발달 속에 벤처 붐을 타고 부자가 된 신흥 재벌들이다. 네이버, 카카오, 넥슨 등이 대표적인 기업들이다. 이들은 1990년대부터 불어닥친 인터넷 흐름에 올라타 부를 일궜다. 정보화 시대가 열렸다는 것을 보여주듯 이들은 선배들과 달리 짧은 시간에 글로벌 기업으로 급성장했다. 이해진 네이버 창업자, 김정주 넥슨 창업자와 달리 김범수 카카오 창업자와 김봉진 우아한형제들 창업자는 맨주먹으로 뛰어들어 거부가 됐다.

과거 한국의 재벌들은 산업화를 거치며 정치권력과 긴밀한 관계를 맺으며 성장했다. 당시는 권력이 모든 것을 결정하던 엄혹한 시기였다. 권력은 돈이 필요했다. 재벌은 살아남아야 했고 때로는 이권을 챙겨야 했다. 이런 환경에서 둘은 공생했다. 그렇다보니 자연스럽게 재계와 정계가 혼맥으로 연결되는 경우가 많았다. 구인회 LG창업자의 동생이 6선 국회의원을 지낸 것이나 SK·한화가 이후락 전 중앙정보부장과 사돈 관계를 맺은 것, 코오롱그룹과 김종필 전 국무총리가 사돈 관계를 맺은 것 등이 대표적이라 하겠다.

시대가 바뀌면서 재벌가 혼맥도는 재벌가끼리, 또는 언론계나 관계와 혼맥을 형성하는 흐름으로 바뀐다. 사회가 발전하고 민주화되면서 정치권력이 모든 것을 좌우하던 시대가 지나가고 있기 때문이다. 삼성그룹이 동아일보사와 사돈 관계를 맺은 것이나 롯데그룹이 태광그룹, 현대그룹과 사돈 관계를 맺은 것 등이 대표적이다. 이 시기 재벌가 혼맥도는 끼리끼리 얽히고설켜 한층 복잡해진다.

최근에는 자유롭게 연애결혼을 하는 경우가 많다. 대부분 재벌가 3~4세들이다보니 유학파들이 많고 이들은 풍요로운 환경에서 성장했기에 스스로 배우자를 선택하는 경우가 늘었다는 얘기다. 물론 이 경우에도 해외 유학 등을 할 수 있는 기본적인 재력이 어느 정도는 갖춰진 집안과 혼맥을 형성하는 경우가 일반적이라고 봐야 할 것이다. 평범한 집안 출신 임우재씨와 결혼했던 이부진 호텔신라 사장이 결국 이혼에 이른 점은 시사하는 바가 있다.

이 책은 한국의 주요 재벌가와 언론가, 그리고 전·현직 대통령들의 혼맥을 총정리한 책이다. 기업의 탄생과 성장, 결혼 비화 등을 담았기에 단순한 혼맥도를 넘어 기업의 성장사를 이해하는 데 도움이 되었으면 하는 마음이다. 기회가 된다면 법조계, 연예계 등 다른 분야의 혼맥도 취재해 책으로 펴내고자 한다.

최대한 검증을 하고 신중하게 했으나 워낙 등장인물들이 많다 보니 이름과 직함, 관계 등을 기술하는 과정에서 혹시라도 잘못된 부분이 있을 수 있다. 그렇다면 그것은 오롯이 필자의 책임이다. 오류가 발견되면 이후 수정할 것을 약속드린다.

이 책을 쓰기까지는 관련자들의 증언과 회고록, 그리고 관련 서적이나 해당 회사에서 펴낸 사사(社史), 신문, 잡지 기사와 인터뷰 등을 참고했다. 책을 발간해준 ㈜북랩 출판사와 편집을 위해 애쓴 이들에게 감사드린다. 많은 날 동안 컴퓨터와 씨름하던 필자를 이해해주고 격려해준 아내와 사랑스러운 두 딸, 그리고 병상에 누워 계신 어머니에게 이 책을 바친다.

2021년 11월
소종섭

CONTENTS

제2부
대통령家, 언론家 혼맥

2장   언론家

3장   제20대 대통령선거 후보家

제1부

재벌家 혼맥

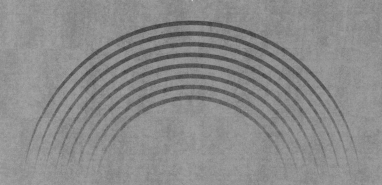

1장

삼성家

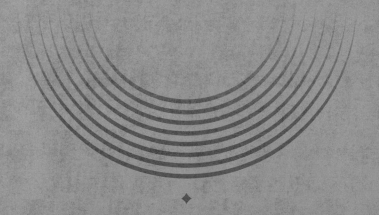

창업자 이병철과
세 명의 여인

◆

이병철, 이천석 대지주에서 재벌로 거듭나

세 여인과의 사이에 4남 6녀, 연애결혼도 여럿

삼성은 지금 '이재용 시대'다. 창업자 이병철, 2세 이건희를 지나 3세 이재용 시대가 열렸다. 이병철은 1987년 11월 19일에, 이건희는 2020년 10월 25일에 세상을 떠났다. 국제경영개발원(International Institute for Management Development, IMD) 연구 결과에 따르면, 기업 가운데 1세대에서 2세대로 넘어가는 데 성공하는 비율은 20%이고, 3세대까지 살아남는 기업은 7%뿐이다. 지난 2001년 필자가 IMD를 방문했을 때 그곳의 요아힘 시바스 교수는 가족 기업들이 겪는 공통적인 문제에 대해 이렇게 설명했다. "1세대는 창업자이기 때문에 모든 권한을 장악한다. 2세대는 승계자가 한 사람이라면 창업자와 비슷한 권위를 갖지만, 승계자가 여러 사람이라면 기업에 대한 통제권이 나뉘기 시작한다. 그렇더라도 2세대는 큰 테두리 안에서는 뭉친다. 하지만, 3세대는 다르다. 그들은 자유롭게 독립하기를 원하는 것이 지배적인 경향이다." 이건희 사후에도 이재용은 삼성전자 부회장에 머물고 있으나 조만간 회장에 취임할 것으로 예상된다. 한국을 대표하는 글로벌 기업으로 도약한 삼성은 새로운 도전과 응전이라는 거센 파도를 헤쳐가고 있다.

삼성 창업자인 고 이병철 전 회장이 대구에서 삼성상회를 창업한 것은 1938년이다. 지금부터 83년 전이다. 제2 창업을 통해 삼성을 글로벌 기업으로 성장시킨 이건희 전 회장이 삼성호의 키를 잡은 것은 1987년이다. 지금부터 34년 전이다. 삼성은 지금 100년 기업을 향해 가고 있다. 금융감독원 전자공시시스템에 따르면 2020년 삼성그룹의 국내외 총매출은 333조 9,499억 원이다. 2위 현대차그룹이 181조 5,895억 원이니 한국에서 삼성의 독보적 위치가 어느 정도인지를 여실히 보여준다.

◆

이병철의 부친과 이승만 전 대통령 친분 두터워

삼성의 창업자 이병철은 1910년 경남 의령에서 태어났다. 조부 이홍석은 시문에 능해 문산정(文山亭)이라는 서당을 세워 후학을 길렀다. 재물을 모으는 데도 소질이 있어 가산이 천 석에 이르렀다. 이홍석은 외아들 이찬우를 낳았다. 이병철의 아버지다. 이찬우 대에 이르러 집안은 풍년에는 이천 석, 흉년이 들어도 천오백 석은 거둬들일 정도로 더 부유해졌다. 머슴만 30여 명에 달했다.

이찬우는 초대 대통령인 이승만과 인연을 맺었다. 청년기에 서울로 상경해 독립협회 회원들과 행동을 함께했고, 기독교청년회에 출입하면서 자연스럽게 이승만을 알게 된 것이다. 두 사람은 동갑내기이기도 했다. 이병철은 훗날 아버지와의 인연에 힘입어 이승만 대통령과 자주 만나게 된다. 1946년 이 대통령이 대구를 방문했을 때 이병철은 자신이 이찬우의 아들임을 밝혔다. 반갑게 인사를 나눈 이 대통령은 "서울에 오게 되면 찾아오라"고 했다. 이듬해 이병철은 이화장으로 이 대통령을 찾아갔다. 약속된 만남이 아니었음에도 이 대통령은 이병철 을 반갑게 맞아 여러 이야기를 나눴다. 이찬우-이승만의 인연이 이병 철이 사업을 하는 데 얼마나 도움이 됐는지는 알 수 없으나 어쨌든 힘 이 되었던 것은 틀림없다.

경남 진주의 지수보통학교-서울 수송보통학교를 거쳐 중동중학교 3 학년에 다니던 1926년 가을, 이병철은 아버지로부터 한 통의 편지를 받는다. '너의 혼담이 이루어져, 12월 5일(음력)에 혼례를 올리게 되었 으니 귀가하라'는 내용이었다. 당시는 조혼(早婚, 일찍 결혼하는 것)이 관 행이었다. 19세이던 해의 겨울, 이병철은 경상북도 달성군 묘동에 사 는 박기동의 넷째 딸 박두을과 결혼했다. 사육신 박팽년의 후손인 박 두을은 이병철보다 세 살이 많았다. 재력도 이병철 집안보다 더 나았 던 것 같다. 이병철의 맏아들 이맹희는 1993년 펴낸 자서전 『묻어둔 이야기』에서 어머니 박두을에 대해 이렇게 적었다. '친가 쪽도 이미 삼 천 석 지기에 가까울 정도의 부자였지만 외가 쪽의 지체가 높아서 한 쪽으로 기우는 혼사였다는 말들이 있었다는 게 집안 어른들의 설명 이었다. 어머니는 시집올 때 몸종을 비롯해 몇 명의 하인을 데리고 왔 다고 한다.'

이병철은 박두을에 대해 어떻게 생각했을까. 이병철이 1986년 펴낸 자서전 『호암자전(湖巖自傳)』 내용이 참고가 될 것 같다. '처음 마주 본 인상은 건강한 여성이라는 것이었다. 유교를 숭상하는 가문에서 전통 적인 부덕(婦德)을 배우고 성장해서 그런지, 바깥 활동은 되도록 삼가고 집안일에만 전심전력을 다해왔다. 예의범절에도 밝아 대소가(大小家)가 두루 화목하다. 지금까지 몸치장, 얼굴 치장 한번 제대로 해본 일이 없고 사치와는 거리가 멀다.' 이병철의 자식은 10명이다. 박두을 과의 사이에 3남 4녀, 일본인 여성 구라다와의 사이에 1남 1녀를 뒀고 1녀는 혼외자로 입적했다. 이병철은『호암자전』에서 자식이 4남 6녀라고 밝혔다.

◆

이병철의 세 여인 박두을·박소저·구라다

이병철은 장녀 이인희(1928년생), 장남 이맹희(1931년생), 차남 이창희(1933년생), 차녀 이숙희(1935년생), 3녀 이순희(1940년생), 4녀 이덕희(1941년생), 3남 이건희(1942년생), 5녀 이명희(1943년생), 4남 이태휘(1953년생), 6녀 이혜자(1962년생)를 차례로 낳았다. 이 가운데 일본인 여성이 낳은 자식은 4남 이태휘와 6녀 이혜자다. 4녀 이덕희는 혼외 자식으로 이병철의 호적에 입적되었다.

이맹희는 2014년 1월 14일 서울고등법원 민사14부(윤준 부장판사)에서 열린 삼성가 유산 상속 소송 결심 변론기일에 재판장에게 보낸 서신에서 '아버지는 우리 7남매에게 너무나 위대하면서도 어려운 분이었습니다'라고 썼다. '10남매'가 아니고 '7남매'라고 쓴 것이다. 법무법인의 소장에서도 상속 권한을 가진 자녀를 '7명'이라고 했다. 박두을이 유산의 27분의 6, 이창희·이건희·이순희 등 당시 미혼 남매는 27분의 4씩, 그리고 결혼한 이인희·이숙희·이명희 등은 27분의 1씩 상속해야 한다는 내용이 있었다. 하지만 이덕희·이태휘·이혜자라는 이름은 없었다. 혼외자 이덕희는 이병철이 대구에서 만난 박소저라는 여인과의 사이에서 낳은 자식으로 알려져 있다. 이병철에게는 박두을·박소저·구라다라는 세 여인이 있었다.

이병철의 자식들 가운데는 연애결혼을 한 경우도 여럿 있다. '재벌가에서 연상되는 정략결혼과는 거리가 있다. 하지만 삼성가는 구인회 LG그룹 창업자, 그리고 법무부장관과 중앙일보 사장을 지낸 홍진기와 사돈을 맺으면서 재벌가, 정·관계 유력 가문과 그물망 혼맥을 형성했다. 손자·손녀 대에 들어오면서 혼맥은 더욱 화려하고 깊어졌다. 장녀 이인희는 1948년 이화여대 가정과 3학년에 다니다가 학교를 중퇴하고 경북의 대지주였던 조범석의 막내아들 조운해와 결혼했다. 두 사람의 결혼 막후에는 박두을이 있었다. 박두을의 부탁을 받은 조카 박준규(전 국회의장)가 자신의 경북중학교 1년 후배인 조범석을 소개했기 때문이다. 이인희-조운해 부부는 조동혁·조동만·조동길·조옥형·조자형 5남매를 뒀다.

장남 이맹희는 1956년 농림부 양정국장, 경기도지사 등을 지낸 손영기의 장녀인 손복남과 결혼했다. 이맹희는 당시 일본에 유학 중이었는데 이병철의 연락을 받고 영문도 모른 채 귀국해 결혼식을 올렸다. 일찍부터 막역한 관계였던 손영기와 이병철은 이맹희가 네 살 때 이미 사돈을 맺기로 약속한 상태였다고 한다. 이맹희-손복남 부부는 이미경·이재현·이재환 등 2남 1녀를 낳았다. 2004년 7월에는 박아무개씨의 아들 이재휘가 이맹희를 상대로 친자 확인 소송을 제기해 2006년 7월 부산지방법원으로부터 부자 관계를 인정받았다. 이어 박씨는 과거 양육비 상환 심판 청구 소송도 냈는데 이것도 승소했다. 이맹희도 혼외 자식이 있었던 것이다.

◆

이창희·이순희 등 연애결혼한 자식도 여럿

이병철의 자식 가운데는 일본인 여성과 연애결혼을 한 이도 있다. 차남 이창희다. 그는 일본 와세다대학 유학 시절에 만난 일본인 여성 나카네 히로미와 1963년 결혼했다. 집안의 반대가 심해 도쿄 데이코 쿠 호텔에서 열린 결혼식에는 처가 쪽 식구들만 참석했다고 한다. 나카네 히로미는 1986년 한국 이름 이영자로 개명했는데 슬하에 이재 관·이재찬·이재원·이혜진 등 3남 1녀를 뒀다. 이재찬은 지난 2010년 8월 18일 투신자살했는데 빈소도 마련하지 않고 장례를 치렀다. 이건희 전 삼성그룹 회장의 조카라는 신분에 어울리지 않는 쓸쓸한 장례식이었다.

이병철의 자녀 가운데 재벌가와 결혼한 이는 차녀 이숙희가 유일하다. 이숙희는 1956년 LG그룹 창업자 구인회의 셋째 아들인 구자학과 결혼했다. 이병철과 구인회는 보통학교 동창으로 어린 시절부터 알고 지내던 사이였다. 당시 삼성과 LG가 사돈 관계를 맺는다는 것만으로도 세간에 큰 화제를 불러일으켰다. 구자학은 삼성에 입사해 호텔신라 사장 등을 지냈으나 이병철이 LG 영역이었던 전자산업에 진출하자 LG로 돌아가 LG반도체 사장 등을 지냈다. 이숙희는 삼성과 LG가 이처럼 경쟁 관계로 들어간 탓에 훗날 이병철로부터 유산을 상속받지 못했다. 이숙희-구자학은 구본성·구미현·구명진·구지은 등 1남 3녀를 뒀다.

3녀 이순희도 이창희처럼 연애결혼을 했다. 1961년 이화여대를 졸업하던 해 김규와 결혼했다. 서울대를 나와 미국 시러큐스대학 대학원을 졸업한 김규는 우연한 기회에 이순희의 공부를 돕다가 사랑에 빠

이병철-이건희-이재용家 가계도

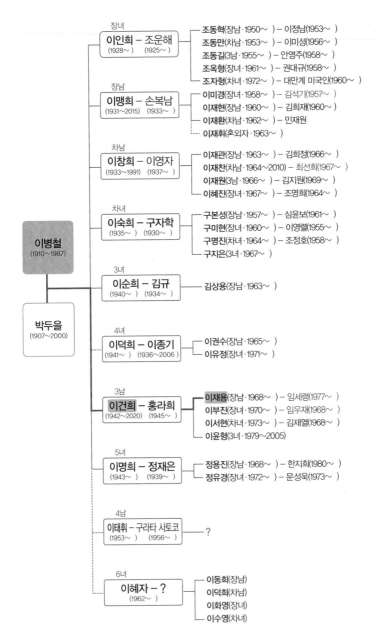

이병철
(1910~1987)

박두을
(1907~2000)

장녀
이인희 – 조운해
(1928~)　(1925~)
- 조동혁(장남·1950~) – 이정남(1953~)
- 조동만(차남·1953~) – 이미성(1956~)
- 조동길(3남·1955~) – 안영주(1958~)
- 조옥형(장녀·1961~) – 권대규(1958~)
- 조자형(차녀·1972~) – 대만계 미국인(1960~)

장남
이맹희 – 손복남
(1931~2015)　(1933~)
- 이미경(장녀·1958~) – 김석기(1957~)
- 이재현(장남·1960~) – 김희정(1960~)
- 이재환(차남·1962~) – 민재원
- 이재휘(혼외자·1963~)

차남
이창희 – 이영자
(1933~1991)　(1937~)
- 이재관(장남·1963~) – 김희정(1966~)
- 이재찬(차남·1964~2010) – 최선희(1967~)
- 이재원(3남·1966~) – 김지원(1969~)
- 이혜진(장녀·1967~) – 조명희(1964~)

차녀
이숙희 – 구자학
(1935~)　(1930~)
- 구본성(장남·1957~) – 심윤보(1961~)
- 구미현(장녀·1960~) – 이영렬(1955~)
- 구명진(차녀·1964~) – 조정호(1958~)
- 구지은(3녀·1967~)

3녀
이순희 – 김규
(1940~)　(1934~)
- 김상용(장남·1963~)

4녀
이덕희 – 이종기
(1941~)　(1936~2006)
- 이권수(장남·1965~)
- 이유정(장녀·1971~)

3남
이건희 – 홍라희
(1942~2020)　(1945~)
- 이재용(장남·1968~) – 임세령(1977~)
- 이부진(장녀·1970~) – 임우재(1968~)
- 이서현(차녀·1973~) – 김재열(1968~)
- 이윤형(3녀·1979~2005)

5녀
이명희 – 정재은
(1943~)　(1939~)
- 정용진(장남·1968~) – 한지희(1980~)
- 정유경(장녀·1972~) – 문성욱(1973~)

4남
이태휘 – 구라타 사토코
(1953~)　(1956~)
- ?

6녀
이혜자 – ?
(1962~)
- 이동희(장남)
- 이덕희(차남)
- 이화영(장녀)
- 이수영(차녀)

※ 이혼 / 각 인물명에 대한 직함이나 존칭은 생략했음

졌다. 서강대 교수로 여러 권의 책을 펴낸 김규는 한국방송학회 초대 회장, 제일기획 고문 등을 지냈다. 이순희-김규 부부는 외아들 김상용을 뒀다. 김상용은 휴대전화 액세서리 회사인 애니모드와 이어폰 생산회사인 영보엔지니어링 대표를 맡고 있다. 두 업체는 삼성과 거래하고 있다.

혼외 자식으로 이병철의 호적에 입적된 4녀 이덕희는 숙명여대 3학년 때 경남 의령의 대지주였던 이정재 집안의 아들 이종기와 결혼했다. 이종기는 중앙일보 사장, 삼성화재 회장 등을 지냈으나 2006년 10월, 일본의 한 호텔에서 스스로 목숨을 끊었다. 그가 극단적인 선택을 한 사유는 정확히 알려지지 않았다. 그의 부음은 그가 사장을 지낸 중앙일보에도 실리지 않았다. 유산을 상속받지 못했으나 그해 12월 이씨가 보유하고 있던 5,300억 원에 달하는 삼성생명 지분 4.7%가 삼성생명공익재단으로 넘어가 이병철의 차명 재산이 아니냐는 의혹이 제기됐다. 이덕희-이종기 부부는 2남 1녀를 뒀다. 둘째 아들은 미국에서 교통사고로 사망했고, 아들 이권수, 딸 이유정이 있다.

◆

1967년 이건희-홍라희, 이명희-정재은 결혼

3남 이건희는 법무부장관과 내무부장관을 지낸 홍진기의 장녀 홍라희와 1967년 결혼했다. 이재용·이부진·이서현, 지난 2005년 미국 유학 중 극단적인 선택을 한 이윤형 등 1남 3녀를 뒀다. 5녀 이명희는 이화여대 미대를 졸업하고 이건희가 결혼한 해인 1967년 정재은과 결혼했다. 슬하에 정용진·정유경 남매가 있다. 4남 이태휘는 이병철과 일본인 여성 사이에서 태어났다. 게이오대학을 나와 삼성 비서실에서 이사, 제일제당 상무로 근무하다가 현재 일본 여성과 결혼해 일본에서 살고 있는 것으로 알려졌다. 6녀 이혜자는 일본인과 결혼해 일본에 살고 있다는 것 말고는 알려진 것이 없다.

삼성그룹은 이병철 사후 재산 분할을 통해 분리돼 범삼성가로 확대됐다. 장녀 이인희는 한솔그룹, 장남인 이맹희의 장자 이재현은 CJ그룹, 차남인 이창희는 새한그룹, 3남 이건희는 삼성그룹, 5녀 이명희는 신세계그룹을 일군다. 후계를 정하는 과정에서 이병철의 눈 밖에 난 장남 이맹희는 재산 분할에서 소외되지만 부인 손복남이 이병철로부터 유산을 받아 아들 이재현의 CJ그룹으로 이어진다. 제일제당·제일제당건설·제일씨앤씨·제일냉동식품·제일선물 등이 1993년 삼성그룹에서 분리돼 1996년 제일제당그룹이 됐다. 제일제당그룹은 2002년 회사 이름을 CJ그룹으로 바꿨다. 새한그룹은 이창희가 1991년 백혈병으로 사망한 이후 경영에 어려움을 겪다가 1997년 외환위기를 맞으면서 삼성 계열사 가운데 유일하게 몰락했다.

삼성家와 혼맥으로
연결된 기업들

◆

이재용家와 혼맥으로 연결된 기업들

LG·CJ·신세계·동아일보·보광그룹 등

삼성그룹 창업자 이병철(1910~1987년)은 아버지 이찬우(1874~1957년) 와 어머니 권재림(1872~1941년) 사이의 2남 2녀 중 막내로 태어났다. 그 가 어릴 때부터 집안에서 듣고 자란 단어는 '신(信)'이었다. 이찬우는 어 린 이병철에게 "비록 손해를 보는 일이 있더라도 신용을 잃어서는 안 된다"고 가르쳤다. 이병철은 훗날 기업가로서 크게 성공한 뒤에도 아 버지의 말을 잊지 않고 항상 가슴에 새겼다. 이병철의 정신세계를 지 배한 책은 『논어』였다. 할아버지가 세운 서당인 '문산정'에서 6세 무렵 부터 5년여 동안 천자문 등 한학을 배운 이병철은 이때 읽은 『논어』에 서 깊은 감명을 받았다. 그는 어른이 된 뒤에도 가장 감명 깊게 읽은 책이 무엇이냐는 물음에 늘 『논어』라고 답하곤 했다.

이병철가(家)의 혼맥은 수많은 기업들과 연결되는데, 그 출발은 한학 공부를 마친 그가 경남 진주의 지수보통학교(현 진주시 지수면 승산리 승산마을에 위치) 3학년에 편입한 것이다. 둘째 누나인 이분시가 이병철을 이발소로 데려가 긴 댕기머리를 싹둑 자르면서 이병철은 새 세계를 만났다. 이병철은 진주에서 능성(綾城) 구씨와 김해(金海) 허씨, 즉 지금의 LG그룹과 GS그룹의 창업자들과 인연을 맺는다. 효성그룹 창업자 조홍제 전 회장도 이때 만났다.

◆

전자 사업에 진출하며 사돈 구인회와 틀어져

이병철이 고향을 떠나 진주로 왔을 때 둘째 누나인 이분시는 허씨 가문 허순구(1903~1978년)와 결혼해 진주에 살고 있었다. 진주에서 문성당백화점을 키우던 허순구는 나중에 이병철과 손잡고 삼성상회를 운영하고 한국전쟁 이후 파산 상태에 이른 이병철의 삼성물산공사에 재기 자금을 대주기도 했다. 그는 훗날 대구에서 풍류방을 운영하며 전통음악계의 소중한 악보와 악기를 수집해 국악계에 큰 족적을 남겼다. 그는 풍국주정공업(주)을 창업했다. 이분시·허순구 부부는 허병기(동양악기사 창업자)·허병천(국제금융 전문가)·허병하(우신시스템 창업자) 등 세 아들을 뒀다. 자동차 자동화 설비 및 부품전문기업인 우신시스템(대표 허우영)은 국내 최초로 '차체 자동화 용접 설비' 국산화에 성공한 글로벌 강소기업이다. 이병철은 1922년 3월 지수보통학교에 편입해 그해 9월 서울로 떠날 때까지 6개월 동안 둘째 누나 집에서 살았다.

이때의 인연이 바탕이 되었던지 이병철은 훗날 LG그룹의 공동 창업자인 허만정의 큰아들 허정구 전 삼양통상 회장과 함께 일한다. 그는 이병철보다 한 살 아래였다. 보성전문 법학과를 나온 허정구는 이병철과 함께 1953년 제일제당, 1954년 제일모직을 창업했다. 1958년 삼성물산 초대 사장을 지낸 뒤 독립해 1961년 삼양통상을 창업했다. 삼양통상은 한때 전 세계 나이키 신발의 80% 정도를 OEM 방식으로 생산하기도 했다. 허정구의 3남이 삼양인터내셔널 허광수 회장이다.

이병철은 LG그룹 창업자 구인회와는 지수보통학교 같은 반에서 공부했다. 구인회는 6번, 이병철은 26번이었다. 구인회는 1907년 경남 진양군 지수면 승산마을에서 태어났는데 이병철이 태어난 의령군 정곡면 중교부락과는 남강(南江)을 사이에 두고 있었다. 나이는 구인회가 세 살 많았다. 구인회는 나중에 이병철과 사돈까지 맺었다. 구인회의 3남 구자학 전 아워홈 회장과 이병철의 둘째 딸 이숙희가 1957년 결혼한 것이다. 결혼 후 이병철 회장의 신임을 바탕으로 호텔신라 사장 등으로 삼성에서 10여 년간 일해오던 구자학은 1976년 구씨 집안으로 돌아갔다. 이병철이 구인회의 영역이던 전자 사업에 진출한 것이 원인이었다. 사돈인 이병철과 라디오 서울·동양TV 등을 공동 경영하기도 했던 구인회는 이병철이 전자 사업에 진출하는 것에 상당한 불쾌감을 나타냈다. 이 일을 계기로 두 사람 사이는 급격하게 벌어졌다. 몇 년 전 불거졌던 이른바 '삼성-LG 세탁기 전쟁'의 씨앗이 이때부터 뿌려졌다고 볼 수 있다. 구인회의 동생 구영회는 삼성 경영에 참여한 유일한 구씨 가문 사람이었다. 이병철이 부산에서 삼성물산을 창업할 때부터 참여한 그는 제일제당 창업 초기에 전무를 지내기도 했다.

◆

신현확 전 총리, 막후에서 상당한 역할

구인회보다 한 살 많은 효성그룹 창업자 조홍제(1906~1984년)는 경남 함안군 군북면 동촌리 신창마을에서 태어났다. 이병철보다 네 살 위다. 이병철의 형 이병각과 친구였던 그는 이병철의 집에도 찾아오곤 해 어린 시절부터 알고 지냈을 가능성이 있다. 조홍제는 구인회와 어린 시절 친구였고 중앙고보 동창이다. 이병철과 조홍제는 일본 유학을 함께 떠났다. 이병철은 와세다대학에 다니다 중도 귀국했지만, 조홍제는 호세이대학 독일경제학부를 졸업했다. 1947년 5월 가족을 이끌고 대구에서 서울로 올라와 혜화동 125번지에 둥지를 튼 이병철은 명륜동에 살고 있던 조홍제를 만난다. 조홍제의 회고록『나의 회고』에 따르면, 조홍제는 이때 1,000만 원을 삼성물산공사에 투자했다고 나와 있다. 반면 이병철은 700만 원을 투자해 총 자본금이 1,700만 원이었다는 것이다. 그러나 이병철은『호암자전』에서 '내가 75%를 출자했고 몇 지인들이 25%를 출자했다'고 썼다. 바로 이 차이 때문에 두 사람은 15년간 동업하다가 삼성이 국내 최대 기업으로 성장한 뒤 결별했다. 조홍제는 이병철과 헤어진 후 56세에 홀로서기에 나서 오늘날의 효성그룹을 창업했다.

이병철이 기업가로서 대성하는 과정에서 두 사람을 주목할 수 있다. 신현확 전 국무총리(1920~2007년)와 홍진기 전 법무부장관(1917~1986년)이다. 신현확은 이병철과 혼맥으로 연결돼 있지는 않다. 그러나 경북 칠곡 출신으로 대구고등보통학교(경북고 전신)-경성제국대학을 졸업하고, 'TK(대구·경북)의 대부'로 불리며 정·관·재계 막후에서 상당한 실력을 행사해온 그는 혼맥으로 연결된 것 이상으로 이병철을 도왔다. 이승만 정권 때 39세에 부흥부장관을 지낸 신현확은 관료 시절 이병철이 제일제당·제일모직을 설립할 때 적극 도왔다. 훗날 신현확은 국무총리를 지내고 삼성물산 회장, 삼성문화재단 이사장 등을 지냈다. 이병철의 맏아들 이맹희가 쓴『묻어둔 이야기』에 신현확에 대한 이병철의 신임이 어느 정도였는지 알 수 있는 대목이 나온다. '그분에 대한 (아버지 이병철의) 믿음은 아버지가 돌아가시기 전 유언을 구두로 남길 때 그 자리에 참석한 사람 중 유일하게 그분이 집안 식구가 아니었다는 것으로 증명이 되겠다.' 이병철이 사망했을 당시 이사회를 겸한 원로회의 수장을 맡고 있던 신현확은 "고인이 생전에 결정한 유훈에 따른다"며 이건희 체제를 공식화했다.

홍진기 전 장관을 이병철에게 소개한 이도 신현확이다. 이병철은 4·19혁명 당시 발포 책임자로 구속됐다 나온 홍진기(당시 내무부장관)를 중앙라디오방송 사장으로 앉혔다. 1967년에는 3남 이건희가 홍진기의 장녀 홍라희와 결혼하면서 사돈 관계가 됐다. 이후 홍진기는 라디오방송·동양방송·중앙일보 등 언론 경영 전반을 책임졌다. 이병철은 박식하면서도 세상의 흐름을 내다보는 안목이 탁월하다며 홍진기를 높이 평가했던 것으로 알려진다.

◆

이병철, "홍진기는 동지요, 사업의 반려자"

홍진기가 갑작스러운 뇌일혈로 사망하면서 1986년 7월 17일 호암아트홀에서 열린 영결식에서 이병철은 절절한 추도사를 읽었다. "지난 20여 성상을 돌아보면 당신은 하루 한시도 빠짐없이 나와 고락을 함께하며 내 일생을 통해 가장 많은 시간을 접촉한 평생의 동지요, 삼성을 이끌어온 같은 입장이요, 사업의 반려자였고, 가정적으로도 나의 사돈이었습니다…(중략)…유민(홍진기의 호)이 없는 삼성은 상상할 수 없을 정도로 당신은 모든 면에서 나의 일을 지혜롭게 뒷받침해주었고, 추진력이 되어주었습니다. 삼성이 오늘에 이른 것은 유민의 힘이라고 해도 과언이 아닐 것입니다."

일제 강점기에 판사를 지내고 이승만 정권에서 내무부장관과 법무부장관을 지낸 홍진기는 김윤남과의 사이에 4남 2녀를 뒀다. 홍라희가 장녀이고, 장남인 홍석현은 중앙홀딩스 회장, 검사 출신으로 광주고검장을 지낸 홍석조는 BGF그룹 회장, 홍석준은 보광창업투자 회장, 홍석규는 보광그룹 회장이다. 막내 홍라영은 삼성미술관 리움 총괄부관장을 지냈다. 홍석현은 신직수 전 중앙정보부장의 장녀인 신연균과 결혼했고, 홍라영은 노신영 전 국무총리의 차남인 노철수와 결혼했다. 노신영은 현대를 창업한 정주영의 동생 정세영 전 현대산업개발 회장과 사돈지간이다. 정세영의 장녀 정숙영이 노신영의 장남 노경수와 결혼한 것이다. 삼성가는 이렇게 현대가와도 연결된다. 홍석현의 장녀 홍정현은 삼양인터내셔널 허광수 회장의 장남 허서홍과 결혼했다. 허광수는 딸 허유정이 조선일보 방상훈 사장의 아들 방준오와 결혼함으로써 조선일보사와도 사돈 관계를 맺었다.

◆

혼맥 화려한 차남 이창희 집안, 새한그룹은 몰락

기업들과 연결되는 이병철가의 혼맥은 자녀 대에 들어와 더욱 넓어진다. 이병철가 장녀인 이인희의 장남 조동혁은 이창래 서우통상 회장의 딸인 이정남과 결혼했다. 이정남의 오빠 이용구는 대림산업 회장을 지내고 동아건설 회장을 지냈다. 장남 이맹희 집안은 부인 손복남의 동생 손경식 한국경영자총협회 회장을 통해 한화그룹과 연결된다. 부인 김교숙과의 사이에 1남 1녀를 둔 손경식은 장녀 손희영이 이동훈 전 제일화재 사장의 아들인 이재환과 결혼했다. 이후락 전 중앙정보부장의 아들인 이동훈은 김승연 한화그룹 회장의 누이 김영혜의 남편이다. 아들 손주홍은 지난 2006년 영원무역 성기학 회장의 3녀 성가은과 백년가약을 맺었다. 영원무역은 중견 섬유업체로 노스페이스를 판매하는 ㈜영원아웃도어가 관계 회사다.

가장 화려한 혼맥을 형성한 것은 역설적으로 삼성가에서 분가한 그룹 가운데 유일하게 몰락한 새한그룹을 이끌었던 이병철의 차남 이창희 집안이다. 이창희는 집안의 반대 속에서 일본인 이영자와 결혼했는데 이창희-이영자의 장남 이재관은 종합물류기업인 동방그룹 김용대 회장의 딸 김희정과 중매결혼했다. 김희정의 동생 김유경은 동국제강 창업자인 장경호의 5남 장상건 동국산업 회장의 외아들인 장세희 동국산업 부회장과 결혼했다. 차남 이재찬은 최원석 전 동아그룹 회장의 딸인 최선희와 결혼했으나 이혼했다. 2010년 8월 극단적인 선택으로 세상을 떠났다. 3남 이재원은 전북 군산에 있는 중견 주정업체인 서영주정 김일우 사장의 딸 김지연과 결혼했다. 막내딸 이혜진은 조내벽 전 라이프그룹 회장의 장남 조명희와 부부의 연을 맺었다. 이혜진은 인력파견·채용대행 등과 무역업·외식업 등을 하는 래딕스글로비즈와 래딕스플러스 등을 이끌며 활발한 활동을 하고 있다. LG그룹 창업자인 구인회의 3남 구자학과 결혼한 이병철의 차녀 이숙희는 1남 2녀를 두었다. 차녀 구명진이 한진그룹 창업자인 조중훈의 넷째 아들 조정호 메리츠금융지주 회장과 1987년 결혼함으로써 삼성-LG-한진그룹으로 연결되는 혼맥을 형성했다.

3남 이건희는 대상그룹·동아일보사와 연결된다. 외아들인 이재용 삼성전자 부회장은 대상그룹 임창욱 명예회상의 맏딸 임세령과 1998년 결혼했으나 2009년 이혼했다. 첫째 딸 이부진 호텔신라 사장은 1999년 임우재 전 삼성전기 고문과 결혼했으나 2020년 이혼했다. 둘째 딸 이서현 삼성복지재단 이사장은 김재호 동아일보 사장의 동생인

이병철-이건희-이재용家와 혼맥으로 연결된 기업들

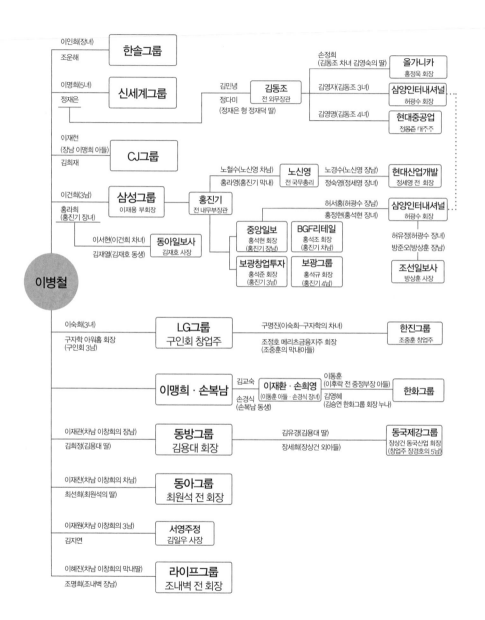

이인희(장녀)
조운해
한솔그룹

이명희(5녀)
정재은
신세계그룹

김민녕
정다미
(정재은 형 정재덕 딸)

김동조
전 외무장관

손정희
(김동조 차녀 김영숙의 딸)
올가니카
홍정욱 회장

김영재(김동조 3녀)
삼양인터내셔널
허광수 회장

김영명(김동조 4녀)
현대중공업
정몽준 대주주

이재현
(장남 이맹희 아들)
김희재
CJ그룹

이건희(3남)
홍라희
(홍진기 장녀)
삼성그룹
이재용 부회장

홍진기
전 내무부장관

노철수(노신영 차남)
홍라영(홍진기 막내)
노신영
전 국무총리

노경수(노신영 장남)
정숙영(정세영 장녀)
현대산업개발
정세영 전 회장

허서홍(허광수 장남)
홍정현(홍석현 장녀)
삼양인터내셔널
허광수 회장

이서현(이건희 차녀)
김재열(김재호 동생)
동아일보사
김재호 사장

중앙일보
홍석현 회장
(홍진기 장남)

BGF리테일
홍석조 회장
(홍진기 차남)

보광창업투자
홍석준 회장
(홍진기 3남)

보광그룹
홍석규 회장
(홍진기 4남)

허유정(허광수 차녀)
방준오(방상훈 장남)

조선일보사
방상훈 사장

이병철

이숙희(3녀)
구자학 아워홈 회장
(구인회 3남)
LG그룹
구인회 창업주

구명진(이숙희-구자학의 차녀)
조정호 메리츠금융지주 회장
(조중훈의 막내아들)
한진그룹
조중훈 창업주

이맹희 · 손복남

김교숙
손경식
(손복남 동생)
이재환 · 손희영
(이동훈 아들 · 손경식 장녀)

이동훈
(이후락 전 중정부장 아들)
김영혜
(김승연 한화그룹 회장 누나)
한화그룹

이재관(차남 이창희의 장남)
김희정(김용대 딸)
동방그룹
김용대 회장

김유경(김용대 딸)
장세희(장상건 외아들)
동국제강그룹
장상건 동국산업 회장
(창업주 장경호의 5남)

이재찬(차남 이창희의 차남)
최선희(최원석의 딸)
동아그룹
최원석 전 회장

이재원(차남 이창희의 3남)
김지연
서영주정
김일우 사장

이혜진(차남 이창희의 막내딸)
조명희(조내벽 장남)
라이프그룹
조내벽 전 회장

* 각 인물명에 대한 직함이나 존칭은 생략

김재열 삼성경제연구소 글로벌전략실장과 결혼했다.

이병철의 5녀 이명희는 남편 정재은 신세계 명예회장을 통해 재계와 연결된다. 정재은의 형인 정재덕 신세계 고문은 1남 2녀를 뒀다. 장녀 정다미 명지대 경영학과 교수와 결혼한 김민녕 한국외국어대 무역학과 교수의 아버지가 김동조 전 외무부 장관이다. 김동조의 3녀 김영자는 허광수 삼양인터내셔널 회장 부인이고, 4녀 김영명은 새누리당 국회의원을 지낸 정몽준 아산재단 이사장의 부인이다. 차녀 김영숙의 딸 손정희의 남편은 배우 남궁원씨의 아들로 국회의원을 지낸 홍정욱 올가니카 회장이다.

지금도 앙금 남은
삼성家 후계 전쟁

◆

끝내 화해 못한 삼성가 '형제 분쟁'

2년 재산 분쟁 이맹희 패배로 막 내려

지난 2012년 2월, 고 이병철 회장의 장남 이맹희는 느닷없이 둘째 동생인 이건희 전 삼성그룹 회장을 상대로 7,100억 원 규모의 상속 소송을 제기했다. 등장인물은 물론 규모 면에서도 세간을 놀라게 한 깜짝 소송이었다. 이맹희는 이병철이 생전에 제3자 명의로 신탁해둔 주식(차명 주식)을 이건희가 다른 형제들 몰래 자신의 명의로 변경했다고 주장했다. 소송의 핵심은 이건희와 삼성에버랜드를 상대로 해 삼성생명 주식 824만 주와 삼성전자 주식 20주, 배당금 1억 원 등 7,100억 원을 나눠달라는 것이었다. 2년여를 끈 삼성가의 재산 분쟁은 1, 2심에서 패배한 이맹희 측이 2014년 2월 26일 상고를 포기하면서 끝났다.

삼성가 재산 분쟁 전말을 이해하기 위해서는 먼저 이병철의 후계자가 왜 장남 이맹희가 아니라 3남 이건희로 정해졌는지를 살펴봐야 한다. 한국 사회에서 장자 승계가 일반적이라는 점에서 삼성의 승계 과정은 분명 이례적이었다. 이병철은 1986년 펴낸 자서전 『호암자전』에서 이와 관련해 길게 설명했다. 승계 과정에 대해 이런저런 억측이 있었던 것에 대해 해명할 필요성이 있다고 생각했던 듯하다. 요지는 다음과 같다.

◆

이병철, "이건희의 취미와 의향이 기업 경영에 있어"

'한평생을 바쳐 이룩한 삼성을 누구에게 승계시켜야 할지, 오래도록 생각해왔다. 무슨 잘못이라도 생겨 삼성이 흔들리게 되면 국가적인 문제가 될 수도 있다. 삼성을 올바르게 보전시키는 일은 삼성을 지금까지 일으키고 키워온 일 못지않게 중요하다. 후계자를 선정하는 데에는 덕망과 관리 능력이 기준이 안 될 수 없다. 그것은 단순히 재산을 상속시키는 것보다는 기업의 구심점으로서 그 운영을 지휘하는 능력이 필요하기 때문이다.

본인의 희망도 듣고 본인의 자질과 분수에 맞춰 승계의 범위를 정하기로 하고, 처음에는 주위의 권고도 있고 본인의 희망도 있어, 장남 맹희에게 그룹 일부의 경영을 맡겨보았다. 그러나 6개월도 채 못 되어 맡겼던 기업체는 물론 그룹 전체가 혼란에 빠지고 말았다. 본인이 자청하여 물러났다. 2남 창희는 그룹 산하의 많은 사람을 통솔하고 복잡한 큰 조직을 관리하는 것보다는 알맞은 회사를 건전하게 경영하고 싶다고 희망했으므로 본인의 희망을 들어주기로 하였다.

3남 건희에게는 일본 와세다대학 1학년 때 중앙매스콤을 맡아 인간의 보람을 찾는 것이 어떻겠느냐고 했더니 그 길이 가장 좋은 것 같다고 했다. 그러나 (건희는) 와세다대학을 졸업하고 미국 조지워싱턴대학에서 유학을 마친 뒤 귀국해 삼성그룹의 전체 경영을 이어받을 사람이 없음을 보고 차츰 그룹 경영 일선에 참여하게 되었다. 본인의 취미와 의향이 기업 경영에 있었기에 열심히 참여하여 공부하는 것이 보였다. 본인이 하고 싶다면 그대로 놔두는 것이 옳지 않을까 생각했다. 삼성이 나 개인의 것이라고는 결코 생각지 않는다. 삼성은 사회적 존재이다. 그 성쇠는 국가 사회의 성쇠와 직결된다. 이 계승이, 삼성의 확고부동한 새로운 발전의 계기가 되고 기틀이 되기를 간절히 바라며 3남 건희를 계승자로 정하는 것이 옳다고 생각했다.'

　그러나 이병철의 이러한 설명은 사실과는 차이가 있는 듯하다. 우선 이맹희의 말이 다르다. 이맹희는 1993년 펴낸 자서전 『묻어둔 이야기』에서 이렇게 밝혔다. "1967년부터 1973~1974년 사이 삼성의 역사를 뒤져보면 어느 책이나 이 부분에 대한 기술이 명확치 않은 것을 발견할 수 있을 것이다. 이 기간이 바로 내가 (삼성에서) 활동한 기간이었다. 아버지의 자서전을 비롯하여 몇몇 책에서는 내가 기업 운영을 잘못해서 불과 6개월 만에 물러나고 아버지가 어쩔 수 없이 다시 복귀했다는 기록도 있다. 그러나 내가 일한 기간은 6개월이 아니라 7년여였다. 그리고 '맹희는 경영자로서 문제점이 있어서'라고 표현된 부분도 사실이 아니다. 내가 물러난 것은 기업이 혼란에 빠져서가 아니라 몇 마디로 간단하게 설명할 수 없는 복잡한 사정이 있어서였다. 아버지의 자서전에는 내가 직함을 가졌던 사실까지 다 지워져 있다. 아버지가 자서전을 낼 때 나에 대해서 그렇게 표현할 수밖에 없었던 사정은 충분히 이해할 수 있다. 건희를 후계자로 결정하면서 아버지는 아마도 나와 둘째 창희의 존재가 거북했을 것이다. 마지막까지 내 고집을 꺾지 못했던 아버지는 돌아가실 때까지 동생 건희의 입지를 위해서 내 존재를 없는 것으로 만들고 싶어 했다고 믿고 있다."

◆

차남 이창희의 투서 사건, 삼성 후계 구도에 직접 영향

이맹희는 자신이 삼성의 경영을 책임졌던 기간이 6개월이 아니라 7년이 넘는다고 말하고 있다. 물러난 이유도 기업 운영을 잘못했기 때문이 아니라는 것이다. 그렇다면 이맹희는 왜 이병철의 눈 밖에 나 후계자가 되지 못했던 것일까.

1960년대 한국 사회를 흔든 대사건이자 삼성의 역사에 아픈 기억으로 남아 있는 이른바 '사카린 밀수 사건'과 관련해 한국비료 이사로 있던 이병철의 차남 이창희가 구속된 것은 1966년 9월 27일이었다. 한 달 뒤인 10월 22일 이병철은 "한국비료를 국가에 헌납하고 경제계에서 은퇴한다"고 발표했다. 삼성을 살리기 위한 고육책이었다. 이병철 대신 이맹희가 삼성의 전면에 나선 것은 이병철이 퇴진한 이후 한국비료 사건의 파고가 어느 정도 가라앉은 1967년 7월부터였다. 이맹희는 『묻어둔 이야기』에서 "아버지는 67년 7월 첫 월요일에 나를 삼성의 총수로 정하고 아버지를 대신하여 삼성을 이끌어갈 권리를 부여한다고 대외적으로 발표했다"고 썼다. 그때 이맹희는 36세로 혈기왕성한 나이였다.

그러나 1972년 10월 유신이 단행된 후 박정희 정권과 삼성의 관계가 원만해지면서 이병철은 복귀를 생각하게 된다. 이맹희는 이것을 자신이 아버지와 어긋나게 된 첫 번째 잘못이라고 봤다. "복귀하고 싶어

하는데 내가 자리를 차지하고 앉아서 비키지 않는다고 아버지가 생각
할 수도 있었다"는 것이다. 한마디로 아버지의 심기를 제대로 읽지 못
했다는, 즉 눈치가 없었다는 얘기였다. 두 번째는 차남 창희가 아버지
이병철에 대해 투서를 한 사건이다. 한국비료 사건으로 6개월을 감옥
에 있다 나온 이창희는 경영에서 소외됐다는 불만을 갖고 있었다. 이
창희는 아버지 이병철이 외화를 빼돌린 잘못이 있으니 영원히 경영에
서 은퇴하도록 해야 한다는 등 6가지 내용이 적힌 투서를 박정희 대
통령에게 보냈다. 이창희는 아버지의 복귀가 삼성을 더욱 어려운 길로
빠지게 한다고 보고 이를 막기 위해 투서를 했다고 했으나 잘못된 판
단이었다. 이창희의 투서는 당시 청와대 경호실에 근무하던 전두환 중
령, 박종규 경호실장을 거쳐 박 대통령에게 보고됐다.

◆ 이맹희·전두환은 어린 시절 같이 자란 친구

이병철은 이 사건에 이맹희도 관련돼 있다고 생각했다. 이맹희는 육
사 11기인 정호용·노태우·김복동 등과 경북고등학교 동기였다. 특히
정호용과는 1학년부터 3학년까지 3년 동안 옆 짝으로 지낸 남다른 인
연이 있다. 전두환과는 어린 시절부터 같이 자란 친구였다. 이맹희는
자서전에서 "(대구의) 삼성상회 앞에는 개천이 흐르고 있었고, 그 개천
너머에 전두환 전 대통령 가족이 살고 있었다. 그때 그 동네 사람들은
전두환씨 가족들이 살던 빈민촌 일대를 '개천 너머'라고 불렀는데 말
하자면 전두환씨는 '개천 너머 아이'였던 셈이다. 어린 시절 그는 언제
나 동생 경환이와 잘 어울려 다녔다. 형제간의 우애가 대단했다"고 기
록했다. 전경환은 1968년부터 1972년까지 삼성 비서실 소속으로 이맹

희의 경호를 담당하기도 했다.

이런 관계 때문에 이창희의 투서를 처음 접한 사람이 전두환이라는 사실이 이맹희를 코너로 몰았다. 이맹희는 자서전에서 '그런 일이 있으면 (전두환이) 나한테 귀띔이라도 해주었더라면 문제가 그리 크게 확산되지 않았을 텐데 그들은 이 사건을 막으려 한 것이 아니라 집안의 분란을 자신들이 삼성을 조종할 무기로 활용했다'며 자신은 투서 사건과 관련이 없다고 항변했다. 어쨌든 이 사건은 삼성의 후계 구도에 직접적인 영향을 미쳤다. "내가 살아 있는 동안에는 영원히 귀국하지 말라"는 이병철의 엄명 속에 둘째 이창희가 외국으로 쫓겨 가는 것으로 투서 사건은 막을 내렸다.

이병철은 복귀했고, 17개 직함을 갖고 있던 이맹희는 삼성물산·삼성전자·제일제당 부사장 등 3개의 직함만 갖고 물러나 일본으로 갔다. 일본에 있으면서 이맹희와 이병철의 사이는 더욱 벌어졌다. 이맹희는 도쿄로 온 이병철을 마중하러 공항에 나가지 않았다. 이병철이 도쿄에서 직원들을 모아 회식을 했을 때는 이병철의 지시에 제동을 걸기도 했다. 이병철에 대한 명백한 반항이었다. 1975년 일본에서 귀국한 후에도 이맹희의 태도는 달라지지 않았다. 근신하는 대신 총을 메고 사냥터를 찾아다녔다. 사주에 '불(火)'이 많다

이건희 후계 승계 과정

1966년 9월15일	'한국비료의 사카린 밀수 사건' 언론 보도
9월22일	이병철 차남 이창희 검찰 출두
9월27일	이창희 구속
10월22일	이병철, 한국비료 국가 헌납과 경제계 은퇴 선언
1967년 7월	이맹희, 삼성 경영 일선 나서
10월	이병철, 한국비료 국가 헌납
1970년 초	이창희, 이병철 관련 청와대 투서
1970년 초	이창희, 이병철 지시로 미국 출국
1973년 여름	이병철, 삼성 경영 일선 복귀, 이맹희 일본행
1975년 봄	이맹희 귀국, 이후 경남 의령과 경북 의성 등 떠돌아
1976년 9월	이병철, "후계자는 이건희" 언급
1977년	이창희 귀국, 새한미디어 창업
1979년 2월	삼남 이건희, 삼성그룹 부회장 맡아
1987년 11월	이병철 타계
1987년 12월	이건희, 삼성그룹 회장 등극

는 이맹희는 '항복하고 무릎 꿇고 들어오라'는 신호를 보내는 아버지에게 끝까지 고개를 숙이지 않았다. 그러는 사이 삼성의 후계는 이건희에게 넘어가고 있었다. 이맹희는 '언젠가는…' 하는 기대를 갖고 있었지만 희망 사항에 불과했다.

『묻어둔 이야기』에서 이맹희는 이렇게 썼다. "아버지가 삼성의 차기 경영자로 건희를 염두에 두고 있다고 처음 발표한 것은 1976년 9월 중순경이었다. 이때 아버지는 암 수술을 위해서 일본으로 출국하기 직전이었다. 어머니와 누이들, 그리고 아내까지 있던 자리였다. 건희는 해외 출장 중이었다. 장소는 용인에 있는 아버지의 거처에서였다. '앞으로 삼성은 건희가 이끌어가도록 하겠다'는 아버지의 말을 듣는 순간의 충격을 나는 잊지 못한다…(중략)…(1987년)운명하기 전에 아버지는 인희 누나, 누이동생 명희, 동생 건희 그리고 내 아들 재현이 등 다섯 명을 모아두고 그 자리에서 구두로 유언을 하고 건희에게 정식으로 삼성의 경영권을 물려주었다. 이 자리에서는 삼성의 주식을 형제들 간에 나누는 방식에 대한 아버지의 지시도 있었다. 가족들끼리의 이야기니만큼 더 이상의 상세한 내용은 덮어두는 것이 좋겠다."

이맹희가 2012년 이건희를 상대로 낸 소송에는 이병철의 차녀 이숙희, 차남 이창희의 둘째 아들인 이재찬의 부인 최선희와 두 아들도 뜻을 같이했다. 소송전 초반 이맹희-이건희 두 형제 사이의 날 선 장외 공방전은 화제를 불러일으켰다. 이건희는 2012년 4월 17일 출근길에 삼성전자 서초사옥 로비에서 기자들과 만나 "대법원이 아니라 헌법재판소까지 간다. 선대 회장 때 벌써 재산 분할이 끝나서 각자 돈을 갖고 있다. CJ도 갖고 있고. 삼성이 너무 크다 보니까 욕심이 나는 것이다"라며 불편한 심사를 표출했다. 이맹희도 가만있지 않았다. 일주일 후인 4월 23일 법무법인 화우를 통해 공개한 음성 파일을 통해 동생 이건희를 비난했다.

삼성가 재산 분할 소송전은 당초 이맹희가 이건희와 삼성에버랜드를 상대로 약 7,100억 원을 나눠달라고 주장했고, 이후 이건희의 누나 이숙희와 둘째 형 이창희의 며느리 최선희가 소송에 합류하면서 전체 소송가액이 4조 원을 넘었다. 그러나 2013년 2월 이맹희는 1심에서 패했다. 항소심에서는 전체 소송가액을 9,600억 원으로 줄이고 에버랜드에 대한 소송을 취하했으나 결과는 마찬가지였다. 재판부는 상속 재산에 대한 분할 협의 당시 삼성생명과 삼성전자의 차명 주식에 대한 분할 협의는 없었지만 공동 상속인들은 차명 주식이 이건희에게 인도된다는 사실을 양해하거나 묵인했다고 판단했다.

◆

이맹희-이건희, 끝내 화해 못 하고 영원한 이별

2014년 2월 26일 이맹희 측이 상고를 포기하면서 소송은 끝났지만 이맹희-이건희 두 형제 사이의 화해는 이뤄지지 않았다. 이맹희는 항소심 재판부에 제출한 서신에서 '지금 제가 가야 하는 길은 건희와 화해하는 것이다. 저와 건희는 고소인과 피고소인이기 전에 피를 나눈 형제이기에, 화해하는 것은 10분, 아니 5분 만에 끝날 수도 있는 일이다'라며 적극적인 화해 의지를 밝혔으나 진정성을 의심한 이건희 측은 이를 받아들이지 않았다. 두 사람이 만난 것은 1988년 초 이건희가 이맹희를 찾아와 만난 것이 마지막이었다. 당시 이건희는 "싸우는 모양새가 좋지 않으니 형님이 한동안 비켜 있어달라"고 말했다고 한다. 이맹희는 분을 삭이며 아르헨티나로 떠난 뒤 한동안 미국·중국·일본 등을 떠돌며 지냈다. 이맹희는 2015년 8월 14일 암으로 세상을 떠났고, 2014년 5월 11일 급작스럽게 쓰러진 이건희는 2020년 10월 25일 사망했다. 두 형제는 눈을 감는 순간까지 화해하지 못했다.

이맹희 vs 이건희의 삼성가 상속 소송 요약

2월 12일: 이맹희, 이건희 삼성전자 회장 상대로 7100억원 규모 상속 소송 제기

2월 15일: 이맹희, 법원에 상속 소송 인지대 22억4900만원 납부

2월 21일: 삼성물산 김 아무개 차장, 이재현 CJ 회장 미행 및 자택 주변 배회하다 수행원들에게 적발

2월 23일: CJ그룹, 삼성물산 김 아무개 차장에 대해 업무방해 혐의로 경찰에 고소장 제출

2월 27일: 이병철 둘째 딸 이숙희, 이건희 회장 상대로 1900억원 규모 상속 소송 제기

2월 28일: 차남 이창희의 며느리(최선희) 및 그 자녀 이준호·이성호도 동일한 소장 제출

2011년

6월: 국세청, 이맹희 등 삼성가 형제들에게 고 이병철 삼성 창업주의 차명 재산 관련 공문 발송

6월: 삼성, 이맹희의 아들인 CJ 이재현 회장 측에 '모든 상속인은 다른 상속인 재산에 대해 어떤 이의도 없다'는 내용의 '상속 포기 각서' 보냄

6월: CJ, 삼성이 보낸 상속 재산 합의서에 회신하지 않음

2012년

2013년

2월 1일: 1심 선고, 이건희 승소

2월 15일: 이맹희, 항소장 제출

12월 24일: 이맹희, 재판에서 "조정 의사 있다"

1월 7일: 이건희, 재판에서 "조정 거절" 밝혀

1월 14일: 이맹희 "경영권 분쟁 의도 없다", 삼성에버랜드 상대 소 취하

2월 6일: 2심 선고, 이건희 승소

2월 26일: 이맹희, 상고 포기

2014년

삼성그룹
이재용家

◆
창업자 이병철, 홍진기와 사돈 맺으며 '동지'
이재용·이부진은 이혼, 이서현은 동아일보 혼맥

　이재용 부회장의 부친인 이건희 전 삼성그룹 회장의 유년 시절을 상징하는 단어는 '고독'이었다. 그는 어린 시절 부모의 사랑을 제대로 받지 못하며 자랐다. 사업에 바쁜 이병철은 차분하게 아들을 돌볼 여유를 갖지 못했다. 이건희는 고독 속에서 통찰력을 키우고 정신적으로 자신을 단련시켰다. 허물어지지 않고 외로움과 벗할 줄 알게 되면서 그는 세상을 자신만의 시각으로 볼 수 있게 됐다. 어쩌면 어릴 적 고독과 홀로 맞섰던 경험이 이건희 통찰력의 바탕을 이루었는지도 모른다.

　1942년 1월 9일 대구에서 삼성 창업자 이병철의 셋째로 태어난 이건희는 젖을 떼자마자 아버지의 고향인 경남 의령으로 보내져 친할머니 손에서 자랐다. 이병철은 사업을 키우느라 워낙 바빴고 어머니 박두을은 그런 이병철을 곁에서 뒷바라지해야 했기 때문이다. 이건희가 유치원에 가기 위해 대구로 와 어머니의 품에 제대로 안긴 것은 네 살 때였다. 1947년 이병철이 사업장을 서울로 옮기면서 이건희는 서울 혜화초등학교에 입학하지만 초등학생 시절에 다섯 차례나 학교를 옮겼다. 친구를 사귈 겨를이 없었다.

게다가 초등학교 5학년 때인 12세 때 일본으로 유학을 갔다. 말도 통하지 않고 아는 사람도 없는 일본에서 그는 다시 한번 외로움을 느꼈다. 바로 위 형인 이창희와 함께 자취를 했지만 나이가 아홉 살 차이가 나 같이 어울릴 기회는 많지 않았다. 독서, 영화 감상, 명상에 잠기기 등이 이 시절 이건희의 취미였다. 어른이 되어서도 이건희는 남들 앞에 잘 나서지 않았다. 미국의 시사주간지 「뉴스위크」가 그를 일컬어 '은둔의 경영자'라고 불렀을 정도였다. 이건희가 골프도 혼자 치는 등 사람들과 어울리는 것을 좋아하지 않았던 데는 어린 시절의 이런 경험이 영향을 미친 것으로 보인다. 그가 집단의 중요성을 느낀 것은 서울사대부고에 다닐 때 레슬링부와 럭비부에 들어가 활동하면서부터였다.

이건희가 홍진기 전 법무부장관의 장녀 홍라희와 결혼한 것은 1967년 5월 27일이다. 하지만 홍진기가 이건희를 처음 본 것은 3년 전인 1964년이다. 당시 이건희는 일본 와세다대학에서 공부하고 있었는데 이병철이 이건희를 홍진기에게 소개했다. 홍진기와 이건희는 첫 만남에서 서로에 대해 호감을 가졌다. 중앙일보 김영희 대기자가 쓴 「유민 홍진기 이야기—이 사람아 공부해」에서는 두 사람의 결혼과 관련한 일화를 이렇게 소개했다.

"홍라희는 대학 3학년 때인 1965년, 대한민국 미술전람회에서 입선을 했다. 미술 애호가였던 이병철은 거의 해마다 국전을 관람했다. 홍진기는 홍라희에게 이병철을 안내하라고 했다. 홍라희는 처음에는 이병철 회장을 어려워하여 '제가 어떻게 해요' 하고 거절했지만 결국 아버지의 부탁을 받아들였다. 홍라희는 이병철의 국전 관람을 안내했다. 이후 이병철의 아들과 홍진기의 딸이 결혼한다는 소문이 퍼졌다. 다음 해 홍라희는 졸업반이 되어 다시 국전 출품작 준비에 여념이 없었다.

그때 미국 조지워싱턴대학에서 경영학을 공부하던 이건희는 일본에 와 있었다. 여름방학을 맞아 멕시코로 잠시 여행을 떠났다가 미국 재입국 비자를 챙기지 못해 돌아갈 수 없게 되자 잠시 일본에 머물게 된 것이다. 이병철은 홍진기에게 '지금 건희가 일본에 있습니다. 둘이 만나게 하면 어떻습니까?' 하고 제안했다. 아버지로부터 얘기를 들은 홍라희는 펄쩍 뛰었다. 국전 출품 준비로 바빴고 졸업 후 미국 유학을 계획하고 있었기 때문이다. '일단 보고, 아니면 아니라고 결말을 내야 되는 것 아니냐'며 일본에 가지 않겠다는 홍라희를 어머니 김윤남이 겨우 달래 일본행 비행기에 태웠다.

1966년 8월, 일본 도쿄 오쿠라호텔에 이병철 내외가 이건희를 데리고 나오고 김윤남은 홍라희를 데리고 나왔다. 이건희와 홍라희의 첫 만남이었다. 홍라희는 헤어지면서 '올 겨울방학 때 뵙겠습니다'라고 인사했다. 이건희가 미국으로 돌아갈 것이라고 생각했기 때문이다. 그러나 인연이 있었던지 9월 15일 이른바 '한비 사건'이 터지면서 이병철은 이건희에게 미국 유학을 포기하고 한국으로 돌아와 일을 도우라고 지시했다. 이건희는 귀국 직후인 10월 동양방송에 이사로 입사했다. 이건희는 홍라희와 서울에서 데이트를 시작했다. 홍라희는 그해 국전에서 '센터 캐비닛과 의자'라는 작품으로 공예 부문 특선을 받았다. 두 사람은 1967년 1월 약혼했고 4개월 뒤인 5월에 결혼했다.

이건희와 홍라희의 결혼은 삼성의 발전 과정에서 단순한 결혼 이상의 의미를 갖는다. 이병철과 홍진기는 사돈 관계를 맺음으로써 말 그대로 '동지적인 관계'로 나아갔다. 이병철은 『호암자전』에 이렇게 썼다. '홍진기 사장은 내 사돈이면서 고락을 같이한 동지라고 생각하고 있

다…(중략)…홍 사장만큼 나를 이해해주고 협력해주는 사람도 드물다.'
그 말대로 이병철은 삼성그룹 전체의 방향과 진로에 대해 홍진기의 의
견을 구했다. 1970년대 반도체 사업 구상이나 삼성중공업 설립에 대
해 상의를 한 것이 대표적인 사례다.

홍라희는 김영희 대기자와의 인터뷰에서 삼성의 반도체 사업 진출
은 '이병철+홍진기+이건희의 합작품'이라고 말했다. '반도체 사업 진출
에 대해 처음 관심을 가진 분은 이병철 회장님이실 겁니다. 이 회장님
이 일본에서 반도체에 관한 말을 듣고 아버지에게 한번 검토해보라고
했겠지요. 아버지는 그때부터 반도체에 대해 공부하기 시작하셨어요.
어머니가 한 번씩 불평하시던 기억이 생생합니다. -너희 아버지가 저
연세에 밤 1시까지 반도체 책을 읽는단다- 제가 머리맡에 놓인 책을
보니 갈피갈피마다 연필로 밑줄이 그어져 있었어요. 그렇게 반도체를
공부한 아버지는 사위인 이건희 회장에게 -호암(이병철 회장)이 반도체
에 관심을 갖고 있으니 자네도 공부해두게-라고 조언했습니다.'"

◆

이재용, 1남 1녀 뒀으나 결혼 11년 만인 2009년 이혼

홍라희는 "남편은 기업인으로서 행운을 타고났다고 생각한다. 아버
지인 이병철 회장님으로부터는 천부적인 직관력과 동물적인 경영 감
각을 물려받았고, 장인인 우리 아버지로부터는 행정 경험, 법에 대한
개념, 그리고 사회에 대한 총괄적인 개념을 듣고 배웠다"고 말했다. 이
건희 또한 홍진기에 대해 "장인어른은 내게 무조건적인 사랑을 주셨
다. 그런 사랑은 부모한테도 못 받아봤고, 형제한테도 못 받아봤다.
그런 인격과 능력을 가진 분은 다시 보기 힘들다"라며 애틋한 마음을

토로하곤 했다.

홍라희는 1983년 현대미술관회 이사를 맡으며 대외 활동을 시작했다. 중앙일보 상무를 맡기도 했고 1995년에는 호암미술관 관장, 1996년에는 삼성문화재단 이사장을 맡기도 했다. 전공을 살려 2004년 11월, 국내 최고 수준의 미술관인 '리움'을 서울 용산구 한남동 '승지원' 옆에 개관해 관장을 맡았다. 엄청난 컬렉션을 자랑하며 '미술계 파워리더 1위' 자리를 놓치지 않는 큰손이기도 하다. 홍라희는 패션디자인과 미술에 관심이 많다. 집안 잔칫날 패션쇼를 하기도 하고, 안양 베네스트 골프장의 캐디 유니폼을 직접 골라주기도 했다. 홍라희는 홍석현(중앙홀딩스 회장), 홍석조(BGF그룹 회장), 홍석준(보광창업투자 회장), 홍석규(보광그룹 회장), 홍라영(전 리움 총괄부관장)을 동생으로 뒀다. 이건희와 홍라희는 1남 3녀를 뒀다. 외아들 이재용은 삼성전자 부회장, 맏딸 이부진은 호텔신라 사장, 둘째 딸 이서현은 삼성복지재단 이사장이다. 막내딸 이윤형은 일찍 세상을 떠났다.

김용철 변호사가 쓴 『삼성을 생각한다』에는 이런 내용이 나온다. "구조본 공식 문서에서 '이건희 회장' 등의 표현을 직접 쓰는 경우는 없었다. 이런 표현을 직접 쓰는 것은 불경스러운 일이었다. 이건희라는 말이 들어가야 할 자리에는 대문자 'A'가 쓰였다. 홍라희가 들어가야 할 자리에는 A자 옆에 작은 점을 찍은 'A''가 들어갔다. 이재용은 'JY', 이부진은 'BJ', 이서현은 'SH'라고 적곤 했다."

삼성의 리더 이재용은 경기초-청운중-경복고-서울대 동양사학과-일본 세이오대학을 나왔다. 하버드대학 비즈니스스쿨도 졸업했다. 1998년 연세대 경영학과에 재학 중이던 대상그룹 임창욱 명예회장의 딸 임세령과 결혼했다. 홍라희(이재용 모친)와 박현주(임세령 모친)가 불교 모임인 불이회에서 만나 친분을 쌓은 것이 두 사람의 결혼으로 이어졌다. 두 사람은 아들 이지호와 딸 이원주를 두었으나 결혼 11년 만인 2009년 이혼했다. 두 사람의 이혼 배경을 이해하는 데 김용철 변호사의 기록이 도움이 될 듯하다.

"임창욱은 비자금 조성 등의 혐의로 2005년 징역 3년을 선고받고 1년 7개월을 복역한 뒤 사면됐다. 아버지가 감옥살이를 하는 것을 본 임세령의 마음은 괴로웠을 게다. 애초부터 이건희 집안은 임창욱 집안을 한참 내려다보는 태도를 취했다. 자존심 센 성격인 임창욱이 참기 힘든 분위기였다. 임세령의 이혼 소송 소식이 썩 놀랍지 않았던 것도 그래서였다."

이재용의 아들 이지호는 영훈초등학교를 다니다 미국 코네티컷주에 있는 명문 보딩스쿨 '초트 로즈메리 홀'에 진학했다가 자퇴했다. 이후 캐나다에서 학교를 다니는 것으로 알려졌다. 이재용은 국정농단 사건에 연루돼 수감됐다가 2021년 8·15 가석방으로 풀려났다.

임세령은 현재 대상 부회장으로 있다. 대상그룹 임대홍 창업자의 아들인 임창욱 명예회장은 임세령·임상민 두 딸을 뒀다. 박인천 금호그룹 창업자의 셋째 딸이자 박삼구 금호아시아나그룹 회장의 동생인 박현주가 임창욱의 부인이다. 임창욱의 동생인 임성욱 세원그룹 회장은 한국산업은행 부총재보를 지낸 손필영의 외동딸 손성희와 결혼했다.

◆

동생 이부진도 이혼,
막내 이서현은 동아일보 집안과 혼인

경기초-예원학교-대원외고-연세대 아동학과를 졸업한 이부진은 경영 스타일이 이건희와 가장 닮았다는 평을 듣는다. 이부진이 2001년

호텔신라 부장으로 입사했을 때 이건희는 호텔신라에 두 달 가까이 직접 숙박했다. 이부진에 대한 이건희의 부정(父情)이 깊었다는 것을 알 수 있는 대목이다. 이부진은 1995년 평범한 회사원이던 임우재를 처음 만나 1999년 결혼해 화제를 뿌렸다. 단국대 전자계산학과를 나온 임우재는 한남동 이건희 회장 자택과 관련 있는 전산망 구축 작업을 하다가 이부진을 만났다고 알려져 있다. 삼성 구조본 법무팀장을 지낸 김용철 변호사는 "삼성 경영에 참가할 야심을 키워온 이부진에게는 배경이 든든한 남편이 부담스러웠을 수 있다"고 썼다.

임우재는 결혼 이후 미국으로 유학 가 MIT에서 MBA를 땄다. 두 사람은 2007년 아들을 낳았으나 2014년 10월 8일 이부진이 남편 임우재 삼성전기 고문을 상대로 수원지법 성남지원에 이혼 및 친권자 지정 소장을 제출했다. 두 사람은 2020년 1월 이혼했다. 아들 이재용에 이어 딸 이부진마저 이혼하게 되면서 삼성가를 안쓰러운 시선으로 보는 이들도 늘어났다.

이건희의 둘째 딸 이서현 삼성복지재단 이사장은 경기초-예원학교-서울예고-뉴욕 파슨즈 디자인스쿨을 나왔다. 동아일보 김재호 사장의 동생인 김재열과 결혼했다. 이로써 삼성은 중앙일보·동아일보와 혼맥으로 엮였다. 이재용과 청운중학교 동기동창인 김재열은 삼성경제연구소 글로벌전략실장으로 있다. 이서현-김재열은 딸 셋, 아들 하나를 뒀다. 김용철 변호사는 "이서현과 김재열이 결혼할 당시, 김재열의 결혼 예물 시계는 세계 4대 명품 시계 가운데 하나인 바쉐론 콘스탄틴이었다. 입고 다니는 양복은 소매까지 모두 수작업으로 스티치(바느질)된 수제 양복이었다"고 했다. 이건희의 막내딸 이윤형은 이화여대 불문과를 나왔는데 2005년 뉴욕대학에서 예술 경영을 공부하던 중 세상을 떠났다.

삼성그룹 이재용家 혼맥

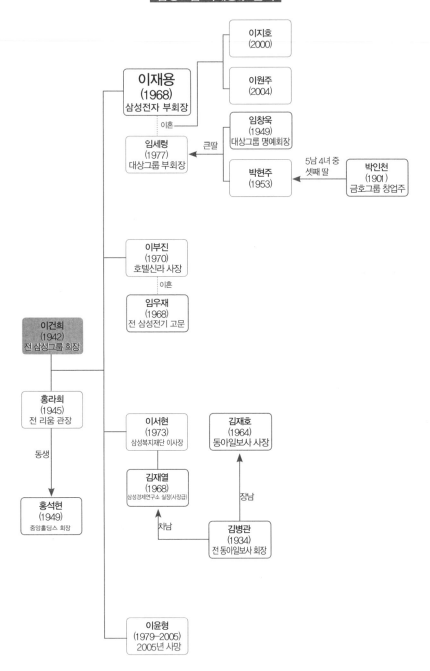

이지호
(2000)

이원주
(2004)

이재용
(1968)
삼성전자 부회장

이혼

임세령
(1977)
대상그룹 부회장

큰딸

임창욱
(1949)
대상그룹 명예회장

박현주
(1953)

5남 4녀 중
셋째 딸

박인천
(1901)
금호그룹 창업주

이부진
(1970)
호텔신라 사장

이혼

임우재
(1968)
전 삼성전기 고문

이건희
(1942)
전 삼성그룹 회장

홍라희
(1945)
전 리움 관장

동생

홍석현
(1949)
중앙홀딩스 회장

이서현
(1973)
삼성복지재단 이사장

김재열
(1968)
삼성경제연구소 실장(사장급)

김재호
(1964)
동아일보사 사장

장남

차남

김병관
(1934)
전 동아일보사 회장

이윤형
(1979-2005)
2005년 사망

CJ그룹
이재현家

◆

삼성·한화그룹, 이후락 전 중정부장 등과
혼맥 연결되는 '비유학파' 삼성가 장손

1956년 11월 1일 일본 도쿄에 유학 중이던 이재현의 부친 이맹희는 급한 전갈을 받았다. "즉시 귀국하라"는 아버지의 명령이었다. 당시 이맹희는 대학원 석사 과정 4학점을 남겨놓은 상태였다. 그러나 아버지의 명령은 반드시 지켜야 하는 철칙이었다. 이유가 무엇인지 묻는다는 것은 있을 수 없는 일이었다. 이맹희는 부랴부랴 짐을 싸 이틀 후인 11월 3일 귀국했다.

이병철과 부인 박두을은 이맹희를 앉혀놓고 "참한 색싯감이 있으니 이참에 선을 한번 봐라. 네가 네 살 때부터 마누라감으로 점찍어두었던 참한 규수다. 네 마음에 들지 않으면 그만둬라"라고 말했다. 이맹희는 그 자리에서 선을 볼 여성의 사진을 처음 봤다. 이름은 손복남, 이화여대 교육학과를 졸업한 여성이었다. 3일 후인 11월 6일 이맹희는 아버지를 모시고 병원에 가는 손복남을 멀리서 보았다. 그것이 전부였다. 물론 손복남은 결혼 전까지 이맹희를 한번도 보지 못했다.

이맹희는 자서전 『묻어둔 이야기』에서 "아내는 멀리서 보았지만 키가 늘씬하고 참하게 생겨서 내가 단숨에 '좋다'고 했더니 어머니가 '그럼 이참에 혼례를 치르고 나서 학업을 계속하는 것이 어떠냐'고 했다. 그래서 즉시 길일을 잡아 혼사일로 정한 것이 한 달 뒤인 12월 1일이었다. 이야기가 나온 뒤 빠른 속도로 성사된 결혼이었지만 나는 평생을 살아오면서 내 결혼에 대해 단 한번도 후회해본 적이 없다"고 기록했다. 두 사람의 결혼식은 서울 종로에 있는 천도교회관 결혼식장에서 열렸다.

손복남의 부친은 일제 강점기에 경기도 장단군수를 지냈고 광복 후에 경기도지사와 농림부 양정국장을 지낸 손영기다. 이병철과 손영기는 진작부터 상당한 친분이 있었다. 손영기는 공직 은퇴 후 1961년 삼성화재의 전신인 안국화재의 경영을 맡기도 했는데, 2008년 공개된 민족문제연구소의 친일인명사전에 관료 부문 친일파로 올라 있다.

◆

이맹희, "삼성그룹 모태는 제일제당"

결혼 직후인 1957년 2월, 이맹희는 동생 이숙희와 결혼한 매제 구자학과 함께 미국으로 유학을 떠났다. 두 달 후인 4월 손복남과 이숙희가 미국으로 건너오면서 두 식구는 함께 생활했다. 이맹희는 컬럼비아대학에서 랭귀지 코스를 밟은 뒤 테네시 주립대학 대학원에 입학했다. 다시 미시간 주립대로 옮겨 그곳에서 공업경영학을 공부해 박사학위를 받았다. 손복남은 전공을 살려 아동교육학을 공부했다. 이맹희-손복남은 미국 유학 시절 이미경·이재현 남매를 얻었는데 이맹희는 "아내는 두 아이를 돌보면서도 늘 성적이 좋았다. 아내뿐 아니라 처남(손경식)을 봐도 처갓집 쪽은 두뇌가 명석한 편인 것 같다. 아내의 동생인 손경식 역시 경기고 재학 시절 월반을 해서 졸업하고 서울대에서도 수재로 알려질 정도였다"고 회고했다. 훗날 차남 이재환을 얻어 이맹희-손복남은 2남 1녀를 뒀다.

회장으로서 CJ그룹을 이끌고 있는 이맹희의 장남 이재현은 삼성가 3세 가운데 유일하게 외국 유학 경험이 없다. 경복고와 고려대 법대를 졸업했다. 학창 시절에는 학우들 중 그가 삼성가 장손이라는 사실을 아는 사람이 거의 없었을 정도로 조용하게 공부에만 열중했다. 고려대를 졸업한 이재현은 30대 1의 경쟁을 뚫고 씨티은행에 입사했다. 이재현은 아버지에게 "누구 덕을 본다는 이야기를 듣기 싫어서라도 삼성에는 입사하지 않을 겁니다"라고 말했다. 그러나 그의 운명은 '삼성'이라는 끈을 벗어나기 어려웠다. 이병철은 처음엔 손자를 그냥 두고 보다가 계속 외국계 은행원 생활을 하자 상당한 압력을 넣어 삼성으로 돌아오게 만들었다. 이재현은 1983년 평사원으로 제일제당에 입사해 1985년 경리부 과장이 됐다. 이재현이 사원들과의 간담회에서 "내가 기간이 짧아서 그렇지, 사원·대리·과장 등 거칠 것은 다 거쳤다"고 말하곤 했던 것은 이런 이유에서다. 이재현은 1993년 삼성전자 전략기획실 이사로 발령받을 때까지 7년 넘게 제일제당 경리부 및 기획관리부에서 경영을 배웠다.

이맹희는 "오늘날의 삼성그룹을 이룬 모태는 누가 뭐래도 제일제당이다"라고 말하곤 했다. 자신의 아들이 삼성의 모태를 이끌고 있다는 것을 은근히 강조하는 것이다. 이재현이 이끄는 CJ그룹 본사 사옥 로비에는 이병철의 흉상이 있다. 이 또한 삼성가 장손이라는 이재현의 자부심을 엿볼 수 있는 대목이다. 이재현은 결혼 후 "나가서 살아라"

라는 부모님의 말에도 "할머니를 모시고 살겠다"고 고집을 피워 서울 장충동 집에서 2001년 1월 박두을(이병철의 부인)이 별세할 때까지 모셨다. CJ는 한솔(이병철의 장녀 이인희 고문), 신세계(이병철의 4녀 이명희 회장), 새한(이병철의 차남 고 이창희 회장)에 이어 가장 늦게 삼성에서 분리됐다. 1993년 계열 분리를 시작해 1996년 5월 1일 '제일제당그룹' 출범을 공식적으로 밝힌 후 1997년 법적으로 완전히 홀로 섰다. 이재현의 나이 36세 때였다.

삼성으로부터 분리하는 과정이 순탄치만은 않았다. 대표적인 사건이 1994년 10월 삼성 측에서 이학수 비서실 차장을 제일제당 대표이사 부사장으로 파견한 일이다. 이학수는 이재현을 이사회에서 배제하려 했지만 제일제당 측의 반대로 무산됐다. 이재현은 1998년부터 CJ 대표이사 부회장으로 있다가 2002년 3월 회장에 취임하는 것과 동시에 회사 이름을 'CJ'로 바꾸고 엔터테인먼트·미디어·유통 등으로 사업을 확대했다.

◆

이재현 장모는 '김치박사' 김만조

이재현은 부산 출신으로 이화여대 장식미술학과를 나온 김희재와 연애결혼을 했다. 이재현의 장모인 김만조는 외국에서 박사 학위를 받아 연세대 등에서 교수로 재직했고 '김치박사'로 널리 알려져 있다. 재수를 한 이재현은 대학 1학년 때 친구들 송년 모임에서 2학년이던 김희재를 만났다. 김희재는 첫 만남에서 점잖은 복장을 한 이재현을 보고 '아저씨 같다'고 생각했다. 둘이서만 처음 만난 것은 이재현이 대학 3학년 때였다. 이후 두 사람은 한동안 못 만나다가 이재현이 씨티은행에 들어가고 김희재는 디자인회사에 다닐 때 다시 만나 본격적으로 사귀기 시작해 1년 내내 거의 매일 만났다. 이재현이 포니2로 김희재를 과천 집까지 데려다주곤 했다고 한다. "미국으로 유학 간다"는 김희재에게 이재현이 "미국 가지 마라"라고 말한 것이 프러포즈였다.

이재현-김희재는 1남 1녀를 뒀다. 딸 이경후는 2008년 8월 31일 아버지처럼 연애결혼을 했다. 미국 컬럼비아대학 대학원에서 조직심리학 석사 학위를 받은 그는 2011년 7월 CJ주식회사 사업팀에 입사했다. 현재 CJ ENM 부사장으로 있다. 미국 유학 중에 만난 남편 정종환은 CJ 부사장이다. 이재현의 아들 이선호는 1990년생으로 미국 컬럼비아대학에서 금융경제학을 전공했는데 2013년 7월 CJ그룹에 신입사원으로 입사했다. 1988년 서울올림픽 주제가인 '손에 손잡고'를 부른 그룹 코리아나의 멤버 이용규씨의 딸이자 방송인 클라라의 사촌인 이래나와 2016년 4월 결혼해 미국으로 유학을 떠났으나 이래나씨는 그해 11월 미국 코네티컷주 뉴헤이븐 자택에서 사망했다. 현재 태양광발전 사업을 하고 있는 이용규씨는 CJ 계열사 건물 옥상 등에 발전 설비를 설치·운영하는 것으로 알려졌다. 이선호는 2018년 10월 이다희 전 스카이티비 아나운서와 재혼했다. 이다희는 미국 퍼듀대에서 사회학과 심리학을 전공했고 2016년 스카이티비 공채 아나운서로 입사해 '랭킹베이스볼' 등을 진행하며 유명세를 탔다. 이선호는 현재 CJ제일제당 부장이다.

◆

이재현 누나는 '미키' 이미경 부회장

이재현의 누나인 이미경은 집안 반대를 무릅쓰고 김석기 중앙종금 회장과 결혼했으나 이혼했다. 김석기는 이후 연극배우 윤석화와 결혼했다. 이미경은 '미키 리'로 불리는데 이맹희는 그 사연을 『묻어둔 이야기』에서 이렇게 소개했다. "미국인들이 '미경'이라는 발음이 서툴러서 언제부터인가 '미키마우스'에서 딴 애칭인 '미키'로 부르더니 집안에서도 오랫동안 이름 대신 '미키'로 불렀다. 중학교 무렵인가 대통령배 영어웅변대회에서 1등을 해서 식구들을 놀라게 했다. 영어와 프랑스어 외에 중국어 회화도 곧잘 하고 일어 회화를 공부하는 것을 본 적이 있다. 몇 해 전 중국의 어느 대학에서 교환교수로 일한 적도 있다. 동생 건희가 중국에 갔을 때 미경이가 삼촌이 참석한 행사의 통역을 만다린어로 유창하게 했다는 얘기를 듣고 딸의 중국어 실력이 제법임을 알게 됐다."

이미경은 서울대 가정관리학과를 나와 미국 하버드대학에서 동아시아 지역학 석사를, 중국 상하이 푸단대학에서 역사교육학 박사 과정을 밟았다. 1995년 스필버그 감독 등이 설립한 세계 최대 영상소프트 회사인 드림웍스와 제일제당의 합작을 성사시키며 능력을 발휘했다. 현재 CJ그룹 부회장이다.

배재고·타이완대학을 졸업한 이재현의 동생 이재환 CJ파워캐스트 대표는 CJ경영기획실 중국 담당 상무 등을 지내다 2005년 재산커뮤니케이션즈로 독립했다. CGV의 스크린 광고를 사실상 독점하고 있는 회사인 재산커뮤니케이션즈는 2016년 CJ파워캐스트에 인수합병됐다. 이재환은 육군참모총장을 지내고 7~9대 국회의원을 역임한 민기식의 딸 민재원과 결혼해 1남 1녀를 뒀다.

이재현의 모친 손복남의 동생 손경식은 사실상 이재현과 함께 CJ를 이끌어왔다. 대한상공회의소 회장을 지낸 그는 현재 한국경영자총협회(약칭 경총) 회장을 맡고 있다. 손경식은 한일은행에서 3년간 근무하

다 미국에 건너가 오클라호마주립대 경영대학원에서 경영학 석사
(MBA)를 마쳤다. 귀국해 삼성비서실 신규사업팀에서 삼성의 신수종
(新樹種) 사업을 연구하는 일을 했고 삼성화재 대표이사 부회장까지 지
냈다.

손경식은 부인 김교숙과의 사이에 1남 1녀를 뒀는데, 장녀 손희영은
이동훈 전 제일화재 사장의 아들 이재환과 결혼했다. 이동훈은 이후
락 전 중앙정보부장의 아들인데 김승연 한화그룹 회장의 누이 김영혜
의 남편이기도 하다. 아들 손주홍은 지난 2006년 영원무역 성기학 회
장의 3녀 성가은과 결혼했다. 영원무역은 중견 섬유업체로 노스페이
스를 판매하는 ㈜영원아웃도어를 관계사로 두고 있다. 영원아웃도어
상무를 지낸 성가은은 청년기업가를 위한 컨설팅회사인 피오컨텐츠
의 대표다.

◆

삼성가 장손과 후계자의 갈등도

이재현은 국내외 비자금을 차명으로 운용하면서 546억 원의 세금
을 탈루하고 963억 원대 법인 자산을 횡령한 혐의로 2013년 7월 구속
기소됐다. 한 달 뒤인 8월 부인 김희재로부터 신장을 받아 신장 이식
수술을 한 그는 2014년 4월 보름가량 재수감된 기간을 제외하면 내내
불구속 상태로 재판을 받아왔다. 지난 2014년 11월 19일 대법원은 이
재현의 구속 집행정지 기간을 2015년 3월 21일까지 한 차례 더 연장
했다. 이재현은 신청서에서 신장 이식 수술 이후 급성 거부 반응, 수
술에 따른 바이러스 감염 의심 증상, 면역억제제로 인한 간 손상, 이
식 거부 반응 발생 위험, 저칼륨증과 저체중 등이 지속되고 있다고 밝

CJ그룹 이재현家 혼맥

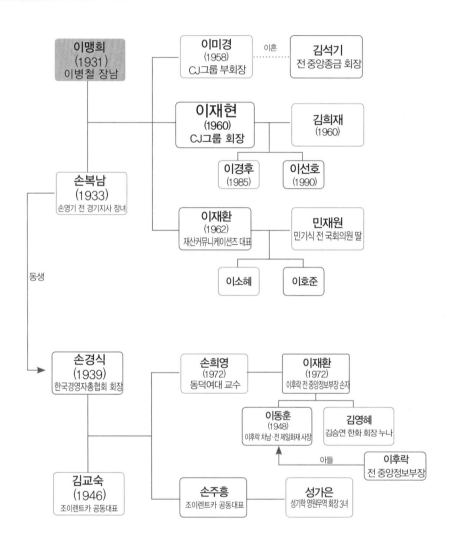

했다. 또 근육이 위축되는 유전병 '샤르코-마리-투스(CMT)' 악화, 죽음에 대한 두려움, 불확실한 미래에 대한 극심한 스트레스, 우울증, 공황증 등을 호소했다. 1심에서 징역 4년, 2심에서 징역 3년을 각각 선고받은 이재현은 지난 2015년 12월 15일 대법원에서 징역 2년 6개월의 실형을 선고받았다. 2016년 8·15특사로 풀려났다.

후계자와 장손 간의 갈등인가. 그동안 CJ와 삼성은 여러 차례 신경전을 벌였다. CJ가 계열 분리를 하던 1995년에는 이재현의 집이 내려다보이는 위치에 삼성에서 감시용 카메라를 설치해 논란이 일었다. 삼성은 이병철의 부인 박두을을 지키려고 설치한 보안카메라라고 해명했다. 2011년에는 CJ가 참여한 대한통운 인수전에 삼성이 뒤늦게 뛰어들 움직임을 보이면서 감정 대립이 일기도 했다. 2012년 2월에는 CJ 측에서 삼성물산 감사팀 직원 김아무개씨가 이재현을 미행한 사실이 드러났다면서 김씨를 업무방해 혐의 등으로 경찰에 고소했다. CJ는 김씨의 이러한 행위가 개인적인 행동이 아닐 것으로 보고 삼성그룹에 공식적인 사과, 책임자 및 관련자 문책, 재발 방지 등을 요구했다. 삼성 측은 이재현의 집 부근에 있는 회사 소유지 개발 문제 등으로 현장을 다녀오다 발생한 '해프닝'이라고 해명했다.

2014년 8월 19일 홍라희, 이재용, 이명희, 이인희, 고 이창희 부인 이영자 등은 서울고등법원 형사10부(권기훈 부장판사)에 이재현을 선처해 줄 것을 호소하는 내용의 탄원서를 제출했다. '삼성가 화해'를 추측하는 보도가 쏟아졌다. 그러나 그해 11월 19일 경기도 용인 호암미술관 신영에서 열린 삼성 창업자 이병철의 27주기 추도식은 삼성과 CJ가 따로 치렀다. 오전에는 삼성이, 오후에는 CJ가 별도 추도식을 가졌다. 이재현의 부친 이맹희가 이건희를 상대로 낸 상속 소송이 시작된 2012년 이후 지금도 계속되는 풍경이다.

신세계그룹
이명희家

◆

이병철의 6녀 가운데 가장 성공한 딸

아들 정용진은 탤런트 고현정과 이혼

"내 생활비는 누이동생 명희가 상당 부분 보조를 해줬는데 나는 지금도 명희에게 더할 나위 없는 고마움을 느끼고 있다. 명희는 내가 어려운 처지에 있을 때 진심으로 나를 걱정해줬고 늘 따뜻한 마음씨로 나를 감싸줬다. 내가 경제적으로 어려워도 말을 못 하고 있으면 늘 지갑을 열고 가지고 있던 돈 전부를 나에게 쥐어준 것도 명희였고, 아버지가 나에 대해 부정적인 평가를 하면 마지막까지 내 편을 들어서 아버지를 설득하려 한 것도 명희였다. 도망자 생활을 하던 시절에도 나는 경제적으로 명희 덕을 많이 봤다."

이병철의 큰아들 이맹희는 자서전에서 동생인 이명희 신세계그룹 회장에 대한 고마움을 이렇게 표현했다. 이명희의 말이 아니어도 신세계그룹을 이끄는 이명희는 '이병철의 딸 가운데 가장 성공한 딸'이라 할 수 있다.

1943년생으로 이화여고를 거쳐 이화여대 미대를 졸업한 이명희는 대다수 막내딸이 그러하듯 이병철의 사랑을 가장 많이 받은 자녀로 알려져 있다. 삼성 창업자 이병철은 삼성그룹 회장직에서 물러난 후 일본을 방문할 때나 유명인들을 만날 때 꼭 이명희를 함께하도록 해 딸에 대한 사랑을 표현했다. 이명희는 신격호 전 롯데그룹 회장의 딸인 신영자 롯데복지재단 이사장과 대학 동창이다. 그래서인지 한때 유통 명가 두 여성 CEO의 대결이 화제가 되기도 했다.

이명희가 처음부터 사업에 뛰어들었던 것은 아니다. 1967년 오빠 이건희가 결혼하던 해 정재은과 결혼한 이명희는 한동안 가정주부로 생활했다. 그러나 막내딸의 사업 수완을 눈여겨봤던 이병철은 이명희가 37세 때인 1979년 2월 그를 신세계백화점 영업담당 이사로 임명했다. 이후 1980년 신세계백화점 상무, 1997년 신세계백화점 부회장에 올랐고 1998년 신세계그룹 회장이 됐다.

이병철은 이명희가 출근하기 하루 전날 세 가지 가르침을 줬다고 한다. 첫째, 의심스러워 믿지 못하면 아예 쓰지 말고, 일단 사람을 쓰면 의심하지 마라. 둘째, 남의 말을 경청하라. 셋째, 알아도 모르는 척, 몰라도 아는 척하지 말라는 것이었다.

평소 부친의 직관력과 관련한 기사를 복사해 수첩에 갖고 다니는 것으로 알려진 이명희는 2005년 1월호 신세계 사보에서 아버지 이병철을 이렇게 회고했다. "선대 회장께서 가장 힘쓴 것이 인재 육성이었다. 선대 회장께서는 성공한 일을 다시 돌아보지 않았고 늘 새로운 것을 찾으셨다."

신세계그룹이 삼성그룹으로부터 공식적으로 분리된 것은 1997년 4월이다. 1997년 당시 백화점과 조선호텔만 운영하고 있던 신세계그룹의 총매출은 1조 8,000억 원 정도였다. 그러던 것이 2020년엔 총매출 29조 3,910억 원을 기록했다. '유통 명가'라는 별칭에 걸맞게 1993년 처음 문을 연 국내 최초의 할인점 이마트의 2020년 매출만 22조 원이 넘는다. 이명희는 이병철의 딸들 가운데 가장 활발하게 경영 활동을 펼치고 있다. 아버지 이병철의 가르침대로 자신이 결재를 하지 않고 전문 경영인에게 믿고 맡기는 '신뢰 경영'을 하는 것으로 유명하다. 10년 동안 CEO로 있으면서 신세계를 크게 발전시킨 구학서 신세계 회장의 경우가 대표적이다.

이명희는 정재은과 중매로 만나 결혼했다. 정재은은 3대, 5대 국회의원과 삼호무역 회장을 지낸 정상희의 차남이다. 서울대 공대, 미국 컬럼비아대학·대학원을 졸업한 정재은은 삼성가 사위가 된 2년 후인 1969년 삼성전자에 입사해 삼성전자 대표이사, 삼성물산 대표이사 등을 지냈다. 현재 신세계그룹 명예회장이다. 1997년 신세계그룹이 삼성에서 분리된 뒤에는 조선호텔 회장을 맡기도 했다. 그는 이병철의 특명을 받고 미국에 유학 중이던 손정의를 직접 만나기도 했다.

정재은의 형은 고 정재덕 신세계 고문이다. 정재덕은 경기고, 미국 노스이스트미주리 주립대를 졸업하고 경제기획원 경제협력국장과 연합철강 사장 등을 지냈다. 정재덕의 장녀 정다미 명지대 교수는 김민녕 한국외국어대 무역학과 교수와 결혼했다. 김민녕의 부친은 김동조 전 외무부장관이다. 김동조의 3녀 김영자는 허광수 삼양인터내셔널 회장의 부인이고, 4녀 김영명은 정몽준 아산재단 이사장의 부인, 차녀 김영숙의 딸 손정희의 남편은 홍정욱 올가니카 회장(전 국회의원)이다.

◆

정용진, 외사촌 이재용과 경복고·서울대 동문

이명희-정재은은 슬하에 1남 1녀를 뒀다. 장남인 정용진 신세계 부회장은 서울대 서양사학과를 다니다가 미국으로 유학 가 브라운대학 경제학과를 졸업했다. 1995년 당대 최고의 인기 배우였던 고현정과 결혼했다. 두 사람의 드라마 같은 만남은 결혼 당시 화제였다. 뉴욕 브로드웨이를 찾아 뮤지컬 「미스 사이공」을 관람하고자 했던 고현정이 영어가 서툴러 어려움을 겪을 때 현장에 있던 정용진이 그를 알아보고 도움을 준 것이다. 고마운 마음에 저녁을 사겠다고 한 고현정은 약속 장소로 가던 길에 지갑을 잃어버려 두 사람이 함께 지갑을 찾으러 돌아다니다 가까워졌다. 하지만 두 사람은 결혼 8년 만인 2003년 헤어졌다. 정용진은 고현정과의 사이에 정해찬·정해인 1남 1녀를 뒀다. 정용진이 양육권을 갖고 있는 두 자녀는 현재 미국에서 유학 중인 것으로 알려졌다.

정용진은 지난 2011년 5월, 12세 연하인 플루티스트 한지희와 재혼해 2013년 11월 이란성 쌍둥이를 얻어 2남 2녀를 둔 '다둥이 아빠'가 됐다. 한지희는 대한항공 부사장을 지낸 한상범과 프렌치 레스토랑 비손 대표인 김인겸의 딸이다. 한 음악회 모임에서 정용진을 만난 것이 결혼으로 이어졌다. 한지희는 오스트리아 빈 국립음대 예비음대를 졸업했고, 프랑스와 미국 등에서 음악을 공부했다. 이후 이화여대에서 석사 과정을 밟은 후 일본 무사시노 음대에 유학했다. 서울대학교 음악대학원에서 박사 과정을 수료했다. 부천필하모닉오케스트라·서울바로크합주단·원주시립교향악단에서 객원 연주자로 활동했다. 한국예술종합학교와 선화예고에 출강하고 있고, 성신여대 객원교수이기도 하다. 지난 2015년 10월 25일 예술의전당에서 열린 '한지희 플루트 독주회'는 2만 원인 입장권이 전석 매진됐다. 정용진을 비롯한 신세계그룹 경영진도 연주회를 찾았다.

이재용 삼성전자 부회장과 경복고 동문인 정용진은 미국 유학 후인

1994년 삼성물산에 입사해 1995년 신세계로 옮겼다. 일본 도쿄사무소에서 근무한 뒤 신세계백화점 기획조정실 상무로 진급하면서 본격적으로 경영 수업을 받았다. 현재 실질적으로 신세계를 이끌고 있는 정용진은 직원들과도 격의 없이 어울리는 것으로 알려져 있다. 인스타그램 팔로워가 69만 명이 넘을 정도로 활발하게 SNS를 통해 대중과 소통하고 있다.

정용진의 동생인 정유경 신세계그룹 부사장은 서울예고, 이화여대 미대를 나왔고 미국 로드아일랜드대학에서 그래픽디자인을 전공했다. 1996년 조선호텔 마케팅담당 상무보로 입사해 2009년 신세계백화점으로 자리를 옮겼다. 정유경은 하남 유니온스퀘어 등 교외형 복합쇼핑몰과 온라인몰에 남다른 관심을 갖고 있는 것으로 알려졌다. 정유경은 2001년 초등학교 동창인 문성욱 신세계인터내셔날 부사장과 결혼했다. 두 사람은 슬하에 문서윤·문서진 2녀를 뒀다. 미국 시카고대학과 펜실베이니아 와튼스쿨 경영대학원을 졸업한 문성욱은 이마트 부사장으로서 해외 사업을 총괄하다가 패션 부문 해외 사업을 총괄하는 쪽으로 직책이 바뀌었다. 문성욱의 아버지는 문청 전 KBS 보도본부장이다.

신세계그룹은 2009년 칠레 와인인 G7 와인을 출시해 크게 인기를 끌었는데 최근에는 맥주 사업에도 진출했다. '데블스도어'라는 이름의 수제 맥주 전문점을 지난 2014년 11월 28일 서울 반포동에 개장했다. 정용진이 직접 뛰어 준비한 것으로 알려졌다. 정용진은 스타벅스를 한국에 들여오는 과정을 통해 남다른 감각을 인정받은 적이 있다. 그가 주도해 신세계그룹과 미국 스타벅스가 50 대 50으로 출자해 설립한 스타벅스커피코리아에서 운영하는 전국 스타벅스 매장은 현재 700개가 넘는다. 하지만 신세계의 맥주 사업 진출과 관련해서는 "삼성가가 웬 술장사냐"는 비판도 나오고 있다.

신세계그룹 이명희家 혼맥

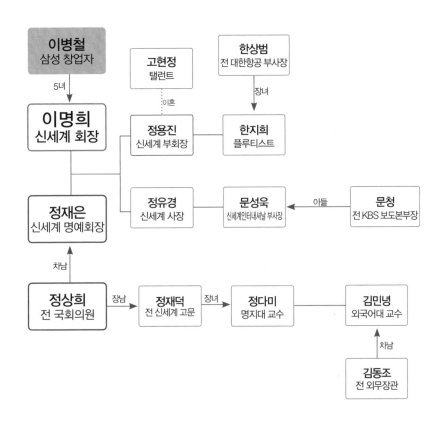

한솔그룹
이인희家

◆

이병철 맏딸, 1991년 삼성에서 분리

아들 셋, 3남 조동길 중심 후계체제 구축

"수완이 탁월할 뿐 아니라 사업가적 재질이 뛰어난 전형적인 삼성가 출신이다." 한솔그룹 이인희 고문의 남편인 조운해 전 강북삼성병원 이사장이 회고록에서 밝힌 아내에 대한 평가다. 이인희는 이병철의 장녀다. 이병철은 장남 이맹희가 말을 안 듣는 등 후계 문제로 골치 아파할 때 "쟤(이인희)가 아들이라면 내가 지금 무슨 근심이 있겠나" 하면서 아쉬워하곤 했다.

이인희는 1948년 11월, 박준규 전 국회의장의 중매로 조운해를 만났다. 박준규는 이병철의 부인 박두을의 조카다. 박두을의 부탁을 받은 박준규가 경북중학교 1년 후배인 조운해를 추천했다. 이인희는 이화여대 3학년 때 조운해와 결혼하는 바람에 졸업을 하지 못했다. 조운해는 경북고, 경북대 의대를 졸업하고 일본 도쿄대학원에서 소아과 의학박사 학위를 받은 뒤 의사로 생활하며 강북삼성병원 원장 및 이사장을 지냈다. 1979년 1월 호텔신라 상임이사를 맡으며 경영 일선에 뛰어든 이인희는 1983년 전주제지 고문을 맡아 삼성가의 제지 사업을 물려받았다. 1991년 삼성에서 분할하며 한솔그룹으로 이름을 바꿨다.

두 사람은 3남 2녀를 뒀다. 장남인 조동혁 한솔 명예회장의 부인은 고 이창래 서우통상 회장의 딸인 이정남이다. 슬하에 조연주(한솔케미칼 부사장)·조희주·조현준 등 2녀 1남을 뒀다. 차남 조동만 전 한솔그룹 부회장은 이용학 전 한일전선 회장의 딸인 이미성과 혼인했다. 조은정·조성진·조현승 등 형과 마찬가지로 2녀 1남을 뒀다. 장녀 조은정이 2008년 이동윤 전 세하 회장의 장남인 이준석과 결혼해 화제를 낳았다. 이동윤이 제지업계에서 한솔과 라이벌 관계인 무림페이퍼 이동욱 회장의 동생이었기 때문이다. 조은정과 이준석은 미국 브라운대학 유학 시절 만난 것이 인연이 돼 결혼했다.

3남 조동길 한솔 회장은 고 안영모 전 동화은행장의 3녀 안영주와 결혼해 조나영·조성민 1남 1녀를 뒀다. 조나영은 김앤장 한상호 변호사-조효숙 가천대 석좌교수 부부의 장남 한경록과 백년가약을 맺었다. 조나영은 미국 다트머스대학에서 미술사학을 전공한 뒤 삼성미술관 리움에서 큐레이터로 있으며 조성민은 미국 투자회사에 근무하고 있다.

◆

이인희 차남 조동만은 고액 체납자

이인희는 삼성에서 계열 분리한 이후 세 아들과 함께 살면서 엄격하게 경영 수업을 시킨 것으로 알려져 있다. 한솔은 1997년부터 장남 조동혁이 금융, 차남 조동만이 정보통신, 3남 조동길이 제지를 맡는 3

한솔그룹 이인희家 혼맥

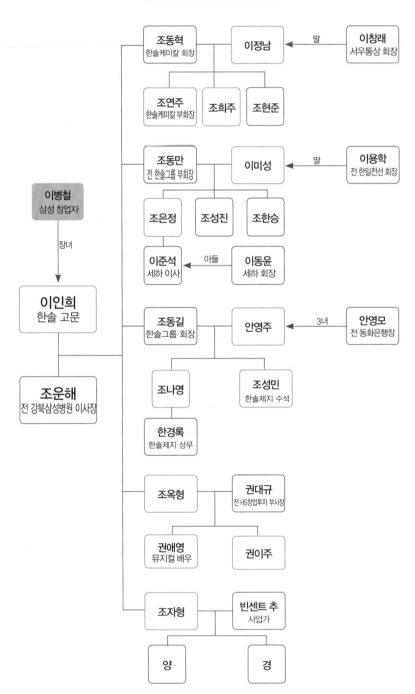

조동혁
한솔케미칼 회장 — 이정남 ← 딸 — 이창래
서우통상 회장

조연주
한솔케미칼 부회장 · 조희주 · 조현준

조동만
전 한솔그룹 부회장 — 이미성 ← 딸 — 이용학
전 한일전선 회장

조은정 · 조성진 · 조한승

이준석
세하 이사 ← 아들 — 이동윤
세하 회장

이병철
삼성 창업자
↓ 장녀

이인희
한솔 고문

조동길
한솔그룹 회장 — 안영주 ← 3녀 — 안영모
전 동화은행장

조나영 · 조성민
한솔제지 수석

한경록
한솔제지 상무

조운해
전 강북삼성병원 이사장

조옥형 — 권대규
전 HS창업투자 부사장

권애영
뮤지컬 배우 · 권이주

조자형 — 빈센트 추
사업가

양 · 경

각 경영을 해오다 3남 조동길 중심 체제를 구축했다. 이인희가 한솔제지 대표이사 자리를 조동길에게 물려준 것이다. 현재 한솔그룹은 한솔제지 계열과 한솔케미칼 계열로 나뉘는데 한솔케미칼은 장남 조동혁 한솔케미칼 회장이 14.42% 지분을 갖고 있는 최대주주다. 1996년 개인휴대통신(PCS) 사업권을 따내며 잘나갔던 차남 조동만은 2000년 6월, KT에 주식을 매각하는 과정에서 1,909억 원의 전매 차익을 챙긴 혐의(특경가법상 배임)로 검찰에 구속됐다. 이와 관련해 600억 원 상당의 국세와 84억 원의 지방세가 부과됐지만 아직 내지 않아 고액 체납자 명단에 올라 있다. 이인희의 아들 셋은 모두 미국에서 고등학교를 나왔고, 세 며느리는 모두 이화여대를 나왔다.

이인희의 장녀 조옥형은 권대규 HS창업투자(전 한솔창업투자) 부사장과 연애결혼을 했다. 권애영·권이주 두 딸을 두었는데 권애영은 뮤지컬 배우로 활동하고 있다. 이인희의 막내딸 조자형은 타이완계 미국인 사업가 빈센트 추와 국제결혼을 했다. 빈센트 추는 중국에서 정보기술 관련 사업을 하고 있다.

2장

◆

현대家

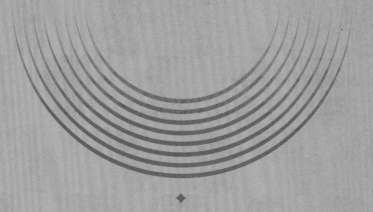

창업자 정주영과
8남 1녀

◆

무일푼에서 오늘의 부 일군 신화의 주인공

정몽필·정몽우·정몽헌 등 불행한 죽음도

　정의선 현대차그룹 회장은 재벌가 3세다. 창업자인 정주영 회장, 부친인 정몽구 현대차 명예회장에 이어 현대차그룹을 이끌고 있다. 6남 1녀 중 장남으로 태어난 창업자 정주영은 쌀가게 점원-자동차 수리점-건설회사로 이어지는 창업 과정을 통해 오늘날의 부를 일궜다. 지금은 한라그룹, 현대중공업그룹, 성우그룹, HDC현대산업개발, KCC 등으로 분화했다. 며느리인 현정은 회장이 이끄는 현대그룹도 있다. 이러한 현대家의 중심에 정의선 현대차그룹 회장이 있다.

　'왕 회장'으로 통하는 창업자 고 정주영 현대그룹 명예회장이 '현대'라는 상호를 처음 쓰기 시작한 것은 1946년 4월이다. 서울 중구 초동 106번지 적산 대지를 불하받아 '현대자동차공업사'라는 간판을 걸고 자동차 수리 공장을 시작했다. 정주영은 1991년 펴낸 자서전『시련은 있어도 실패는 없다』에서 "나는 공부도 학식도 모자란 구식 사람이지만 '현대'를 지향해서 보다 발전된 미래를 살아보자는 의도에서였다"고 작명 배경을 설명했다.

80명의 종입원을 두고 일하던 징주영은 어느 닐 관청에 깄다가 건설 업자들이 공사비를 받아가는 것을 보고 정신이 번쩍 들었다. 똑같은 시간과 인력을 투입해서 일하는데 자동차 수리업과 건설업의 수익 차이가 엄청났기 때문이다. 정주영은 당장 '현대토건사' 간판을 더 달았다. 1947년 5월 25일이었다. 토건에서 실적을 올리면서 기반을 확보한 정주영은 1950년 1월, 현대토건사와 현대자동차공업사를 합병했다. 사옥을 중구 필동으로 옮겨 '현대건설주식회사'로 새 출발을 했다. 6·25가 터지기 5개월 전이었다. 이것이 오늘날 현대자동차그룹·현대백화점그룹·현대그룹·현대중공업그룹·현대해상화재보험그룹으로 나뉜 범(汎)현대가 그룹의 시작이었다.

창업자인 정주영의 고향은 강원도 통천군 송전면 아산리다. 70여 호가 모여 살던 아산마을은 강원도 동부 지역 가운데 유일하게 들판이 있는 곳이었다. 통고지설(通高之雪, 통천과 고성의 눈)이라는 말이 있을 정도로 눈이 많이 내리기로 유명한 곳이다. 이곳에서 정주영은 부친 정봉식과 모친 한영실의 6남 1녀 중 장남으로 태어났다. 정인영 전 한라그룹 명예회장, 정순영 전 성우그룹 명예회장, 정희영(한국프랜지공업 회장을 지낸 김영주의 부인), 정세영 전 현대산업개발 명예회장, 정신영 전 동아일보 기자, 정상영 KCC 명예회장이 동생들이다.

정주영 일가가 아산리에 자리 잡게 된 것은 증조부가 조부 3형제를 이끌고 청일전쟁을 피해 함경북도 길주에서 이곳으로 이사 왔기 때문이다. 정주영은 자서전에서 "조부님은 길주의 기와집과 전답을 처분해 결혼한 지 한 달밖에 안 된 몸 약한 신부와 두 형제분과 함께, 여러 필의 말에 엽전을 나누어 싣고 남쪽으로 내려오다 산천 수려한 이곳에 정착했다. 조부는 7남매를 두었는데 다섯 숙부·숙모와 고모는 남하하지 못해서 북한에 살고 있다'고 말했다.

정인영 전 한라그룹 회장도 자서전 『재계의 부도옹 雲谷 정인영』에서 부모에 대해 이렇게 기록했다. "장남이셨던 아버지는 남을 도와주고 생색을 내려 하거나 당신이 어렵다고 엄살 한번 부리시는 일 없이 묵묵하게 당신 철학대로 평생을 보내셨다. 동생 정신영이 '나는 진실로 부모를 위대한 평민적 영웅이라고 생각하고 있습니다. 아버지는 정말로 엄숙주의자였습니다'라고 회고한 것은 더없이 적절한 표현이었다. 어머니는 아버지보다 더 활동적이고 성격도 불같았다."

◆

어머니의 기도, "우리 주영이 앞날 보살펴주세요"

정세영 전 현대산업개발 회장은 자서전 『미래는 만드는 것이다』에서 장자(長子)를 중시했던 가풍(家風)을 이렇게 전했다. "어머니에 대한 기억 중에서 가장 선명하게 떠오르는 모습 중 하나는 매일같이 산신령께 치성을 드리는 것이었다. 어머니는 매일 밤 장독대 앞에 정화수를 떠놓고 연신 두 손을 비비며 소원을 비셨다. 특히 '우리 주영이 앞날을 보살펴주세요'처럼 큰형님(정주영)의 앞날에 대한 축수(祝手)에 큰 비중을 뒀다. 축원은 하루도 거르지 않고 계속됐고 때로는 어두운 새벽녘에 시루떡을 이고 멀리 산골짜기로 올라가 커다란 바위 밑에서 치성을 드리기도 했다. 이런 모습은 부지불식간에 큰형님이 잘돼야 우리 집안이 잘된다는 의식을 머릿속에 깊숙이 자리 잡게 했다."

정주영이 고향 통천의 평범한 처녀였던 변중석과 결혼한 것은 그의 나이 20세 때였다. 당시 변중석은 16세였다. 정주영이 서울로 온 뒤 변중석의 친정은 통천에서 함경북도 청진으로 이사했다. 이후 분단이 되면서 변중석은 결혼 이후 한번도 친정에 가지 못한 채 영영 이별하고 말았다. 정주영은 "돈 벌어 함께 가자고 늦추다 보니까 아내에게 몹쓸 짓이 되고 말았다"고 후회했지만 소용없는 일이었다. 정주영은 늘 변중석에게 고마워했다. "존경하고 인정할 점이 없으면 사랑도 할 수 없다. 아내가 6·25 이후 내가 사준 재봉틀 한 대를 유일한 재산으로 아는 점, 부자라는 인식이 전혀 없는 점, 평생 변함이 없는 점들을 나는 존경한다. 이런 사람과 일생 결혼생활을 할 수 있었던 것은 나의 행복이다"고 말한 것이 그 방증이다.

◆
정주영의 장남 정몽필은 1982년 교통사고로 사망

정주영이 전한 부인 변중석에 대한 일화도 재미있다. 정주영이 살 만해진 후 변중석에게 자동차를 한 대 사줬는데 자동차는 집에 두고 택시 타고 도매시장에 가 채소나 잡화를 사서 용달차에 싣고 그 차를 타고 집으로 돌아왔다는 것이다. 또 하나는 집에서 언제나 통바지 같은 것을 입었는데 누가 찾아오면 그런 채로 문을 열어주니까 손님은 으레 주인아주머니를 따로 찾곤 했다. 변중석이 "내가 바로 안주인"이라고 말해도 좀처럼 안 믿고 농담으로 받아들이는 일이 비일비재했다고 한다. 변중석은 패물 하나 가진 것 없었고 시집오는 날을 제외하고 화장한 얼굴을 한 번도 정주영에게 보인 적이 없었다.

정주영·변중석은 8남 1녀를 뒀다. 장남 정몽필은 49세에 세상을 떠났다. 국영 적자 기업 인천제철을 인수해 정상화하느라 눈코 뜰 새 없이 바빴던 1982년 4월, 울산에서 서울로 올라오던 고속도로에서 그가 탄 승용차가 트레일러를 들이받는 사고를 낸 것이 사망으로 이어졌다. 부인 이양자도 1991년 위암으로 세상을 떠났다. 불행한 운명이었다. 은희·유희 두 딸을 뒀는데 큰딸 정은희는 이화여대 불문과 2학년 때 만나 사귀어온 주현 현대아이에이치엘(IHL) 전 대표와 1995년 결혼했다. 결혼 당시 현대전자 기획실 경영관리팀 사원이었던 주현은 이후 동서산업 상무, 에코플라스틱 부사장 등을 지낸 뒤 2010년부터 2018년 초까지 IHL 대표를 지냈다. 1973년생인 작은딸 정유희는 유치원과 초등학교를 같이 다닌 김석원 쌍용양회 명예회장의 장남 김지용과 결혼해 두 아들을 낳았다. 용평리조트 상무를 지낸 김지용은 고속도로 휴게소 3곳을 운영하는 태아산업의 부사장이자 최대주주다. 은희·유희 두 자매는 2014년 2월 KCC 주식에 투자해 수십억 원의 수익을 올린 사실이 밝혀져 화제에 오르기도 했다.

장남이 일찍 세상을 떠나면서 차남인 정몽구 현대차그룹 명예회장이 사실상 장남 역할을 하게 됐다. 한양대 공대를 졸업한 후 1970년 2월 현대에 입사한 정몽구는 현대정공 사장, 현대그룹 회장을 거쳐 2000년의 이른바 '형제의 난' 때 자동차 계열사를 이끌고 그룹에서 나왔다. 정몽구는 평범한 실향민 집안의 셋째 딸인 이정화와 연애결혼을 해 1남 3녀를 뒀다. 평소 외부에 모습을 잘 드러내지 않는 이정화는 새벽 3시면 어김없이 일어나 아침식사를 챙겼고, 19년간 시어머니인 변중석의 병 수발을 도맡았다. 신문배달원이나 미화원들에게도 명절날 선물을 건네곤 했다고 한다.

큰딸 정성이 이노션 고문은 1985년 영훈의료재단을 설립한 고 선호영 박사의 아들 선두훈(선병원재단 이사장)과 결혼했다. 둘째 딸 정명이 현대카드·현대캐피탈브랜드 부문 사장은 종로학원 설립자인 정경진의 아들 정태영 현대카드·현대캐피탈 부회장과, 셋째 딸 정윤이 해비치호텔앤드리조트 사장은 미국 MBA 출신인 신성재 전 현대하이스코 사장과 결혼했다. 정윤이·신성재 부부는 2014년 3월 이혼했다. 신성재는 현대차그룹 계열사로 편입된 부품회사 삼우그룹 회장의 아들이다. 1995년 현대정공(현 현대모비스)에 입사해 1997년 정윤이와 결혼했다.

◆

정의선, 강원산업 정도원 회장 딸 정지선과 결혼

외아들인 정의선 현대자동차그룹 회장은 1995년 정도원 강원산업 회장의 딸 정지선과 결혼해 딸 진희, 아들 창철 1남 1녀를 뒀다. 강원산업 창업자인 고 정인욱 강원산업그룹 회장의 차남인 정도원은 골재·레미콘·콘크리트 제품을 제조하는 ㈜삼표의 최대주주이기도 하다. 정몽구와 정도원은 경복고 선후배 사이로 진작부터 친분이 있었다. 1991년 현대차 자재본부 이사로 입사한 정의선은 국내영업담당 전무 등을 거쳐 2009년 부회장, 2020년 10월 회장에 올랐다.

정주영의 셋째 아들 정몽근은 명예회장으로서 현대백화점그룹을 이끌고 있다. 정몽구와 마찬가지로 경복고-한양대를 졸업했다. 우경숙과 결혼해 지선·교선 두 아들을 뒀다. 현대백화점그룹 회장으로 있는 정지선은 황산덕 전 법무부장관의 손녀 황서림과 결혼해 1남 1녀를 뒀다. 정지선은 경복고와 연세대 사회학과, 미국 하버드대학 스페셜스튜던트 과정을 수료했다. 황서림은 서울예고-서울대 미대를 나와 서울대 대학원에서 시각디자인을 전공했다. 정지선의 동생인 정교선 현대백화점그룹 부회장 겸 현대홈쇼핑 사장은 경복고를 졸업하고 한국외국어대에서 무역학을 전공했다. 현대차에 스프링을 개발·공급하는 자동차 부품 전문 기업인 대원강업 허재철 회장의 2녀 가운데 장녀인

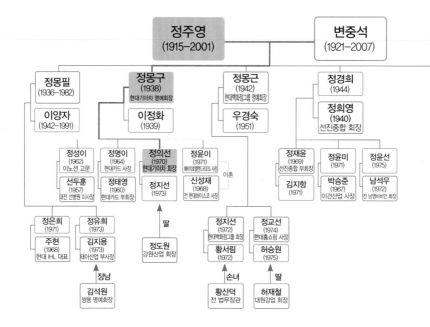

허승원과 2004년 결혼했다. 허승원은 이화여대를 졸업한 후 미국 컬
럼비아대학 치과대를 나왔다. 둘 사이에는 3남이 있다.

◆

정주영 아들 중 최고 학벌은 정몽준 아산재단 이사장

정주영의 4남 정몽우 전 현대알루미늄 회장은 우울증을 앓다가 45
세 때 스스로 목숨을 끊었다. 숙명여대를 졸업한 이행자와의 사이에
세 아들이 있다. 이행자의 오빠는 미국 연방수사국(FBI) 출신으로

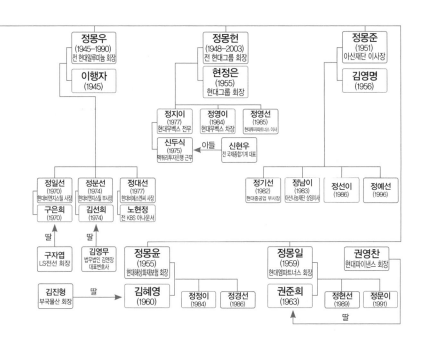

1992년 대선에 출마한 정주영의 경호를 책임졌던 이진호 전 고려산업 개발 회장이다. BNG스틸 사장인 큰아들 정일선은 구자엽 LS전선 회장의 딸 구은희와 결혼했다. 구자엽은 구태회 LS전선 명예회장의 아들이다. BNG스틸 부사장인 둘째 정문선은 김영무 김앤장 법무법인 대표변호사의 딸인 김선희와 혼인했다. 현대BS&C 사장인 셋째 정대선은 노현정 전 KBS 아나운서와 백년가약을 맺었다.

정주영의 5남 정몽헌은 1998년 현대그룹 공동회장으로 취임하면서 후계자로 주목받기 시작해 2000년에는 형들을 제치고 단독 회장이 됐다. 그러나 '대북 송금' 사건에 연루돼 검찰 조사를 받던 와중인

2003년 8월 서울 계동 사옥에서 투신했다. 정몽헌은 신한해운 현영원 회장의 딸인 현정은 현대그룹 회장과 1976년 결혼해 1남 2녀를 뒀다. 장녀 정지이 현대무벡스 전무, 차녀 정영이 현대무벡스 차장, 장남 정영선 현대투자파트너스 이사 등이다. 정지이는 서울대 고고미술사학과를 나와 연세대 대학원에서 신문방송학 석사 학위를 딴 뒤 외국계 광고회사에 근무하다 2004년 현대상선에 입사했다. 정지이는 신현우 전 국제종합기계 대표와 신혜경 서강대 명예교수 부부의 차남인 신두식과 결혼했다. 차녀 정영이는 미국 펜실베이니아대학 경영학과와 와튼스쿨을 졸업했다.

6남 정몽준은 정계로 진출했다. 형제 중에 학벌이 가장 좋다. 서울대-미국 MIT 경영대학원을 졸업하고 31세에 현대중공업 사장을 맡았다. 현재 아산재단 이사장으로 있다. 7선 국회의원으로 대통령과 서울시장에 도전했으나 고배를 마셨다. 김동조 진 외무부장권의 딸인 부인 김영명과는 미국 유학 시절 만나 결혼했다. 큰아들 정기선은 현대중공업 부사장으로 있다. 첫째 딸 정남이는 아산나눔재단 상임이사로 근무하고 있으며, 철강업체 유봉의 최대 주주인 서승범씨와 결혼했다. 둘째 딸 정선이는 하버드대에서 인연을 맺은 백종현씨와 2014년 8월 결혼했다. 막내아들 정예선은 1996년생이다.

7남 정몽윤 현대해상화재보험 회장은 김진형 전 부국물산 회장의 장녀 김혜영과 1981년 결혼했다. 딸 정정이, 아들 정경선을 두고 있다. 8남 정몽일 현대엠파트너스 회장은 권영찬 현대파이낸스 회장의 딸 권준희와 결혼해 아들 현선, 딸 문이를 뒀다.

정주영의 유일한 딸인 정경희는 정희영 선진종합 회장과 결혼했다. 서울대 상대-하버드대학 비즈니스스쿨을 나온 정희영은 1965년 현대건설에 입사해 조선 수주에서 수완을 보여 창업자의 사위가 됐다. 이명박 전 대통령과 현대건설 입사 동기다. 이후 정희영은 현대종합상사·아세아해운(현 현대상선) 사장을 지내다 독립해 1980년대 초부터 선진해운을 경영하기 시작했다. 이이 선진식품을 창업했고 스타힐리조트(옛 천마산스키장)를 운영하고 있다. 1남 2녀를 두고 있는데 외아들인 정재윤은 선진종합 부회장을 맡아 경영을 이끌고 있으며, 큰딸인 정윤미는 박승준 이건산업 사장과, 작은딸 정윤선은 남석우 전 남영비비안 회장과 결혼했다.

현대家와
혼맥으로 연결된 기업들

◆

LS전선·현대파이낸스·한국프랜지공업
극동도시가스·이건산업·남영비비안 등

현대차그룹 창업자 정주영 전 회장의 아버지 정봉식은 동네에서 소문날 정도로 부지런한 농사꾼이었다. 6남 1녀의 장남으로 동생 여섯 명을 책임져야 했던 정주영 또한 열 살 무렵부터 힘든 농사일을 하기 시작했다. 부모님은 동생들을 책임지고 혼인시켜 분가시키려면 열심히 일해야 한다며 어린 정주영을 새벽 4시면 깨워 10리나 떨어져 있는 농토로 데리고 나갔다. 일등 농사꾼으로 키워내겠다는 부모님으로부터 정주영은 부지런함을 배웠지만 부모님의 뜻은 따르지 않았다. 열네 살에 보통학교를 졸업한 정주영의 꿈은 공부를 계속해 보통학교 선생님이 되는 것이었다. 짬이 날 때마다 동네 이장 댁에서 보던 동아일보를 얻어 읽던 소년 정주영의 꿈은 서울에 가 독학으로 고시에 합격해 변호사가 되는 것으로 바뀐다. 훗날 그가 고향인 강원도 통천을 떠나 서울로 왔을 때 노동을 하면서 『법제통신』 등 법 관련 서적을 보고

『육법전서』를 암송해 보통고시까지 치렀던 것은 이런 꿈이 있었기 때문이다. 변호사가 되겠다는 꿈은 시험에 낙방하면서 접었지만 만약 정주영이 시험에 합격했다면 그의 인생은 전혀 다르게 굴러갔을 것이다. 정주영은 그때 공부한 법률 지식이 바탕이 돼 외국에 나가 어떤 계약을 체결할 때 법률고문을 동행하지 않고도 실수 없이 일을 처리할 수 있었다고 회고했다.

◆

네 차례 가출과 『나폴레옹전』 탐독

얻어 읽은 동아일보에서 청진에 개항공사와 제철장 건설공사가 시작된다는 기사를 보고 칠흑같이 어두운 7월 한밤에 정주영은 첫 번째 가출을 결행했다. 청진으로 가려면 문천과 고원을 지나야 했는데 평양과 고원을 잇는 평원선 철도공사 현장에서 정주영은 막노동꾼으로 일했다. 두 달쯤 지났을까, 손님이 찾아왔다는 전갈을 받고 나간 정주영 앞에 아버지가 서 있었다. 정주영은 아버지를 따라 300리 길을 걸어 고향으로 돌아왔다. 고향은 포근했으나 정주영의 야망을 실현하기에는 너무 좁았다. 이듬해 4월 정주영은 이번에는 서울을 향해 집을 나섰다. 두 번째 가출이었다. 그러나 김화에 있는 작은할아버지 댁에 들른 정주영은 작은할아버지와 당숙에게 덜미를 잡혀 다시 고향으로 갔다.

그러나 여기서 절망할 정주영이 아니었다. 이번에는 부기학원에 가기 위해 집 궤짝에서 소를 판 돈 70원을 훔쳐 송전역으로 가 서울행 밤차를 타고 가출한다. 세 번째였다. 두 번의 가출 때 몇십 전을 갖고 나왔던 것과 비교하면 엄청난 돈을 갖고 집을 나온 것이다. 서울에 와

부기학원에 다니면서 정주영은 『나폴레옹전』, 『링컨』, 『삼국지』 등을 읽는다. 특히 『나폴레옹전』은 수십 차례 읽었을 정도로 정주영에게 깊은 감명을 주었다. 그러나 어느 날 아버지가 정주영을 찾아왔다. 시골 집에 아무렇게나 내팽개치고 온 평양부기학원 안내서를 보고 평양에 갔다가 혹시 서울로 갔을지도 모른다는 관계자의 말을 듣고 서울로 찾아온 것이다. 정주영은 아버지와 덕수궁 대한문 앞에 쭈그리고 앉아 대화를 나눴다. 정주영은 지난번과 달리 "돌아가지 않겠다"고 강하게 버텼다. 그러나 결국 "너는 종손이다. 너를 찾아 서울로 오면서 내가 얼마나 울었는지 모른다"며 눈물을 흘리는 아버지에게 굴복해 고향으로 돌아간다.

◆

정주영, 돈 벌어 귀향해 변중석과 결혼

그러나 운명의 장난이었을까. 마음을 다잡아 효자 노릇을 하자고 열심히 농사를 지었건만 일찍 서리가 내리는 바람에 하루아침에 농사가 엉망이 돼버렸다. 다시 회의를 느낀 정주영은 300석 지기 지주의 아들을 찾아가 돈을 빌려 함께 가출한다. 네 번째 가출이었다. 정주영은 인천으로 가 부두 노동자로 일하고 다시 서울로 와 안암동 고려대학교 신축공사장에서 목재를 날랐다. 그러다가 복흥상회라는 쌀 소매상 배달원으로 취직했다. 주인의 신뢰를 얻어 공짜로 쌀가게를 넘겨받은 정주영은 이름을 '경일상회'로 바꾼다. 고향을 등진 지 4년 만이었고 그의 나이 22세 때였다. 그러나 중일전쟁이 일어나면서 1939년 12월 전국적으로 쌀 배급제가 실시됐다. 경일상회는 문을 닫을 수밖에 없었다. 번 돈을 갖고 고향으로 돌아가 아버지에게 논 2,000평을 사줬고 변중석과 결혼도 했다. 다시 서울로 온 정주영은 아현동 고개에 있는 '아도서비스'라는 자동차 수리 공장을 인수했다. 자동차와 정주영의 인연은 이때 시작되었다. 그러나 1941년 일제가 태평양전쟁을 일으키면서 아도서비스는 강제로 합병당했다. 발을 뺀 정주영은 트럭 30대를 사 황해도 수안군에 있는 홀동금광의 광석을 평남 진남포 제련소로 운반하는 일을 한다. 그러다가 해방되기 3개월 전 사업을 전부 정리해 5만 원을 찾아 가족을 데리고 고향으로 갔다. 천우신조였다. 만약 그대로 있었으면 돈도 못 챙기고 소련군에게 붙잡혀 시베리아로 끌려갔을 것이다. 광복 이후 다시 서울로 온 정주영은 조선제련이라는 적산 회사에 취직했다. 1946년 4월, 서울 중구 초동 106번지 적산 대지를 불하받아 매제 김영주 등과 '현대자동차공업사'라는 간판을 걸고 자동차 수리 공장을 시작했다. '현대'의 시작이었다.

　정주영은 『시련은 있어도 실패는 없다』에서 이렇게 말했다. "신용이 곧 자본이다. (나는) 장사도 기업도 돈이 있으면 더욱 좋고, 돈이 없어도 신용만 있으면 할 수 있다는 것을 체험으로 안 사람이다. 나는 정직과 성실로 주인의 신뢰를 얻어 쌀가게를 물려받았고, 믿을 만한 청년이라는 신용 하나로 자금을 얻어 사업을 시작했으며 상품에 있어서의 신뢰, 모든 금융 거래에 있어서의 신뢰, 공급 계약에 있어서의 신뢰, 공기 약속 이행에 있어서의 신뢰, 공사의 질에 있어서의 신뢰, 그 밖의 모든 부분에 걸친 신뢰의 총합으로 오늘날의 '현대'를 이루었다. 부지런함은 자기 인생에 대한 성실성이며, 우리는 부지런하지 않은 사람은 일단 신용하지 않는다."

◆

현대家 정신, "신용이 곧 자본이다"

정주영의 이 말은 '현대 정신'의 기본이 무엇인지를 상징적으로 표현하고 있다. 정주영가(家)는 오늘날 '범(汎)현대가'로 분화했다. '범현대가'는 정주영의 아들들이 이끄는 자동차(현대자동차그룹), 유통(현대백화점그룹), 해운·제조(현대그룹), 조선(현대중공업), 금융(현대해상·현대기업금융) 기업들과 형제들이 이끄는 HDC현대산업개발·KCC·성우그룹·한라그룹 등이다.

'범현대가'의 맏형은 정의선 회장이 이끄는 현대자동차그룹이다. 정주영의 장자인 정몽구가 현대·기아자동차 회장으로 취임한 것은 1998년 12월. 하지만 실질적으로 정몽구가 현대·기아자동차 실권을 잡은 것은 1999년 3월이다. 정주영의 동생 정세영 전 현대산업개발 명예회장의 저서『미래는 만드는 것이다』에 관련 내용이 나와 있다. "1999년 3월 3일 큰형님(정주영)이 집무실로 나를 불렀다. 방에는 큰형님의 최고 참모들이 모두 모여 있었다. 평소와 달리 표정이 굳은 채 일제히 나를 쳐다보는 그들의 시선에서 뭔가 심상치 않은 일이 벌어지고 있음을 직감했다. 자리에 앉자마자 큰형님이 내게 말했다. '몽구가 장자인데, 몽구에게 자동차회사를 넘겨주는 게 잘못됐어?' 내게 일방적으로 던지는 최후통첩이었다. 나는 담담하게 대답했다. '잘못된 것 없습니다.' 그러자 큰형님은 '그렇게 해!'라고 말했고 나는 '예!' 하고 대답했다. 그것이 전부였다." 이후 정세영은 현대차 이사회 의장에서 물러났고 정몽구의 현대차 시대가 열렸다.

현대자동차그룹은 현대자동차·기아자동차·현대제철·현대모비스·현대건설·현대글로비스·현대위아·현대로템·현대하이스코·현대비앤지스틸·에이치엠씨투자증권 등 수십 개 기업으로 구성돼 있다. 현대자동차그룹의 자산은 2019년 현재 248조 6천여억 원, 매출액은 279조 원이 넘는다. 정의선은 2020년 10월 아버지 정몽구의 뒤를 이어 현대차그룹 회장에 취임했다.

정몽구의 외아들인 정의선 현대차그룹 회장은 1995년 정도원 강원산업 회장의 딸 정지선과 결혼했다. 일찍 작고한 정몽구의 형 정몽필 전 인천제철 회장의 둘째 딸 정유희는 김석원 쌍용양회 명예회장의 장남 김지용과 결혼했다. 현대백화점그룹은 셋째 아들 정몽근 명예회장의 아들인 정지선 회장이 이끌고 있다. 최근 백화점의 경쟁력이 떨어지자 복합쇼핑몰과 아웃렛 등으로 공격적인 확장에 나서고 있다. 정몽근의 둘째 아들 정교선은 자동차 부품 전문 기업인 대원강업 허재철 회장의 큰딸 허승원과 결혼했다. 정주영의 외동딸인 정경희는 해운·레저를 주력으로 하는 선진종합㈜ 회장인 정희영과 결혼했다. 큰딸 정윤미는 이건산업 박승준 대표에게, 둘째 딸 정윤선은 남영비비안 남석우 전 회장에게 시집갔다.

◆

한국프랜지공업과 후성그룹은 여동생 정희영 관련 있어

정주영의 넷째 아들 정몽우는 일찍 세상을 떠났는데 장남 정일선은 현대비앤지스틸 사장을 맡고 있다. 부인이 구자엽 LS전선 회장의 딸인 구은희다. 현대그룹은 고 정몽헌 회장의 부인 현정은이 이끌고 있다. 현정은 회장은 현영원 전 신한해운 회장의 딸이다. 현대중공업그룹은 정몽준 전 의원이 최대 주주로 있다. 정주영의 7남 정몽윤은 현대해상화재보험 회장을 맡고 있다. 김진형 전 부국물산 회장의 딸 김혜영

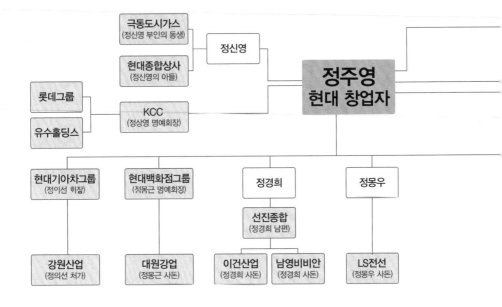

과 결혼했다. 정주영의 8남 정몽일 현대기업금융 회장은 권영찬 현대
파이낸스 회장의 딸 권준희와 결혼해 1남 1녀를 뒀다.

한라그룹은 정주영의 첫째 동생 정인영이 창업했다. 지금은 둘째 아
들 정몽원이 이끌고 있다. 현대시멘트·성우종합건설 등을 두고 있는
성우그룹은 정주영의 둘째 동생 정순영 일가가 이끌고 있다. 정주영의
유일한 여동생인 정희영의 남편 김영주는 한국프랜지공업 명예회장을
지냈다.

정희영·김영주 부부의 첫째 아들 김윤수는 한국프랜지공업 회장으
로 있고, 둘째 아들 김근수는 ㈜후성·퍼스텍㈜·한국내화㈜ 등을 거
느린 후성그룹 회장이다. 정주영의 다섯째 동생 정신영의 부인 장정

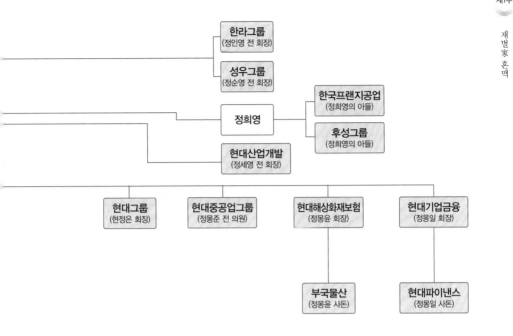

자는 장홍선 전 극동도시가스 회장의 누나다. 아들 정몽혁은 현대코
퍼레이션 회장으로 있다. 정주영의 막냇동생 정상영은 KCC 명예회장
이다.

비극으로 끝난 현대家 후계 전쟁

◆

현대家 아픈 역사 '왕자의 난'
정몽헌, 대북 송금 조사 후 극단적 선택

'정주영 정신'으로 무장한 현대가였지만 2000년 3월에 있었던 이른
바 '왕자의 난'은 아픈 기억이다. 더구나 정몽구 전 현대·기아차 회장
과의 갈등 끝에 후계자 자리를 거머쥔 정몽헌 전 현대그룹 회장이
2003년 8월 극단적인 선택을 해 생을 마감하면서 정몽구-정몽헌 형제
의 화해는 영원히 이루어질 수 없게 됐다. '왕자의 난' 후유증은 지금
까지도 범(汎)현대가에 짙은 그늘로 남아 있다.

현대가 '왕자의 난'은 2000년 3월 14일 시작됐다. 그날 저녁 연합뉴
스에 3월 15일자로 이익치 당시 현대증권 회장이 현대자동차가 대주
주인 고려산업개발 회장으로 옮기고 현대증권 사장 자리에는 정몽구
직할 회사인 현대캐피탈의 노정익 부사장이 옮겨간다는 인사 내용이
보도된 것이다. 당시 정몽헌은 싱가포르에 머무르고 있었다. 현대증권
의 대주주는 현대상선이었고 현대상선의 대주주는 정몽헌이었다. 인

사권자인 정몽헌이 국내에 없는 상황에서 사장 인사가 이뤄진 것이다. 현대그룹 출입기자들로부터 연합뉴스 보도 내용을 확인해달라는 요청이 쏟아진 이유였다. 그러나 그룹에서 공식 발표는 나오지 않았다. 싱가포르에서 소식을 접한 정몽헌이 불같이 화를 냈기 때문이다.

◆

정주영, "그룹 회장에서 정몽구 이름 빼라"

정몽구-정몽헌 갈등은 인사 소식이 보도된 3월 15일부터 본격화했다. 외형상 인사발령을 통해 선제공격을 한 것은 정몽구였다. 정몽헌 측에서는 '야음을 틈탄 쿠데타'라며 정몽구 측을 비판했다. 정몽구 측에서는 정주영이 재가한 내용을 정몽구가 국내 부문 회장 자격으로 그룹 구조조정위원회에 지시했는데도 정몽헌 측이 항명하고 있다고 맞섰다. 언론은 연일 '왕자의 난' 사태를 크게 보도했다.

정몽헌이 미국에서 귀국한 것은 3월 24일. 귀국하자마자 정주영을 만나 단숨에 판세를 뒤집었다. 이익치를 경질하는 인사를 '없던 일'로 만든 것이다. 한 발짝 더 나아가 정몽구를 아예 현대그룹 회장직에서 물러나게 했다. 정몽헌의 승리였다. 그러나 이것이 끝이 아니었다. 정몽구의 2차 공세가 이어졌다. '제2차 왕자의 난'이었다. 이틀 후인 3월 26일 오후, 정몽구의 대리인인 정순원 당시 현대·기아자동차 기획조정실장은 "경영자협의회 의장직에서 정몽구 회장을 면하게 한 것은 (그룹 구조조정위원회의) 잘못된 발표다. 3월 24일자로 발표된 명령을 3월 26일자로 취소한다"고 발표했다. 정몽구 측이 공개한 서류에는 정주영의 사인이 있었다. 당연히 정주영의 의중이 실린 것으로 해석되면서 후계 구도를 둘러싼 혼란은 극심해졌다. "도대체 정주영의 본심이 무엇이냐"는 말이 나오기 시작했다.

　그러나 3월 27일 오전에 긴급 소집된 경영자협의회에서 정주영은 다시 정몽헌의 손을 들어줬다. 정몽헌 측은 이번에는 아예 정주영의 육성을 기자들에게 공개했다. 혹시 모를 혼선이나 괜한 추측을 방지하기 위한 조처였다. 정주영의 육성 내용은 이랬다. "앞으로 경영자협의회 의장을 정몽헌 회장 단독으로 한다는 것을 여러분께서 의아하게 생각하는 모양인데, 정몽구 회장은 현대자동차 및 기아자동자 등 여러 가지 일이 바쁘기 때문에 정몽헌 회장이 단독으로 경영자협의회 의장을 한다고 하더라도 아무 잘못이 없다고 생각합니다." 한마디로 정몽구·정몽헌 공동 회장 체제에서 정몽헌 단독 회장 체제로 바꾼다는, '후계자는 정몽헌'이라는 것이었다. 정몽구는 "정몽헌 회장과 각사가 협조해 좋은 성과를 거두기 바란다"라는 말을 남기고 경영자협의회 자리를 떴다. 정몽구·정몽헌은 1998년부터 현대그룹의 최고 의사결정 기구인 경영자협의회 공동의장을 맡아왔는데 정몽헌 한 사람으로 정리된 것이다.

　이익치는 '왕자의 난'과 관련해 시사저널에 당시 상황을 이렇게 증언한 바 있다. "당시 정몽헌과 함께 싱가포르에 있었다. 북한의 송호경 아세아태평양위원회 부위원장과 남북정상회담을 위한 협상을 진행하던 중이었다. 고려산업개발 회장으로 발령 난 사실은 뒤늦게 언론을 통해 알게 됐다. 귀국해서 정주영 회장을 만나 보니 화가 많이 나 있었다. '당장 그룹 회장에서 정몽구의 이름을 빼라'고 호통을 쳤다. 때마침 남북정상회담 협상이 마무리됐다. 북한은 현대건설에 7개 사업권을 주기로 정몽헌과 합의했다. 그 대가로 현대그룹이 4억 달러를, 정부가 1억 달러를 지불하기로 하고 서울과 평양에서 동시에 발표했다. 남북정상회담 날짜도 6월 15일로 확정했다. 정(주영) 회장은 이때 이미 후계 구도를 결정한 것 같았다. 합의문 발표 직후인 4월 중순에 정몽헌과 나만 조용히 불러 유언장 작성을 지시했다. 정주영 이름의 모든 재산을 정몽헌에게 상속하며, 현대그룹의 경영권 역시 정몽헌에게 넘긴다는 내용이었다. 이후 극비리에 후속 조치들이 진행됐다. 법적 절차를 마무리 짓기 위해 변호사단이 꾸려졌다. 서울 남부터미널 현장 앞에 있는 사무실에서 유언장이 작성됐다. 이때가 2000년 4월 17일이었다. 당시 정 회장은 두 명의 변호사 앞에서 직접 유언장을 낭독했다. 변호사 확인 후 유언장에 날인을 하면서 후계 구도가 사실상 마무리됐다. '왕자의 난'이 발생한 지 한 달여 만이었다."

◆
정주영-정세영 '형제의 난'도 일어날 뻔

정몽헌에 대한 정몽구의 공격이 있기 1년 전에는 정주영-정세영 간 형제의 난이 있을 수도 있었다. 정주영이 정세영을 현대자동차에서 물러나게 하는 과정은 외견상 별 갈등 없이 정리됐지만 아슬아슬한 순간들이 있었다. 정주영은 동생 정세영을 압박해 현대차를 정몽구에게 줬다. 만약 정세영이 형의 '명령'을 따르지 않았다면 정몽구-정몽헌 싸움이 일어나기 1년 전 정주영-정세영이 다투는 1차 '형제의 난'이 일어났을 것이다.

정세영은 자서전 『미래는 만드는 것이다』에서 당시 상황과 심경에 대해 이렇게 말했다. "…32년간 땀과 청춘을 바쳐 이룩했던 자동차회사를 떠나는 과정이 이렇게 마무리됐다. 큰형님(정주영)은 '몽규(정세영의 아들)는 자동차 부회장으로 몽구 밑에 두도록 하겠다'는 뜻을 밝혔지만 나는 다른 견해를 보였다. '다음에 또 오늘과 같은 곤혹스러운 일이 생길 텐데 몽규도 그만두도록 하는 게 좋겠습니다. 함께 자동차를 떠나겠습니다.' 1999년 3월 3일, 나는 이런저런 생각으로 잠 못 이루며 긴 밤을 보냈다. 평상시에 형님은 주위에 나를 오너라고 말해왔기 때문에 나는 자연스럽게 현대자동차의 오너 입장으로 살아왔고 주위의 모든 사람 또한 그렇게 받아들였다. 그런데 '떠나라'는 한마디에 두말없이 회사를 떠나지 않으면 안 될 형편이 되었으니, 사실 나는 오너의 허울을 쓴 전문경영인이었던 모양이다. '떠나라'는 말을 들은 후 32년간 몸담았던 현대자동차의 계동 사옥을 떠나기까지 불과 사흘밖에 걸리지 않았다."

정세영은 당혹스러웠지만 결국 큰형의 뜻에 따랐다. 1~2년도 아니고 강산이 세 번 바뀌는 32년 동안 키워낸 회사를 말 한마디에 떠나야 했던 정세영의 마음은 어떠했을까. 그러나 정세영은 "몇 차례 의견 차이가 있었지만 큰형님을 존경히고 따르는 내 마음은 변함이 없었다. 특히 이치에 어긋난 일을 두고 큰형님의 의사에 반대한 일은 한 번도 없다. 큰형님은 언제나 내 뒤에 서서 지켜보다가 방향을 잃고 잠시 머뭇거릴 때 나아갈 바를 지시해주는 등대와 같았고, 어떤 난관에도 흔들리지 않는 거목으로 나의 버팀목이 돼주셨다"며 정주영에 대한 변함없는 믿음을 나타냈다. 그만큼 정주영은 형제들에게 큰 나무 그늘과 같았다.

2000년 5월 25일, 유언장 내용에 따라 정주영이 보유한 현대중공업 주식이 정몽헌에게 넘어갔다. 정주영은 현대중공업 지분을 계열사에 판 돈으로 현대차 주식 9.3%를 매입하도록 지시했다. 세계 최고의 자동차회사를 만들기 위해 전문경영인을 영입할 계획이었다. 그러나 현대그룹 주가가 일제히 폭락했다. 정부와 채권단은 지배구조 개선과 함께 경영진 문책을 요구했다. 정주영은 결국 5월 30일 '3부자 퇴진' 계획을 언론에 발표했다. 정몽구는 이에 반발하며 "3부자 퇴진 발표를 거둬 달라"고 아버지를 설득했다.

◆

2000년 5월 30일 '3부자 퇴진' 발표

이익치는 정주영이 3부자 퇴진을 결정하게 된 배경에 대해 이렇게 말했다. "현대차가 글로벌 기업으로 가기 위해서는 영어가 필수인데 정주영은 이런 면에서 정몽구가 문제가 있다고 봤고 현대그룹을 더 키우기보다 지키는 것을 원했다. 2세들이 자산가나 사회사업가로 살면서 자신에게 많은 시간을 투자할 수 있기를 바랐다. 경영진이 잘못하면 대주주 권한을 행사해 더 좋은 경영진으로 바꾸면 되는 것 아니냐는 생각을 갖고 있었다."

후계자는 정몽헌으로 정해졌지만 정작 아버지의 뜻을 따른 정몽헌은 점점 늪에 빠져들었다. 반면 아버지의 뜻을 거스르고 독립한 정몽구는 승승장구했다. 현대차는 창사 이래 가장 좋은 실적을 기록한 반면, 정몽헌은 사면초가 신세가 됐다. 현대건설에서 전자와 상선, 석유화학 등으로 유동성 위기가 번졌다. 아버지의 뜻을 따라 정몽헌이 가장 공을 들였던 대북 사업은 퇴로조차 보이지 않는 교착 상태에 빠져 있었다. 대북 사업이 시작된 1998년 이래 2000년 상반기까지 현대그룹 계열사를 통해 북한에 투입된 자금 규모는 2조 5,000억 원이 넘었다. 하이닉스반도체와 현대건설의 경영권은 채권단으로 넘어갔다.

현대증권의 '바이코리아' 펀드를 통해 돈을 끌어모으며 확장해가려던 정몽헌의 전략에 차질을 빚게 만든 것은 대우 사태였다. 1999년 하반기 대우 사태로 예탁금이 빠져나가면서 현대투신은 자본 잠식 상태에 들어갔다. 투신사가 기능을 하지 못하고 은행들은 자기자본비율에 묶여 기업 대출을 꺼리는 상태였다.

◆

정몽헌, 대북 송금 특검 조사 후 투신

이런 와중에 대북 송금 특별검사의 조사를 받은 정몽헌은 2003년 8월 스스로 생을 마감했다. 계동 본사에서 투신한 것이다. 정몽헌은 투신하기 전 집무실 탁자 위에 자신이 사용하던 안경·시계와 함께 흰 편지봉투 세 통에 담긴 유서 넉 장을 남겼다. 현대가는 1982년 장남인 몽필씨가 교통사고로 숨졌고, 1990년엔 4남 몽우씨가 스스로 생을 접었다. 정몽헌의 사망으로 정몽구-몽헌 형제의 화해는 영원히 이뤄질 수 없게 됐다.

정몽헌이 투신하기 전까지 두 사람의 관계는 좀처럼 회복되지 않았다. 정몽구는 2003년 3월, 청운동 옛 정주영 자택에서 열린 제사에도 아들인 당시 정의선 현대·기아차 부사장만 보낸 채 불참했다. 선영에도 혼자 먼저 다녀와 정몽헌과의 대면을 피했다. 넷째 정몽우(1990년 작고)의 아들 문선씨의 결혼식에서도 정몽구-몽헌 형제는 대화를 거의 나누지 않은 채 서먹서먹한 모습을 보였다. 그러나 동생의 자살 소식이 알려지자 형제들 중 가장 먼저 현대 계동 사옥으로 달려와 현장에서 시신 수습 과정을 챙긴 사람은 형 정몽구였다.

정몽구 vs 정몽헌 '왕자의 난' 일지

	2000년
3월	14일 정몽구, 이익치를 고려산업개발 회장으로 전보 인사
	15일 정몽헌 회장, 인사보류 지시
	24일 현대 구조조정위원회, 정몽구 공동회장 면직 발표
	26일 정몽구·몽헌 회장 인사문제 놓고 발표 다시 번복
	27일 현대경영자협의회 개최, 정몽헌 회장 단독회장 체제 승인
4월	24일 참여연대, 현대투신운용 펀드 불법 운용 제기
	25일 정부, 현대투신에 공적자금 투입 거부
	26·27일 현대 계열사 주가 급락. 현대, 계열사 조기 정리 방안 발표
5월	4일 현대, 현대투신 경영정상화 방안 발표
	25일 정주영 명예회장, 계열사 지분 정리와 현대차 지분 매입 발표
	26일 현대 계열사 주가 폭락. 정부·채권단, 현대에 경영진 문책 요구
	28일 현대, 유동성 확보 방안 발표
	30일 현대, 외환은행에 6조원 유동성 확보 방안 제시
	31일 현대, 정주영·몽구·몽헌 퇴진 포함한 경영개선계획 발표
8월	정몽헌 방북, 김정일 면담. 개성공단 건설과 육로 관광 실시 합의
	2001년
3월	21일 정주영 별세
	2003년
3월	23일 금강산 육로 관광 첫 실시
6월	13일 현대아산·조선아시아태평양평화위원회, 금강산 관광지구 내 골프장 건설 등 4개 합의 사항 발표
	30일 개성공단 착공식
7월	26일 정몽헌, 대북 송금 특검 관련 검찰 출두
8월	4일 정몽헌, 투신

'동지애'로 뭉친
정주영의 형제들

◆

한라·성우·후성·현대산업개발·KCC그룹 등

정의선 현대차그룹 회장의 할아버지인 창업자 정주영의 5남 1녀 형제자매들은 그저 피만 나눈 사이가 아니다. 정의선가(家)가 오늘날의 위상으로 자리 잡기까지 이들은 동지요, 사업 파트너였다. 첫째 아들 정주영을 중심으로 똘똘 뭉쳐 특유의 '현대식 단결'을 하나의 문화로 정착시켰다. 숱한 분란의 소지가 있었음에도 현대가가 그나마 평온함을 유지하는 것은 이런 독특한 위계 존중 문화가 바탕에 깔려 있었기 때문이다.

1950년 6월 26일 북한군 탱크가 미아리고개를 넘던 그날 정주영의 첫째 동생 정인영(전 한라그룹 명예회장)은 서울 장충동 집으로 내달았다. "형님! 북한군이 서울에 들어왔어요!" 당시 정인영은 동아일보 외신부 기자였다. 다음 날인 6월 27일 정주영은 중풍으로 누워 있던 어머니 한성실을 모시고 피난을 가기 위해 정인영과 지프차를 타고 을지로로 나갔으나 이미 북한군 탱크가 들어온 상태였다. 정주영은 가족들을 서울에 둔 채 정인영을 데리고 서빙고 나루터로 갔다. 백사장에 있던 보트를 주인 몰래 강물에 밀어넣고 노 대신 손으로 물을 저어 반포 기슭에 닿은 형제는 걸어서 수원으로 가 기차 화통을 타고 천안을 거쳐 부산으로 피난했다.

그곳에서 정인영은 미군 사령부에서 통역을 모집한다는 광고를 봤다. 신분 증명을 요구하는 미군 심사 장교에게 정인영은 동아일보 기자 신분증을 내놓았다. 미군 장교는 "어디로 가고 싶은가. 마음대로 골라라"라고 말했다. 정인영은 공사라도 해서 밥을 먹어야지 하는 생각에 공병대 통역을 자청했다. 이렇게 해서 정인영은 미군 공병대 매카리스트 중위의 통역으로 일하게 됐다.

어릴 때부터 어학에 소질이 있던 정인영은 1938년 19세 때 홀로 일본으로 건너가 미사키 영어학교 고등과, 아오야마 학원대학 야간학부 영문과에서 공부한 적이 있다. 졸업은 하지 못하고 일제의 징용을 피해 몰래 다시 서울로 돌아와 숨어 지내다가 1947년 5월 동아일보 기자 시험에 합격했다. 당시만 해도 영어를 할 줄 아는 사람이 드물어 정인영은 사회부와 정치경제부를 오가며 주로 주한 외국단체나 기관을 출입했다. 이러다가 6·25를 만난 것이다.

정인영과 매카리스트 중위의 만남은 의미 있는 순간이었다. 건설업자를 찾는 매카리스트 중위에게 정인영이 형 정주영을 소개했고 이때부터 정주영이 미군 부대 건설 물량을 싹쓸이하며 성장하기 시작했기 때문이다. 정주영은 오늘날의 현대가 있게 하는 데 큰 역할을 한 매카리스트 중위를 잊지 않고 훗날 중령으로 퇴역한 그를 미국 휴스턴 지점에 고용하고 부부를 한국에 초청하기도 했다.

언론인을 천직으로 알던 정인영이 현대와 인연을 맺은 것은 1953년 현대상운 전무가 되면서부터다. 현대상운은 창고를 지어 부산항 물자를 보관하는 보관대행업을 하는 회사였다. 이어 현대건설 부사장을 맡아 대한민국 수립 이래 최초로 해외 공사를 수주했다. 그러나 1976년 현대건설 사장으로 있을 때 중동 진출과 관련해 정주영과 이견을 보이며 결별했다. 그 후 한라그룹을 만들어 한때 한라건설·한라시멘트·한라중공업·만도기계 등을 계열사로 둔 재계 12위의 위상을 차지하기도 했다. 그러다 외환위기 때 그룹이 부도나는 시련을 겪었다. 이 과정에서 이른바 '형제의 난'도 일어났다. 정인영이 장남 몽국이 아닌 차남 몽원에게 그룹 회장 자리를 물려준 것이 빌미가 됐다. 외환위기 당시 정몽원은 한라건설 등을 제외하고 만도기계·한라공조 등 계열사를 구조조정하는 과정에서 정몽국의 지분도 팔았다. 이에 격분한 정몽국은 2003년 정몽원을 상대로 허락 없이 주식 처분 계약서를 만들었다며 민·형사 소송을 제기했다. 2009년 대법원에서 패한 정몽국은 이후 한라그룹 경영에서 완전히 물러났다.

평소 말이 많지 않았던 정인영의 부인 김월계는 정인영이 새벽에 지방으로 출장 가는 등 일에 빠져 지내자 "당신과 사는 동안 밤잠을 제대로 자 본 적이 없다. 당신이 밤낮을 가리지 않고 일을 해서 성취해 놓은 것이 있다면 그중에는 내 몫도 있다는 것을 알아야 한다"고 말하곤 했다. 김월계는 독실한 기독교 신자였다. 1989년 뇌졸중으로 쓰러진 정인영도 UCLA메디컬센터에서 치료를 받던 중 기독교에 귀의했다. 정인영은 자서전에서 당시를 이렇게 회고했다. "독실한 기독교 신자인 아내는 강권하지는 않았지만 함께 살기 시작하면서부터 내가 하나님을 가까이하기를 은연중에 기원하고 있었다. 나는 병상에서 믿음에 대해 생각했다. 혼자 있는 시간이 많아지면서 인간의 왜소함에 대해 절실하게 느낄 수 있었다. 그래서 기독교에 귀의했다."

◆
첫째 동생 정인영, 한라대학교 세워

정인영·김월계 부부는 2남 1녀를 뒀는데 장녀 정형숙은 일찍 세상을 떴다. 김월계의 영향인지 장남인 정몽국 엠티인더스트리 회장과 차남인 정몽원 한라그룹 회장은 교회에서 부인을 만났다. 정몽국은 이광희와 결혼해 지혜·태선·사라를 낳았다. 이광희는 정인영이 강원도 원주에 세운 한라대학교 총장을 맡기도 했다. 정몽원은 이화여대 신문방송학과를 나온 홍인화와 결혼했다. 홍인화는 동양방송(TBC) 아나운서 출신으로 한라대학교 학교법인인 배달학원 이사장으로 있다. 정인영은 "내게 배움의 길을 열어주고 학문에 대한 갈망을 심어준 배달서당의 이름을 따 배달학원이라고 명기했다"고 학교법인의 이름을 배달학원이라고 정한 배경을 밝힌 바 있다. 홍인화의 어머니는 3선 국회의원을 지낸 서상목 전 보건복지부장관의 누나다. 정몽원·홍인화는 지연·지수 두 딸을 뒀다. 미국 마운트 홀리오크 칼리지를 졸업하고 뉴욕대학에서 석사를 마친 큰딸 정지연은 2012년 이재성 전 현대중공업 회장의 아들 이윤행과 결혼했다. 정지연은 2010년 만도 기획팀 대리로 입사해 영업팀 과장, 미국 만도 주재원 등을 지냈다. 이윤행은 미국 존스홉킨스대학-조지타운대학 법학대학원(로스쿨)을 졸업했다.

정주영의 둘째 동생인 정순영 전 현대시멘트그룹 명예회장은 현대건설 부사장으로 일하다 1970년 현대시멘트 사장을 맡으면서 분가했다. '성우그룹'이란 이름을 쓰기 시작한 것은 성우리조트를 만든 1990년부터다. 1992년 성우종합건설, 1996년 성우전자를 계열사로 편입시키며 팽창하다가 외환위기를 맞아 경영권을 아들들에게 넘겼다. 장남인 정몽선에게는 현대시멘트와 성우리조트를, 2남인 정몽석에게는 현대종합금속을 맡겼다. 3남인 정몽훈은 성우전자와 성우캐피탈, 4남인 정몽용은 성우오토모티브와 현대에너셀을 받았다.

정순영은 부인인 박병임과의 사이에 4남 2녀를 뒀다. 장남 정몽선 성우그룹 회장은 성우리조트 고문을 역임했던 김태휴의 딸 김미희와 결혼했는데, 1993년 태릉 아이스링크 화재 사고로 김미희가 먼저 세상을 떠났다. 이후 정몽선은 평범한 집안의 진영심과 재혼했다. 차남인 정몽석 현대종합금속 회장은 대구에서 중소기업체를 운영하는 아버지를 둔 안정해와 혼인했다. 3남인 정몽훈 성우전자 회장의 부인 박지영의 부친은 예비역 장성이다. 4남 정몽용 성우오토모티브 회장은 동아일보와 고려대를 설립한 인촌 김성수 가문의 손녀인 김수혜와 백년가약을 맺었다. 김수혜의 부친은 인촌 선생의 막내아들인 고 김상겸 전 대한체육회 부회장이다. 첫째 딸 정문숙 전 현대시멘트 고문은 작고했고 막내딸 정정숙의 남편은 이주환 전 현대시멘트 사장이다.

정주영의 셋째 동생으로 유일한 여동생인 정희영의 남편은 김영주 전 한국프랜지공업 명예회장이다. 정주영은 "그가 다가가기만 해도 기계가 저절로 고쳐졌다"며 그를 '기계박사'라고 부르곤 했다. 정주영은 자서전 『시련은 있어도 실패는 없다』에서 "1946년 4월 '현대자동차공업사'라는 간판을 걸고, 그때는 매제가 되어 있던 김영주와 홀동 광산 친구 최기호, 고향 친구 오인보와 같이 자동차 수리 공장을 시작했다. 이때 나는 최초로 '현대'라는 상호를 쓰기 시작했다"고 적었다. 당시 인기 직종이었던 운전기사 출신인 김영주는 황해도 홀동 광산에서 역시 운수업을 하던 정주영을 만난 인연이 사업 동지, 나아가 매제라는 관계로 이어졌다. 김영주는 한때 '왕상무'라고 불리기도 했다. 현대건설 부사장, 현대중공업 사장, 현대중전기 사장, 현대엔진공업 사장 등을 지냈다. 큰아들 김윤수가 자동차 부품과 프랜지 등을 만드는 회사인 한국프랜지공업의 회장을 지냈다. 둘째 아들 김근수는 울산화학·퍼스텍 등을 거느린 후성그룹 회장이다. 김근수는 부인 허경과의 사이에 1남 3녀를 뒀는데 아들 김용민은 후성그룹 사장이다.

정주영의 넷째 동생인 고 정세영 현대산업개발 명예회장은 가장 오랫동안 정주영과 함께 현대그룹을 경영했다. 1968년부터 2000년 물러날 때까지 '포니 정'으로 불리며 현대차에서 32년의 세월을 함께했다. 1974년 국산 1호차인 '포니'를 탄생시킨 주인공이 정세영이다. 정세영은 현대차에서 물러난 이후 주택건설업체였던 현대산업개발을 건설업계 빅5로 키워냈다.

◆
정주영, 형제들에게 부모 이상의 절대적 존재

고려대 정외과를 졸업하고 대학원에 다니던 정세영은 정주영이 운영하던 현대상운에 가끔 나가곤 했다. 그곳에 근무하던 여직원과 사랑에 빠졌기 때문이다. 그러나 "결혼을 하든 유학을 가든 선택은 네가 하라"는 정주영의 '유학 권유' 편지를 받고 고민 끝에 유학길에 올라 컬럼비아대학을 다니다 마이애미 오하이오대학을 졸업했다. 귀국 후 교수 채용 통보를 받은 정세영은 기쁜 소식을 알리기 위해 정주영에게 달려갔다. 그러나 정주영은 "교수 하면 배고파! 나랑 같이 일이나 해!"라고 단도직입적으로 말했다. 부모 이상의 절대적인 존재였던 정주영의 말을 정세영은 기억할 수 없었다.

정세영은 31세에 박영자와 결혼했는데 세 번째 만나던 날 프러포즈를 했다. 『미래는 만드는 것이다』라는 정세영의 자서전에 그 얘기가 나온다. 1958년 여름 뉴욕에서 같이 지냈던 친구 정준두가 정세영에게

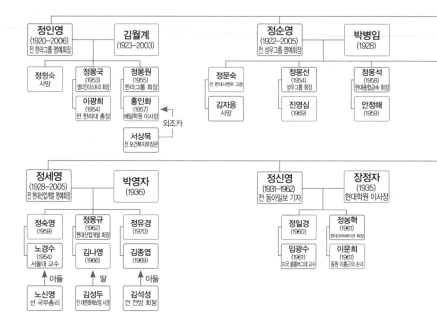

단발머리 여학생을 소개했다. 당시 23세로 이화여대 정외과 3학년이
던 박영자였다. 초롱초롱한 눈망울과 앳된 외모에 매료된 정세영은 바
로 다음 날부터 데이트를 했다. 정세영은 사흘째 되는 날 한강으로 보
트를 타러 갔다가 배 안에서 청혼을 했다. 만난 지 100일도 안 된 9월
에 약혼하고 10월에 결혼했다. 두 사람은 1959년에 맏딸 숙영, 1962년
에 아들 몽규, 1970년에 막내딸 유경을 얻었다.

　장녀인 정숙영은 노신영 전 국무총리의 장남인 노경수 서울대 행정대
학원 교수와 결혼했다. 노경수의 동생인 노철수 아미쿠스 대표의 부인
은 홍라영 전 삼성리움미술관 부관장이다. 홍라영의 언니는 이건희 전
삼성그룹 회장의 부인인 홍라희 전 삼성미술관 관장이다. 정세영가(家)
의 혼맥은 이렇게 삼성과 연결된다. 홍라영의 오빠가 홍석현 중앙홀딩

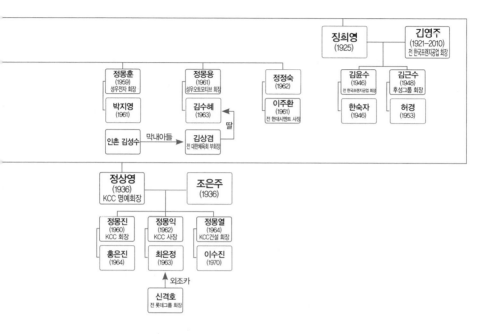

스 회장이고, 김재열 삼성경제연구소 실장의 부인 이서현 삼성복지재단
이사장의 이모가 홍라영이다. 김재열은 김재호 동아일보 사장의 동생이
다. 이런 인연으로 중앙일보사·동아일보사와도 혼맥이 연결된다.

고려대를 나와 옥스퍼드대학에서 정치학 석사를 한 장남 정몽규 현
대산업개발 회장은 전 대한화재보험 김성두 사장의 딸인 김나영과, 이
화여대 사학과를 졸업한 막내딸 정유경은 김석성 전 전방 회장의 막
내아들 김종엽과 결혼했다. 김석성은 김창성 전 경총 회장과 사촌지
간이다. 김창성의 누나인 김문희는 현정은 현대그룹 회장의 어머니이
고 김창성의 동생은 김무성 당시 새누리당(현 국민의힘) 전 대표다.

◆
다섯째 동생 정신영은 교통사고로 요절

정주영의 다섯째 동생 정신영은 정주영이 가장 자랑스러워했던 동생이다. 서울대를 나와 동아일보 기자로 있다가 독일 유학을 떠났는데 교통사고로 32세인 1962년에 세상을 떠났다. 동아일보는 1982년 9월 21일자에서 정신영이 사망한 지 20년 만에 독일 본 대학 박사 학위를 받았다고 보도했다. 스승인 보이트 박사에 의해 논문이 완성돼 경제학 박사 학위를 수여받았고 이를 아들 정몽혁에게 전달했다는 내용이었다. 정신영은 서울대 음대 출신의 첼리스트였던 장정자와 결혼해 1남 1녀를 뒀다. 장정자는 장홍선 전 극동도시가스 회장의 누나인데 적십자사 부총재를 지내고 현대학원 이사장으로 있다. 32세에 현대정유 대표이사로 취임해 오일뱅크라는 브랜드를 만들었던 정신영-장정자 부부의 아들 정몽혁은 현대코퍼레이션 회장으로 있다. 사업가이자 문화재 수집가로 널리 알려진 동원 이홍근 선생의 손녀 이문희와 혼인했다. 딸 정일경은 미국 펜실베이니아주 블룸버그대학 회계학과 교수인 임광수와 결혼해 미국에서 살고 있다.

정주영의 막냇동생인 정상영 KCC 명예회장은 부인 조은주와의 사이에 세 아들을 뒀다. 큰아들 정몽진은 KCC 회장, 둘째 아들 정몽익은 KCC 사장, 셋째 아들 정몽열은 KCC건설 대표이사 회장으로 있다. 정몽익의 부인 최은정은 신격호 롯데그룹 회장의 외조카(신격호의 여동생 신정숙의 딸)다. 최은정의 언니가 최은영(고 조수호 한진해운 회장의 부인) 유수홀딩스(옛 한진해운홀딩스) 회장이다.

3장

LG家

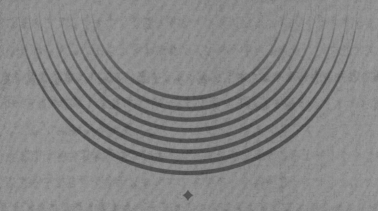

구씨와 허씨의
'통혼 경영' 57년

◆

재계의 모든 혼맥은 LG家로 통한다
'통혼경영'으로 불리는 화려한 혼맥

재벌가 중에서 LG가만큼 혼맥이 화려한 곳도 드물다. 삼성, 한진, 대림, SK, 태광, 두산그룹 등과 직접 또는 한 다리 건너 연결되고 정계, 관계, 학계로도 연결된다. 방계인 LIG금융그룹과 LS그룹, 사돈 간인 GS그룹의 혼맥까지 더하면 더욱 화려해진다. 효성, 벽산, 신동방 등과 연결된다. '재계의 모든 혼맥은 LG가로 통한다', '통혼경영'이라는 말이 있을 정도다. 이렇게 된 데는 LG가가 우선 자녀들을 많이 낳았고 혼사에도 특별히 신경을 썼기 때문이다. 1947년 창업 이래 57년간 동업 관계를 유지했던 구씨가와 허씨가는 2005년 1월 별도 그룹으로 분리됐다. 허씨가는 LG그룹 산하 15개 회사를 넘겨받아 지주회사인 ㈜GS홀딩스를 창업해 GS그룹으로 거듭나면서 오늘에 이르렀다.

LG그룹 창업자인 연암(蓮庵) 구인회는 1907년 8월 28일 경상남도 진양군 지수면 승내리(승산마을)에서 태어났다. 만회 구연호 공의 외아들 재서(再書) 공과 진양 하씨 사이의 6형제 중 장남이었다. 지금도 생가가 보존되고 있다. 승산마을에 맨 먼저 터를 잡아 마을을 이룬 것은 허씨 가문이었다. 구씨가 옮겨와 뿌리를 내리게 된 것은 구인회의 8대조인 구반(具槃) 공 때다. 부친이 현풍 고을 원님으로 있을 때 구반 공이 이곳 허씨 가문의 딸과 혼인하여 처가마을에 살았다. 이후 부친은 한양으로 임지를 옮겼으나 구반 공은 그대로 눌러 살았다. 이후 구씨와 허씨는 대대로 사돈관계를 맺으며 살았다.

구인회의 할아버지 구만회는 대과에 급제해 홍문관 시독이 되었으나 청일전쟁 등을 겪으며 기울어가는 나라의 운명을 절감하고 낙향해 창강정사에서 글을 가르쳤다. 구만회는 구인회의 아명(兒名)을 '정득(丁得)'이라고 지었다. '정미년에 얻은 옥동자'라는 뜻이었다. 구인회는 여섯 살 때부터 할아버지 밑에서 한학을 배웠다. 결혼은 14살에 했는데 신부는 담 하나를 사이에 두고 이웃에 사는 허만식 공의 딸 을수였다. 구인회보다 두 살 많았다.

◆

창업자 구인회의 부친 "무슨 일이든 10년은 해봐야"

LG가 펴낸 『한번 믿으면 모두 맡겨라—LG 창업회장 연암 구인회의 삶』이라는 구인회의 전기에는 이런 대목이 나온다. "열여섯 어린 나이에 시집와서 10남매를 낳아 기르는 동안 온갖 어려운 일을 겪으면서도 불평 한마디 하지 않고, 나만 참고 따르는 것을 부덕(婦德)으로 삼고 살아온 허씨 부인이었다."

한학을 배우던 구인회는 처남 허선구의 권유를 받아 1921년 4월 지수보통학교 2학년에 편입했다. 신학문의 길에 들어선 것이다. 보통학교에 다닐 때는 특히 축구에 재미를 붙였는데 훗날 효성그룹을 창업한 조홍제 등과도 이 무렵에 40리 길을 왕래하며 시합을 가졌다. 서울에 올라가 공부하겠다는 결심을 알게 된 처가에서는 사위를 밀어주었다. 1924년 4월 단신으로 서울로 올라온 구인회는 중앙고등보통학교에 입학했다. 그러나 갑작스럽게 장인이 사망하자 평소 손자가 신학문을 공부하는 것을 마음에 들어 하지 않았던 할아버지는 서울 유학을 청산하고 시골로 내려오라고 명령했다.

고향에 내려와 지수협동조합 이사장으로 뽑힌 구인회는 각종 일용잡화는 물론 광목, 비단까지도 협동조합 구판장에서 싸게 팔면서 한편으로는 동아일보 지국도 운영했다. 그러나 25세 청년의 야망을 붙잡아두기에 고향은 너무 좁았다. 구인회는 진주로 나가기로 결심했다. 그에게는 이미 다섯 명의 아우와 3남 1녀 자식이 있었다. 부친 구재서는 고향을 떠나 진주에서 포목상을 하겠다는 그를 앉혀 놓고 백지에 싸두었던 돈다발을 내놓으며 이렇게 말했다. "2,000원이다. 더 못 주니 네 생각대로 잘해 보거라. 세상을 얕보지 말고, 남하고 화목하게 지내고, 신용을 얻고 사는 사람이 되어야 한다. 나는 너를 믿는다."

그러나 막상 진주에 와서 수소문해보니 자본금 2,000원은 든든하지 않았다. 구인회는 다시 고향으로 돌아가 큰집에 양자로 들어간 동생 구철회를 설득해 1,800원을 모았다. 3,800원의 자본금으로 구인회는 구철회와 함께 1931년 진주에 '구인회상점'이라는 간판을 걸었다. 그러나 생각만큼 쉽지 않았다. 결국 전부터 안면이 있던 사람을 찾아가 상의하니 번창하고 있는 자신의 포목상 건너편에 포목상을 차리라고 했다. 그러나 1년 만에 구인회는 500원의 손해를 봤다. 당시 쌀 한 가마에 4원 50전 하던 시절이니 쌀 100가마가 넘는 금액을 1년 만에 날린 셈이다. 쓰린 가슴을 안고 구인회는 다시 고향으로 돌아왔다. 땅을 저당 잡히고 돈을 융자받기 위해서였다. 아버지는 땅문서를 내놓으며 구인회에게 이렇게 말했다. "초반에 일이 잘 안 된다고 주저앉으면 아무 일도 못 한다. 무슨 일이든 10년은 해봐야 되든 안 되든 결판이 나지 않겠느냐. 조급하게 생각하지 말고 멀리 내다보면서 한 발 두 발 발전해나가도록 해봐라." 구인회는 땅을 저당 잡히고 8,000원을 융자받아 재기에 나섰다. 죽기 살기로 일하니 점차 자리가 잡혔다.

◆

포목점으로 재기에 성공, 진주의 유지가 되다

1935년 3월, 다섯째 아들이 태어난 것을 계기로 구인회는 진주 봉산동에 새집을 마련하고 식구들을 데려왔다. 1936년에는 셋째 아우 구태회가 진주고등보통학교에 입학해 구인회의 집에 합류했다. 그해 여름 대홍수가 일어나 상점이 모두 물에 잠겼다. 포목은 졸지에 쓸모 없는 물건이 되었다. 그러나 구인회는 가을이 되면 오히려 포목 수요가 늘 것이라고 예측해 돈을 빌려 포목을 대량으로 사들였다. 예측이 정확하게 맞아떨어지면서 구인회는 그야말로 돈을 갈퀴로 긁어 들였다. 포목점 주인 구인회는 진주의 유지가 됐고 그해 11월 진주상공회의소 의원 선거에 3위로 당선됐다.

1942년 5월 구인회는 장남 구자경을 장가보냈다. 맏며느리는 진주 대곡면 단목리에 사는 하순봉의 큰딸 하정임이었다. 구자경은 3년 뒤인 1945년 2월 초하루, 장손 구본무를 얻었다. 39세의 구인회는 8·15 광복 이후 진주를 떠나 '기회의 땅'인 서울로 와 조선흥업사라는 상호로 미군정청으로부터 무역업허가 1호 허가증을 받았다.

구인회가 허준구(허창수 GS그룹 회장의 부친)를 만난 것은 해방을 맞은 이듬해인 1946년 정월이었다. 승산마을에서 첫 손가락에 꼽히는 만석꾼이었던 허만정이 셋째 아들 허준구를 데리고 부산으로 구인회를 찾아온 것이다. 당시 구인회는 목탄을 수입해서 팔기 위해 대마도를 목표로 배를 타고 갔다가 후쿠오카 근처로 표류해 그곳에서 농기구를 사다가 판 뒤 부산에 머물고 있었다. 허만정은 구인회에게 이렇게 말했다. "이 아이를 맡기고 갈 터이니 밑에 두고 사람을 만들어주소. 내 사돈이 하는 사업에 출자도 좀 하겠소." 허준구는 구인회의 동생인 구철회의 맏사위여서 두 사람은 사돈관계였다. 이때부터 본격적으로 구씨와 허씨의 동업이 시작됐다고 볼 수 있다.

훗날 허준구는 LG건설·LG전선 회장 및 그룹 부회장을 지냈다. 허창수 GS그룹 명예회장, 허정수 GS네오텍 회장, 허진수 GS칼텍스 이사회 의장, 허명수 전 GS건설 부회장, 허태수 GS 회장 등이 허준구의 아들이다. 구인회는 또 당시 '조신통운'에 다니던 허준구의 동생 허신구도 끌어들였다. 허신구는 1966년 '하이타이'를 출범시킨 일등공신이다. 그는 금성사 사장, 그룹 부회장, 럭키석유화학 회장 등을 역임했다.

1947년 나이 41세 때 구인회는 크림을 만들어 내놓으면서 처음으로 '럭키'라는 이름을 썼다. 구인회의 동생 구정회의 아이디어였다. "기왕에 모델로 서양 여배우를 쓰기로 했으니 상표도 영어에서 따 붙입시다. 럭키가 어떻겠습니까. 행운이라는 말뜻이니 의미도 좋고 우리말로 쓸 때는 한자로 즐거울 樂, 기쁠 喜라고 쓰면 제대로 맞아 들어가는가 싶습니다." 대히트를 기록한 '럭키크림'은 이렇게 세상에 나왔다. 당시 장남 구자경은 부산사범대학 부속초등학교에서 교사로 근무하고 있었다. 차남 구자승은 미군부대에, 3남 구자학은 해군사관학교에 다니고 있었다. 사실상 이 시점에서부터 LG그룹의 역사가 본격적으로 시작됐다.

구인회가 일궈낸 LG그룹은 1995년 손자인 구본무가 50세에 회장에 취임한 뒤, 1999년부터 계열분리에 나서 4개 주요 그룹으로 분리됐다. 구본무기 전자와 화학으로 구성된 LG그룹을 맡았고, 유통과 에너지 및 건설 부문은 사돈이자 동업자였던 허씨 일가가 맡아 GS그룹을 설립하며 분가했다. 1994년 고등학생이던 외아들을 불의의 사고로 잃은 구본무는 동생인 구본능 희성그룹 회장의 아들인 구광모를 양자로 들였다. 구본무가 별세한 뒤인 2018년 5월 구광모는 LG그룹 회장에 올랐다. 구인회의 첫째 동생인 구철회 전 LG화재 명예회장 일가들은 LIG금융그룹을 맡아 경영하고 있다. 또 셋째 태회, 넷째 평회, 다섯째 두회 가족들은 LS그룹을 이끌고 있다.

◆

구인회 장남 구자경, 대지주 가문 하정임과 결혼

구인회-허을수는 슬하에 모두 6남 4녀를 뒀다. 장녀 구양세(뒤에 구자숙으로 고침)는 15세에 경남 남해군수를 지낸 박해주의 아들 박진동에게 시집갔다. 박진동은 해방 후 좌우익 투쟁으로 일어난 학병동맹본부 피습사건으로 먼저 세상을 떠났다. 장남인 구자경 전 LG 명예회장은 1942년 5월, 대지주 가문인 하순봉의 장녀 하정임과 결혼했다. 결혼 당시 구자경은 17세로 진주공립중학교 4학년 학생이었다.

2남 구자승(1974년 작고)은 1956년 부산에서 금성방직 전무로 있던 홍재선의 딸 홍승해와 결혼했다. 홍재선은 전경련 회장과 쌍용양회 회장을 지냈다. 3남 구자학 아워홈 회장은 삼성 이병철 회장의 차녀 이숙희와 1957년 결혼했다. 구자학은 1964년 제일제당(현 CJ) 기획부장으로 삼성에 입사한 뒤 동양TV방송 이사, 호텔신라 대표이사, 중앙개발(현 삼성에버랜드) 사장 등을 거쳐 LG로 돌아왔다.

4남인 구자두 LB인베스트먼트 회장은 이홍배의 딸 이의숙과 결혼했다. 홍재선이 중매했다. 이홍배는 1964년 동양TV 사장으로 일하다 삼성과의 동업 파기로 물러났고 이후 국제신보(현 국제신문) 사장에 취임했다. 이홍배의 장남인 이희종도 LG산전(현 LS산전) 사장과 부회장을 지냈다. 5남 구자일 일양화학 회장은 일찌감치 독립했다. 사업가 김진수의 딸인 김청자와 결혼했다.

차녀 구자혜는 대림산업 이규덕 창업자의 장남인 이재준 전 대림그룹 회장의 막내 아우 이재연에게 시집갔다. 이재형 전 국회의장의 동생이기도 한 이재연은 희성산업 사장, 금성통신 사장, 금성사 사장을 거쳐 LG카드 부회장을 지냈다. 국내에 패밀리 레스토랑 'TGIF'를 처음 들여온 주인공이다. 아시안스타 회장으로 있다.

3녀 구자영은 제일은행장을 지낸 이보형의 아들 이재원과 결혼했다. 구인회의 막내 처남인 허윤구의 아들 허남목의 소개로 만났다. 4녀 구순자는 류헌열 전 대전지법원장 아들이자 서울지검 검사였던 류지민과 결혼했다. 이 혼례도 사돈인 이홍배가 주선했는데 류지민은 43세에 세상을 떴다. 자녀 중 유일하게 구인회가 타계한 뒤 결혼한 6남 구자극은 이화여대 조필대 교수의 딸 조아란과 결혼했다.

LG그룹 창업자 구인회家 혼맥

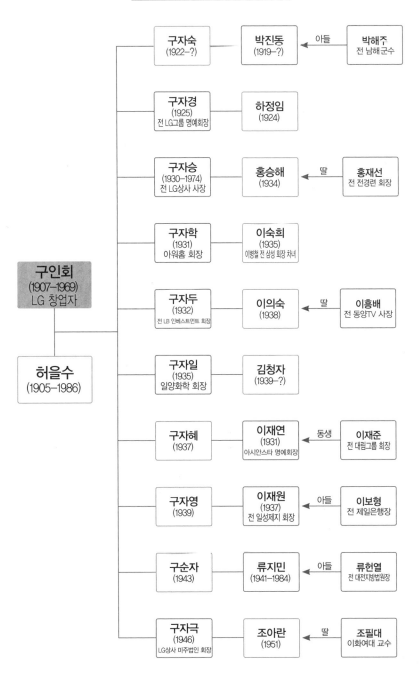

구자숙
(1922–?)

박진동
(1919–?)

아들

박해주
전 남해군수

구자경
(1925)
전 LG그룹 명예회장

하정임
(1924)

구자승
(1930–1974)
전 LG상사 사장

홍승해
(1934)

딸

홍재선
전 전경련 회장

구자학
(1931)
아워홈 회장

이숙희
(1935)
이병철 전 삼성 회장 차녀

구인회
(1907–1969)
LG 창업자

구자두
(1932)
전 LB 인베스트먼트 회장

이의숙
(1938)

딸

이홍배
전 동양TV 사장

허을수
(1905–1986)

구자일
(1935)
일양화학 회장

김청자
(1939–?)

구자혜
(1937)

이재연
(1931)
아시안스타 명예회장

동생

이재준
전 대림그룹 회장

구자영
(1939)

이재원
(1937)
전 일성제지 회장

아들

이보형
전 제일은행장

구순자
(1943)

류지민
(1941–1984)

아들

류헌열
전 대전지방법원장

구자극
(1946)
LG상사 미주법인 회장

조아란
(1951)

딸

조필대
이화여대 교수

LG家의 변함없는
장자승계 전통

◆

구인회-구자경-구본무-구광모까지

'장자 승계 원칙' 확고히 한 LG

1969년 가을, LG그룹 창업자 구인회는 일본 도쿄 경찰병원에 입원해 있었다. 그해 봄부터 어딘지 모르게 머리가 아프고 무겁다는 생각을 하고 있던 그는 어느 날 출근길에 어지럼증과 구토 증세를 보였다. 크게 놀란 가족과 주치의의 권유로 그는 정밀검사를 받기 위해 일본에 와 있었다. 죽음의 그림자가 서서히 그를 찾아왔다. 구인회도 자신이 다시 일어서기 쉽지 않다는 것을 직감했다. 그해 추석 이틀 뒤 빨리 오라는 연락을 받은 구인회의 장남 구자경은 일본행 비행기에 올랐다. 그날 밤 있었던 부자간의 대화를 LG가 펴낸 구인회의 전기『한 번 믿으면 모두 맡겨라—LG 창업회장 연암 구인회의 삶』에서는 이렇게 기록했다.

"한밤중 아버지는 살며시 눈을 떴다. 장남 자경의 걱정스러운 얼굴이 거기 있었다. '아버님, 뭐 좀 드시겠습니까?' 아버지는 한참 지난 후에 입을 열었다. '너희 어머니는 연락됐느냐?' '아마 곧 도착하실 겁니다.' 아버지는 마른입을 물로 축인 다음 천천히 입을 열었다. '자극(구자경이 막냇동생)이는 미국에서 공부하고 있으니 자기 좋다는 처녀하고 혼인시키고, 네 장남 본무는 아무것도 보지 말고, 오직 인물 본위로 사람을 골라서 혼인시켜야 한다.' '예, 그렇게 하겠습니다.' '네 장녀는 김용관씨 막내아들하고 얘기를 해놓았다. 짝지어주거라. 돈만 많으면 뭐하노, 돈이 인생의 전부는 아니다.'

지금까지 이토록 부드럽고 인자하신 말씀을 드러내놓고 표현한 일이 없는 아버지였다. 마음속에는 철철 넘쳐흐르는 애정을 간직하면서도 겉으로는 항상 엄격하고 무표정했던 아버지였다. '너는 장남이라서 학교 선생 그만두고 공장에 와서 고생하게 했을 때 아버지 많이 원망했제? 그래서 니는 많은 것 안 배웠나. 이제 공장 돌아가는 일에 관해서는 니도 박사 다 됐제? 앞으로는 자신을 갖고 일하거라. 이렇게 될 줄 알았으면 좀 쉴걸 그랬제. 내가 몸을 너무 혹사했다.'"

◆

1970년 1월, 2대 회장 구자경 만장일치 추대

구인회의 상태가 날로 악화하던 어느 날 구인회의 첫째 동생 구철회 락희화학 사장은 자신이 선택을 해야 하는 순간이 다가왔음을 알았다. 그는 동생들과 조카들을 한자리에 모았다. "나는 이제 경영 일선에서 물러날 생각이다. 내가 물러나는 것을 전제로 하고 너희들 각자가 허심탄회하게 생각하고 상의해서 앞으로 닥쳐올 일들을 헤쳐나가도록 해라. 진심으로 믿고 당부한다." 구철회는 그렇게 말하고는 방에서 나가버렸다. '후계' 자리에 욕심이 없다는 것을 가족들에게 선언한 것이다.

1969년 12월 31일 LG 창업자 구인회는 63년의 생애를 마감했다. 1970년 LG의 시무식은 창업자의 장례식을 치른 뒤인 1월 6일 열렸다. 이날 구철회는 신년사에서 LG의 전통이 된 '장자 승계 원칙'을 천명했다. "저는 경영 능력 면에서나, 연령 면에서나, 또 돌아가신 회장님의 뜻을 이어받아 펼쳐나가는 데 있어 그야말로 유일한 적임자라 할 수 있는 구자경 부사장을 제2대 회장으로 추대하는 것이 좋을 것으로 생각되는데 여러분 의견은 어떤지 알고 싶습니다." 1월 9일 그룹 합동이사회는 구자경 부사장을 제2대 회장에 만장일치로 추대했다. 구자경 LG그룹 명예회장은 자전 에세이『오직 이 길밖에 없다』에서 아버지에 대해 이렇게 술회했다.

"6·25 동란이 일어나기 직전인 1950년 5월, '교직을 그만두고 내 일을 도우라'는 창업 회장(구인회)의 말씀에 따라 럭키금성에서의 나의 새로운 인생은 시작됐다. 나는 당시 3년 동안 자청해 고학년 담임을 맡아 무거운 책임감을 갖고 우리 역사와 글을 공부하면서 가르쳤다. 6학년 담임을 맡아 진학 지도를 맡아 높은 진학률을 냈다고 해서 학교에서도 사표 제출을 극구 만류해 고민이 클 수밖에 없었다.

내게 맡겨진 일은 고향 선배 한 분과 함께 몰려드는 상인들에게 제품을 나눠주고 낮 동안에는 공장에서 일하다가 밤이면 하루씩 번갈아서 숙직을 하는 것이었다. 이런 생활이 4년 가까이 됐지만 창업 회장께서는 고생한다는 위로 한마디 없었다. 우습게도 30줄에 들어선 그때 내 간절한 소망은 창업 회장으로부터 칭찬 한마디 들어보는 것이었다. 창업 회장께서는 겉으로 표현만 하지 않았을 뿐 자식의 이런 심정을 헤아리고 계셨다.

병상에서 운명을 앞두고 투병하시던 어느 날 이렇게 나를 위로하시는 것이었다. '너 나를 원망 많이 했제. 기업을 하는 데 가장 어렵고 중요한 것이 바로 현장이다. 그래서 본사 근무 대신에 공장 일을 모두 맡긴 게다. 그게 밑천이다. 자신 있게 기업을 키워나가라.' 병상을 지키고 선 나에게 하신 창업 회장의 이 한마디는 결국 유언이 되고 말았다."

구자경, 일제 징용 모면하고자 17세에 결혼

"나는 창업 회장께서 럭키금성을 창업하기 이전, 몇 차례 사업(포목상, 목탄 사업 등)에서 고전하시는 가운데 전 가족이 겪은 어려움을 아직도 잊을 수 없다. 그때의 숱한 위기와 어려움을 극복하는 과정에서 나는 하찮은 토끼 한 마리를 잡는 데도 최선을 다하는 호랑이처럼 '과연 지금 나는 이 의사결정에 최선을 다했는가?' 하고 항상 자문해본다."

구자경은 17세 때인 1942년 5월 고향인 경남 진주시 지수면 승산마을 인근 대곡면 단목리의 대지주 하순봉의 장녀 하정임과 결혼했다. 일제하에서 군대에 붙들려가는 것을 모면하고자 부친 구인회가 일찍 결혼시킨 것이다. LG가는 자손이 많기로 유명하다. 창업자인 구인회는 6남 중 맏아들이었고 6남 4녀, 즉 10남매를 낳았다. 구자경도 4남 2녀를 뒀다. 구자경은 진주고보(진주중)-진주사범을 마치고 고향인 지수보통학교에서 교사로 근무했다. 1950년 LG에 합류하기 전까지 부산의 부산사범대 부속국민학교에서 교사 생활을 했다. 신상우 전 국회 부의장, 권근술 전 한겨레 사장, 이회창 전 한나라당 총재의 부인 한인옥씨 등이 제자다. 신 전 부의장은 한 TV 프로그램에 출연해 '구자경 선생님'에 대해 '호랑이 선생님'이라고 말하기도 했다.

장남은 구본무 전 LG그룹 회장이다. 구자경이 50세이던 장남 구본무에게 회장직을 넘겨준 것은 1995년 2월이다. 구자경이 취임하던 첫해인 1970년 LG 매출은 520억 원이었는데 1994년에는 30조 원을 넘었다. 당시 구자경은 언론 인터뷰에서 "구본무 회장이 15년을 넘기겠느냐, 육체적으로 힘들어 한계에 부딪힐 것이다. 4세 경영 체제에 들어서면 소유와 경영은 자동적으로 분리될 것"이라고 말했다. 이에 구본무는 "좋은 사람이 나타난다면 15년이 아니라 10년 후에라도 물러날 수 있다"고 답했다.

◆
구본무, 김태동 전 장관 딸 김영식과 결혼

구본무는 삼성고를 졸업하고 연세대 상대에 다니다가 육군에 현역으로 입대한 후 세대해 미국 애슐랜드대학 유학을 마친 1972년 김태동 전 보건사회부장관의 딸 김영식과 결혼했다. 이화여고를 나와 이화여대 영문과를 다닌 김영식은 미국에서 도자기를 공부하던 중 한국 민화에 빠져들었는데 수준급 실력파로 알려졌다. 김씨는 미국에서 귀국한 후 이화여대 색채디자인연구소 전통채색화 전문 과정에 다니며 해마다 민화작가 그룹전에 참여해왔고, 개인전도 몇 차례 가졌다. 2013년에는 둘째 딸 구연수(당시 고2)와 함께 '김영식-구연수 모녀전' 미술 전시회를 열어 화제가 되기도 했다.

구본무-김영식은 원래 1남 2녀를 뒀다. 친아들인 구원모씨는 1994년 19세의 나이로 유명을 달리했다. 당시 불의의 사고를 당했다는 소문만 전해졌을 뿐 정확한 사망 원인은 알려지지 않았다. 큰딸 구연경은 연세대 사회복지학과와 미국 워싱턴대학 사회사업학과 대학원을 졸업했다. 2006년 곤지암컨트리클럽에서 가까운 친인척들만 참석한 가운데 윤관 블루런벤처스 사장과 조촐하게 결혼식을 올렸다. 윤관은 미국 스탠퍼드대학에서 경제학과 심리학을 복수 전공하고 경영공학 대학원을 졸업한 후 2000년 블루런벤치스의 진신인 노키아벤처파트너스에 입사했다. 블루런벤처스는 노키아가 최대주주인 회사로 운영자금만 1조 원에 이르는 다국적 벤처캐피털이다. 윤관은 고 윤태수 대영 알프스리조트 회장의 차남이다.

구본무는 2004년 구광모를 양자로 들였다. 1978년생인 구광모는 구본무의 아랫동생인 구본능 희성그룹 회장의 장남이었는데 구본무가 딸만 둘이어서 대를 잇기 위해 장남의 양자로 간 것이다. 경복초등학교, 영동고를 졸업한 구광모는 미국으로 가 로체스터공대를 나왔고 스탠퍼드대학에서 경영학 석사(MBA)를 취득했다. 2009년 가까운 친인척들만 참석한 가운데 중소 식품회사 보락 정기련 대표의 장녀인 정효정과 결혼식을 올렸다. LG그룹에는 '구인회 창업 회장-구자경 명예회장-구본무 회장'으로 이어지는 장자(長子) 승계 원칙이 있다. 또 여성을 경영에 참여시키지 않고 있다. 2018년 5월 20일 구본무 회장이 숙환으로 별세한 뒤 구광모가 그해 6월 29일 LG그룹 회장에 취임했다.

구자경의 장녀 구훤미는 1970년 김용관 전 대한보증보험 사장의 4남인 김화중과 혼인했다. 김용관은 전경련 회장과 ㈜경방 회장을 지낸 김용완의 넷째 동생이다. 2004년 세상을 떠난 김화중은 희성금속 사장을 지냈다. 구훤미-김화중 부부는 두 딸을 뒀는데 둘째 딸 김선혜가 이준용 전 대림그룹 명예회장의 맏아들인 이해욱 DL그룹(옛 대림산업) 회장과 결혼했다. 구자경의 차남 구본능 희성그룹 회장은 1996년 LG에서 계열분리했다. 구본능은 희성금속 사장·회장을 지낸 강세원의 딸 강영혜와 결혼했다가 사별한 뒤 1998년 17세 아래인 차경숙과 재혼했다. 아들 구광모는 구본무의 양자로 보냈고 딸 구연서가 있다.

희성그룹은 희성전자·희성정밀·희성금속·한국잉겔아드·희성화학·삼
보지질 등의 계열사를 거느리고 있다.

◆

LG그룹에서 희성·LIG·LS·LT·LX그룹 분화

구자경의 3남 구본준은 2021년 독립해 LX홀딩스 대표이사 회장을
맡고 있다. 구본준은 사업가 김광일의 딸 김은미와의 사이에 1남 1녀
를 뒀다. 1987년생인 아들 구형모는 미국 코넬대학 경제학과를 나와
2014년 4월 LG전자에 대리로 입사했다. 현재 LX홀딩스 경영기획 담
당 상무다. 1990년생인 딸 구연제는 벤처캐피탈 마젤란기술투자에서
투자심사역으로 활동하고 있다.

구자경의 차녀 구미정은 대한펄프 창업자인 고 최화식 회장의 아들
최병민 깨끗한나라 회장과 결혼했다. 두 사람은 2남 1녀를 뒀다. 큰딸
최현수는 깨끗한나라 사장을 맡고 있다. 구자경의 4남 구본식은 희성
그룹 부회장으로 있다가 2019년 희성그룹에서 독립해 LT그룹을 출범
시키며 회장을 맡았다. 조경아와 결혼해 딸 구연승·구연진 그리고 아
들 구웅모를 뒀다.

창업자 구인회-구자경-구본무-구광모로 이어지는 LG그룹의 장자
승계 전통은 여전히 지켜지고 있다. 이런 과정에서 1996년 희성그룹,
1999년 LIG그룹, 2003년 LS그룹, 2019년 LT그룹, 2021년 LX그룹 등이
LG로부터 독립했다. 이들 그룹이 범LG다. 2005년에는 구씨와 공동
경영을 했던 허씨들이 독립해 나가면서 GS그룹이 탄생했다.

LG그룹 구인회-구자경-구본무-구광모家 혼맥

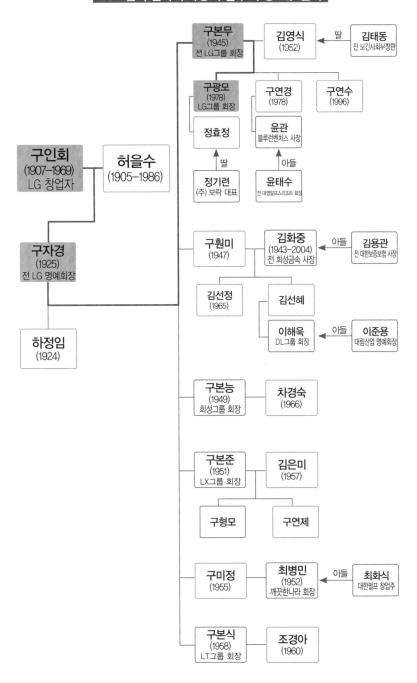

◆

경쟁하듯 화려한 혼맥 구축한
창업자 구인회의 여섯 형제들

LG가는 창업자인 구인회뿐 아니라 창업자 형제들의 혼맥이 화려하기로 유명하다. 구인회를 비롯한 여섯 형제들은 마치 경쟁이라도 하듯 남부럽지 않은 혼맥을 구축해 오늘날 LG가 혼맥의 바탕을 이뤘다.

구인회의 첫째 동생 구철회는 부인 안남이와의 사이에 4남 4녀를 뒀다. 큰집에 양자로 들어간 구철회는 구인회가 처음 사업을 시작할 때부터 함께했던 창업 동지였다. 진주로 가출했던 구인회가 1931년 자금을 구하기 위해 고향인 승산마을로 돌아와 만난 사람이 구철회였다. "우리 같이 한번 안 해볼래?" 하는 형의 제안에 동생은 "형님 뜻이 그러시다면 저도 따라가겠습니다"라고 화답했다. 구철회가 1,800원을 모았고 구인회가 갖고 있던 2,000원을 보태 3,800원을 자본금으로 삼아 1931년 7월, 진주 식산은행 맞은편 2층 건물에 '具仁會 商店(구인회 상점)'이라는 간판을 내건 것이다. 구인회의 삶을 기록한 『한번 믿으면 모두 맡겨라』에서는 당시를 이렇게 기록했다. '구인회 상점의 형제들은 계절이 바뀌든 해가 넘어가든 아랑곳없이 열심히 일만 했다. 하루 세 끼 밥 먹는 시간과 잠자는 시간 말고는 장사에만 매달렸다. 그러니 장사인들 안 될 까닭이 없었다.'

◆

밥 먹고 잠자는 시간 빼고 장사에 매달리다

구인회는 1947년 1월 5일 락희화학공업사를 창립한 후 1953년 서울 사무소를 차릴 때 대구에서 도매상을 경영하며 경북 일원의 판매권을 장악하고 있던 구철회를 서울로 불렀다. 이로써 사장 구인회, 부사장 구철회, 전무 구태회, 지배인 구평회 등 구인회 형제들이 서울사무소의 주축을 이뤘다. 훗날 LG그룹의 모양새가 이때부터 갖추어진 셈이다.

구철회는 또한 오늘날 LG의 전통이 된 '장자 상속'을 뿌리내리게 한 장본인이다. 구인회가 일본 병원에서 사경을 헤매고 있을 때 아우들과 조카들을 한자리에 불러 모아 "나는 이제 경영 일선에서 물러난다"며 형제들 간 분란이 일어날 가능성을 사전에 차단한 이가 구철회였다. 구인회가 세상을 떠난 뒤 1970년 1월 6일 열린 시무식에서 구인회의 장남인 구자경을 2대 회장으로 추대하는 분위기를 이끈 것도 구철회였다. 이런 흐름은 'LG' 하면 '인화'를 떠올리게 하는 바탕이 됐다.

구철회의 4남 4녀 가운데 특히 눈길을 끄는 사람은 장녀 구위숙이다. 구위숙은 경남 진양 출신 허만정의 셋째 아들로 LG의 구씨·허씨 동업의 시작이 된 허준구와 결혼해 5남을 뒀다. 구인회와 허준구의 인연은 구인회의 장인 허만식과 6촌간이었던 허만정이 구인회에게 허준구에 대한 경영 수업을 부탁하면서 시작됐다. 허준구는 1947년 LG

의 모체인 LG화학(당시 락희화학공업사) 영업담당 이사로 첫발을 내디뎠다. 1968년 초대 LG기획조정실장(LG상사 대표이사 겸임)을 맡은 뒤 1969년 국내 민간 기업 최초로 LG화학의 증권거래소 상장을 통한 기업공개를 성공적으로 수행했다. 이어 LG전자 대표이사와 LG전선 대표이사, LG 부회장을 거쳐 1984년 LG전선 회장 겸 LG 총괄부회장을 지냈다. 1995년 구자경 당시 LG 회장이 경영 일선에서 물러나겠다는 의사를 밝히자 허준구는 "구 회장이 퇴임한다면 나도 퇴임하겠다"며 창업 세대들의 동반 은퇴를 유도했다. 이후 구본무 전 LG 회장을 중심으로 한 젊은 세대가 경영 전면에 포진했다. LG건설 명예회장이 허준구의 마지막 직함이었다.

허창수 GS 회장이자 전경련 회장이 허준구의 장남이고 허정수 GS네오텍 회장이 차남, 허진수 GS칼텍스 이사회 의장이 3남, 허명수 전 GS건설 부회장이 4남, 허대수 GS 회장이 막내다. 허창수는 고 이철승 상공부 차관의 딸인 이주영과 결혼해 슬하에 1남 1녀를 뒀다. 장남 허윤홍은 미국 세인트루이스대학을 나와 GS건설 사장으로 있다. 허윤홍의 누나 허윤영은 법무법인 김앤장 대표변호사인 김영무의 장남 김현주와 결혼했다. 김현주의 누나 김선희는 정주영 전 현대그룹 명예회장의 넷째 동생인 정몽우 전 현대알루미늄 회장의 아들인 정문선 현대비엔지스틸 부사장과 결혼했다.

허정수는 고려대 경영학과를 나와 LG전자 상무로 일하다 1996년 LG기공으로 옮겨 독립했다. 부인 한영숙과의 사이에 2남을 뒀다. 허진수는 고려대 경영학과, 미국 조지워싱턴대학 경영대학원을 마치고 호남정유(현 GS칼텍스)에서 근무했다. GS칼텍스 경영전략본부장·경영혁신본부장을 거쳐 GS네오텍 회장으로 있다. 이영아와의 사이에 2남을 뒀다. 허명수는 경복고와 고려대 전기공학과를 나와 LG전자 청소기 공장장, 영국 뉴캐슬 법인장 등을 지냈다. 노재현 전 국방부장관의 딸 노경선과 결혼해 아들 둘을 뒀다. 허태수는 중앙고와 고려대 법대를 졸업하고 미국 조지워싱턴대학에서 MBA를 했다. 이한동 전 국무총리의 장녀 이지원과 혼인했다.

구철회의 차녀 구영희는 의학박사인 이호덕과, 3녀 구자애는 의사 정승화와 결혼했다. 구자애는 '세 번의 결혼과 두 번의 이혼'을 해 화제를 모았다. 1963년 정승화와 결혼한 구자애는 17년 만인 1980년 이혼했다. 하지만 같은 해에 다시 혼인신고를 했고, 1985년에 두 번째 이혼을 했다. 이후 1992년에 다시 혼인신고를 한 것이다. 4녀 구선희는 2012년 세상을 떠난 박용훈 전 휴세코 회장과 결혼했다.

◆

구인회 첫째 동생 구철회, 정재문 전 의원과 사돈 간

구철회의 장남 구자원은 전 LIG손해보험 회장이다. 진주고를 나와 고려대 법대, 독일 쾰른 대학에서 법학을 전공했다. 1964년 락희화학(현 LG화학)에 입사한 후 럭키증권(현 우리투자증권) 사장, 럭키개발(현 GS건설) 사장, LG정보통신(현 LG유플러스) 부회장을 역임했다. 1999년 LG화재(현 LIG손해보험)를 갖고 독립한 그는 2004년 방산업체 넥스원퓨처(현 LIG넥스원), 2008년 LIG투자증권을 세우는 등 계열사 11개에 이르는 LIG그룹을 일궈냈으나 그룹의 모태였던 LIG손해보험을 매각하는 등 경영에 어려움을 겪었다. 사기성 어음(CP)을 발행한 혐의 등으로 2014년 7월, 징역 3년에 집행유예 5년형을 받는 등 시련도 겹쳤다. 장남 구본상 LIG 회장은 징역 4년, 차남 구본엽 전 LIG건설 부사장은 징역 3년을 받았다. 구자원은 유기흥 경춘관광 사장의 딸인 유영희와 결혼해 2남 2녀를 뒀다. 장녀인 구지연은 정몽구 현대차그룹 명예회장의 맏사위인 선두훈 코렌텍 대표의 형 선석훈씨와 1995년 결혼했다.

LG건설 사장을 지낸 구철회의 차남 구자성은 이종구 전 산업은행 이사의 딸 이갑희와 혼인했다. 두 사람은 3남 1녀를 두고 있는데 장녀 구본희는 정재문 대양산업 회장(전 국회의원)의 아들 정연준 미디어플러스 사장과 결혼했다. 5선 의원을 지낸 정재문은 부친 정해영 전 국회부의장이 7선을 지낸 정치 가문 자손이다. 차녀 구본주는 진상범 판사와 결혼했다. 아들 구본욱은 2003년 이병기 전 대통령 비서실장의 딸과 결혼했다.

서울고와 고려대 경영학과를 졸업한 구철회의 셋째 아들 구자훈 LIG문화재단 이사장은 화교 출신 임방인과 결혼했다. 슬하에 3녀를 두고 있는데 막내딸인 구문정이 금호아시아나그룹 박성용 전 명예회장의 장남 박재영과 결혼했다. 구철회의 막내아들인 구자준 전 LIG손해보험 회장은 이준석 전 풍농 회장의 딸 이영희와 부부의 연을 맺었다. 구자준 부부는 해외에 4채의 부동산을 샀으나 한 채만 신고한 사실이 적발돼 금융감독원으로부터 거래정지 처분을 받았다.

구인회의 둘째 동생 구정회는 부인 김증문과의 사이에 5남 2녀를 뒀다. 장남 구자윤 전 LG유통 사장은 정정자와 결혼했다. 부산대 경제학과를 졸업한 구자윤은 1962년 금성사에 입사해 1988년부터 LG유통 사장을 맡았다. 1994년 9월 1남 3녀를 두고 세상을 떠났다. 차남 구형우 전 부민상호저축은행 사장은 이화숙과, 장녀 구숙희는 이구종 전 대한교과서 사장의 아들 이규영과 결혼했다. 3남 구자헌 전 범한 물류 회장은 조종렬 전 한일수산 회장의 딸 조금숙과 혼인했다. 외아들 구본호는 갤럭시아커뮤니케이션즈 고문이다. LG에서 독립한 4남 구자섭 한국SMT 회장의 부인은 심영숙이다. 차녀 구명희는 하영준 전 세원기업 사장과 결혼했다. 한국SMT 부사장인 5남 구자민은 박정화와 혼인했다.

구인회의 셋째 동생 구태회 LS전선 명예회장은 최무와의 사이에 4남 2녀를 뒀다. 구태회는 정치권에 진출해 6선을 하는 동안 국회 예결위원장과 국회부의장을 지냈다. 구태회가 정치 입문을 결심한 것은 1958년이다. 그해 봄 구태회는 형 구인회에게 이렇게 말했다. "형님! 저 암만 해도 정치 한번 해봐야 되겠습니다. 대학(구태회는 서울대 정치학과를 졸업했다) 때부터 공부한 것이 정치 아닙니까. 저도 이제 서른다섯이니 사십을 바라보는 나이입니다. 하고 싶은 일을 한번 해봤으면 싶습니다."

그해 5월 2일 실시될 제4대 국회의원 선거에 입후보하겠다는 뜻을 밝힌 것이다. 짐작은 하고 있었지만 막상 동생의 말을 들으니 구인회는 걱정이 앞섰다. 담배를 뻑뻑 피우며 이렇게 말했다. "니 생각이 그렇다면 말리지는 않겠으니 스스로 판단해서 잘해봐라. 그러나 정치를 하려면 어려운 일 많을 낀데 각오는 하고 있제?" 구태회가 자유당 공천을 받아 고향인 경남 진양 선거구에 입후보하고 보니 경쟁 상대는 무소속 황남팔 후보였다. 구태회는 3만 30표를 획득해 2만 2,647표를 얻은 황남팔을 제치고 당선됐다.

구태회-최무 부부의 장녀 구근희는 이준범과 결혼했다. 이준범은 이계순 전 농림부장관의 아들이다. 이준범은 주방세제·화장품 등에 쓰이는 플라스틱 용기를 생산해 주로 LG생활건강에 납품하는 ㈜화인의 회장이다. 장남인 구자홍 LS니꼬동제련 회장은 지순혜와 연애결혼을 했다. 고등학교 졸업 후 미국으로 유학을 떠난 구자홍은 그곳에서 지순혜를 만나 결혼에 이르렀다.

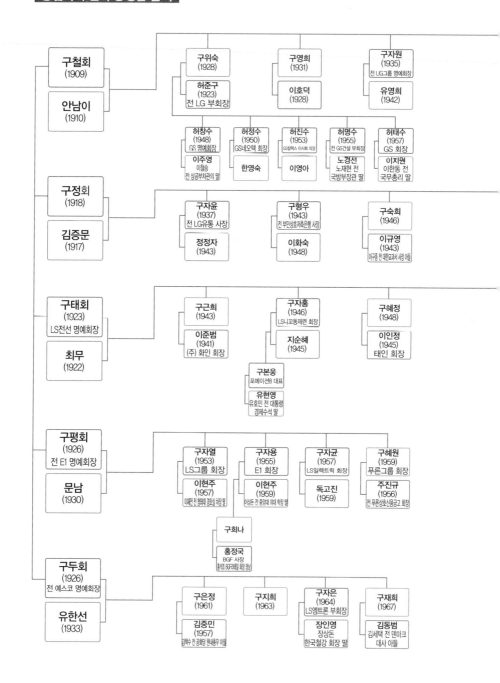

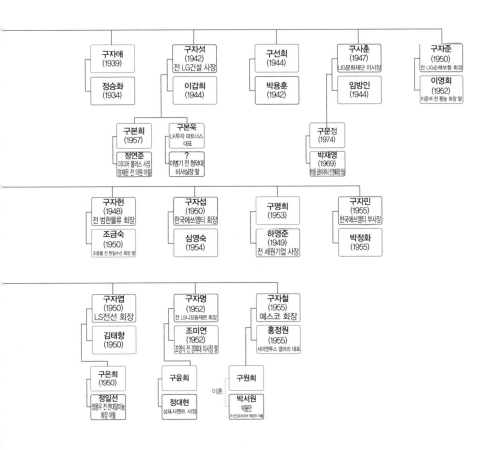

구자애
(1939)

정승화
(1934)

구자섭
(1942)
전 LG건설 사장

이갑희
(1944)

구선희
(1944)

박용훈
(1942)

구사훈
(1947)
LIG문화재단 이사장

임방인
(1944)

구자준
(1950)
전 LIG손해보험 회장

이영희
(1952)
이준석 전 풍농 회장 딸

구본희
(1957)

정연준
미디어 플러스 사장
정재문 전 의원 아들

구본욱
LK투자 파트너스
대표

?
이병기 전 청와대
비서실장 딸

구문정
(1974)

박재영
(1969)
박용 금화하이닉스 전 영업상무

구자헌
(1948)
전 범한물류 회장

조금숙
(1950)
조중훈 전 한일수산 회장 딸

구자섭
(1950)
한국에쓰엠티 회장

심영숙
(1954)

구명희
(1953)

하영준
(1949)
전 세원기업 사장

구자민
(1955)
한국에쓰엠티 부사장

박정화
(1955)

구자엽
(1950)
LS전선 회장

김태향
(1950)

구자명
(1952)
전 LS니꼬동제련 회장

조미연
(1952)
조영식 전 경희대 이사장 딸

구자철
(1955)
예스코 회장

홍정원
(1955)
서미앤투스 갤러리 대표

구은희
(1950)

정일선
정몽우 전 현대알미늄
회장 아들

구윤희

정대현
삼표시멘트 사장

구원희

이혼

박서원
박용만
두산인프라코어 회장의 아들

두 사람은 1남 1녀를 뒀는데, 딸 구진희는 서울대를 나와 2005년부터 명상센터·전시기획사 등 창업에 도전해왔고 현재는 미술 전시 기획회사인 채원컨설팅 대표로 있다. 아들 구본웅은 미국 실리콘밸리 5대 투자회사 중 하나인 포메이션8 대표다. 구본웅은 유호민 전 청와대 경제수석의 3녀인 유현영과 혼인했다.

◆

허창수 전경련 회장, 이철승 전 차관 딸과 결혼

구태회의 차녀 구혜정은 이인정 ㈜태인 회장과 결혼했다. 등신이 인연이 된 것으로 알려져 있다. 이대현·이상현 2남을 낳았는데 이상현은 한양대 총학생회장 선거에 '비운동권' 후보로 나서 당선돼 화제가 되기도 했다. 이상현은 ㈜태인 대표로 있으며 대한하키협회장도 맡고 있다. 2021년 4월 대한체육회 이사가 됐다. 이인정은 누전차단기와 무선주파수 인식기술(RFID) 사업 등에 진출했으며 LS산전·SK하이닉스 등에 납품하고 있다.

차남 구자엽 LS전선 회장은 김태향과 혼인했는데 정몽우 전 현대알루미늄 회장의 장남 정일선 BNG스틸 사장이 사위다. 3남 구자명 전 LS니꼬동제련 회장은 조영식 전 경희대 이사장의 딸 조미연 경희학원 이사와 결혼했다. 두 사람은 구본혁·구윤희 1남 1녀를 뒀는데 구윤희는 삼표그룹 정도원 회장의 외아들 정대현 삼표시멘트 사장과 결혼했다. 4남 구자철 예스코홀딩스 회장은 홍정원 서미앤투스갤러리 대표와 결혼했는데 딸 구원희가 박용만 두산인프라코어 회장의 장남 박서원과 부부 인연을 맺었으나 이혼했다.

구인회의 넷째 동생 구평회 전 E1 명예회장은 문남과 결혼해 3남 1

녀를 뒀다. 장남인 구자열 LS그룹 회장은 청와대 경호실 차장을 지낸 이재전의 딸 이현주와 결혼했다. 장녀 구은아는 이복영 SGC에너지 회장의 장남 이우성 SGC이테크건설 부사장과 혼인했다. 이복영은 이수영 전 OCI그룹 회장의 동생이다. 이화영 유니드 회장이 막내다.

구인회의 막냇동생 구두회 전 예스코 명예회장은 유한선과의 사이에 1남 3녀를 뒀다. 외아들인 구자은 LS엠트론 부회장은 장상돈 전 한국철강 회장(장경호 동국제강 창업자의 아들)의 딸 장인영과, 막내딸 구재희는 김세택 전 덴마크 대사의 아들인 김동범과 혼인했다.

4장

SK·롯데·한진·
한화·두산·
금호아시아나·
DL(구 대림)家

SK그룹
최태원家

◆

최태원-노소영 이혼 소송 중

재벌가 가운데 유난히 연애결혼 많아

SK그룹의 창업자는 고(故) 최종건 회장이다. 최종건은 1926년 경기도 수원의 벌말(지금의 평동)에서 최학배 공과 이동대 여사의 4남 4녀(양분·양순·종건·종현·종분·종관·종순·종욱) 가운데 장남으로 태어났다. 조부인 최두혁과 부친 최학배는 비교적 부유한 농부였다. 나무 장사를 위해 대성상회를 차리고, 수원 잠업시장에 볏짚과 왕겨를 납품하고, 인천 미곡취인소에 쌀을 공급하던 중소 상공인이었다. 최종건은 조부의 지시로 어렸을 때는 서당에서 한문을 배웠다. 4㎞나 떨어져 있었지만 집에서 제일 가까웠던 신풍소학교에 입학해 1942년 졸업했다. 우람하고 건강한 체질이어서 운동을 좋아했던 최종건은 신풍소학교 축구선수로 활약하면서 전국소년축구대회에도 출전했다.

『SK 50년』은 이와 관련해 "유소년기의 최종건은 자유분방하고 패기만만했다…(중략)…장난이 심했던 소년 최종건에게 부친 학배 공이 매라도 들라치면 최종건의 조부가 '사소한 일로 자주 매를 들면 공연히 어린아이들의 호연지기만 꺾는다'며 말렸다. 그런 이유 때문인지 최종건 창업 회장은 적극적이고 도덕적인 성격으로 자라났으며 보스 기질이 강해 또래들이 유난히 잘 따랐다"고 기록하고 있다.

◆

창업자 최종건, 한국전쟁으로 불탄 선경직물 인수

신풍소학교를 졸업한 최종건은 인문계 고등학교를 가라는 부친의 권고를 뿌리치고 스스로 경성직업학교 기계과를 선택해 진학했다. 그는 기술을 배우는 것이 적성에도 맞고 훨씬 더 유익할 것이라고 생각했다. 결과적으로 당시 최종건의 판단은 그의 운명의 길을 가르는 선택이 됐다. 최종건이 그때 기술을 배우지 않았다면 어쩌면 SK 창업은 불가능했을지도 모른다. 기술이 있었기 때문에 적산 기업인 선경직물에 들어가 능력을 인정받았고, 6·25로 잿더미가 된 선경직물의 기계들을 모아 직기를 조립하고 회사를 인수할 생각을 할 수 있었다. 이것은 서서히 제조업이 발흥하던 당시의 시대상과도 딱 들어맞는 흐름이었다. 무엇을 원하든 흐름에 올라타야 뜻한 바를 이룰 수 있다는 것은 최종건 창업 회장의 경우에서 잘 볼 수 있다.

직업학교를 졸업한 최종건은 부친의 권유로 고향에 있는 선경직물에 입사했다. 선경직물주식회사는 일제 강점기에 일본 기업들인 '선만주단'과 '경도직물'이 합작해 설립한 회사였다. 이 두 회사의 앞 글자를 따서 '선경(鮮京)'이라는 회사 이름이 만들어졌고, 그 영문 이니셜을 따서 지금의 SK로까지 이어진 것이다. 당시 최종건은 3급 기사 자격증이 있는 기술자로 입사했고 얼마 지나지 않아 조수도 생겼다. 18세에는 생산부 2조장으로 발탁됐다. 100여 명의 종업원을 편성해서 운영하고, 생산 계획과 품질 관리까지 도맡아 운영하는 파격적인 인사였다.

'최종건 평전간행위원회'가 펴낸 최종건 평전『공격 경영으로 정면 승부하라』에 따르면, 해방 정국의 혼란은 그가 동료들로부터 리더십을 인정받은 중요한 계기가 되었다고 한다. '청년 최종건은 선경치안대를 조직해 선경직물의 일본인 간부들을 무사히 일본으로 귀환할 수 있도록 도와주는 대신에 수많은 종업원의 일터인 회사를 안전하게 지켜내는 데 성공했다'는 것이다. 그가 광복 직후 고향 평동의 치안대장을 맡았을 때도 적산 물품을 서로 차지하기 위해 동네 사람들 사이에 경쟁이 일어나자 번호표를 뽑게 해 물건을 골고루 나눠주는 식으로 원만히 처리했던 것도 그의 리더십을 엿보게 하는 한 장면이다.

◆
3공 시절 박정희·김종필 도움 받아

SK 창업의 밑바탕은 최종건이 선경직물을 불하받은 것에서 비롯되었다. 광복 이후 최종건은 명목상의 한국인 주주들이 관리인이 된 선경직물에서 생산부장으로 근무했다. 그러나 6·25가 일어나면서 선경직물은 잿더미가 돼버렸다. 폐허 속에서 불에 탄 공장을 인수할 사람이 없었다. 『공격 경영으로 정면 승부하라』는 당시 상황을 이렇게 기록했다. "전쟁이 일어나기 전까지는 관리인으로 있던 황청하와 김덕유에 의해 불하가 추진된 적이 있었다. 만약 공장이 폭격으로 인해 파괴되지 않았다면 이들 두 관리인에게 불하되었을지도 모를 일이다. 그러나 전쟁이 끝난 뒤 두 사람은 선경직물의 관리 책임을 포기한 상태였다. 최종건은 선경직물 토지의 절반을 소유하고 있던 차철순과 협의해 그기 갖고 있던 지가증권으로 불하 계약금액인 13만 환을 납부하고 1년 내에 이 금액을 현금으로 반환한다는 조건으로 차철순과 공동으로 불하를 받았다. 이후 최종건은 13만 환을 모두 갚고 차철순으로부터 공동매수인 권리포기각서를 받은 후 1953년 10월 1일 선경직물 창립을 선포했다."

원사 구입 자금과 인건비로 어려움을 겪던 최종건의 숨통을 틔워준 것은 당시 최고의 인기 상품이었던 '닭표 안감'과 '봉황새 이불감'이었다. 이 두 상품을 통해 벌어들인 돈으로 최종건은 선경직물 매수대금의 잔금을 다 갚았고 큰돈을 벌었다. 1956년에는 수원시 최고 득표를 기록하며 수원시의회 의원으로 당선되기도 했다. 창업기를 지나 도약기로 가는 길목에서 최종건은 당시 박정희 대통령의 도움을 받았다.

경희대 김한원 교수는 『SK그룹 최종건 창업 회장의 창업 이념과 기업가 정신』에서 이렇게 썼다. "선경직물 인수 이후 열정과 집념으로 최종건이 기업 성장에만 몰두한 것이 박정희 국가재건최고회의 의장에게 좋은 인식을 심어주었다. 이것이 1961년 9월 박정희 의장의 선경직물 수원공장 방문으로 나타났다. 박 대통령은 민정 이양 이후인 1964년 10월에도 선경직물 수원공장을 다시 찾았다. 대통령의 선경직물과 최종건 회장에 대한 관심은 선경에 대한 신뢰도를 높여주었을 뿐 아니라 홍보에도 크게 도움이 됐다. 예컨대 1964년 방문 때 동행한 영부인 육영수 여사에게 선물한 한복 옷감은 소위 '청와대 갑사'로 불리며 히트 상품이 됐다."

『공격 경영으로 정면 승부하라』는 최종건-박정희 만남이 있기까지는 김종필 전 국무총리의 역할이 있었다고 전한다. "한일회담 막후 교섭

차 김종필이 일본으로 떠나게 되었을 때 환송회를 겸한 만찬장에서 박정희 의장은 이렇게 한탄했다. '기업인들이 거의 다 부정축재자들이니 대체 우리나라 경제를 누가 이끌어가겠습니까? 기업인들 가운데 가장 양심적인 사람을 꼽자면 누가 있겠습니까? 우리나라에는 특혜 없이 자생력으로 성장한 기업이 하나도 없으니, 참으로 안타까운 일입니다.' 이때 김종필이 나섰다. '수원에 선경직물이라고 있는데, 전쟁으로 잿더미가 된 공장을 일으켜 세워 자생력으로 성장한 기업이라고 합니다.' 김종필은 직계 부하인 이병희에게서 들은 대로 선경직물에 대한 이야기를 자세하게 털어놓았다. 그리고 그 기업을 일으킨 최종건에 대해서도 아는 대로 설명했다."

◆

동생 최종현 시대 넘어오며 정유·통신 확대

1962년 무역회사인 선경산업을 창립했고 1966년에는 선경화섬을 설립하는 등 사업 확대에 매진한 최종건은 1963년, 건국 후 민간 기업 대표로는 처음으로 금탑산업훈장을 받았다. 직물에서 원사까지 일괄 생산 체제를 갖춘 이후 그의 꿈은 정유공장을 짓는 것이었다. 선경석유를 설립했으나 오일쇼크가 터지면서 정유공장 설립은 생전에 이루지 못한 꿈으로 남았다. 선경건설을 만들어 1973년 2월에는 워커힐호텔을 인수했다. 1962년 정부가 추진하는 관광 사업의 일환으로 건설된 워커힐은 운영권이 교통부 산하의 국제관광공사에 있었다. 10년 내내 적자를 면치 못해 정부가 장충단의 영빈관과 함께 민간 기업에 팔기로 방침을 정한 상태였다. 최종건은 워커힐을 내정가보다 비싸게 일시불로 인수하겠다고 선언했고, 박정희는 "세계에서 제일가는 호텔을 만들어달라"는 조건을 붙여 수락했다. 워커힐 인수는 그의 마지막 불꽃을 태운 프로젝트였다. 그해(1973년) 11월, 최종건은 48세의 젊은 나이에 폐암으로 생을 마쳤다.

급작스러운 최종건의 죽음으로 그룹의 운영을 맡은 것은 동생인 최종현이었다. 고(故) 최종현 회장은 자신이 쓴『도전하는 자가 미래를 지배한다』에서 당시를 이렇게 설명했다. "선경의 모체인 선경직물은 1953년에 창립되었다. 6·25 사변으로 모두 파괴된 기계들을 모아 15대의 직기를 재조립해 가동하기 시작했다. 이때가 1953년 4월이었다. 나는 이 시기를 선경의 실질적인 창업 시기로 보고 있다. 전 회장(최종건)이 공장 관리를 맡았고 나는 판매 및 구매 관리를 맡았는데 장사가 잘되었다. 1954년 나는 사업에서 손을 떼고 미국에 건너가 공부를 했는데 전 회장의 독촉에 못 이겨 1962년 11월 귀국했다. 그때 와서 보니 15대의 직기가 162대로 늘어났고, 새로 주문한 140대가 설치되고 있었으므로 8년 동안 20배 정도 확장된 셈이었다. 아세테이트 원사공장과 폴리에스테르 원사공장을 세우게 됐다. 그러던 중 1973년 11월 전 회장이 돌아가시게 되어 자의 반 타의 반으로 본인이 선경을 맡게 되었다."

◆

재벌가에선 독특하게 외국 남성과 결혼 사례도

최종현은 형의 숙원이자 그룹의 전략 사업이었던 정유업에 관심을 가졌다. 1980년 유공(현 SK이노베이션)을 인수한 것은 이런 맥락에서 이루어졌다. 1994년에는 한국이동통신(현 SK텔레콤)을 인수하며 정보통신업을 신성장 동력으로 삼아 오늘에 이른다.

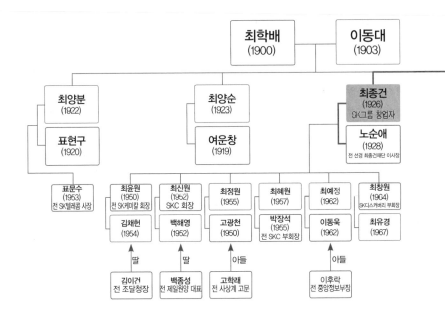

SK가는 재벌가 가운데 유난히 연애결혼이 많다. 이런 배경에는 고 최종현 전 회장의 영향이 컸다. 최종현은 결혼식을 간소하게 하는 것을 선호했고, 상대가 누구인지도 크게 구별을 두지 않았다. "배우자는 당사자가 스스로 선택하는 것"이라고 밝힌 적도 있다. SK가의 혼맥과 관련해서는 노태우 전 대통령, 고 이후락 전 중앙정보부장 등과 사돈 관계를 맺는 등 정치인 집안이 눈에 띈다.

최종건 창업자는 24세에 노순애와 결혼했다. 평소 노순애를 눈여겨 본 큰누나 최양분이 소개한 것으로 알려졌다. 최종건은 노순애와의

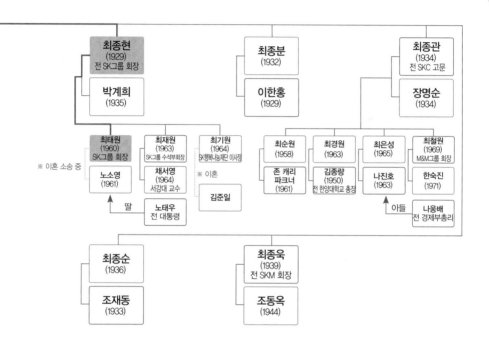

사이에 3남 4녀(윤원·신원·정원·혜원·지원·예정·창원)를 뒀다. 장남인 고 최윤원 전 SK케미칼 회장은 김이건 전 조달청장의 딸 채헌씨와 결혼했다. 미국 엘론대학을 졸업한 그는 1978년 선경합섬(SK케미칼 전신)에 입사했다. 1992년 12월 SK케미칼 부회장에 오른 뒤로는 사실상 경영에서 손을 떼고 전문경영인에게 권한을 일임했다. SK케미칼 회장으로 있던 2000년 나이 50세에 지병을 얻어 세상을 떠났다. 두 사람은 슬하에 1남 3녀(서희·은진·현진·영근)를 뒀다. 아들 최영근은 현재 SK그룹 계열사의 급식 사업을 전담하는 후니드의 주주다.

최종건 창업자의 차남인 최신원 SKC 회장은 백종성 전 제일원양 대표의 딸 백해영과 결혼해 1남 2녀(유진·영진·성환)를 뒀다. SK네트웍스 사업총괄로 있는 아들 최성환은 2010년 신조무역 최용우 회장의 장녀 최유진과 혼인했다. 최신원·최성환 부자가 모두 해병대에서 군복무를 마쳐 병역 미필자가 많은 재벌가 자녀들과 대비되며 화제가 되기도 했다.

최종건의 장녀 최정원은 고학래 전 사상계 고문의 아들 고광천과 혼인했고, 차녀 최혜원의 남편은 박장석 전 SKC 부회장이다. 4녀 최예정의 시아버지는 이후락 전 중앙정보부장으로 최종건과 이후락은 호형호제할 정도로 관계가 남달랐다. 최예정의 남편은 이후락의 3남인 이동욱이다. 이동욱의 형인 이동훈은 김승연 한화그룹 회장의 누나인 김영혜와 결혼했고, 이동훈의 장남은 손경식 CJ그룹 회장의 장녀 손희영과 혼인했다. 이런 과정을 통해 SK가 혼맥은 CJ가·한화가와 연결된다.

최태원 SK그룹 회장은 최종현 전 회장과 박계희 여사의 장남이다. 신일고, 고려대학교 물리학과를 졸업한 뒤 미국 시카고대학에서 경제학 석박사 통합과정을 수료했다. 1991년 SK상사 경영기획실 부장으로 입사했다. 최태원은 노태우 전 대통령의 딸인 노소영과 1988년 9월 13일 청와대 영빈관에서 결혼식을 올렸다. 성격 차이로 2012년쯤부터 사실상 별거 상태였던 두 사람은 2018년 7월 6일부터 이혼 소송 중이다.

최태원-노소영은 최윤정·최민정·최윤근 2녀 1남을 뒀다. 첫째 딸 최윤정(32)은 베이징국제고를 졸업한 뒤 미국 시카고대학교에서 생물학을 전공했고, 이후 하버드대학교 물리화학연구소, 컨설팅업체 베인앤컴퍼니 등을 거쳐 2017년 SK바이오팜 전략기획실에 입사해 책임매니저로 근무하다 현재 다시 미국 유학 중이다. 서울대를 나와 베인앤컴퍼니에서 근무한 IT벤처기업인 송아무개씨와 2017년 결혼했다. 송씨는 평범한 집안의 3남으로 알려져 있다.

둘째 딸 최민정(30)은 2015년 4월부터 '충무공 이순신함(4,400톤급)'에서 전투정보보좌관으로 근무했다. 중국 베이징대에서 경영학을 전공한 최민정은 2014년 4월 117기 해군사관후보생 모집에 지원해 합격, 같은 해 11월 해군 소위로 임관했다. 재벌가 딸이 군에 자원입대해 장교가 된 사례여서 언론의 조명을 받았다. 2019년 8월 SK하이닉스에 입사하여 근무하다가, 지금은 미국 전략국제문제연구소(CSIS) 연구원으로 있다. 최태원의 장남인 최인근(26)은 2014년 미국 브라운대에 입학해 물리학을 전공했고 보스턴컨설팅그룹 인턴십을 거쳤다. 2020년 9월 21일 SK E&S 전략기획팀에 신입사원으로 입사했다.

최태원은 현재 동거 중인 김희영 티앤씨재단 이사장과의 사이에도 딸 한 명을 뒀다.

최 회장의 동생인 최재원 SK그룹 수석부회장은 채서영 서강대 영문과 교수와 결혼했다. 최태원은 2013년 1월 횡령 혐의로 기소되었고, 지난 2014년 2월 징역 4년형이 확정돼 수감 생활을 했다. 최재원도 수감 생활을 해 형제가 모두 옥고를 치렀다. 최종현 전 회장의 막내딸인 최기원 SK행복나눔재단 이사장은 SK그룹 계열사에 근무하던 김준일씨와 결혼했지만 이혼했다.

최종건 전 회장의 둘째 남동생인 최종관 전 SKC 고문은 장명순과의 사이에 1남 6녀를 뒀다. 장녀인 최순원은 재벌가에서는 독특하게 외국인 존 캐리파크너와 결혼했다. 3녀 최경원은 김종량 전 한양대 총장과, 4녀 최은성은 나웅배 전 경제부총리의 차남인 나진호와 혼인했다. 최종건 전 회장의 막냇동생인 최종욱 전 SKM 회장은 새누리당 비상대책위원을 맡았던 조동성 서울대 교수의 누나 조동옥과 결혼했다. 조동옥은 박정희 대통령 시절 재무부장관을 지낸 서봉균씨의 사위인 조동일 서울대 공대 교수의 누나이기도 하다.

롯데그룹
신동빈家

◆

창업자 신격호, 동생들과 잦은 재산 분쟁

태광·DB·NK·아모레퍼시픽그룹 등과 문어발 혼맥

롯데그룹 창업자 신격호는 1922년 경남 울산군 삼남면(지금은 삼동면) 둔기리(일명 둔터) 문수산 아래에서 태어났다. 영산 신씨 문중 10남매(5남 5녀) 중 맏아들이다. 어린 시절 집에서는 그를 '호야'라고 불렀다. 4년제 삼동보통학교를 마친 그는 왕복 30리가 넘는 언양의 6년제 언양공립학교로 편입해 먼 길을 통학했다. 어린 그를 눈여겨본 사람은 '명동댁' 큰아버지 신진걸이었다. 알아주는 곧은 선비였던 신진걸은 중농 이상의 부유한 선비였다. 그는 '둔기의숙'이라는 야학을 세웠으며, '근농조합'이라는 금융기관도 만들었다. 신진걸은 면 의원이었던 동생 신진수(신격호의 부친)에게 "재(신격호)는 농사보다 공부를 시켜라"라고 말하곤 했다.

신격호는 1941년 세상을 향한 도전에 나섰다. 사촌형이 마련해준, 당시 면서기의 두 달 치 봉급인 83엔을 손에 쥐고 집을 나온 것이다.

그는 고향 문수산을 넘어 일본 후지산을 향해 갔다. 그의 나이 19세 때였다. 신격호는 "하도 가난해 일본에 가서 공부해 성공하겠다고 생각했다. 반대하실 것 같아 아버지께는 말씀드리지 않고 어머니에게만 조용히 말씀드렸다"고 밝힌 적이 있다. 신격호의 어머니 김순필 여사는 큰아들이 일본으로 간 뒤 아들의 앞날을 기원하며 문수사(당시는 문수암)를 찾아 불공을 드리곤 했다. 이를 기억한 신격호는 훗날 어머니가 세상을 떠나자 문수사에 크게 시주를 했다.

◆

일본에서 60대 고물상 주인 만나 인생 전환

관부연락선을 타고 일본으로 간 신격호는 시모노세키 항에서 일본 형사에게 불려갔다. 소지품과 가방을 수색한 형사는 신격호가 혹시 공산당에 가입하려고 온 것이 아닌가 추궁했다. 매를 맞으며 2시간여 동안 혹독한 조사를 받고서야 풀려났다. 신격호가 죽기 전까지 일본으로 귀화하지 않은 데는 이런 악연도 영향을 미쳤을 것이다. 닥치는 대로 우유·신문 배달, 공장 청소 등을 하며 일본에 적응한 신격호는 징병을 피하기 위해 와세다 고등공업학교(지금의 와세다대학 이학부) 야간부 화학과에 입학했다. 전쟁 중이었지만 이공계 학생들에 대해서는 징집을 하지 않았기 때문이다. 학교를 졸업한 신격호는 26세에 '히카리 특수화학연구소'를 설립했다.

기자 또는 작가의 꿈을 키웠던 신격호의 운명을 바꾼 것은 한 고물상 주인이었다. 어느 날 평소 그를 눈여겨봤던 고물상 주인이 찾아왔다. 하나미쓰라는 60대 남자였다. 그는 아르바이트생으로 잠시 인연을 맺었던 신격호를 신뢰했다. "군수용 커팅오일(기계를 갈고 자르는 선반

용 기름)이 품귀 상태다. 자네가 공장을 차려 제조해보겠다면 5만~6만 엔 정도 출자할 용의가 있다. 수요처는 내가 주선해주겠다. 어떤가? 해볼 텐가?"

신격호는 흥분했다. 당시 일류 회사에 다니는 회사원의 월급이 80 엔 정도였다. 큰돈을 빌려주고 수요처까지 알선해주겠다는데 마다할 사람이 있겠는가. 신격호는 도쿄 오오모리 지구에 공장 건물을 얻었 다. 하지만 행운의 여신은 쉽게 오지 않았다. 공장을 가동하기도 전에 미군기의 폭격을 받아 공장이 불에 탄 것이다. 그러나 신격호는 좌절 하지 않았다.

이번에는 중앙선 주변의 하치오지 지구에 건물을 빌려 다시 커팅오 일 제조에 들어갔다. 하치오지에 공장을 차리기 직전 그는 가출 후 처 음으로 아버지에게 문안 편지를 보냈다. 공장 가동 직후 보낸, 근황을 알리는 두 번째 편지에서 신격호는 두고 온 어린 딸 영자가 눈물겹도 록 보고 싶다고 회고했다. 그러나 그의 공장은 또다시 B-29의 폭격을 받아 건물·기계·원료가 모두 불에 탔다. 하나미쓰는 "이것도 운명이 다. 너도 살길을 찾아라. 나는 시골에 가서 농사나 짓고 살겠다"고 신 격호를 위로했다. 하지만 신격호의 머릿속에는 어떻게든 돈을 벌어 은 혜를 갚겠다는 생각뿐이었다.

신격호는 도쿄의 스기나미구 '오기구보'에 있는 군수공장 기숙사 자 리에 다시 사업장을 차렸다. 공장 입구 기둥에다 직접 붓글씨로 쓴 '히 카리 특수화학연구소'라는 간판을 내걸었다. 1946년 5월이었다. 이번 에는 커팅오일뿐 아니라 비누, 화장품도 만들었다. 물자가 부족한 시 대여서 화장품은 그야말로 날개 돋친 듯 팔려나갔다. 돈을 걷기 위해 하루 200군데 상점을 자전거를 타고 돌아다녀야 했을 정도였다. 신격 호는 공장을 가동한 지 1년 반 만에 하나미쓰에게 빌린 6만 엔을 모두 갚았다. 신격호는 "화장품 사업을 벌여 1년 반 만에 빚 6만 엔을 모두 갚고 하나미쓰 선생께 집을 한 채 사드렸다. 당시에는 어떻게든 돈을 빨리 벌어 그 어른에게 보답하겠다는 마음뿐이었다"고 회고한 적이 있다. 1947년 신격호는 자신의 근황을 알리는 편지와 어른 손바닥만 한 금덩이 2개를 고향에 계신 아버지에게 보냈다. 마침 일본에 들렀던 독립운동가 정한경 박사가 금덩이 전달책 역할을 했다.

◆

친구가 건넨 미군 껌이 롯데 탄생의 계기

과거에 '롯데' 하면 떠오르는 것은 '껌'이었다. 신격호가 껌 사업에 나선 것도 우연한 계기에서였다. 어느 날 친구 한 명이 신격호의 공장에 놀러왔다. 그는 영어 문자가 쓰인 추잉껌을 꺼내며 말했다. "미군부대에서 흘러나온 것인데 씹어봐." 신격호는 추잉껌의 원료인 남미산 천연수지가 소량이지만 이미 일본에 들어와 있다는 사실을 알게 됐다. 완벽주의자인 신격호는 품질의 정확성을 기하기 위해 약제사 한 명을 고용했다. 이렇게 해서 당시 일본에서 제일 품질이 좋은 껌이 '히카리 특수화학연구소'에서 생산됐다. 소문이 퍼지자 사람들이 줄을 섰다. 신격호와 약제사, 그리고 종업원 5~6명에 불과했던 공장은 밀려드는 주문 수요를 맞출 수 없었다. 오늘날 롯데그룹의 모체가 바로 이 연구소다. 신격호는 괴테가 지은 『젊은 베르테르의 슬픔』 속 여주인공 샤로테의 이름을 따서 회사 이름을 'LOTTE'라고 정했다.

신격호는 세 번 결혼했다. 세 부인과의 사이에 2남 2녀를 뒀다. 1940년 고향 처녀인 노순화와 혼인해 장녀 신영자 전 롯데복지재단 이사장을 낳았다. 하지만 신영자가 태어나기도 전에 신격호는 일본으로 갔다. 노순화는 1951년 29세에 세상을 떴다. 신영자는 아버지의 얼굴을 보지도 못한 채 유년 시절을 보내야 했다. 신격호는 시게미쓰 다케오(重光武雄)라는 일본 이름을 갖고 있다. 그는 일본에서 두 번째 부인 시게미쓰 하쓰코(重光初子)를 만나 동주·동빈 두 아들을 뒀다. 하쓰코의 외삼촌은 1930년대 주중 일본 대사를 지낸 시게미쓰 마모루(重光葵)다. 1932년 윤봉길 의사의 중국 상하이 훙커우 공원 의거 당시 중상을 입었던 인물로 1945년 미군 전함 미주리호에서 거행된 항복문서 조인식에 일왕 히로히토와 함께 참석하기도 했다. 신격호는 이후 미스롯데 출신의 영화배우 서미경과 만나 막내딸 신유미 전 호텔롯데 고문을 얻었다.

장녀 신영자는 1967년 장오식 전 선학알미늄 회장과 결혼해 1남 3녀를 뒀지만 이혼했다. 신영자는 삼동초등학교 5학년 때 부산으로 이사해 중·고등학교는 부산에서 다녔고, 이화여대를 졸업했다. 복지기금 570억 원으로 '롯데삼동복지재단'을 울산에 만들어 이사장으로 있다. 신영자의 장녀는 장혜선이다. 개인 사업을 하며 혼자 살고 있는 것으로 알려졌다. 하버드대학 심리학과를 졸업한 둘째 딸 장선윤은 호텔롯데 전무다. 그녀는 롯데쇼핑 이사 시절 롯데백화점의 대표 명품관인 애비뉴엘 개점을 진두지휘하기도 했다. 롯데백화점에서만 12개의 매장을 내며 사업을 확장했다. 재벌 빵집 논란에 휩싸여 매각한 '포숑'도 장선윤이 추진했던 사업이다. 장선윤은 2007년 10월 양성욱 브이앤에스 대표와 몰디브에서 재혼했다. 양성욱은 양해엽 전 재불 한국문화원장의 셋째 아들이다. 장남인 장재영은 유니엘을 운영하고 있다.

◆

신동빈, 형 신동주와 갈등 계속돼

신격호의 장남 신동주 SDJ코퍼레이션 회장은 재미교포 사업가인 조덕만의 차녀 조은주와 결혼해 슬하에 아들 한 명을 두고 있다. 남덕우전 경제부총리가 주례를 섰다. 일본 아오야마대학 경영학과를 졸업한신동주는 미쓰비시상사에서 10년간 샐러리맨으로 일하다 1987년 한국롯데에 입사한 후 일본으로 건너갔다. 신격호의 차남인 신동빈 롯데그룹 회장의 부인은 일본인이다. 일본 최대 건설사 중 하나인 다이세이(大成)건설의 오고 요시마사(大鄕淡河) 부회장의 차녀 오고 마나미(大鄕眞奈美)와 결혼했다. 오고 마나미는 일본 귀족학교 '가쿠슈인(學習院)'을 졸업했고, 일본 황실의 며느리 후보로 거론되기도 했다. 전 일본 총리 후쿠다 다케오가 중매를 섰고 나카소네 전 총리가 결혼식에서 축사를 했다. 오고 마나미는 일본에 거주하며 대외적으로 모습을 잘 드러내지 않는다. 1955년 도쿄에서 태어나 20대 초반까지 일본에서 생활한 신동빈은 컬럼비아대학에서 경영학 석사 학위를 받았다. 노무라증권에서 7년 동안 일한 경험이 있다. 롯데그룹 경영권을 놓고 시작된 신동주-신동빈의 갈등은 신격호 사망 이후에도 계속되고 있다.

신격호의 바로 아래 동생인 신철호는 부인 송수영과의 사이에 2남 6녀를 뒀다. 이 가운데 첫째, 셋째, 넷째 사위가 모두 변호사다. 장남인신동림의 부인은 정승원 서울가정법원 수석부장판사다. 신격호의 셋째 남동생 신선호 일본 산사스식품 회장의 장녀 신유나의 남편은 이호진 전 태광그룹 회장이다. 넷째 여동생인 신정숙은 최현열 전 NK그룹 회장과 결혼해 1남 2녀를 뒀는데, 장녀 최은영(남편 고 조수호 한진해운 회장)은 한진가로 시집갔다. 차녀 최은정은 정몽익 KCC글라스 사

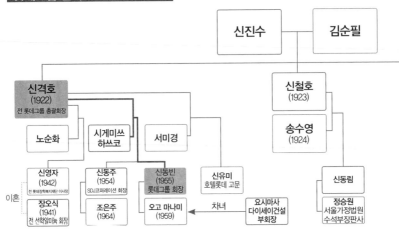

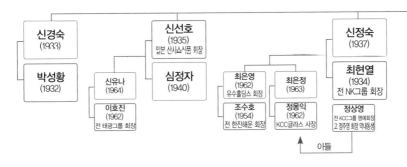

장과 결혼했다. 넷째 남동생인 신준호 푸르밀 회장은 신격호와 롯데제
과 양평동 부지 소유권을 놓고 법정 소송을 벌이면서 사이가 벌어졌
다. 신준호는 한순용 전 롯데칠성 감사의 딸인 한일랑과 결혼해 2남 1
녀를 뒀다. 차남 신동환은 최병석 전 대선주조 회장의 딸인 최윤숙과
혼인했다. 신준호는 부산의 향토 기업인 대선주조를 600억 원에 인수
해 4년 만에 3,600억 원을 받고 팔아 '먹튀' 논란을 빚기도 했다. 딸 신
경아는 2010년 윤상현 국민의힘 의원과 결혼했다. 신격호의 막내 여
동생은 동화면세점을 운영하는 신정희다. 신격호와 나이 차가 24살이

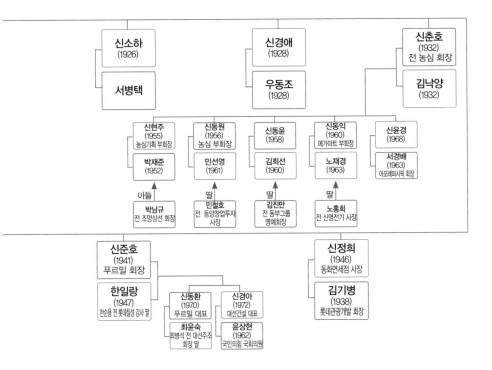

나 난다. 신격호는 신정희의 남편 김기병 롯데관광개발 회장에게 소송을 내 '롯데'라는 브랜드를 사용하지 못하게 하는 등 갈등을 빚기도 했다. 신정희·김기병 부부는 두 아들을 뒀다.

장남 신격호가 일본에 건너간 후, 몸이 약했던 차남 신철호를 대신해 실질적으로 가장 역할을 했던 3남 신춘호는 동향 출신의 김낙양과 결혼해 3남 2녀를 낳았다. 라면 사업을 하는 농심그룹을 창업하는 과정에서 신격호와 의견 차이를 보인 끝에 스스로 농심그룹을 일궜다. 신춘호의 장녀 신현주는 농심그룹 광고기획사인 농심기획 부회장으로 있는데, 고 박남규 전 조양상선 회장의 4남 박재준과 결혼했다. 장남 신동원 농심 부회장은 민철호 전 동양창업투자 사장의 딸 민선영과 결혼했고, 일동레이크 골프장을 운영하는 3남 신동익 메가마트 부회장은 노홍희 전 신명전기 사장의 딸인 노재경과 살고 있다. 차남 신동윤은 고 김진만 동부그룹 명예회장의 딸이자 김준기 전 DB그룹 회장의 동생인 김희선과 결혼했다. 막내딸 신윤경의 남편은 서성환 전 태평양그룹 회장의 아들인 서경배 아모레퍼시픽 회장이다.

한진그룹
조원태家

◆

트럭 하나로 시작해 군 사업 하면서 성장 발판

삼성·롯데·NK·법무법인 광장 등과 혼맥

조원태 대한항공 회장이 취임한 것은 2019년 4월 25일이다. 어느 정도 안정기에 접어든 모습이다. 취임 초 KCGI 등의 경영권 흔들기가 있었지만 성공적으로 방어했다. 대한항공은 지난해 전 세계 항공사 중 유일하게 흑자를 냈다. 승객은 줄었지만 화물운송 경쟁력으로 위기를 돌파했다. 조원태의 부친은 조양호 전 한진그룹 회장, 할아버지는 한진그룹 창업자인 고 조중훈 회장이다.

조중훈 회장은 1945년 고향인 인천에서 일제의 기업정비령에 따라 받은 돈과 저축한 돈을 합쳐 트럭 한 대를 구입해 무역업과 수송업을 하는 한진상사를 창립했다. 이것이 오늘날 한진그룹의 시발이었다. 맨주먹으로 시작해 엄청난 부를 일군 셈이다. 조중훈의 동생 조중건 전 한진 부회장은 자서전 『창공에 꿈을 싣고』에서 "한진(韓進)은 한자 그대로 '한민족의 전진'을 의미한다. 우리 형제는 이렇듯 회사 이름을 지을 때도 조금이라도 국익에 도움이 되고자 하는 마음을 담았다"고 설명했다.

◆

창업자 조중훈, 박정희 권유로 대한항공공사 인수

한진그룹의 성장은 군과 관련이 깊다. 1956년 7만 달러짜리 미군부대 화물 운송 계약을 성사시키면서부터 성장하기 시작했다. 당시는 대한민국 1인당 국민총생산(GNP)이 100달러도 안 되던 때였다. 한진이 재벌 반열에 오른 데 큰 힘이 됐던 것은 베트남 전쟁이있다. 이와 관련해 재미있는 일화가 있다. 당시 경제시찰단의 일원으로 베트남 시찰에 나선 조중훈은 크리스마스이브에 비행기를 타고 베트남의 퀴농 상공을 날고 있었다. 착륙하기 위해 비행기가 하강하자 항만 풍경을 내려다보던 그의 머리에 '번쩍!' 사업 아이템이 떠올랐다. 화물이 꽉 차 있는 배가 30척 넘게 짐을 실은 채 마냥 바다에 대기하고 있었던 것이다. 하역할 사람과 장비가 부족했기 때문이다. "이것이다!"

한진은 1966년부터 5년간 베트남에서 미군 군수품 수송을 맡아 1억 5,000만 달러를 벌어들이며 재벌 반열에 올랐다. 1967년 대진해운을 설립했고 1968년엔 한국공항과 한일개발(한진중공업 전신)을 세웠다. 그해 9월에는 인하공대까지 인수하며 승승장구했다. 1968년에는 서울 중구 남대문로에 한진빌딩(현 한진해운센터) 기공식을 가졌는데 이 빌딩 부지는 이병철 삼성그룹 회장과 조홍제 효성그룹 회장이 공동으로 갖고 있던 땅이었다.

한진이 급성장한 배경에는 권력과 나쁘지 않은 관계를 형성한 점도 영향을 미쳤을 것이다. 조중건은 자서전에서 "나는 박정희 대통령과 매우 친근한 관계였다. 나를 친아우처럼 아껴주셨고, 가끔 당시 혁명 주체들이 내 형(조중훈) 집에서 모여 회의를 했다. 만약 마음만 먹었다면 얼마든지 이권과 청탁으로 돈을 긁어모을 수 있었을 것이나. 그러나 나와 형은 그런 방식으로 돈을 버는 것은 신기루와 같다고 여겼다"고 기록했다.

한진상사 창립 23주년인 1968년 11월 1일, 조중훈은 박정희 대통령의 권유를 받아 만년 적자 공기업이었던 대한항공공사(대한항공 전신) 인수 의사를 정부에 정식으로 통보하며 항공업에 진출했다. 조중건은 당시 일화를 이렇게 기록했다.

"어느 날 청와대로부터 호출이 왔다. 나는 혼자 가겠다는 형(조중훈)을 따라 차에 올랐다. 나는 '형, (인수를) 하지 마시오!' 하고 말했다. 형은 '내가 미쳤냐'고 했다. 청와대로 향하는 차 안에서 형제가 나눈 대화는 그것뿐이었다. '그분'이 계신 방 안에는 형님만 들어갔다. 한참 뒤 문이 열리면서 형이 걸어나왔다. 웬 시체가 걸어나오나 했을 정도였다. '아니, 인수한다고 그러셨소?' 돌아오는 차 안에서 나는 따져 물었다. '어떻게 거부를 하냐.' 형의 말이었다. '겁이 나서 이야기도 못하셨소?' 하는 내 말에 형은 '그럼 네가 가서 노(NO)라고 이야기해봐!'라고 답했다. 나는 입을 다물 수밖에 없었다."

조중훈이 인수할 당시 대한항공공사는 27억 원의 부채에 프로펠러기 7대, 제트기 1대를 갖고 있었다. 당시 임원들은 "베트남에서 번 돈을 부실 항공사에 쏟아붓게 생겼다"며 극력 반대했으나 조중훈은 "우리나라 국적기를 타고 해외 나들이를 한번 해보고 싶다"는 박정희의 말을 듣고 인수를 결정했다.

조중훈은 1920년 부친 조명희와 모친 태천즙의 4남 4녀 가운데 둘째로 태어났다. 조명희는 종로에서 작지 않은 규모로 포목상을 했는데

1930년대에 도산해 자녀들이 태어났을 때는 경제적으로 어려웠다. 조용하고 사색을 즐기던 형 조중열은 한일개발 부회장을 지냈다. 2남 1녀를 뒀는데 한양대 교수인 장남 조지호는 박정희 정권 때 상공부장관(21대)을 지낸 이병호의 장녀 이숙희와 결혼했다. 조중훈의 첫째 여동생 조정옥은 전윤진 전 동양화재 감사와 혼인했다. 둘째 여동생 조정원은 사업가 박두진과, 셋째 여동생 조도원은 인하대학교 총장을 지낸 박태원과 결혼했다. 박태원은 서울대 공대를 나와 프랑스 르아브르대학에서 명예 이학박사 학위를 받았고, 1984년 인하대 총장에 이어 과학기술단체총연합회 회장, 한국과학기술원(KAIST) 이사장을 지냈다. 조도원·박태원 부부는 박동훈(선 르노삼성자동차 사장)·박동화(인하대 화공과 교수)·박동현(인하대 산업공학과 교수) 등 아들 셋을 뒀다. 막내 여동생 조경숙은 미국 외과학계에서 명성을 떨친 의사 박소회와 혼인했다.

◆

조양호는 전 교통부 차관 장녀와 결혼

남동생인 조중건 전 대한항공 부회장은 이상실 전 상공은행장의 셋째 딸 이영학과 결혼해 1남 3녀를 뒀다. 조중건(영어명 찰리)은 조중훈의 단순한 동생이 아니라 사업 동반자였다. 그는 통역과 포병장교로 6·25 전쟁에 참전하고, 미국 버클리대학에서 수송학을 전공한 후 1959년 귀국해 한진에 합류했다. 조중건의 장남 조진호 한양대 교수는 이종남 전 감사원장의 큰딸 이경아와 혼인했다. 조중건과 이종남은 오랜 친구다. 장녀 조윤정은 이동원 전 외무부장관의 장남 이정훈과, 막내 딸 조주연은 이명박 정권 때 청와대 외교안보수석실 대외전략기획관을 지낸 김태효 성균관대 정치외교학과 교수와 결혼했다. 막냇동생인 조중식 전 한진건설 회장은 미국에서 토목공학을 전공하고 석사 학위 끼지 받은 후 한진에 입사했다. 당시 새로운 선축 공법인 에이치 빔 (H-BEAM) 공법으로 서울 소공동 칼(KAL)빌딩의 설계 및 시공을 한 그는 김복수와 결혼해 슬하에 조현호·조명호·조성호·조장호 4형제를 뒀다.

조중훈은 1944년 집안 어른의 중매로 김정일 여사와 결혼했다. 조중훈-김정일은 조현숙·조양호·조남호·조수호·조정호 등 4남 1녀를 뒀다. 장녀 조현숙은 1968년 작은아버지 조중건의 중매로 서울지방법원 판사로 있던 이태희와 백년가약을 맺었다. 1977년 한미합동법률사무소를 세운 이태희는 현재 법무법인 광장 대표변호사다. 이 변호사는 흥아타이어 감사를 지낸 이상묵의 장남으로 서울대 법대를 졸업했고 미국 하버드대학에서 박사 학위를 받았다. 광장은 그동안에도 한진가의 법률대리인 역할을 해왔다. 법무법인 광장의 사무실도 서울 중구 명동 한진빌딩 본관에 있다.

조양호 한진그룹 전 회장은 1973년 이재철 전 교통부 차관의 장녀로 서울대 미대를 나온 이명희와 혼인했다. 이명희는 미술관인 일우스페이스 관장이자 부동산 임대 및 관리 회사이자 한진그룹 지배구조의 핵심인 정석기업 이사를 맡고 있다. 조중훈과 이재철이 한 모임에서 아들·딸과 관련된 대화를 나누다가 사돈 관계로 이어졌다. 결혼 당시 운수 기업과 주무부처인 교통부의 고위층 집안이 맺어졌다고 해서 화제가 됐다. 이재철은 1976년 공직에서 물러난 후 인하대·국민대·중앙대 총장을 역임하는 등 교육계에서 활약했다.

형제들 가운데 유일하게 연애결혼을 한 조남호 한진중공업홀딩스 회장은 김원규 전 교육감의 차녀 김영혜와 테니스코트에서 만난 인연

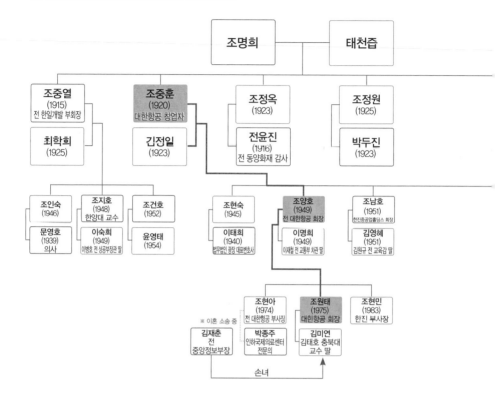

이 이어져 결혼했다. 원국·민희 등 1남 1녀를 두고 있다. 고 조수호 전
한진해운 회장의 부인은 최은영이다. 1985년 상무로 한진해운에 입사
해 해운업계를 주름잡던 조수호 회장은 2006년 11월 지병으로 세상
을 떠났다. 일본 성심여대 영문과를 졸업한 최은영의 아버지는 최현
열 NK그룹 회장, 어머니는 롯데그룹 신격호 회장의 넷째 여동생인 신
정숙이다. 최현열은 차녀인 최은경을 통해 범(汎)현대가와도 연결된다.
고 정주영 회장의 막냇동생인 정상영 전 KCC그룹 명예회장의 아들인
정몽익 KCC글라스 사장의 부인이 최은경이기 때문이다. 조수호-최은
영은 두 딸을 뒀다. 막내 조정호 메리츠금융지주 회장은 1987년 구자

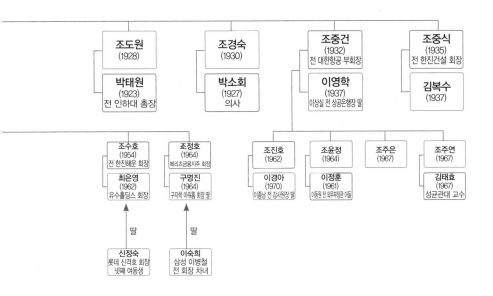

학 아워홈 회장의 차녀 구명진과 혼인했다. LG그룹 창업자 고(故) 구 인회 회장의 둘째 아들인 구자학의 부인은 고 이병철 삼성 회장의 차 녀 이숙희다. 두 사람은 효재·원기·효리 등 1남 2녀를 두고 있다.

◆

조원태 회장의 부인은 김재춘 전 중정부장 손녀

조양호의 첫째 딸이 조현아 전 대한항공 부사장이다. 미국 코넬대 학에서 호텔경영학을 전공하고 서던캘리포니아대학 경영대학원에서

MBA를 받았다. 둘째는 조원태 한진그룹 회장이다. 조원태는 미국 마리안 고등학교를 거쳐 인하대 경영학과를 졸업했다. 누나 조현아와 마찬가지로 서던캘리포니아대학 경영대학원에서 MBA를 받았다. 취미가 사진 촬영이다. 막내딸 조현민은 한진 부사장이다. 조현민은 서던캘리포니아대학, 서울대 경영대학원을 나와 2005년 9월 LG애드에서 처음으로 직장생활을 시작했다. 그 후 대한항공 통합커뮤니케이션실 과장으로 자리를 옮겼다.

조현아는 성형외과 의사로 유명한 박종주 인천 인하국제의료센터 성형외과 전문의와 2010년 결혼했다. 두 사람은 경기초등학교 동창이다. 박종주는 서울대 의대를 졸업했다. 인하국제의료센터는 대한항공 등 한진그룹 계열사로부터 투자를 받아 2012년 설립됐다. 항공과 호텔, 환자와 관광객을 동시에 유치하는 종합의료관광센터를 꿈꾸고 있다. 조현아·박종주는 쌍둥이 아들을 두고 있다. 두 사람은 2018년 4월부터 이혼 소송 중이다.

둘째 조원태는 고려대 경영학과를 졸업하고 서울대 경영대학원에 재학 중이던 김미연과 2006년 결혼했다. 김미연의 부친은 충북대 정보통계학과 김태호 교수이며, 할아버지는 3대 중앙정보부장과 8, 9대 국회의원을 지낸 김재춘 5·16민족상재단 이사장이다. 대한항공 소유의 '하얏트리젠시 인천'에서 치러진 두 사람의 결혼식에는 김종필·남덕우·강영훈·박태준·이한동·이수성·이홍구 등 7명의 전직 총리와 김준기 전 DB그룹 회장, 현정은 현대그룹 회장, 김석준 쌍용건설 회장 등 정·재계 인사들이 몰렸다. 조현민 부사장은 아직 결혼 전이다.

한화그룹
김승연家

◆

29세에 총수 된 뒤 M&A통해 급성장

큰아버지는 김종철 전 의원, 동생은 김호연 빙그레 회장

'사람에게 보이려고 그들 앞에서 너희 의를 행하지 않도록 주의하라. 그리하지 아니하면 하늘에 계신 아버지께 상을 받지 못하느니라. 그러므로 구제할 때에 외식하는 자가 사람에게 영광을 얻으려고 회당과 거리에서 하는 것같이 너희 앞에 나팔을 불지 말라. 진실로 너희에게 이르노니 저희는 자신의 상을 이미 받았느니라. 너는 구제할 때에 오른손이 하는 것을 왼손이 모르게 하여 네 구제함을 은밀하게 하라. 은밀한 중에 보시는 너의 어머니께서 갚으시리라(마태복음 6장 1~4절).'

김종희 한화그룹 창업자가 생전에 즐겨 읽었던 성경 구절이다. 김종희는 1922년 충남 천안 부대리 128번지에서 김재민 옹과 오명철 여사의 차남으로 태어났다. 가난한 시골 마을이었던 부대리에는 특별한 학교가 있었다. 북일사립학교였다. 성공회 신부였던 세실 쿠퍼가 부대리 성당 옆에 세운 두 칸짜리 학교였다. 어린 김종희에게 큰 영향을 미친

세실 쿠퍼는 부대리 마을 성당에 새로 부임해 온 영국 신부였다. 그는 아이들을 위해 성당을 개조해 북일사립학교를 설립했다. 구세실이라는 한국 이름도 갖고 있었다. 김종희는 세실 쿠퍼로부터 어린 시절 디도라는 세례명을 받았다. 세실 신부는 성공회 재건을 위해 힘썼지만 한국전쟁 때 북한군에 납북돼 3년간 고초를 겪었다. 홀트 주한 영국 공사에 의해 본국으로 돌아가 1981년 7월 23일 사망했다.

◆

창업자 김종희, 1952년 조선화약공판주식회사 인수

직산공립보통학교를 졸업한 김종희는 경기공립상업학교(현 경기상고) 시험을 쳤으나 떨어졌다. 농부였던 아버지는 "차라리 잘됐다"며 "공부는 형이 하고 너는 집안 농사일을 도우라"고 했다. 그러나 배움에 대한 김종희의 열망은 컸다. 아버지가 사준 지게를 부러뜨리고 그날 밤 집을 뛰쳐나왔다. 가출이었다. 일단 서울에 있는 당숙의 집으로 갔다. 그러나 당숙의 설득에 다시 집으로 내려간 김종희는 일단 성환공립심상소학교에 들어갔다. 그러면서 시험을 준비해 이듬해 경기공립상업학교에 합격했다.

그러나 꿈에 그리던 학교에 입학한 김종희는 조선인을 차별하는 일본인 학생들과 맞서 싸운 끝에 퇴학 처분을 받았다. 이후 당숙이 알아봐준 원산공립상업학교에 들어가 졸업했다. 원산경찰서장인 고이케 경부의 집에서 하숙을 했는데 훗날 고이케로부터 도움을 받기도 했다. 학교를 졸업한 후 김종희는 당숙의 추천으로 서울 남대문에 있는 조선화약공판주식회사에 들어갔다. 조선화약공판주식회사는 일제 강점기에 일본인들이 세운 회사로 당시 국내에서 유일하게 화약을 공급하던 곳이었다.

1942년 이 회사에 일반 직원으로 입사한 김종희는 광복 이후 지배인 자리에 올랐다. 일본인들이 모두 자기 나라로 돌아가자 회사 업무를 총관할 사람이 필요했기 때문이다. 회사를 운영하던 일본인이 모두 빠지고 한국인 직원만 남은 회사는 잘 운영되지 않았다. 게다가 김종희가 자리를 비운 틈을 타 직원 몇 사람이 회사 물건을 빼돌려 도망치는 일까지 벌어졌다. 해방 정국은 모든 것이 혼돈의 연속이었다.

조선화약공판주식회사의 일본인 기술자였던 마쓰무로는 일본으로 돌아가면서 평소 신뢰했던 김종희에게 "조선이 앞으로 자주적으로 독립을 하려면 산업을 일으켜야 할 것이고 그러기 위해서는 화약산업이 반드시 필요할 걸세. 일본인들이 모두 이 회사에서 손을 떼더라도 자네가 정말 조국을 사랑한다면 자네만은 남아서 지켜주게. 이것이 내 마지막 부탁이네"라고 당부했다.

한국전쟁 때 회사 책임자가 아니라 화약 기술자라고 속여 위기를 넘긴 김종희는 1951년 1월 4일 직원 다섯 명과 가족들을 트럭 두 대에 태우고 부산으로 피난했다. 궁하면 통한다고 했던가. 피난지 부산에서 친분이 있던 미8군 스미스 소령을 만나 미8군과 '군수용 화약 관리 용역 계약'을 맺게 됐다. 조선화약공판주식회사가 달러를 벌어들이는 회사가 된 것이다.

6·25 이후 정부는 조선화약공판주식회사를 민간에 판다는 공고를 냈다. 감정가격은 23억 원이었다. 큰돈이었다. 김종희는 회사를 인수하기로 결심한다. 이렇게 해서 1952년 김종희의 나이 29세에 탄생한 회사가 오늘날 한화그룹의 모태가 된 한국화약주식회사다. 당시 강성태 상공부장관은 김종희에게 복구비용 전액을 지원해줄 테니 인천에 있는 화약공장 복구 사업을 맡아 해보면 어떻겠느냐고 제안한다. 김종희는 설계도를 얻기 위해 인천 화약공장을 설계한 회사인 '일본유

지'를 찾아 일본으로 갔다. 당시 일본유지에는 광복 이전에 함께 근무했던 마쓰무로가 상무로 일하고 있었다. 당시 도쿄 대학 수위실장으로 근무 중이던 고이케도 만날 수 있었다. 김종희는 이들의 도움을 받아 설계도를 입수해 성공적으로 복구 작업에 착수할 수 있었다.

일본과의 교역이 전면 금지되는 바람에 한국화약은 화약을 수입하는 길이 막혀 어려움에 빠져 있었다. 게다가 복구비용 전액을 지원해 주기로 약속한 강 장관이 돌연 장관직에서 물러나면서 형편이 너 어려워졌다. 그러나 김종희는 숱한 난관을 뚫고 1955년 12월 24일 공장 복구 작업을 완료했고, 1957년 10월에는 다이너마이트 생산에 성공하는 쾌거를 이루었다. 1958년 한국화약의 매출액은 8억여 환으로 2년 사이에 매출액이 2.5배 증가하는 등 급성장했다. 김종희에게 '다이너마이트 킴'이라는 별명이 붙은 것도 이때였다.

김종희는 늘 "모든 화약인은 정직해야 한다. 또 정확해야 한다. 약속된 시간과 약속된 장소에서 반드시 폭발하는 화약처럼 생활해야 한다"고 강조하곤 했다. 사람을 뽑을 때면 "그 사람, 적극적인 사람이오?" 하고 묻곤 했다. 돈에 대해서는 "돈은 우리가 어떠한 목적을 달성하기 위한 수단이지, 돈을 버는 것 자체가 목적이 되어서는 안 된다"는 철학을 갖고 있었다. 학연·지연·혈연은 반드시 배제한다는 것도 그의 지론이었다. 그가 어떤 사람이었는지를 엿볼 수 있는 일화들이다. 그는 45세가 될 때까지 생일잔치를 한 적이 없다.

◆

울며 겨자 먹기로 떠안은 대일유업(빙그레) '대박'

1968년 형 김종철이 국회의원에 당선돼 국회에 진출했다. 김종철은

5공화국 당시 한국국민당 총재를 지내고 12대 대통령 선거에 출마하는 등 정계의 거물로 성장했다. 어느 날 농림부장관이 김종희에게 전화를 걸어왔다. 만나고 싶다는 것이다. 김종희는 김보현 농림부장관을 찾아갔다. 김 장관은 "낙농가를 돕는다는 생각으로 도농리 아이스크림 공장을 맡아달라. 농가 우유가 남아돌아서 난리다"라고 말했다. 아이스크림 사업을 하던 사업가가 유제품 가공 공장인 대일유업을 설립했는데 베트남에서 아이스크림 장사에 문제가 생기자 회사를 도울 파트너를 찾아 나선 것이다. 김종희는 정부의 권유에 울며 겨자 먹기로 대일유업을 인수하고 도농리 아이스크림 공장 건설까지 떠맡았다. 본격적으로 아이스크림을 생산하기 시작한 것은 1973년이다. '전천후 영양식', '주고 싶은 마음, 먹고 싶은 마음'을 슬로건으로 한 퍼모스트 아이스크림을 내놓아 대히트를 쳤다. 김종희는 웃는다는 의미로 회사 이름을 대일유업에서 빙그레로 바꿨다.

김종희는 원래 서울 본사 건물이 있는 곳에 사무용 빌딩을 건설할 목적으로 주변 땅을 확보하고 있었다. 그런데 뜻밖의 장애물을 만났다. 그 자리에는 재개발 때문에 건물을 지을 수 없다는 것이었다. 서울 재개발 계획에 따르면 대형 관광호텔을 건설하도록 되어 있었다. 김종희는 애초 "그 자리에 호텔을 지을 바에는 그 땅을 파는 게 낫겠다. 어쩌다가 아이스크림 장사까지는 하게 됐지만 밥장사까지는 안 되지"라며 강력 반대했다. 그러나 관광업이 앞으로 유망하다는 주변의 설득을 받아들여 1973년 12월 프라자호텔 기공식을 가졌다. 화약에서 식음료, 호텔업까지 한화는 무섭게 성장했다.

호사다마라고 했던가. 한국화약그룹이 1977년 15개 기업과 학교까지 갖춘 대기업으로 성장했을 때 이리역 폭발 사고가 일어났다. 56명이 사망하고, 1,158명이 중경상을 입었다. 7,800여 명의 이재민도 발생한 대형 사고였다. 김종희로서는 절체절명의 위기였다. 김종희는 모든 책임을 졌고 전 재산 90억 원을 사회에 내놓았다. 미국에서 공부하던 장남 김승연이 급거 귀국한 것도 이때였다.

◆

이후락 전 중정부장 등 정·관계 실세들과 혼맥

1981년 59세로 김종희가 사망했을 때 리처드 워커 전 주한 미국 대사는 이렇게 회고했다. "김종희 회장과는 60년대 말 인연을 맺었다. 그는 한·미 관계를 초지일관 긴밀하고도 우호적으로 유지·발전시키는 데 헌신했다. 그 점에서 우리는 마음속으로 통했다고 생각한다. 우리는 한국의 미풍양속에 따라 서로 형님, 동생이라 불렀고 우정도 깊었다. 지금도 그가 나를 매료시킨 점들이 생각난다. 뛰어난 지제력과 통솔력, 자신감이 그것이다. 그는 자신의 분야에서 언제나 활기가 넘치는 다이내믹한 사나이였고 비범하게 미래를 내다볼 줄 아는 안목 있는 사업가였다. 그가 그립다."

김종희는 강태영 여사와의 사이에 2남 1녀를 뒀다. 3남매 중 장녀 김영혜는 이후락 전 중앙정보부장의 차남 이동훈 전 제일화재 회장과 혼인했다. 이후락의 5남 이동욱의 부인은 최종건 SK 창업자의 막내딸 최예정이고, 이후락의 장남 이동진은 서정귀 전 호남정유 회장의 딸 서옥로와 결혼했다. 서정귀는 김승연 한화 회장의 장인 서정화와 6촌 관계이기도 하다. 이동훈-김영혜의 장남 이재환은 손경식 CJ그룹 회장의 큰딸 손희영과 결혼했다.

김종희의 장남은 김승연 한화그룹 회장이다. 김승연 회장의 아내 서영민은 서정화 전 내무부장관의 딸이다. 김승연은 1982년 당시 서울대 약대 3학년생인 서영민과 결혼했다. 서영민은 김승연보다 아홉 살 어리다. 두 사람이 백년가약을 맺기까지는 백두진 전 국회의장의 부인 허숙자의 적극적인 중매가 있었다. 서정화는 중앙정보부 차장, 내무부장관을 지낸 후 민정당·신한국당·한나라당에서 국회의원을 지냈다. 서정신 전 대검찰청 차장이 동생이며, 서정귀 전 호남석유 회장은 6촌 형이다. 서영민의 조부는 이승만 정권 당시 법무부장관을 지낸 서상환이다.

김승연은 29세에 그룹 총수가 된 뒤 감옥에 가는 등 굴곡을 겪기도 했지만 한양유통(현 한화갤러리아)·명성그룹(현 한화호텔앤드리조트)·대한생명 등을 인수하며 그룹을 성장시켜 경영 능력을 인정받았다. 김승연은 2021년 8월 1일 취임 40주년을 맞았다. 그가 이끈 지난 40년간 한화그룹은 총자산 288배, 매출액은 60배로 증가했다. 적극적인 기업 인수·합병(M&A)을 통해 재계 7위 그룹으로 성장했다. 김 회장은 취임 40주년을 맞아 "100년 기업을 향해 나가자"면서 도전정신을 강조하기도 했다.

김승연-서영민은 장남 김동관 한화솔루션 대표, 차남 김동원 한화생명 부사장, 3남 김동선 한화호텔앤드리조트 상무를 뒀다. 김동관은 미국 세인트폴고등학교와 하버드대학을 나와 2010년 한화에 입사해 한화솔라원 이사와 기획실장 등을 거쳐 한화솔루션 대표를 맡고 있다. 한화그룹의 실질적인 후계자다. 2019년 10월 유럽에서 기업인 집안 출신이 아닌 정아무개씨와 비공개 결혼했다. 두 사람은 김동관이 한화에 입사해서 사내에서 만난 뒤 10년간 사귀어온 것으로 알려졌다. 정씨는 2011년 한화를 퇴사했다. 미국 세인트폴 고등학교와 예일대학을 졸업하고 2014년 5월 한화에 입사한 차남 김동원은 한화그룹 디지털팀장 등을 거쳐 한화생명 부사장으로 있다. 막내 김동선은 태프트스쿨과 다트머스대학을 나왔다. 국가대표 승마 선수 출신으로 한

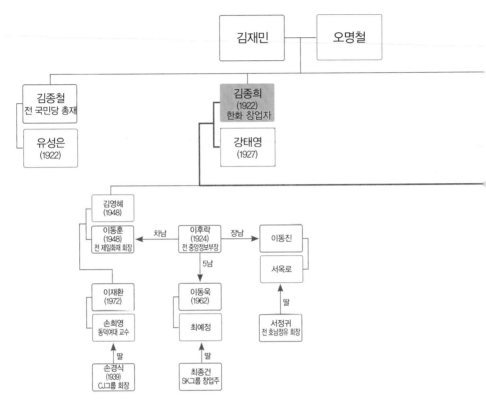

화호텔앤드리조트 상무로 있다.

◆

동생 김호연 회장은 국회의원도 지내

김종희의 차남인 김호연 빙그레 회장은 국회의원을 지냈다. 김호연
은 1983년 김구 선생의 손녀이자 김신 전 교통부장관의 막내딸인 김
미와 결혼했다. 두 사람은 연애결혼을 해 김동환·김정화·김동만 등 2
남 1녀를 뒀다. 김미의 큰어머니가 안중근 의사의 조카인 안미생 여사

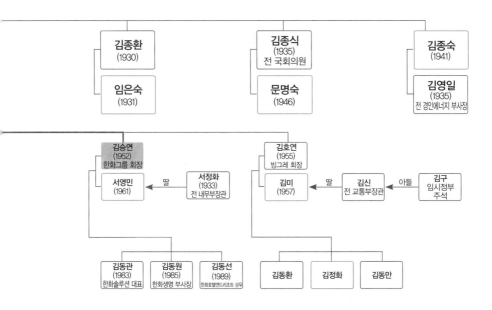

다. 김진 전 대한주택공사 사장, 김양 전 국가보훈처장, 김휘 전 나라
기획 이사 등은 김미의 오빠들이다. 김휘의 동서는 김성곤 쌍용그룹
창업자의 아들인 김석동 전 굿모닝증권 회장이다.

한화 창업자 김종희의 형인 김종철은 전 국민당 총재로 천안에서 6
선 의원을 지냈다. 유성은과의 사이에 5남 1녀를 뒀다. 김종희의 동생
인 김종식은 맏형인 김종철 전 총재가 작고한 후 선거구인 천안을 물
려받아 국회의원을 지냈다. 김정연·김서연·김도연·김원필 등 3남 1녀
가 있다. 여동생 김종숙은 미국 UCLA에서 지형학 박사를 받은 김영
일과 결혼했다.

두산그룹
박정원家

◆

100년 넘은 역사
LG·SK·SPC·코오롱그룹 등과 혼맥 연결

박승직과 그의 형 박승완이 경기도 광주군 임의실(현 성남시 분당구 이매동)에서 포목 판매업을 시작한 것은 1882년이다. 1896년 8월 1일에는 종로4가 15번지에 자신의 이름을 딴 '박승직 상점'을 열었다. 포목상이었다. 종로4가에는 당시 조선 후기 3대 시장의 하나인 배오개 시장이 있었다. 박승직 상점은 영국산·일본산 등 다양한 직물을 취급했다. 그 후 업종 다양화를 추구해 미곡·식염 등의 위탁업도 겸하고, 소매뿐만 아니라 도매업도 했다. 1922년 영업세 실적에서 경성(서울)에 있는 한국인·일본인 포목상 134명 중 6위를 차지했을 정도로 거상으로 성장했다. 박승직에게는 승완·승기 두 명의 형과 누나, 두 남동생과 두 여동생이 있었다. 박승직과 사업상 인연이 깊었던 큰형 박승완은 1889년 32세의 젊은 나이에 세상을 떠났다. 그는 고향 광주에 전답을 사고 종로4가 집을 박승직과 함께 구입할 정도로 사업에도 성공했으나 일찍 유명을 달리했다. 오늘날 두산그룹의 효시가 바로 박승직 상점이다. 이때부터 시작된 두산의 역사는 2021년 창립 125주년을 맞았다. 국내 기업 가운데 가장 오래된 역사를 갖고 있다.

◆

창업자 이름 딴 '박승직 상점'이 모태

창업자 박승직은 17세에 보부상으로 시작했다. 조선 말에는 관직에도 진출해 정3품인 중추원의관을 지냈다. 1905년 한국 최초의 경영인 단체인 한성상업회의소가 설립되자 이듬해 상임의원에 피선되는 등 '배오개의 거상'으로 불렸다. 일본으로부터 얻은 1,300만 원의 차관을 갚기 위해 펼쳐진 거족적 국민운동인 국채보상운동에 적극 동참해 당시 이 운동을 주도했던 대구 광문사에 70원을 기부하기도 했다.

1915년에는 배오개 자택에서 부인 정정숙 주도로 '박가분'이란 화장품을 내놓아 큰 인기를 끌었다. '박가분'은 국내 화장품의 효시다. 1922년부터 총독부의 허가를 받아 정식으로 박가분을 생산·판매했다. 동그란 통 안에 분을 담고 겉면에 '박(朴)'이라는 글자를 써넣었다. 박승직은 종종 큰아들 박두병에게 "네 어머니는 장정 열 명 몫은 하는 분이다"라고 말하곤 했다. 1930년까지 전성기를 누리던 박가분은 분에 포함된 납 성분의 유해성이 발견돼 생산을 중단했다. 최근 한국산 화장품이 국제 시장에서 전성기를 누리고 있는 것을 생각할 때 '박가분'의 품질을 개량해 계속 생산했다면 두산그룹의 오늘날 위상도 달라졌을 것이다.

박승직은 고종과 순종이 승하했을 때는 상인봉도단을 앞장서 결성해 단장으로 활동했다. 1933년 일본인이 설립한 소화기린맥주회사에 주주(한국인은 박승직과 인촌 김성수의 동생인 삼양그룹 창업자 김연수 등 두명에 불과했다)로 참여해 맥주회사와 인연을 맺었다. 이것을 8·15 광복후인 1948년 박두병이 인수해 두산의 모기업인 동양맥주를 설립하며대표 취체역(이사의 옛말)에 취임했다. 당시 직원들이 일제의 잔재인 '소하기린' 대신 새로운 이름으로 생각한 것은 '신라', '계림', '동양' 등이었다. '동양'이 직원들로부터 제일 인기를 얻어 상호를 '동양'으로 정했다. 상표도 기린에서 OB(Oriental Brewery, 동양맥주)로 바꿨다. 1946년에는박승직의 처 정정숙과 박두병의 처 명계춘이 두산상회라는 이름으로운수업을 시작했다. 사무실은 종로 연지동에 있던 박승직의 집이었고, 밑천은 구형 포드 승용차 1대, 트럭 1대였다. 박승직 상점은 1938년 승용차를 처음 구입했으며 1944년에는 2대를 보유하고 있었다.

1950년 6·25 전쟁이 일어나면서 박두병은 외자관리청으로부터 14대의 트럭을 불하받았다. 1951년 10월에는 주식회사 두산상회를 발족시키고 사장에 취임했다. 박승직 상점은 6년 만에 주식회사 두산상회로 재탄생했다. 1960년까지 궤도에 오른 동양맥주는 이후 계열사를늘려 'OB그룹'으로 발전해갔다. 박두병은 1952년 이후 63세로 세상을떠나는 1973년까지 13개 회사를 설립 또는 인수했다. 이것은1952~1995년 사이에 설립 또는 인수된 46개 기업들의 3분의 1에 해당된다. 당시 박두병이 얼마나 공격적으로 경영에 임했는지, 두산그룹이당시 얼마나 급성장했는지를 보여준다. 당시 OB그룹은 21년 동안 연평균 91.4%의 매출액 증가율, 68.4%의 자산 증가율, 7.7%의 매출액순이익 증가율을 기록했다.

박두병은 1972년 동양맥주 창립 20주년을 맞아 이렇게 회고했다. "내가 사업을 대하는 태도는 무슨 일이든지 그 일을 택하였으면 그 일이 완성될 때까지는 한눈을 팔지 않고 총력을 기울여야 한다는 것이다. 과거 20년 동안 유혹과 권고가 없었던 것은 아니었지만, 나는 끝까지 내가 택한 한 가지 일에 골몰해왔다. 돌이켜보면 후회를 할 만한 이유가 없다. 큰 욕심 없이 제 힘에 알맞게 일해왔기 때문에 도리어 기업의 근기(根基)가 견고해질 수 있었던 것이 아닌가 생각한다."

'두산그룹'이 정식 출범한 것은 1978년이다. 1973년 박두병이 세상을 떠난 후 49세였던 장남 박용곤이 회장이 되는 1981년까지 7년 6개월간은 정수창이 경영했다. 정수창은 박두병의 경성고등상업학교 9년 후배다. 만주의 흥업은행에서 근무하다 동양맥주에 20년 동안 근무한 뒤 삼성에 4년간 몸담았던 그는 박두병이 동양맥주 회장을 맡으면서 다시 돌아와 사장을 맡았다. 두산은 이후 '형제 경영' 순서에 따라 박용곤-박용오-박용성-박용현-박용만 순으로 경영권이 옮아갔다. 2016년부터 박정원 회장 체제가 이어지고 있다.

창업자 박승직은 정정숙과의 사이에 2남 6녀를 뒀다. 내리 딸만 여섯을 뒀다가 40대 중반이던 1910년 첫 아들 박두병을 얻었다. 이후 우병·기병·규병 등 아들이 더 태어났지만, 둘째인 우병을 제외하고는 모두 어린 나이에 죽었다. 박두병은 경성고상(현 서울대 상대)을 졸업했다. 졸업생 84명 가운데 한국인 학생은 17명에 불과했다. 박두병은 졸업 후인 1932년 조선은행에 입사했다. 박두병에게 은행 입사를 권한 사람은 아버지 박승직이었다. 박승직은 박두병에게 이렇게 말했다. "남의 밑에 가서 밥을 먹어봐야 땀의 귀중함을 알 것이다. 이것은 윗사람이 되는 첫걸음이다. 기왕에 남의 밥을 먹을 바에야 은행이 좋지 않겠느냐? 상업을 하자면 은행이 돌아가는 이치를 모르고서야 성공하기 어려울 거야. 3년쯤 지나고 나서 다시 상점으로 돌아오거라."

박두병은 광복을 맞은 뒤 동양맥주(현 OB맥주)를 인수해 본격적인 경영에 나섰다. 창업자 박승직은 장남 이름 가운데 자에 '산(山)'을 넣어 '두산'이란 상호를 지어줬다. '한 말 한 말 차근차근 쉬지 않고 쌓아 올려 재화가 산같이 커져라'는 의미를 담고 있다. 박두병은 1960년대 들어 코카콜라를 제조하던 한양식품과 윤한공업사, 동산토건(현 두산 건설) 등을 설립해 대그룹으로서의 면모를 갖췄다.

박두병은 명계춘과 결혼했다. 두 사람은 6남 1녀를 뒀다. 경성운동 장에서 숙명고녀(현 숙명여고) 정구 대표 선수로 활약하고 있던 명계춘 을 보고 한눈에 반해 결혼에 이르렀다. 『박두병처럼』의 지은이 박시온 은 "명계춘의 별명은 '서독식 기계'였다. 그녀의 손을 거치면 모든 것이 정확하고 군더더기가 없었기 때문이다. 새 며느리를 들이면 아들의 생 년월일이 적힌 조그만 상자에 돌 때 입었던 옷, 신발, 앨범 등을 꼼꼼 하게 챙겨 건네주기도 했다"고 전한다.

◆

박승직 장남 이름 따 '두산' 이름 지어

박두병의 장남 박용곤 두산그룹 명예회장은 사업가 이관제의 딸 이 응숙과 결혼했다. 이관제는 임문환 전 농림부장관과 사돈인데 임문환 의 딸 임경미가 국회부의장을 지낸 홍사덕 전 의원의 아내다. 박용곤-이응숙의 장남이 박정원 두산그룹 회장이다. 박정원은 공군참모총장 과 제13대 민정당 국회의원을 지낸 김인기의 딸 김소영과 결혼했다. 두산가 4세 경영인을 대표하는 박정원은 고려대 경영학과를 졸업하고 미국 보스턴대학에서 경영학 석사 과정(MBA)을 마쳤다. 1994년 오비 맥주 이사 대우, 1999년 두산 대표이사 부사장, 2001년 두산 대표이사 사장, 2009년 두산건설 대표이사 회장을 거쳐 2016년부터 두산그룹 회장을 맡고 있다. 박용곤의 장녀인 박혜원 오리콤 부회장은 의사인 서경석과 혼인했다. 박용곤의 차남인 박지원 두산중공업 회장은 평범한 집안 출신 서지원과 혼인했다.

박두병의 맏딸 박용언은 전두환 전 대통령 시절 광주고검 검사장, 대검 차장검사, 서울고검 검사장을 지낸 김세권 전 법무법인 케이씨엘 고문변호사와 혼인했다. 박용언-김세권의 첫째 아들인 김형일 전 일경산업개발 부회장은 1970년대 봉제업으로 성장한 태흥의 창업자 권태홍의 딸 권혜경과 결혼했다. 김형일은 1990년대 초반 국내에 게스·폴로 등을 수입해 유명세를 탔던 기업가다. 딸 김희정의 남편은 최원현 케이씨엘 대표변호사다.

박두병의 차남 박용오 전 두산그룹 회장은 미국 유학 중 이화여대를 졸업한 최금숙을 만나 연애결혼을 했다. 당시 박두병은 자신이 정해준 사람이 아닌 다른 사람과 연애결혼을 하겠다고 하자 두 사람의 결혼을 반대했었다. 박용오의 장남인 박경원 전 성지건설 부회장은 서상철 전 동력자원부장관의 딸 서미경과 결혼했다. 서상철은 서상목 전 보건복지부장관의 형이다.

박두병의 3남 박용성 전 두산중공업 회장은 이병철 삼성 창업자 시절 삼성물산 사장을 지낸 김선필의 딸 김영희와 백년가약을 맺었다. 김영희는 1966년 이화여대 불어불문과를 졸업했다. 박용성은 박진원 두산메카텍 부회장과 박석원 두산정보통신BU 부사장 등 두 아들을 뒀다. 이들은 평범한 집안 출신과 결혼했다.

박두병의 4남 박용현 중앙대학교 이사장 겸 예술의 전당 이사장은 이화여대 음대를 나온 엄명자와 결혼했다. 박태원 두산건설 부회장, 박형원 두산밥캣 부사장, 박인원 두산중공업 부사장 등 세 아들을 뒀는데 모두 평범한 집안 출신과 혼인했다. 박용현은 2009년 서울대 의대 동문 윤보영과 재혼했다.

(※ 두산그룹은 형제 공동경영에 따라 회장을 나눠 맡았다.)

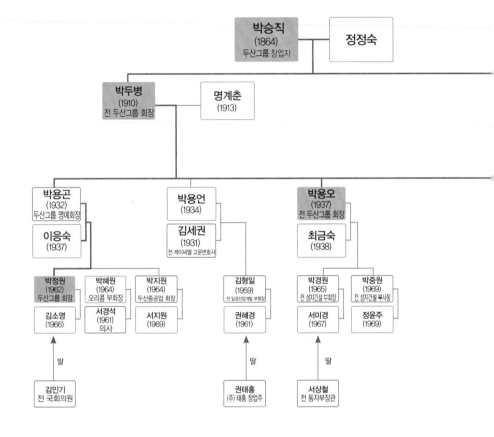

5남 박용만 두산인프라코어 회장의 아내 강신애는 1980~1990년대 증권업계의 대부였던 강성진 전 증권업협회 회장의 딸이다. 1970~1980년대 업계 1위 증권사였던 삼보증권을 경영했던 강성진은 지난 2014년 10월 자신과 증권업계의 역사를 담은 자서전『증권 반세기 강성진 회고록』출간기념회에서 "삼보증권에서는 무슨 일이 있어도 단 한 명의 직원도 내쫓지 않았다"며 "어려우면 어려운 대로 헤쳐나가

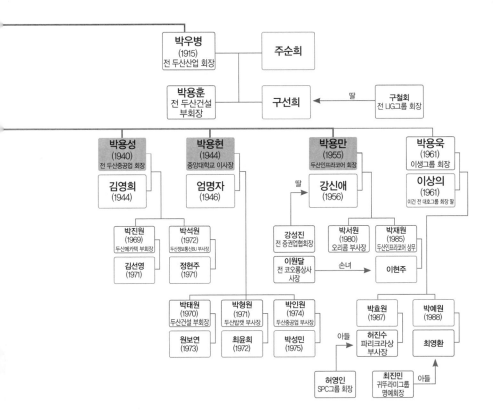

야지 기업이 살기 위해 직원을 버린다는 것은 있을 수 없다"고 강조하
기도 했다. 두산그룹 계열사인 비엔지증권 명예회장을 맡기도 했다.

박용만은 처가를 통해 다양한 혼맥과 연결된다. 강신애의 오빠인
강홍구 전 금강여행사 대표의 아내 김미희는 김복동 전 국회의원의
장녀다. 전두환·노태우 전 대통령과 육사 11기 동기인 김복동은 육군
사관학교장 등을 역임하고 대구에서 제14대 민자당 국회의원을 지냈

다. 노태우 전 대통령의 아내 김옥숙 여사가 김복동의 동생이다. 노태우 전 대통령의 딸 노소영 아트센터 나비 관장은 최태원 SK그룹 회장의 아내다. 김복동의 둘째 딸 김미경은 한일그룹 창업자인 김한수의 5남 김중명 전 한효건설 전무와 혼인했다.

◆

박용만, 처가 통해 코오롱그룹과 혼맥 형성

박용만 회장의 장남 박서원 오리콤 부사장은 이력이 독특하다. 세계 광고인들의 등용문인 미국 뉴욕 스쿨오브비주얼아트를 나왔다. 아버지의 도움 없이 2006년 독립 광고회사인 빅앤트를 설립해 운영했다. 지난 2014년 10월 오리콤에 합류했다. 차남 박재원 두산인프라코어 상무는 미국 뉴욕대학 경영대를 졸업한 후 보스턴컨설팅그룹을 거쳐 2013년 말 두산인프라코어에 입사했다. 박재원은 지난해 치과의사인 이철민의 딸 이현주와 결혼했다. 이현주의 조부는 이원달 전 코오롱 상사 사장이다. 이원달은 이원만 코오롱그룹 창업자의 육촌동생으로 코오롱그룹의 모태인 한국나일론의 창립 멤버로 활약했다.

박두병의 막내인 박용욱 이생그룹 회장은 이건 전 대호그룹 회장의 딸인 이상의와 결혼했다. 장녀 박효원은 2008년 허영인 SPC그룹 회장의 장남 허진수 파리크라상 부사장과 결혼했다. 차녀 박예원은 지난 2012년 최진민 귀뚜라미그룹 명예회장의 차남 최영환과 혼인했다. 박두병의 동생 박우병 전 두산산업 회장의 장남 박용훈 전 두산건설 부회장은 LG 창업자 구인회의 첫째 동생 구철회 전 LIG그룹 회장의 4녀 구선희와 결혼했다.

금호아시아나그룹
박삼구家

◆

재벌가 혼맥의 허브
'형제 경영' 깨지고 대한항공에 아시아나항공 매각 중

금호아시아나그룹의 창업자인 금호(錦湖) 박인천은 지주 집안 출신
도, 지식인 출신도 아니었다. 그는 가진 것 없는 빈농의 자식으로 태어
나 맨주먹으로 금호아시아나그룹을 일궜다. 택시 두 대에서 시작해 숱
한 실패를 딛고 아시아나항공이라는 국제적인 항공사까지 거느렸던
금호아시아나그룹의 성장사는 곧 인간 박인천의 드라마이기도 했다.

박인천은 1901년 7월 5일, 전남 나주군 죽포면 동산부락, 일명 신기
마을에서 태어났다. 어머니는 박인천을 낳을 때 뒷산에서 둥둥 북소
리가 울리는 듯한 느낌을 받았다고 한다. 박인천의 어린 시절 이름은
박재곤이었다. 박인천의 집안이 전라도에 내려와 살게 된 것은 17대조
인 박연생 때부터다. 박연생은 수양대군이 왕위를 찬탈하는 것을 보
고 격분해 관직을 버리고 전북 태인으로 내려와 본을 태인 박가로 바
꾼 인물이다.

박인천은 맏형 박성천, 둘째 형 박일천, 동생 박동복, 그리고 큰누이, 작은누이 등 4남 2녀 중 3남으로 태어났다. 어릴 때는 이웃 마을인 후석리 안곡서당에 다니며 정성호에게, 15세 때에는 죽산리 죽지서당에 다니며 이경선에게 한학을 배웠다. 1917년 4월 나주공립보통학교에 입학했으나 이듬해 6월 일본인 교장 배척 운동에 가담했다는 이유로 퇴학당했다. 박인천은 집에서 소를 끌고 가출해 가축 시장에서 팔아 챙긴 40원을 갖고 고막원역으로 가 서울행 기차를 탔다. 서울에서는 공부를 해야겠다고 생각해 오리강습소 중동학교 초급반에서 공부하기도 했다. 그러나 뒤늦게 공부를 해서 무엇하나 하는 회의도 들고 돈도 떨어지자 더 견디지 못하고 고향으로 돌아왔다.

박인천의 아버지 박옥용은 한창 때인 42세에 장질부사에 걸려 세상을 떠났다. 박인천은 아버지가 돌아가시던 해에 같은 장질부사로 세상을 뜬 재당숙 박순용의 사후 양자로 들어갔는데, 박순용으로부터 논 10두락, 밭 5두락 정도를 물려받았다. 박인천은 청년 시절 한때 고리대금업에 관심을 가졌다. 영산포 읍내에 살던 일본인 대금업자 우치야마 베이타로에게 논 10두락을 담보로 잡히고 돈 1,000원을 빌려 대금업에 나섰다. 그러나 빚을 받으러 간 집에서 울며불며 사정하는 것을 보고 '할 짓이 아니다'라는 생각에 저당 잡힌 논을 날리고 그만둔다. 쌀 도매상, 백목 장사, 가마니 장사 등을 했으나 모두 손해를 보며 접어야 했다.

실의에 빠져 있던 박인천은 새 희망을 찾아 1923년 5월 일본으로 갔다. 식구들 몰래 동네 사람에게 돈을 빌려 입은 옷 그대로 집을 나와 목포에서 오사카로 가는 배를 탄 것이다. 두 번째 가출이었다. 그러나 일본에서의 생활도 녹록하지 않아 결국 다시 귀국해야 했다. 그는 경찰에 투신하기로 결심하고 순사 시험을 치르고 합격해 영광경찰서에 근무한다. 이어 밤낮없이 공부해 보통문관 시험에도 합격했다. 박인천이 전남 영광군 영광면 백학리에 사는 이임근의 둘째 딸 이순정을 만나 결혼한 것이 이즈음이다. 당시로는 '죽을병'이라던 폐병에 걸린 박인천은 목포 유달산 아래의 장인 집에서 요양 치료를 하다 1년 만에 집으로 돌아온 적도 있다. 광복 직전인 1945년 7월 사사건건 문제제기를 한다는 이유로 경찰직에서 축출돼 나주군청에 부임한 박인천은 사직서를 냈다. "동포를 징용 보내는 일을 할 수 없다"는 이유였다. 40대 중반까지 박인천의 삶은 순탄치 않았다.

◆

창업자 박인천, 숱한 좌절 끝에 택시 사업으로 돌파구

'박인천 드라마'가 시작된 것은 그의 나이 46세 때부터다. 택시업에 뛰어든 것이 이 시기였다. 재력가였던 유재의로부터 신용으로 빌린 돈 10만 원(당시 박인천은 유대의에게 주식을 주었는데 훗날 주식을 돌려받는 조건으로 45대의 버스를 보유하고 영업 실적이 대단히 좋은 회사였던 삼양여객을 그에게 줬다)에다 따로 7만 원을 보태 마련한 17만 원으로 서울에서 내쉬, 35년식 포드 5인승 차 등 두 대의 차를 산 것이다. 1946년 4월 '광주택시'라는 간판을 내걸고 영업을 시작했다. 당시 박인천의 곁에는 큰형 박성천의 둘째 아들인 박상구가 있었다. 박인천은 목포상고를 졸업하고 징용을 피해 간도로 도망갔다가 해방이 되어 돌아온 조카 박상구에게 지배인 일을 맡겼다.

'광주택시'는 개업 당일부터 주문이 밀려들기 시작해 광주에서 여유가 있다는 집에서는 혼인날에 신랑·신부를 광주택시에 태워 시내 일주를 시키는 것이 새로운 풍속도가 되었다. "돈 모아서 택시 한 번 타

보세"라는 말이 유행어가 됐다. 택시업에서의 성공을 바탕으로 박인천은 1948년 11월 5일 광주여객 첫 운행을 시작하며 버스업에 진출했다. 광주경찰서장으로 있던 동생 박동복이 광주여객 전무로 합류했다. 큰형 박성천과 사촌 동생 박길수는 6·25 당시 빨치산에 희생됐다. 1961년 4월 타이어업에 진출한 박인천은 자신과 동생 박동복, 조카 박상구 세 사람을 지칭하는 삼자와 오대양 육대주를 향해 번창해 나가자는 뜻으로 양자를 붙여 회사 이름을 삼양타이어라고 지었다.

◆

국제결혼한 장남 박성용, 청와대 비서관 지내

만아들 박성용은 1972년 10월 금호실업 부사장으로 입사했는데, 박성용을 비롯한 아들들이 아버지의 아호를 회사 이름으로 쓰자고 해서 그때부터 금호(錦湖)가 그룹의 이름이 됐다. 한 달 전인 1972년 9월, 박인천은 둘째 아들 박정구에게 27년간 맡아온 광주여객 사장직을 물려주고 회장이 됐다. 박인천은 1984년 6월 16일 하룻밤 만에 편안하게 세상을 떠났다.

박인천-이순정은 5남 3녀를 뒀다. 만아들 박성용은 미국 일리노이대학 경제학과를 졸업하고 예일대학에서 경제학 박사를 받았다. 클리블랜드시에 있는 케이스웨스턴 리저브대학 교수, 캘리포니아 주립대 버클리 분교 계량경제학 교수를 지냈다. 그는 부모의 반대를 무릅쓰고 국제결혼을 했다. 1964년 앨버트 나이트 벌링턴 저축은행 부총재의 딸 마거릿 클라크(애칭 페기)라는 미국 여자와 혼인한 것이다. 박인천은 만아들의 결혼을 허락하지도 않았고 당연히 참석하지도 않았다. 박성용은 결혼을 허가해달라는 편지를 보내면서 페기와 나란히 찍은 사진을 동봉했는데 박인천은 그 사진을 둘로 찢어서 봉투에 넣어 다시 돌려보냈다. 하지만 세월의 흐름은 어쩔 수 없는지 박인천은 훗날 며느리 페기를 만나 생각을 바꾸었고 손녀 티나에게 정을 주었다.

1968년 8월 박성용은 페기와 세 살 난 딸 티나와 함께 귀국했다. 박인천은 아들 성용을 데리고 당시 이후락 청와대 비서실장과 김학렬 경제수석을 만났다. 김 수석이 적극적인 의지를 보이며 "비서관으로 쓰겠다"고 해서 박성용은 청와대 경제비서관이 됐다. 박성용은 이후 경제기획원을 거쳐 서강대 교수로 있다가 금호실업 부사장이 되면서 그룹에 합류하는 수순을 밟았다. 금호그룹 회장을 지낸 박성용은 2005년 샌프란시스코에서 숙환으로 세상을 떠났고, 페기 여사는 2013년 미국 캘리포니아 산타모니카에서 81세로 별세했다.

슬하의 1남 1녀 중 아들 박재영은 구자훈 LIG문화재단 이사장의 3녀 구문정과 결혼했다. 구자훈은 LG 창업자 구인회의 첫째 동생인 구철회의 3남이다. 구문정의 고모부는 박용훈 전 두산건설 부회장이다. 박재영은 금호그룹과 특별한 인연 없이 미국에서 자신이 좋아하는 영화 관련 일을 하고 있는 것으로 알려졌다.

◆

금호-대상 사돈, 전남-전북 재벌의 혼인 화제

박인천의 장녀 박경애는 제헌의원 출신 배태성의 장남이자 삼화고속 회장인 배영환과 결혼했다. 박인천의 차남인 박정구 전 금호아시아나그룹 회장은 경북 안동에서 5선 의원을 지낸 김익기 전 국회의원의 딸 김형일과 혼인했다. 김익기의 다른 딸은 박건배 전 해태그룹 회장과 결혼했다. 박정구의 장녀 박은형은 김우중 전 대우그룹 회장의 차남인 김선협 포천아도니스컨트리클럽 대표와, 차녀인 박은경은 장상태 전 동국제강 회장의 손자인 장세홍 한국철강 대표와 혼인했다. 3녀 박은혜는 허진규 일진그룹 회장의 차남 허재명 일진머티리얼즈 대표와 결혼했다. 박정구의 외아들이자 금호석유화학 전 상무인 박철완은 허경수 코스모그룹 회장의 차녀 허지연과 결혼했다. 박철완은 연세대 경영학과를 나와 하버드대학에서 경영학 석사(MBA)를 마쳤다. 허경수는 허신구 GS리테일 명예회장의 장남이자 허창수 GS그룹 회장의 사촌동생이다. 박인천의 차녀 박강자는 현재 금호미술관 관장으로 있는데 남편은 대한전자재료 회장인 강대균이다. 강대균은 서울대 정치학과를 나와 미국에서 경제학 박사 학위를 받았다.

박인천의 3남 박삼구 전 금호아시아나그룹 회장은 재무부장관, 산업은행 총재를 역임한 이정환의 차녀 이경렬과 결혼했다. 이정환은 한때 금호석유화학 회장을 지내며 그룹 경영에도 참여했다. 박삼구의 장남인 박세창 금호건설 사장은 중학교 동창인 김현정과 결혼해 아들 둘을 두고 있다. 두 사람은 6년 열애 끝에 결혼했다. 장녀 박세진은 김앤장 최성욱 변호사와 혼인했다. 박인천의 4남 박찬구 금호석유화학 회장은 위창남 전 경남투자금융 사장의 차녀 위진영과 결혼했다. 장남 박준경은 금호석유화학 부사장이다.

◆

형제 승계 경영 깨지며 갈등 빚기도

박인천의 막내딸인 박현주 대상홀딩스 대표는 임창욱 대상그룹 명예회장과 결혼했다. 당시 전남과 전북의 대표 재벌 집안이 혼인으로 결합한 것이어서 화제가 됐다. 박현주-임창욱 부부의 큰딸 임세령 대상그룹 부회장은 이재용 삼성그룹 부회장과 결혼했으나 이혼했다. 둘째 딸 임상민은 대상그룹 전무인데 미혼이다.

한국폴리텍대학 이사장을 지낸 박인천의 막내아들 박종구 초당대 총장은 다른 형제들과 달리 그룹 경영에 직접 참여하지 않았다. 아주대 교수, 기획예산처(현 기획재정부) 공공관리단장, 교육과학기술부 차관을 지낸 그는 이명선 전 삼흥복장 사장의 장녀 이계옥과 결혼했다.

금호아시아나그룹은 '형제 경영'으로 유명했다. 박인천이 후계 구도 원칙을 '형제 경영'으로 세우며 4형제 경영 승계를 제안했기 때문이다. 박성용·박정구 두 형제까지는 이 원칙이 잘 지켜졌으나 지난 2010년 박삼구 회장의 금호아시아나그룹과 박찬구 회장의 금호석유화학으로 분리된 후 형제간 갈등을 빚었다.

박인천의 동생 박동복은 금호전기 창업자다. 1979년 박동복은 금호전기·모빌코리아 등을 갖고 독립했다. 박병구 모빌코리아윤활유 회장은 박동복의 차남이다. 박병구의 동생들인 박남구·박영구·박명구 등은 회장, 부회장 등을 맡아 경영했으나 2020년 1월 박씨 일가는 모든 지분을 팔고 금호전기 운영에서 손을 뗐다. 박동복은 강세원 전 희성금속 회장과 사돈 관계였는데, 강세원은 구자경 전 LG그룹 명예회장의 차남인 구본능 희성그룹 회장의 장인이었다.

박인천의 큰형 박상천의 차남인 박상구는 자신 몫으로 삼양타이어를 요구해 1980년 2월 26일 삼양타이어 주주총회에서 분리독립이 결정됐다. 그런데 1981년 8월 금호실업이 삼양타이어를 흡수함으로써 관계가 악화됐다. 이후 양측이 치열한 공방전을 벌이다 1981년 박상구가 삼양타이어 지분을 25억 원에 금호그룹에 넘기는 것으로 마무리됐다. 이후 박상구는 부산·대전·광주의 상호신용금고를 인수하고 경기도 안성에 도가산업을 차렸다. 그러나 모두 매각하고 부산에 정착해서

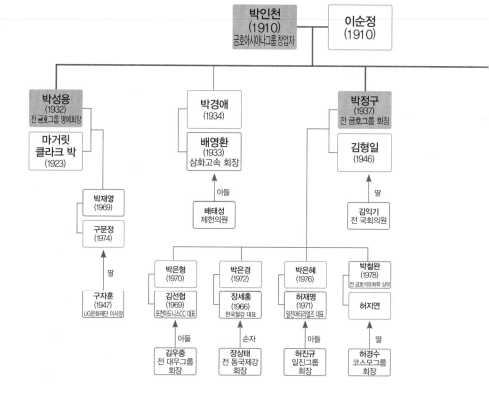

금호아시아나그룹 박인천-박성용-박정구-박삼구-박찬구家 혼맥

박인천 (1910) 금호아시아나그룹 창업자 — 이순정 (1910)

박성용 (1932) 전 금호그룹 명예회장
마거릿 클라크 박 (1923)

박재영 (1969)
구문정 (1974)

딸

구자훈 (1947) LIG문화재단 이사장

박경애 (1934)
배영환 (1933) 삼화고속 회장

아들

배태성 제헌의원

박정구 (1937) 전 금호그룹 회장
김형일 (1946)

딸

김익기 전 국회의원

박은형 (1970)
김선협 (1969) 포천아도니스CC 대표

아들

김우중 전 대우그룹 회장

박은경 (1972)
장세홍 (1966) 한국철강 대표

손자

장상태 전 동국제강 회장

박은혜 (1976)
허재명 (1971) 일진머티리얼즈 대표

아들

허진규 일진그룹 회장

박철완 (1978) 전 금호석유화학 상무
허지연

딸

허경수 코스모그룹 회장

부산상호신용금고의 정상화에 매진했다. 부산상호저축은행으로 상호를 바꾸고 부산제2저축은행, 대전저축은행 등을 잇달아 인수했다.

그러나 회사를 물려받은 박상구의 아들 박연호 부산저축은행 회장이 각종 프로젝트파이낸싱(PF) 대출에 뛰어들었다가 부실화되어 2011년 2월에 영업정지를 당하면서 파국을 맞았다. 박연호는 5조 원대의 불법 대출과 회계장부 조작, 감독 당국 매수 등의 혐의로 2011년 5월

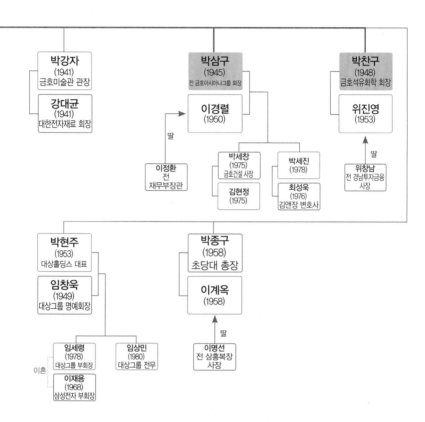

에 구속됐다. 2013년 9월 대법원 1부(주심 박병대 대법관)는 특정경제범
죄가중처벌법상 횡령 등의 혐의로 기소된 박연호에 대해 징역 12년을
선고한 원심을 확정했다.

금호아시아나그룹은 박삼구 전 금호아시아나그룹 회장이 2021년 5
월 12일 구속되면서 '재건의 꿈'이 꺾였다. 서울중앙지법은 이날 독점
규제 및 공정거래에 관한 법률 위반 등의 혐의로 박 전 회장에 대해

검찰이 청구한 구속영장을 발부했다. 박 전 회장을 비롯한 총수 일가는 특수관계인 지분율에 해당하는 이익(최소 77억 원)과 결산 배당금(2억 5,000만 원)을 챙긴 것으로 조사됐다.

DL(구 대림)그룹
이해욱家

◆

LG그룹과 인연 깊어

창업자 이재준 형은 이재형 전 국회의장

이해욱 DL그룹(옛 대림그룹) 회장이 취임한 것은 2019년 1월이다. 이해욱은 DL그룹 창업자인 이재준 전 회장의 손자다. 재벌가 3세이다. 그는 2021년 9월 현재 계열사를 동원해 개인 소유 회사를 부당 지원한 혐의로 재판을 받고 있다. 1심에서 벌금 2억 원을 선고받고 항소했다. 그룹의 호텔 브랜드인 '글래드' 상표권을 자신과 아들이 소유한 회사에 넘기고, 이 상표권을 자회사가 쓰게 해 수수료 31억 원을 챙긴 혐의를 받고 있다. 회장 취임 직후부터 센 신고식을 치르는 셈이다.

대림그룹 창업자인 수암(修巖) 이재준은 1917년 7월 27일 경기도 시흥군 남면 산본리 343번지에서 태어났다. 전주 이씨 이규응과 모친 남원 양씨 양남옥의 5남 4녀 중 넷째였다. 이규응은 한 해 벼 500여 섬을 수확하는 자작농 겸 지주였다. 서당에서 한문을 배우며 유복한 가정의 형제들 사이에서 자란 이재준은 8세 때 군포공립보통학교에 입학했다.

당시 군포공립보통학교 학생 중에는 20세가 넘어 장가를 든 학생도 있었다. 이재준이 제일 나이가 어렸다. 보통학교를 졸업한 이재준은 상급학교 진학을 준비하던 중 온몸에 옻이 올라 시기를 놓쳤다. 서울로 올라와 재수를 하려고 했지만 사정이 여의치 않아 학업을 중단하고 사업 쪽으로 방향을 틀었다. 때마침 고향에서 농사일을 하던 부친이 서울로 올라와 서대문에서 한일정미소를 경영하게 됐다. 이재준은 부친 곁에서 일을 거들며 경영을 배웠다. 수금을 잘하려면 새벽같이 나가야 한다는 것을 경험을 통해 알게 되면서, 또 부친이 주는 월급을 모아 돈을 불리는 재미를 알면서 이재준은 근면검약을 평생의 생활철학으로 삼게 됐다.

이재준에게 부친 이규응은 정신적 스승이었다. 이규응은 늘 이재준에게 "사람은 널리 사귀되 쉽게 버려서는 안 된나. 손해를 보더라노 약속은 반드시 지켜라. 멀리 내다보고 일을 도모하라. 순리를 저버리지 말라. 정직하고 솔직해야 한다"는 것을 강조하곤 했다. 특히 사람 됨됨이를 보는 안목이야말로 기업 성패의 관건이라는 것을 잊지 말라고 가르쳤다.

◆

이재준, 약속 지키는 것과 검약 중시

이런 부친의 가르침 때문인지 이재준은 약속을 지키는 것과 검약한 생활을 중시했다. 양말도 기워 신었고, 20년간 누런 잠바 하나로 골프와 등산을 했으며, 화장실 변기 물통에는 벽돌을 넣어 사용했다. 일생 동안 아침 식사는 아침 6시 정각에 했다.

　대림아이앤에스 대표이사 부회장과 대림대학교 총장을 지낸 제갈정 웅은 『덕(德)이 있는 부(富)가 청부(淸富)다』라는 책에서 이재준과 관련해 이런 일화를 소개했다. "한번은 지인들과 산행에 나서기로 하고 평소처럼 약속 장소에 미리 도착해 일행을 기다리고 있었다. 약속 시간에서 5분이 경과하자 이재준은 더 기다리지 않고 먼저 출발했다. 오기로 했던 사돈이 오지 않았는데도 말이다. 이재준은 누구든 상관없이 약속 시간 15분 전까지 약속 장소에 나가는 것을 철칙으로 삼았다. 한결같았다. 본인 스스로가 약속을 철저하게 지켰기 때문에 다른 사람에게도 당당하게 요구했다."

◆

이재준·이준용·이해욱 3세 경영 체제

　이재준은 평소 "자기 일에 책임질 줄 알아야 한다. 책임질 줄 아는 사람이 일처리도 정확할 뿐 아니라 큰일도 할 수 있다"고 강조했다. 이와 관련해 이재준은 직원들에게 자신의 경험을 이렇게 털어놓았다고 한다.

　"비가 내리는 날이었습니다. 외출하고 오신 아버님께서 창고고 뭐고 죽 다니시면서 꾸지람을 하시지 뭡니까? 아니! 너는 집에 있으면서 창고에 비가 새는 것도 모르고 뭐하느냐고요. 그 후로 비가 오는 날이면 영락없이 집 안 곳곳을 둘러보았지요. 혹시 비가 새는 곳은 없나 하고 말입니다. 그런데 비 오는 날 외출을 다녀오신 아버님께서 또 꾸중을 하시는 거예요. 그래서 '돌아봤습니다' 했더니, '돌아본 게 뭐야. 어디 어디 가봐' 하며 역정을 내시는 것이에요. 말씀하신 곳에 가보니 진짜 비가 새고 있었어요. 그 후 곰곰이 생각한 끝에 무슨 일이든 자기 책임인가 아닌가 하는 데 차이가 있다는 것을 알았습니다. 자기 책임이 아니라고 생각하면 돌아봐도 건성건성인 것이지요."

1939년 인천 부평역 앞에서 부림상회라는 작은 목재소로 시작한 DL그룹은 오늘날 건설 전문 대기업으로 성장했다. 이 과정에서 건설업 외에 석유화학 사업에 진출하고 대림자동차공업과 대림아이앤에스 등도 설립했으나 빚을 얻지는 않았다. 이재준은 부림상회 시절부터 인부들과 한솥밥을 먹으며 기업을 일궜다. 초창기 때는 꼭두새벽부터 늦은 밤까지 직접 무거운 짐을 나르는 중노동을 했다. 초기에 부림상회는 창업자 이재준과 그의 고종사촌 형인 이석구 전 대림산업 사장, 이석구의 매제인 원장희 등 3인이 이끌었다. 이재준과 이석구는 1만 5,000원씩, 원장희는 1만 원을 각각 출자했다.

◆

이준용, 건설과 석유화학으로 업종 확대

이재준은 1947년 건설업에 진출하면서 회사 이름을 대림산업주식회사로 바꾼 후 부평경찰서 신축 공사를 맡은 것을 계기로 기반을 다졌다. 한국전쟁이 일어나면서 인천지점에 보관 중이던 미송이 손실되는 등 손해를 입기도 했으나, 피란민 수용소를 짓는 등 군 시설 공사를 맡았다. 1958년부터 시작된 청계천 복구 공사, 소양강댐 건설 등도 대림의 작품이다. 서울증권 설립(1954년), 풍림산업 인수(1960년), 베트남 진출(1966년) 등으로 대림산업은 도급 순위 1위에 오르기도 했다. 대림은 베트남에 진출한 1호 건설업체로 국내 건설사 중 최초로 해외에 나갔다. 대림통상(1970년)·대림엔지니어링(1975년)을 잇달아 설립해 대기업의 면모를 갖추며 급성장했다.

이재준의 아들인 이준용 DL그룹 명예회장은 아버지와 달리 교육을 많이 받았다. 서울대 상대를 졸업하고 미국 덴버대학에서 통계학을 전공했다. 이준용은 1966년 대림산업에 계장으로 입사했다. 해외 시장을 개척하기 위해 글로벌 감각과 국제 업무에 밝은 사람이 필요했기 때문이다. 입사 13년 만인 1979년 대림산업 대표이사 사장을 맡은 이준용은 시련도 겪었다. 1986년 개관 11일을 앞두고 공사를 맡았던 천안 독립기념관에서 화재가 발생해 어려운 상황에 직면하기도 했다. 1988년에는 이라크의 무차별 공습으로 인해 이란 현지 캉간 가스 정제 공장 건설 현장에서 일하던 근로자 13명이 죽고, 19명이 다치는 대형 사고가 발생했다.

아버지 이재준이 목재상을 건설업으로 키웠다면, 아들 이준용은 여기에 유화 부문을 더해 DL그룹의 업종을 건설과 석유화학 양대 축으로 확장했다. 숱한 난관을 뚫고 재계 순위 13위의 대기업으로 성장한 DL그룹은 이재준-이준용-이해욱으로 이어진 3세 경영 체제를 갖췄다.

창업자 이재준은 조선 14대 임금 선조의 일곱 번째 왕자인 인성군의 9대손이다. 부친 이규응과 모친 양남옥의 5남 4녀 중 차남으로 태어났다. 19세에 경기 수원 지역 대지주의 딸인 이경숙과 결혼했으나 맏아들 이준용이 네 살 때 이경숙은 세상을 떠났다. 그 후 재혼한 박영복과의 사이에 차남인 이부용(전 대림산업 부회장)을 뒀다.

이재준의 형은 이재형 전 국회의장이다. 7선 의원을 거치고 민주정의당 대표까지 지낸 이재형은 평범한 집안 출신인 류갑경과 결혼해 4남 4녀를 뒀다. 장녀 이봉희는 원용덕 전 헌병사령관의 아들인 원창희 전 육군 소장과 혼인했다. 한국경제연구원 연구위원을 지낸 조성봉 숭실대 교수가 이봉희-원창희 부부의 사위다. 이재형의 차녀 이신자는 김종희 한화그룹 창업자의 동생인 김종식 전 민자당 의원과 결혼했다

DL그룹(옛 대림그룹) 이재준-이준용-이해욱家 혼맥

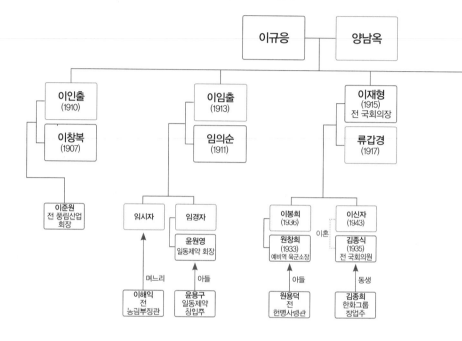

가 이혼했다. 이재형과 이재준은 형과 동생이라는 혈연 외에는 정치자금을 제공하는 등의 특별한 관계를 맺지 않았다.

이재준 창업자의 둘째 동생인 이재우는 대림자동차 사장, 대림통상 회장을 지내고 2015년 세상을 떠났다. 이재우의 부인 고은희는 대림통상 계열사인 리빙스타의 감사를 맡고 있다. 대림통상은 이재우가 1970년 설립한 업체로 1989년 대림그룹에서 계열 분리됐다. 수도꼭지, 비데, 감지기, 샤워 부스 등 종합 건자재 사업이 주력이다. 건자재 수출입업체 디앤디파트너스, 주방용품 및 생활용품 도소매업체 리빙스타를 계열사로 두고 있다. 이재준의 손자인 이해영은 대림비앤코 부회장이다.

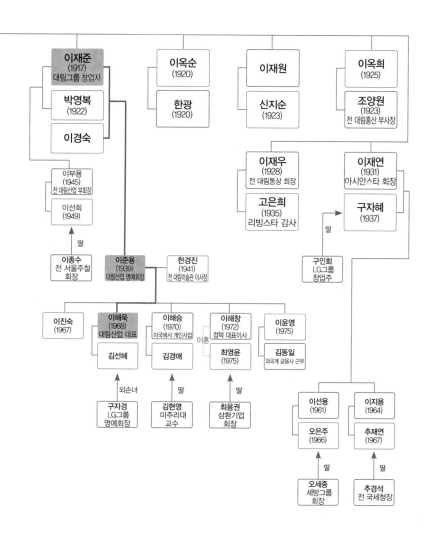

이재준의 막냇동생인 이재연 아시안스타 회장은 LG그룹 구인회 창업자의 차녀인 구자혜와 결혼했다. 이런 인연으로 이재연은 LG카드 부회장과 LG그룹 고문을 지냈다. 그는 국내에 패밀리레스토랑 'TGIF'를 처음 들여온 주인공이다. 이재연의 장남 이선용은 오세중 전 세방여행 회장의 딸인 오은주와, 차남인 이지용은 추경석 전 국세청장의 딸 추재연과 결혼했다.

◆

이해욱은 구본무 전 LG그룹 회장의 조카사위

창업자 이재준의 부친 이규웅의 장녀는 이인출이다. 그는 이창복과 혼인했다. 이인출-이창복 부부의 장남 이준원은 한때 대림산업 계열사였다가 분리한 풍림산업 회장을 지냈다. 이규웅의 차녀 이임출은 임의순과 결혼했는데 이임출-임의순의 장녀 임시자는 경기도지사와 농림부장관을 지낸 이해익의 며느리다. 차녀 임경자는 윤용구 일동제약 창업자의 차남 윤원영 일동제약 회장과 결혼했다.

이재준의 장남인 이준용 DL그룹 명예회장은 1965년 이화여대를 나온 천안 사업가 한순성의 딸 한경진과 연애결혼을 하여 3남 2녀를 뒀다. 두 사람은 양가 부모의 반대를 무릅쓰고 결혼해 화목한 가정을 일구었다. 한경진은 대림미술관 이사장을 지냈다. 이준용의 동생 이부용 전 대림산업 부회장은 경희대 출신 이선희와 결혼했는데 서울주철 회장을 지낸 이종수가 이선희의 부친이다.

이준용의 장남 이해욱 DL그룹 회장도 LG그룹과 인연을 맺었다. 구자경 전 LG 명예회장의 외손녀인 김선혜와 연애결혼을 했기 때문이다. 김선혜의 모친은 구자경의 큰딸 구훤미이고 부친은 희성금속 회장을 지낸 김화중이다. 이해욱은 구본무 전 LG그룹 회장의 조카사위인 셈이다. 이해욱과 이재용 삼성그룹 부회장, 정용진 신세계그룹 부회장은 경복고 동창으로 절친한 관계로 알려져 있다. 이해욱은 경복초·중앙중·경복고를 나와 아버지가 나온 미국 덴버대학 경영통계학과를 졸업하고 컬럼비아대학 응용통계학과에서 석사 학위를 받았다. 1995년 대림그룹에 입사했다. 2019년 1월 DL그룹 회장을 맡았다.

이준용의 차남 이해승은 현재 미국에서 개인 사업을 하고 있는데 미국 미주리대학 물리학과 교수인 김현영 박사의 딸 김경애와 혼인했다. 이해승 가족은 미국에서 살고 있다. 이준용의 3남 이해창 켐텍 대표이사는 최용권 전 삼환기업 회장의 장녀 최영윤과 연애결혼을 했다가 이혼했다. 막내딸 이윤영의 남편 김동일은 외국계 금융사에 근무하고 있다.

5장

DB · 효성 · 동국제강 ·
코오롱 · 아모레퍼시픽 ·
SPC · 애경 · 교보생명家

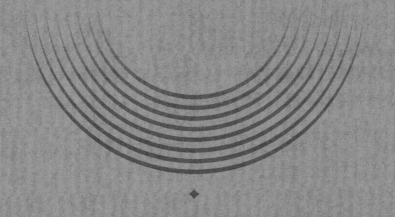

DB그룹
김남호 家

농심·삼양·동국제강그룹 등과 혼맥 연결

할아버지 김진만은 7선 의원에 국회부의장 지내

"20대 초반에 100만 달러를 번 사람은 기업인으로서 일생을 보장받을 수 있다(선박왕 오나시스)." "자신보다 훌륭한 사람을 부리다 간 사람 여기 누웠노라(카네기 묘비명)." 위 두 문장이 1968년 당시 20대 초반이던 한 젊은이의 가슴을 뛰게 했다. 무일푼으로 창업에 나선 젊은이는 숱한 난관을 딛고 대그룹을 일궈냈다. 그 주인공은 DB그룹 창업자인 김준기 전 회장이다.

그러나 그는 2021년 5월 10일 가사도우미를 성폭행하고 비서를 추행한 혐의로 징역 2년 6개월에 집행유예 4년형이 확정돼 불명예를 안게 됐다. 재판을 받던 중인 2020년 7월 아들 김남호가 DB그룹 회장에 취임했다.

김준기는 1944년 12월, 강원도 삼척군 북평읍(현 동해시)에서 태어났다. 김진만-김숙자의 5남 3녀 중 둘째다. 부친 김진만은 7선 의원에 국회부의장을 지냈다. 제헌의원과 참의원을 역임한 김진구 선생, 광복 직후 국민촉성회 비서장을 지낸 김진팔 선생이 김진만의 형들이다. 김준기는 정치인 집안에서 성장했지만 다른 길을 걸었다. 사업에 뛰어든 것이다.

◆

1969년 세운 미륭건설이 DB그룹 모태

누구나 그렇지만 인생의 전환점은 우연한 기회에 찾아온다. 군복무를 마치고 고려대 경제학과에 재학 중이던 김준기는 1968년 미국을 방문했다. 전자산업을 일으켜야 한다며 정부 차원에서 추진한 전자업계 미국 우수 인재 유치단에 뽑혀 미국 견학 기회를 얻은 것이다. 하버드대학, 컬럼비아대학 등과 전자업계를 돌아보며 김준기는 강대국 미국의 실상을 보았고 대한민국의 현실을 뼈저리게 느꼈다. '기업'의 힘을 본 것이다. 1968년 어머니 김숙자가 갑작스럽게 타계하자 김준기는 유학 계획을 접고 본격적으로 창업을 결심했다.

김준기가 처음에 관심을 가진 분야는 '관광'이었다. 미국에서 라스베이거스·디즈니랜드 등을 둘러보며 자원이 없는 우리나라 같은 경우 리조트를 만들어 관광객을 유치하면 되겠다는 생각이 들었다. 건설회사·운송회사 등을 창업하는 그림을 그렸다. 그러나 수중에 돈이 없었다. 부친 김진만은 아들이 사업을 하는 것에 반대했다. 유학을 갔다 온 후 공부를 계속하길 바랐다. 자금을 지원해줄 리 만무했다. 김준기는 자신의 힘으로 개척해나갈 수밖에 없다고 생각하고 주변 지인들에게 구상을 밝히며 돈을 끌어모았다. 이렇게 빌린 돈이 2,500만 원이었다. 김준기는 이 돈으로 1969년 미륭건설(동부건설의 전신)을 세웠다. 창업 첫해 매출은 9,200만 원이었다.

미륭건설이 업계에 존재를 알린 사업은 연세대 이공대 건물 공사였다. 독일 정부가 연세대학에 100만 달러(당시 돈으로 약 4억 5,000만 원 정도)를 기부해 시작된 이 공사는 당시 국내 건축공사로는 규모가 제일 컸다. 당연히 유명 건설회사들이 모두 달려들었다. 설립된 지 불과 2년여에 지나지 않고 실적도 변변치 않은 미륭건설이 수주하는 것은 하늘의 별을 따는 것과 같은 상황이었다. 그러나 김준기는 도전했다. 70여 차례나 연세대 관계자들을 찾아가 설득했다. 하청을 주지 않고 식섭 짓겠다는 전략도 강조했다. 이런 과정을 거쳐 경쟁 입찰을 통해 수주에 성공함으로써 미륭건설은 일약 도급 순위 30위 내로 도약했다.

◆

2017년 동부에서 DB로 사명 바꿔

1973년 사우디아라비아 주베일 해군기지 공사 입찰을 따낸 것은 날개를 달아주었다. 그러나 쉽지만은 않았다. 입찰 결과 1위를 했으나 내정가보다 낮은 금액에 낙찰을 받아, 실제 공사를 진행할 경우 1,000만 달러 이상을 손해 볼 상황이 되어버렸다. 수주하겠다는 생각에 사로잡혀 금액 추산을 잘못한 업보였다. 김준기는 "당시 나는 죽고 싶었다. 중동 진출과 성공의 꿈은 사라지고 늪에 빠졌다는 생각에 피사의 사탑 앞에서 양주를 마시고 탑에 올라가 뛰어내리려고 작정했었다"고 심경을 토로한 바 있다.

그러나 마음을 다잡고 발주처를 다시 찾아가 설득해 재입찰을 성사

시켰고 내정가보다 2,000만 달러나 높은 금액으로 주베일 해군기지 공사를 따냈다. 총 공사비는 단일 공사로는 국내 최대 규모인 4,800만 달러였다. 이 공사에서만 1,600만 달러를 남기며 김준기는 크게 도약했다. 김준기는 1976년 1월 사우디아라비아 현지 시무식에서 이렇게 말했다. "사우디 건설 현장에서 적자를 본다는 것은 가난한 우리나라가 거꾸로 귀중한 외화를 들여 부자 나라 사우디에 집을 지어주는 것과 같다. 우리가 1달러라도 낭비하면 그만큼 조국에 대한 배신이다. 공사 원가를 줄이기 위해 최선을 다하자." 김준기가 예상을 뒤엎고 주베일 공사를 따낸 것을 계기로 이때부터 한국 건설업계의 본격 해외 진출이 시작됐다.

'동부(東部)'라는 이름은 1971년부터 사용됐다. 동부고속이 설립될 때다. '도전과 개척(東)', '안정과 풍요로움(部)'을 상징한다. 1989년 미륭건설을 동부건설로 개명하면서 본격적으로 그룹 이름으로 쓰기 시작했다. 김준기는 사업을 '뒤따라가는 사업', '같이 가는 사업', '앞서가는 사업' 세 가지로 구분하고 금속, 화학, 건설·물류, 금융 등 4대 분야로 사업을 확장했다. 동부투자금융·동부화재·동부익스프레스·동부제강·동부한농 등을 잇달아 설립하며 1990년 재계 순위 20위권에 진입했다. 창업한 지 20년 만이다. 2000년에는 10위 안에 들었다.

김준기는 사업을 하면서 공과 사를 구분했다. 정치헌금을 할 때는 회사 돈이 아니라 개인 돈으로 한다는 원칙을 세웠다. 1997년 대통령 선거 때 이회창 후보 캠프에 지원한 30억 원도 회사 돈이 아니라 자신의 주식을 팔아 마련했다. 출신 학교나 동창회에 기부금을 낼 때도 마찬가지였다. 2002년 태풍 루사로 강원도 지역이 피해를 입었을 때도 자신의 돈 20억 원을 의연금으로 기부했다. 매일경제가 펴낸 『1등 기업의 비밀』에 따르면, 김준기는 회의나 토론을 통해 문제를 해결하는 방식을 좋아한다고 한다. "나는 항상 내 자신이 부족하다고 생각해왔다. 기업 경영에 있어서 최종 결정권자가 내리는 결정은 절대적으로 중요한데, 혹시 내 결정이 독단적으로 흐르지 않을까 하는 불안감이 있다. 그래서 중요한 문제는 항상 회의를 소집해 안건으로 상정하고, 집중적인 토론 과정을 거쳐 얻은 결론에 따라 결정을 내리는 시스템이 무엇보다 중요하다. 그래야 독선 방지, 스피드 경영, 전원 참여, 벽 허물기가 실현된다."

DB그룹은 2008년 세계 금융위기에 따른 유동성 위기를 맞으며 구조조정을 하는 아픔을 겪었다. 동부제철·동부특수강·동부익스프레스·동부발전당진 등이 다른 회사로 넘어갔다.

◆
김준기 처가는 고려대 설립자 김성수 집안

김준기의 부친 김진만 전 국회부의장은 1954년 제3대 민의원 당선을 시작으로 7선 국회의원을 지낸 현대 정치사의 거물이다. 국회 상공위원장, 공화당 원내총무를 지내고 1973년 3월 재적의원 215명 중 199명의 압도적인 찬성으로 국회부의장에 선출됐다. 1969년 3선 개헌안을 통과시키는 데 역할을 한 '공화당 4인방' 가운데 한 명으로 알려져 있다. 낚시협회장을 지낸 그는 평소 "큰 바늘은 어떤 경우에도 사용할 수 있다"는 말로 큰 정치를 해야 한다는 신념을 표현하곤 했다. 김진만은 부인 김숙자와의 사이에 5남 3녀를 뒀다.

김준기의 누나인 장녀 김명자는 임주웅 전 동부생명 사장과 결혼했다. 한국자동차보험 전무와 동부생명보험 사장을 지낸 임주웅의 부친은 국내 최초의 치약회사인 동아특산약화학 임형복 회장이다. 임주웅의 형 임주용은 중앙투금 부사장을 지냈는데 동국제강 장상태 전 회장의 막냇동생인 장복혜의 남편이다. 김명자-임주웅 부부는 1남 2녀를 뒀는데 아들 임준석의 장인인 윤호중은 흥아해운 창업자 윤종근의 아들이다.

김진만의 둘째이자 장남이 김준기다. 김준기의 부인 김정희는 삼양그룹 창업자 김연수의 장남 김상준 삼양염업 전 회장의 2남 3녀 중 둘째 딸이다. 김연수는 고려대학교 설립자인 인촌 김성수의 동생이다. 김상준의 동생이 고려대 총장과 국무총리를 지낸 김상협이다. 김정희의 오빠는 김병휘 한양대 명예교수다. 김준기와 김병휘는 중·고등학교 동창이다. 김정희의 여동생 김정림의 남편은 윤천주 전 문교부장관의 아들인 윤대근 전 동부CNI 회장이다. 윤대근은 1970년대 초반부터 그룹 경영에 참여했다.

김준기-김정희 부부는 1남 1녀를 뒀다. 딸 김주원은 김효일 옛 해동화재 부회장의 장남 김주한과 결혼했다. 이화여대를 졸업한 김주원은 일본 게이오대학에 유학 중이던 김주한과 1997년 약혼했는데 당시 동부와 해동화재 오너가 사돈을 맺는다고 해서 화제에 오르기도 했다. 김주한은 미국 메릴린치증권사에서 자산운용사로 근무하는 것으로 알려져 있다. 김준기의 아들인 김남호 DB그룹 회장은 2005년 6월 차경섭 전 차병원 이사장의 손녀이자 차광렬 차병원글로벌연구소장의 장녀인 차원영과 결혼했다. 누나 김주원이 두 사람의 인연을 맺어줬다. 경기고-미국 웨스트민스터대학 경영학과를 졸업한 김남호는 미국 워싱턴대학원에서 경영학 석사 과정(MBA)을 마친 후인 2009년 동부제철 차장으로 입사했다. 이후 농업 부문 계열사인 동부팜한농에 근무하다가 동부금융연구소 상무, DB손해보험 부사장 등을 거쳐 2020년 7월 DB그룹 회장에 올랐다.

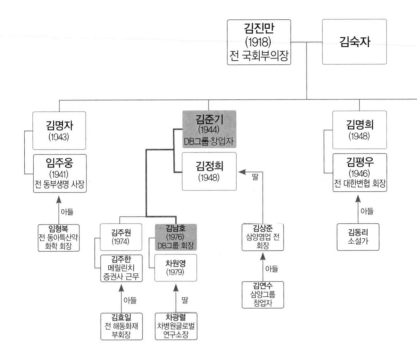

김진만
(1918)
전 국회부의장

김숙자

김명자
(1043)

임주웅
(1941)
전 동부생명 사장

임형복
전 동아특산약
화학 회장

아들

김준기
(1944)
DB그룹 창업자

김정희
(1948)

김주원
(1974)

김주한
메릴린치
증권사 근무

김효일
전 해동화재
부회장

아들

김남호
(1976)
DB그룹 회장

차원영
(1979)

차광렬
차병원글로벌
연구소장

딸

딸

김상준
삼양염업 전
회장

김연수
삼양그룹
창업자

아들

김명희
(1948)

김평우
(1946)
전 대한변협 회장

김동리
소설가

아들

◆

농심·동국제강 등과 혼맥 연결

김준기의 여동생인 김명희는 '여성의 전화' 창립 멤버다. 김희선 전
열린우리당 의원 등 여성운동가들과 친분 관계가 남다르다. 김명희는
김준기의 고교 동창인 김평우 변호사와 결혼했다. 김평우는 「등신불」
로 유명한 소설가 김동리의 아들로 대한변호사협회 회장을 지냈다.
박근혜 전 대통령 탄핵 당시 박 전 대통령의 변호를 맡기도 했다. 김

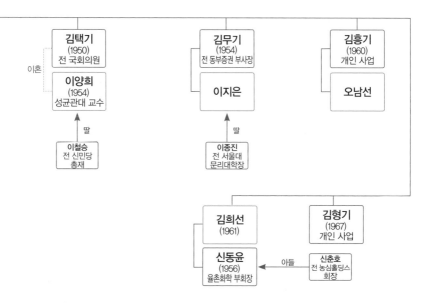

준기의 첫째 남동생은 국회의원을 지낸 김택기다. 미국 미주리 주립대 정치학 박사인 김택기는 이철승 전 신민당 총재의 딸인 이양희 성균관 대 교수와 결혼했으나 이혼했다. 한국자동차보험주식회사 사장을 지 내고 2000년 16대 국회의원으로 국회에 입성한 김택기는 2006년 열린 우리당을 탈당하고 2008년 한나라당에 입당해 국회의원 후보가 됐으 나 선거운동 도중 금품 살포 등이 적발돼 후보직을 사퇴했다. 2013년 에는 제일저축은행 유동천 전 회장으로부터 2,000만 원을 받은 혐의 로 벌금형을 선고받기도 했다. 이양희는 2011년 한나라당 비상대책위

원회 위원으로 활동한 바 있다.

　동부증권·동부건설 부사장을 지낸 김준기의 둘째 남동생 김무기는 이종진 전 서울대 문리대학장의 딸인 이지은과 혼인했다. 고려대 정치외교학과를 졸업한 김준기의 셋째 남동생 김홍기는 동생 김희선의 소개로 교사인 오남선을 만나 연애결혼을 했다. 현재 미국에서 사업을 하고 있다.

　김준기의 막내 여동생 김희선의 남편은 신춘호 전 농심 회장의 차남인 신동윤 율촌화학 부회장이다. 김희선은 새언니인 오남선의 소개로 신동윤을 만난 것으로 알려져 있다. 김준기의 막내 남동생인 김형기는 개인 사업을 하고 있다.

　김준기의 인척 가운데 주목되는 이는 2012년 세상을 떠난 외삼촌 김형배 전 동부문화재단 이사장이다. 1932년 강원 삼척에서 출생한 김형배는 서울대 법대를 나와 상공부 섬역국장, 공업진흥청장, 한국공업표준협회장, 한국소비자보호원장, 중소기업진흥공단 이사장 등을 역임했다. 1994년 동부에 합류해 제조부문 회장, 상임고문을 지냈다. 부인 김혜숙과의 사이에 아들 김한수, 딸 김이정·김이원을 뒀다. 사위 최철순은 한림대 강동성심병원 교수다.

효성그룹
조현준家

◆

창업자 조홍제 56세 늦깎이 창업

대통령 세 명과 사돈

"내가 70년을 살아오는 동안 내리지 않으면 안 되는 수많은 결단 중에 가장 현명한 결단이었다. 그런 결단을 내리지 못하고 분배받을 재산에 연연했더라면 내 독자적인 사업은 시작해보지도 못하고 재산은 재산대로 찾지 못한 채 끝나게 됐으리라. 때로는 버리는 것이 얻는 것이요, 버리지 않는 것이 곧 잃는 것이라는 이 역설적인 교훈은 내 후배들에게도 큰 도움이 되리라 믿는다."

조현준 효성그룹 회장의 할아버지인 효성그룹 창업자 만우 조홍제는 삼성그룹 창업자인 이병철과 헤어질 당시의 일을 이렇게 기록했다. 1962년 56세에 효성물산을 설립하며 독자 경영의 길에 나선 조홍제는 스스로를 '늦되고 어리석다'고 칭하며 이때부터 '만우(晩愚)'라는 호를 쓰기 시작했다.

만우 조홍제와 호암 이병철은 어릴 때부터 알고 지내던 사이였다.

조흥제의 집이 경상남도 함안(군북면 동촌리), 이병철의 집이 경상남도 의령이어서 지리적으로 가까웠고, 조흥제는 이병철의 형인 이병각과 동갑 친구여서 자주 오가곤 했다. 광복 후 서울로 올라온 조흥제와 이병철은 서로 자주 만나면서 사업에 관한 이야기를 주고받았다. 1948년 12월 이병철이 무역업을 시작할 때 조흥제는 800만 원이라는 거금을 이병철에게 빌려줬다. 1949년 초 조흥제는 이병철의 청을 받아 200만 원을 보태 1,000만 원을 아예 투자했다. 이병철은 이 돈에 자신의 돈을 합쳐 삼성물산공사를 설립하는 자본금으로 삼았다. 조흥제와 이병철의 동업은 이때부터 시작됐다. 이병철이 사장, 조흥제가 부사장이었다. 사업을 시작한 지 10년 만인 1958년 삼성은 명실공히 재계의 최고 기업으로 성장했다. 그러나 하늘 아래 태양이 두 개일 수는 없는 법, 두 사람의 결별은 어쩌면 예고된 수순이었다.

◆

조흥제, 1962년 이병철과 결별

만우 조흥제 회장 탄신 100주년 기념사업위원회가 펴낸 『만우 조흥제 일화집—늦되고 어리석을지라도』에서는 당시를 이렇게 기록했다. '그해(1958년) 호암(이병철)은 만우(조흥제)에게 동업 청산을 요구했다. 40대부터 50대에 이르기까지, 기업가로서 황금 같은 시기에 그의 모든 열정을 다 바쳐 일군 기업, 그곳을 떠나라는 요구였다. 두 사람은 결별에 동의했으나, 문제는 지분을 정리하는 것이었다. 호암은 선명한 태도를 취하지 않고 이리저리 태도를 바꾸며 시간을 끌었다. 그 기간이야말로 만우의 일생에서 가장 지옥 같은 시간이었다. 만우는 밤에 잠을 이루지 못했고, 하룻밤에 담배를 5~6갑 태워 없앴다. 만우는 자신의 지분이 3분의 1 정도 되고 사장을 지내 회사에 대해 잘 알고 있는 제일제당을 갖기를 원했다. 그러나 결국 호암이 내놓은 것은 당시 부실기업으로 은행 관리를 받고 있던 한국타이어와 한일나이론에 삼성이 지분으로 갖고 있던 3분의 1가량의 주식이었다. 만우에게 남은 선택은 재산을 찾기 위해 소송을 하느냐, 마느냐 하는 것이었다. 그 순간 만우는 모든 것을 포기했다.'

1962년 삼성과 결별하고 효성물산이란 조촐한 무역회사로 새 출발을 한 조홍제가 처음 시작한 사업은 제분업이었다. 그가 제분공장을 인수해 가동하자마자 제분업계가 일대 호황을 맞게 돼 그는 큰 성공을 거뒀다. 조홍제는 4년 후 60세 되던 해에 나일론 원사를 생산하는 동양나이론(현 효성)을 설립하고 부실기업이었던 조선제분·한국타이어 등도 인수해 제 궤도에 올려놓았다. 오늘날의 효성그룹은 이렇게 태동했다.

조홍제는 '사업 운이 좋은 사람'이라는 평에 대해 이렇게 말한 적이 있다. '40여 년간 기업을 경영해 오면서 내가 주관했던 모든 사업에서 실패가 없었다. 그것은 사업성을 검토하는 데 있어서 사전에 충분한 시간을 들여서 계수적으로 철저하게 체크해 이만하면 틀림없겠다는 심증이 서면 비로소 착수하고, 대신 그 추진은 담당자나 전문가에게 일임해온 데 있지 않나 싶다.'

효성가의 혼맥은 재벌가 중에서도 화려하기로 소문나 있다. 전직 대통령 3명과 유명 정치인, 장관 등 다수의 정·관계 인사들과 연결돼 있다.

조홍제는 경상남도 함안 대지주였던 부친 조용돈과 모친 안부봉의 2남 4녀 중 장남으로 태어났다. 15세에 진주의 명문가인 하세진 가문의 하정옥과 결혼했다. 조홍제는 하정옥과의 사이에 3남 2녀를 뒀다.

장녀 조명숙은 진주여고를 졸업한 후 경남 진양의 대지주였던 허정호와 결혼했다. 허정호는 서울신한병원 원장을 지냈다. 차녀 조명률은 경남 산청의 대지주인 권동혁의 장남 권병규에게 시집갔다. 권병규는 효성건설 회장을 지냈다.

조흥제의 장남은 조석래 효성그룹 명예회장이다. 일본 와세다대학을 거쳐 미국 일리노이 공과대학원에서 화공학을 전공했다. 학자의 꿈을 키웠으나 부친의 요청을 받고 1966년 효성 경영에 뛰어들었다. 아버지가 경영에서 물러난 1978년 이후 본격적으로 주력 기업인 효성물산·동양나이론·동양폴리에스터·효성중공업(4개사 모두 ㈜효성으로 통합) 등을 맡았다.

조석래의 부인은 송인상 전 한국능률협회 명예회장의 3녀인 송광자다. 조흥제와 송인상이 처음 만난 곳은 재판정이었다. 5·16 직후 부정축재자 처리법에 따라 혁명재판소 피의자석에 한께 앉게 됐고, 이때 송인상이 책임을 전가하지 않고 "내가 다 했다"고 진술하는 조흥제를 유심히 보게 된 것이다. 언젠가 조흥제는 송인상에게 자신의 콤플렉스에 대해 이렇게 털어놓았다고 한다. "사돈에게 내가 가장 감탄하는 것이 무엇인지 아시오? 어쩌면 남에게 저렇게 자연스럽게 칭찬을 잘하나 하는 것입니다. 내가 세상에서 제일 부러운 사람이 바로 그렇게 칭찬을 잘하는 사람입니다. 나도 저렇게 하고 싶은데 하는 생각이 들지만 나는 잘 안 돼요."

◆

조석래와 전두환은 '사돈의 사돈'

어쨌든 효성가의 혼맥은 조석래-송광자 혼인 이후부터 본격적으로 형성되기 시작했다. 송인상의 장녀 송원자는 이봉서 한국능률협회 회장과 결혼했다. 둘 사이에 태어난 딸 이혜영은 이회창 전 자유선진당 총재의 장남 이정연과 혼인했다. 송인상의 차녀 송길자는 신명수 전 동방그룹 회장과 결혼했는데 첫째 딸 신정화가 노태우 전 대통령의 아들이자 최태원 SK 회장의 처남인 노재헌과 혼인했다. 그러나 신정화-노재헌은 2013년 5월, 결혼 23년 만에 이혼했다. 두 사람은 지난 1990년 청와대에서 결혼했으나 2011년 각각 한국과 홍콩에서 이혼 소송을 냈다. 자녀 3명의 양육권은 신정화가, 친권은 노재헌과 신정화가 공동으로 갖기로 한 것으로 알려졌다.

조석래는 세 아들을 뒀다. 장남 조현준 효성그룹 회장은 모건스탠리에서 일하다가 1997년 경영기획팀 부장으로 효성에 합류했다. 이희상 전 동아원그룹 회장의 막내딸 이미경과 결혼했다. 이미경은 전두환 전 대통령의 3남 전재만의 부인 이윤혜의 동생이다. 조석래와 전두환은 '사돈의 사돈'인 셈이다. 이윤혜는 전두환의 사저인 서울 연희동 별채의 소유권을 갖고 있어 주목됐다. 전두환이 퇴임 전 매입한 이 별채는 1996년 전 전 대통령 비자금 수사 당시 검찰이 압류했다. 2003년 추징금을 회수하기 위해 강제 경매에 들어갔는데, 전두환의 처남인 이창석이 감정가를 훨씬 웃도는 16억 원에 사들였다. 이것을 2013년 5월, 전두환 며느리인 이윤혜가 12억 5,000만 원에 이창석으로부터 다시 사들인 것이다. 그러나 법원은 며느리 이씨가 소유한 별채가 비자금으로 사들였다고 판결 내려 이에 대한 처분은 적법하다고 판단했다. 재판부는 "별채가 뇌물로 조성된 비자금으로 매수한 불법재산임이 증명됐다"고 판시했다. 이는 지난 2021년 4월 대법원에서 확정됐다.

차남 조현문 법무법인 현 고문은 미국 하버드대학에서 법학박사 학위를 받고 뉴욕주 변호사로 일하다가 1999년 경영기획2팀 부장으로 효성에 합류했다. 이부식 전 교통개발원장의 장녀인 이여진과 2003년 결혼했다. 조현문은 얼마 전 세상을 떠난 가수 신해철과 보성고 동창으로 1학년 때 반 대항 응원전을 하면서 처음 만났다. 두 사람은 한눈에 서로의 음악 실력을 알아봤다고 한다. 대학 때 밴드를 같이하자는 약속을 지켜 '무한궤도'를 결성해 1988년 대학가요제에서 「그대에게」라는 노래로 대상을 탔다. 당시 조현문은 키보드를 쳤다. 조현문은 서울대 고고인류학과를 수석 입학, 수석 졸업했다.

이여진은 2001년 미국 로펌에서 인턴으로 근무할 때 조석래 부부를 처음 만났다. 조현문과는 2002년에 처음 만나 1년여 만에 결혼에 이르렀다. 서울대 불문과를 나온 이여진은 1997년 외무고시(31기)에 합격한 후 청와대 의전비서관실 등에 근무하며 노무현 전 대통령의 통역을 담당하기도 했다.

조석래의 3남 조현상 효성 부회장은 경영컨설팅사 베인&컴퍼니와 일본의 통신사 NTT도코모에서 근무하다가 2000년 효성에 입사했다. 김여송 광주일보 사장의 딸 김유영과 결혼했다. 김여송은 김용주 행남자기 회장의 사촌이다. 줄리아드스쿨 음악대학원을 졸업한 비올리스트 김유영은 2014년 세계적 첼리스트인 요요마와 함께 '실크로드 앙상블' 협연을 하기도 했다.

지난 2014년 10월 차남 조현문이 형인 조현준을 '횡령' 혐의로 검찰에 고발했다. 아버지 조석래와 형 조현준이 조세 포탈 등의 혐의로 검찰에 동반 기소돼 재판을 받고 있는 상황에서 벌어진 일이었다. 언론에서는 '효성가 형제의 난'이라고 이름 붙였다. 갖고 있는 지분을 팔아치우고 독자 노선을 선언한 조현문이 조석래·조현준·조현상과 맞서고 있는 형국이다. 조현문은 싱가포르에서 600억 원대 사모펀드를 운영하는 것으로 알려졌다.

◆
조현범 사장, 이명박 전 대통령 셋째 딸과 결혼

조홍제의 둘째 아들은 조양래 한국앤컴퍼니 회장이다. 두 사람 사이에는 이런 일화가 있다. 고등학교 졸업 후에 미국 유학이 예정돼 있던 조양래는 전공을 무엇으로 할지 고민이 많았다. 하루는 아버지 조홍제에게 물었다.

"아버지, 제가 전공을 어떤 것으로 하면 좋을까요?"

"그게 무엇이든 네가 가장 자신 있는 분야를 택하거라. 다만 정치쪽은 하지 말아라."

조홍제는 정치의 속성이 거짓말을 하지 않을 수 없는 직종이라는 생각을 갖고 있었기 때문에 싫어했고 정치 쪽으로 나가는 것을 반대했다.

조양래는 홍긍식 전 변협회장의 딸 홍문자와 혼인했다. 2남 2녀를 뒀는데 미국 뉴욕에서 수학과 교수로 활동하는 장녀 조희경은 노재원 전 중국 대사의 아들인 노정호 연세대 법대 교수와 결혼했다. 장남 조현식 한국앤컴퍼니 부회장은 차동환 카이스트 교수의 딸인 차진영과 혼인했다. 차동환은 설경동 대한전선 창업자의 둘째 사위다. 1970년생인 조현식은 경복초등학교-홍익중학교를 졸업하고 미국에서 고등학교와 대학교를 마쳤다. 1995년 시러큐스대학 경제학과를 졸업하고 그해 10월 미국 미쓰비시상사에 입사해 2년간 경영 경험을 쌓은 뒤 1997년 6월 한국타이어에 합류했다.

조양래의 막내아들인 조현범 한국타이어앤테크놀로지 사장은 이명박 전 대통령의 셋째 딸인 이수연과 결혼했다. 이수연의 큰아버지인 이상득 전 국회의원은 구자두 전 LB인베스트먼트 회장과 사돈을 맺고 있다.

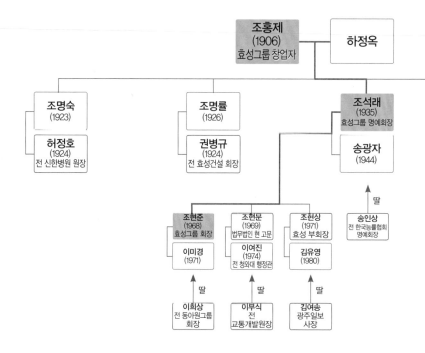

조홍제의 막내아들 조욱래 DSDL(옛 동성개발) 회장은 28세에 대전피혁을 물려받아 사장을 맡으며 경영 일선에 뛰어들었다. 이에 조홍제는 조욱래의 장인 김종대 전 농림부장관에게 도움을 요청했다. 김종대는 신동방그룹 창업자의 부인 김영자의 동생이다. 형님 조석래와 동생 조욱래가 신동방그룹을 거쳐 겹사돈을 맺은 것이다. 김종대는 3공화국 당시 내무부장관을 지낸 김치열과 사돈 관계를 맺고 있다. 조욱래는 장녀 조윤경과 홍준기 삼공개발 회장의 아들 홍석융 전 신라저축은행 전무의 혼사를 통해 정치권 인사와 연결된다. 조윤경의 시아버지는 권노갑 전 민주당 최고위원과 사돈관계다.

조욱래는 효성기계공업·동성개발 등 그룹 확장에 나섰지만 1997년

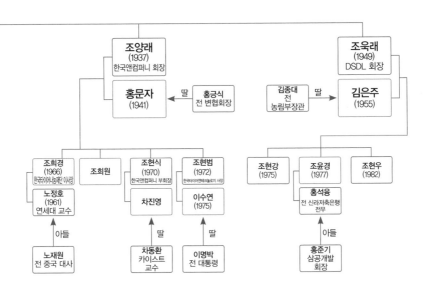

외환위기를 극복하지 못했다. 현재는 DSDL이란 부동산개발임대업체를 통해 프레이저플레이스 호텔업을 주력으로 삼고 있다. 부인 김은주와의 사이에 2남 1녀를 두고 있다.

조홍제의 동생 조성제 전 대전피혁 사장은 정정윤과의 사이에 5남 3녀를 두었다. 3남 조경래는 홍재선 전 전경련 회장의 딸 홍애수와 혼인했다. 조경래의 손윗동서는 구인회 LG그룹 창업자의 차남인 구자승 전 LG상사 사장이다. 4남 조익래는 원용필 전 한국타이어 사장의 딸인 원정선과 결혼했다. 원용필의 형은 원용석 전 경제기획원장관이다. 조성제의 장녀 조정숙은 정종철 전 서울시장의 아들인 정창순과 혼인했다.

효성그룹 창업자 조홍제는 1978년 경영 일선에서 물러날 때 아들들에게 휘호를 하나씩 써줬다. 조석래에게는 '덕을 숭상하면 사업이 번창한다'는 숭덕광업(崇德廣業)을, 조양래에게는 '쉬지 말고 힘을 길러라'는 자강불식(自彊不息)을, 조욱래에게는 '항상 재난에 대비하라'는 유비무환(有備無患)을 줬다.

동국제강그룹
장세주家

◆

LS·금호·동방그룹과 혼맥
창업자 장경호 불교에 심취

2015년 5월 21일 장세주 동국제강그룹 회장이 구속 기소됐다. 회사 돈 208억 원을 유용하고 회사에 96억여 원의 손실을 끼친 혐의(특정경제범죄가중처벌법상 횡령 배임)였다. 지난 2005년부터 2015년까지 122억 원을 횡령했고, 이 가운데 약 13억 원을 라스베이거스에서 도박 자금으로 사용한 혐의 등도 받았다. 장세주가 구속되면서 동생인 장세욱 부회장 대표이사 체제로 운영됐다. 장세욱은 고(故) 장상태 동국제강 2대 회장의 막내아들로 2015년 1월부터 동국제강 대표이사 부회장을 맡았었다. 2018년 4월 가석방된 장세주는 그룹 회장에 복귀했다.

동국제강 창업자는 대원(大圓) 장경호다. 1899년 9월 부산 동래군 사중면 초량동에서 부친 장윤식과 모친 문염이의 4남 2녀 가운데 3남으로 태어났다. 부농 집안에서 성장한 장경호는 14세 되던 1912년 서울 보성고등보통학교(현 보성고등학교)로 유학 왔다. 당시 신학문을 배우기 위해 부산에서 서울 보성고보로 온 이는 4·19 직후 과도정부 내 각 수반을 지낸 허정 전 총리와 장경호 둘뿐이었다. '형님'이라고 불렀던 허정과는 남다른 우정을 나누었는데, 훗날 허정이 정치 일선에서 물러나 어려운 시절을 보낼 때 장경호는 말없이 그를 도와줬다.

◆

장경호, 허정 전 총리와 '호형호제'

16세에 부산 출신 추명순과 결혼한 장경호는 17세 때 인생의 큰 전기를 맞았다. 수재라고 불릴 정도로 명석하고 착했던 막냇동생이 갑작스럽게 죽음을 맞은 것이다. 장경호는 삶에 의문을 품고 찾아간 통도사에서 구하 스님을 만나면서 불교에 귀의했다. 이때부터 기업가이자 종교인인 그의 삶이 시작됐다. 장경호는 이와 관련해 이렇게 말한 바 있다. "내가 스무 살 때 나라를 잃은 슬픔 속에서 인생의 좌표를 찾을 수 없어 방황했다. 구할 수 있는 책은 모두 구해서 읽고 사람도 많이 만나보고 지혜를 얻고자 했으나 항상 만족하지 못했다. 크게 생각되는 바가 있어 불경을 탐독한 뒤 '부처님 말씀대로 하면 사람 노릇 하겠구나' 하는 생각이 들었다. 이후 나는 부처님의 가르침에 어긋나는 일은 결코 하지 않았다." 고등학교를 졸업한 장경호는 3·1 만세 운동에 가담하며 나라 잃은 슬픔을 절감한다.

1년 동안의 일본 유학을 마치고 돌아온 장경호는 농사를 크게 짓는 두 형들에게 가마니를 공급하는 일을 했다. 큰형 장경택은 큰 목재소를 운영하면서 소작을 주고 있을 만큼 사정이 넉넉했다. 둘째 형 장경수 또한 부농이었다. 가마니를 형에게 공급하면서 새 사업을 모색하던 그의 눈에 띈 것은 가마니 수집이었다. 장경호는 지금의 부산 중앙시장 뒤 청과시장 터에서 가마니 장사를 시작했다. 간단했다. 비수기인 봄·여름에 농촌에서 가마니를 사 모아서 창고에 쌓아뒀다가 성수기에 내다 팔았다. 10년 가까이 가마니 장사를 하며 경영을 배운 장경호는 31세 되던 1929년 대궁양행을 설립했다. 큰 활로 쏜 화살처럼 멀리멀리 뻗어나가기를 바라며 지은 이름이었다. 일제의 쌀 공출과 군수물자를 수송하기 위한 가마니 수요가 폭발적으로 늘어나자 장경호는 1935년 부산 광복동에 남선물산을 설립했다. 남선물산은 수산물 전국 도매업, 미곡 사업을 했고 큰 정미소도 운영했다. 부산에서 큰 창고업도 했고 양철로 석유 깡통을 만드는 사업에도 착수했다. 사업은 날로 번창했다.

◆

한국전쟁 직후 한국특수강 인수가 시발점

소박한 삶을 선호했던 장경호는 당시 무명옷에 검정 고무신만 신고 다녔다고 한다. 김용주 전 전남방직 회장(김무성 전 새누리당 대표의 부친)은 장경호와 관련해 이렇게 회고한 바 있다. "장경호는 부산 지역에서 신학문을 제일 먼저 흡수한 신지식인이었다. 그러나 평소 생활은 검소와 성실을 실천한 분이었다. 부유층의 아들로 청년 시대에 빠지기 쉬운 화려한 기분도 한번 경험해보지 않았고, 그 흔한 양복도 한번 안 입고 검소한 무명 한복으로 사업에 열중했다. 그는 일본인이 만들어 파는 수건이 비싸다고 우리 손으로 짠 무명 수건으로 얼굴을 닦았다. 매사에 신념으로 일관했던 그의 모습은 내게 깊은 감명을 주었다."

장세주 동국제강 회장은 『이 땅의 유마—대원 장경호 거사』에서 할아버지 장경호의 검약한 삶을 이렇게 설명했다. "휴지를 쓰시고 나면 그냥 버리지 않았다. 한 통에 모아두었다가 햇볕 나는 날 마루에 깔아 말리셨다. 말린 휴지를 다시 접어 휴지통에 쌓았다. 우리들이 '할아버지 더러워요' 그러면 '이렇게 절약해야 복이 오는 것이지. 노력 없이 복이 오는 게 아니야' 하셨다. 할아버지는 직관력이 뛰어나신 분이었지만 검약 정신은 누구도 따를 수 없을 만큼 철저했다."

누구나 인생에 한두 번의 기회를 만난다고 했던가. 장경호가 철강업에 발을 들여놓은 계기는 우연히 찾아왔다. 광복 직후 일본에서 살던 한국인 기술자가 남선물산 창고를 임차해 신선기를 설치하고 나사와 못을 생산하고 있었다. 그런데 공장에 불이 나면서 운영난에 빠지자 장경호에게 기계를 사달라고 요청했다. 장경호는 신선기 한 대를 인수하면서 철강업에 진출했다. 조선선재라는 회사는 이렇게 탄생했다. 1949년이었다. 1년 후인 1950년 6·25가 터지자 피난민들이 부산으로 몰려왔다. 밤낮으로 못을 생산해도 수요를 감당할 수 없었다. 그야말로 가마니로 돈을 쓸어 담던 시절이었다. 조선선재는 급성장했다.

장경호가 전쟁 이후 서울로 진출해 서울 영등포구 당산동 4가 91번지에서 동국제강주식회사를 창업한 것은 1954년 7월이었다. 조선선재를 창업할 때처럼 이번에도 영등포에 있던 한국특수강이 전쟁으로 파괴된 시설을 복구하고 정상적으로 경영할 사람을 찾는 와중에 장경호에게 인수를 요청했다. 동국제강은 설립 당시 자본금 1,000만 환, 종업원 40명으로 1954년 8월부터 철강 소재 생산에 들어갔다. 동국제강의 출범은 한국 철강사에서 현대적인 민간 철강업이 본격 태동했다는 의미를 갖고 있다. 당시 동국제강에서는 장경호의 맏아들 장상준이 부사장으로, 셋째 아들 장상태가 전무로 일했다. 넷째 아들 장상철도 현장에서 아버지를 도왔다.

◆
장경호 차남 장상문은 유엔대표부 대사 지내

장경호는 1956년에는 고철 하역을 하는 천양항운을, 1959년에는 동일제강을 설립했다. 이후 삼화제철도 인수하는 등 사업을 확장해갔다. 당시 장경호는 자녀들에게 이렇게 말했다. "나는 32세에 처음 기업을 세워 여기까지 오면서 언제, 어디서나 사람을 가장 중시했다. 저마다 온전한 존재로 태어난 인간이 평등하다는 개념은 일찍이 20대부터 확고한 내 신념이었다. 그러므로 우리는 일하는 사람 모두를, 그리고 우리 생산품을 사용하는 모두를 받드는 정신을 가져야 한다. 사람 가는 길은 물이 천 번 꺾이는 것과 같다고 했다. 혹 꺾인다 하더라도 좌절하지 말라. 한쪽 길이 막히면 다른 한쪽으로 길이 열려 있는 것이 세상사 이치다. 원칙을 진실에 두면 된다."

동국제강은 베트남 전쟁 특수를 누렸다. 건축공사가 크게 신장하고 철근 수요가 폭발적으로 늘어나면서 순풍에 돛을 달아 18개 회사를 갖고 국내 5대 기업의 하나로 도약할 수 있는 기반을 닦았다. 1964년 종합제철사업을 계획한 정부가 종합제철소 건설을 맡아달라는 당부를 할 만큼 동국제강은 탄탄한 성장을 거듭했다. 당시 박정희 대통령으로부터 당부를 받은 장경호는 "종합제철소 건립은 민간사업보다는 국책사업으로 해야 한다"며 완곡하게 거절했다. 1960년대 말에서 1970년대 중반까지 동국제강은 공기업을 제외한 국내 10대 기업 안에 이름을 올릴 정도로 잘나갔다.

1975년 모처럼 아내와 함께 떠난 스웨덴 여행길에서 장경호는 건강에 이상이 있음을 느꼈다. 급히 돌아와 병원에서 진단을 받아보니 췌장암이라는 진단이 나왔다. 장경호는 그렇게 삶을 마감했다. 장경호는 아내에 대한 신뢰와 애정이 극진했다. 한 번도 아내 추명순에게 말을 놓지 않았다. 아내 또한 남편의 말을 한 번도 어긴 적이 없다. 두 사람은 젊어서부터 말년에 이르기까지 남다른 부부애를 유지했다. 추명순은 성품이 활달하면서도 인간에 대한 이해가 깊은 사람이었다. 동국제강이 영등포구 당산동에 있을 때 직원들에게 따뜻한 밥을 손수 지어주면서 보살폈다. 이후 동국제강그룹은 2001년 동국제강(장세주 회장), 한국철강(장상돈 전 회장), 동국산업(장상건 회장)의 3대 축으로 나뉘었다.

장경호의 장남 장상준은 부산 출신 사업가의 딸 박명년과 결혼해 4남 2녀를 뒀다. 장녀 장옥자는 부산세무서장을 지낸 송귀범과, 장남 장세창은 남덕자와 결혼했다. 남상옥 전 타워호텔 회장의 딸인 남덕자는 남덕우 전 국무총리의 사촌동생이다. 장상준의 차녀 장옥빈은 태광산업 이임룡 창업사의 둘째 아들인 이영진과 결혼했다. 차남인 장세명의 아들 장원영은 1975년생으로 조선선재를 이끌고 있다. 조선선재는 1949년 창립된 국내 종합 용접 재료업체의 선두 주자다.

장경호의 차남 장상문 전 유엔대표부 대사는 중학생 시절 독립운동에 가담했다가 '반일 단체 불령선인'이란 죄목으로 수감됐다. 수감 시절 장상문은 시간을 헛되이 보내지 않고 영어 실력을 쌓았다. 이게 바탕이 되어 훗날 일본 도쿄에 있던 유엔군사령부에서 대북방송팀장으로 활동하며 실력을 발휘했다. 장상문은 외무부 차관보, 스웨덴·멕시코 대사, 유엔 대사 등을 역임한 후 공직에서 물러나 1989년 사재 10억 원을 출연해 전통문화 전문 출판사인 대원사 등을 만들었다. 장상문은 부산의 대표 기업이었던 동명목재 창업자인 강석진 전 회장의 딸 강정자와 결혼했다.

창업자 장경호로부터 동국제강을 물려받은 사람은 3남 장상태 전 회장이다. 서울대 농대를 나와 미국 미시간 주립대 석사를 마친 장상 태는 잠깐의 공직 생활을 거쳐 1956년 동국제강 전무로 경영에 참여 했다. 장상태는 김숙사와 결혼해 2남 3녀를 뒀다. 2000년 임종 직전 화장할 것을 유언으로 남겨 사회적으로 화제가 되기도 했다. 장상태 의 장남인 장세주 동국제강 회장은 상명대 교수를 지낸 남희정과 결 혼했다. 장세주는 연세대를 졸업하고 미국 타우슨대학에서 경제학을 전공했다. 1978년 말단 사원으로 입사해 1998년부터 대표이사를 맡 았다. 입사 22년 만인 2000년 사장으로 승진한 후 회장으로 있던 2015년 구속됐다. 현재 동국제강 회장이다. 골프·스키·스노보드에 능한 만능 스포츠맨으로 알려져 있다.

◆

장세욱 부회장, 구속된 형 대신 경영 나서기도

장상태의 차남 장세욱은 육사 41기로 육군 소령으로 예편한 후 동 국제강에 들어와 현재 부회장으로 있다. 원래 언론인을 꿈꿨던 장세 욱은 부친의 권유로 진로를 바꿨다. 장세욱은 산업은행 총재와 금호석 유화학 회장 등을 역임한 김홍기의 딸 김남연과 결혼했다. 장녀는 일 찍 세상을 떴고 차녀 장문경은 의사인 윤준오와 결혼했다. 3녀 장윤희 의 남편은 8대 국회의원을 지낸 이학만 전 화양실업 회장의 아들 이 철 세광스틸 사장이다.

장경호의 4남은 1991년 세상을 떠난 장상철이다. 장상철의 유족은 충 북 음성의 세연철박물관을 운영하는 세연문화재단을 설립했다. 5남인 장상건 동국산업 회장은 김명자와 결혼해 1남 3녀를 뒀다. 고려대 경영 학과를 졸업한 아들 장세희가 동국산업 대표이사 부회장으로 있다.

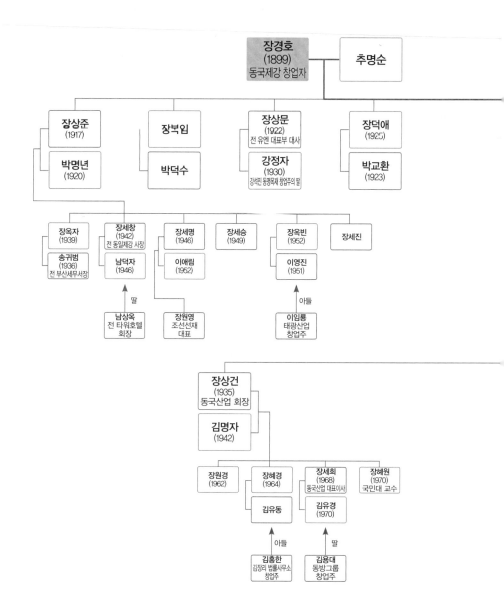

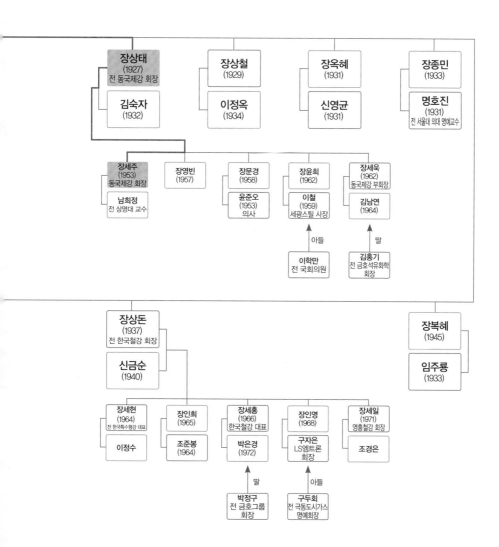

장상태
(1927)
전 동국제강 회장

김숙자
(1932)

장상철
(1929)

이정옥
(1934)

장옥혜
(1931)

신영균
(1931)

장종민
(1933)

명호진
(1931)
전 서울대 의대 명예교수

장세주
(1953)
동국제강 회장

남희정
전 상명대 교수

장영빈
(1957)

장문경
(1958)

윤준오
(1953)
의사

장윤희
(1962)

이철
(1959)
세광스틸 사장

장세욱
(1962)
동국제강 부회장

김남연
(1964)

아들

이학만
전 국회의원

딸

김홍기
전 금호석유화학
회장

장상돈
(1937)
전 한국철강 회장

신금순
(1940)

장복혜
(1945)

임주룡
(1933)

장세현
(1964)
전 한국특수형강 대표

이정수

장인희
(1965)

조준봉
(1964)

장세홍
(1966)
한국철강 대표

박은경
(1972)

장인영
(1968)

구자은
LS엠트론
회장

장세일
(1971)
영흥철강 회장

조경은

딸

박정구
전 금호그룹
회장

아들

구두회
전 극동도시가스
명예회장

장세희는 동방그룹 창업자인 김용대 회장의 차녀 김유경과 혼인했다. 장상건의 차녀 장혜경의 남편은 김앤장 법률사무소의 전신인 김장리 법률사무소를 세운 김흥한 변호사의 아들 김유동이다.

2017년 별세한 장경호의 6남 장상돈 전 한국철강 회장은 한국철강 대표이사, 동국제강 대표이사를 지냈고 2001년 그룹에서 독립했다. 이후 영흥철강·대흥산업 등을 인수하며 철강 전문 그룹으로 키웠다. 장상돈은 동국대 재학 시절 이화여대 미대생이던 신금순과 연애결혼을 했다. 3남 2녀를 뒀는데 장남 장세현은 한국특수형강 대표를 지냈다. 차남 장세홍 한국철강 사장은 박정구 전 금호그룹 회장의 딸인 박은경과 결혼했다. 3남 장세일은 영흥철강 회장이다. 차녀 상인영은 구두회 전 극동도시가스 명예회장의 장남인 구자은 LS엠트론 회장과 백년가약을 맺었다.

코오롱그룹
이웅렬家

◆

창업자 이원만 국회의원 지내, SPC·두산그룹 등과 혼맥

이화여대 나온 딸, 며느리 유난히 많아

"나는 우리 동포들에게 의복을 주자고 결심했습니다. 헐하고 질긴 의복을 우리 동포들에게 입히고, 부녀자들을 빨래의 고통에서 해방시키고, 부녀자들이 양말 뒤꿈치를 꿰매는 고역의 생애를, 그렇게 하지 않고 편하게 살 수 있는 생애로 전환시키려고 했습니다. 그리하여 나는 오늘 한국에서 처음으로 나일론 원사를 생산했습니다. 옛날부터 전해 내려오는 말 그대로 인간 생활에서는 의복이 날개입니다. 우리 민족도 잘 입고 떳떳이 밖으로 나가 세계의 다른 민족과 경쟁해 이겨야 합니다."

코오롱그룹 창업자 이원만은 1963년 우리나라 최초의 나일론 원사 공장 준공식에서 이렇게 말했다. 이원만은 나일론을 한국에 처음 들여온 사람이다. 그는 그룹 이름도 거기에 착안해 지었다. Korea의 'Ko'와 Nylon의 'lon'을 합쳐 Kolon이라고 한 것이다. 이원만은 이웅렬

코오롱그룹 명예회장의 할아버지이다. 코오롱그룹은 이원만-이동찬-이웅렬로 이어지는 승계구도를 가져왔다. 최근에는 이웅렬 명예회장의 아들인 이규호 코오롱글로벌 부사장이 주목되고 있다.

코오롱 창업자 이원만은 1904년 9월 7일 경상북도 영일군 신광면(현 포항시 북구)에서 부친 이석정과 모친 이사봉의 다섯째 아들로 태어났다. 모친은 이원만을 낳을 때 오색구름이 바다를 건너가는 꿈을 꾸었다. 이원만의 호 오운(五雲)은 이 태몽에서 유래했다. 불행히도 이원만의 형 4명은 어릴 때 모두 병으로 죽었다. 이원만 또한 아버지 이석정이 오래된 감나무를 베어낸 후 갑자기 쓰러졌다. 의사는 살 가망이 없다고 했으나 떡시루 속에서 밤을 새우면 신령이 화를 풀어 목숨을 구할 수 있다는 무당의 말을 들은 이석정은 지푸라기라도 잡는 심정으로 무당의 말을 따랐다. 이원만은 그 후 기적같이 살아났다.

이석정은 이원만이 6세 때 독선생(한 집 아이만 가르치는 일종의 과외교사)을 붙여 「자치통감」과 경서 등 한학을 가르쳤다. 이석정은 "너는 퇴계 이황의 스승이었던 회재 이언적 선생의 16대손이다. 많이 배워서 큰일을 하여라"고 말하곤 했다. 한 해에 500석 정도의 쌀을 수확하는 부농이었던 이석정은 신식 교육을 하는 학교가 들어서자 이원만을 입학시켰다. 아들을 위해 전심전력했던 이석정은 이원만이 16세 되던 1919년 세상을 떠났다.

◆

국내 최초 나일론 공장 세워 크게 성공

이원만은 이듬해인 1920년 이위문과 혼인했다. 6년제 보통학교에 5학년으로 편입해 한문에 이어 수학을 공부했다. 부친 이석정이 세상

을 떠난 뒤 이원만에게 큰 영향을 미친 사람은 6촌형 이원기였다. 그
는 대구에서 도지사가 임명한 도평의원을 지내고 있었다. 이원기의 도
움으로 19세 때 경북산림조합 기수보(산림 자원을 관리하는 역할을 하는
사람)로 취직한 이원만은 편안한 삶을 살고 있었다. 키는 작아도 강단
이 있어 씨름대회에 나가 우승해 상금으로 여러 차례 황소를 타기도
했다. 이 때문에 '노랑장군'이라는 별명이 생겼다. 그러다가 일본에 다
녀온 친구 정만수를 만나 자극을 받고 뜻한 바 있어 1933년 29세 때
일본으로 건너갔다.

오사카에서 신문도 배달하고 이곳저곳 일자리를 전전하던 이원만
은 1935년 5월 '아사히공예주식회사'를 설립했다. 이원만은 훗날 경영
권 분쟁을 겪기도 한 동생 이원천을 오사카로 불러 공동으로 사업을
펼친다. 이원만은 모자에 회사 이름을 새겨넣는 이른바 '광고 모자'를
만들어 '대박'을 터뜨렸다. 지금이야 보편화됐지만 당시만 해도 생소했
던 방법이다. 직원 1,000명을 두고 하루에 4만 개의 모자를 만들어도
모자랐을 정도로 불타나게 팔렸다. 1937년 이원만은 아들 이동찬까지
오사카로 불렀다. 회사 이름도 '아사히피복회사'로 바꿨다. 불과 4년
만에 그는 일본에서 사업가로 성공했다.

이원만은 1945년 해방이 되자 동생 이원천에게 일본 공장을 맡기고
귀국했다. 그의 나이 42세, 고향을 떠난 지 13년 만의 금의환향이었
다. 살 집을 마련하고 일본 사람이 운영하던 대구의 한 직물공장을 인
수해 '경북기업주식회사'를 차렸다. 6촌 형 이원기는 이원만에게 정치
를 해보라고 권유했다. 이원만은 한민당에 입당해 경북도당 청년부장
을 맡았다. 이원만은 1948년 5·10 선거 때 경북 영일 갑구에서 출마
했으나 낙선했다. 다시 일본으로 간 이원만은 아사히방적공업주식회
사와 삼경물산을 설립했다. 삼경물산은 나일론 수출로 큰 성공을 거

됐다. 아들 이동찬은 서울 청진동에 삼경물산 국내 총판인 개명상사를 설립했다.

이원만이 코오롱의 전신인 '한국나이롱주식회사'를 세운 것은 1957년 4월이다. 국내 최초의 나일론 제조공장이었다. 이원만이 회장, 동생 이원천이 사장, 장남 이동찬이 전무였다. 한국과 일본을 오가며 경영과 재일경제동우회 활동을 하던 이원만은 한민당의 전통을 잇는 민주당을 지지했다. 4·19 혁명의 열기로 들끓던 1960년, 55세였던 그는 8월 12일 실시된 선거에서 경상북도 참의원 후보로 출마해 당선됐다. 임기는 3년, 당선자 중 사업가는 이원만뿐이었다. 그러나 이듬해 5·16 쿠데타가 일어나면서 참의원 생활은 9개월로 끝났다.

◆

창업자 이원만, 공화당 국회의원 지내

이원만과 관련해 재미있는 일화는 1963년 9월 당시 박정희 국가재건최고회의 의장이 주재한 경제간담회에서 장난감 뱀을 흔든 일이다. 당시 이원만은 가방에서 장난감 뱀을 꺼내 흔들며 "이 뱀은 돈이 되는 뱀이다. 헌 고무 타이어 조각으로 만들어 일본이 외국에 수출해 돈을 벌어들이는 효자 상품이다"고 말하고, 대한민국이 살기 위해서는 공업화로 가야 한다고 역설해 분위기를 주도하며 박정희에게 깊은 인상을 남겼다.

박정희의 요청으로 다음 날 다시 그를 만난 이원만은 수출공업단지를 만들어야 한다고 강력하게 주장했다. 이래서 탄생한 것이 '구로공단'이다. 1963년 10월 12일 한국 수출산업공업단지가 발족되자 이원만은 창립위원장을 맡았다. 1965년 첫 삽을 뜬 구로공단은 1967년 4

월 완성됐다. 이원만이 세운 한국나이롱주식회사는 1964년 1월 1일 가동을 시작하며 구로공단 첫 입주 회사가 되었다. 이원만은 구로공단 건설과 함께 산림을 보호할 수 있는 아이디어로 전국에 흩어서 있는 전봇대를 나무에서 시멘트로 바꾼 장본인이기도 하다. '산림녹화'라는 말을 일본에서 듣고 국내에 맨 먼저 유행시키기도 했다.

이원만은 자유당 시절부터 유석 조병옥 박사와 절친했던 이유도 있어 6·25 피난 시절 자신의 집을 내무부장관 관저로 내줬다. 이승만 대통령과 모든 각료들이 신세를 졌다. 1963년 대구 동구에서 공화당 소속으로 6대 국회의원에 당선된 이원만은 7대 국회의원까지 지냈다. 당시 공화당을 상징하는 마크가 황소여서 '쇠꼬리 잡고 서울로 간다'고 말해 기자들을 웃기기도 했다.

1972년 이원만은 동생 이원천에게 한국나이롱주식회사 회장직을 물려주었다. 아들 이동찬은 사장이 됐다. 몇 년 후 한국나이롱과 한국폴리에스텔을 통합해 코오롱이라고 이름을 짓고 1977년 이동찬에게 회장직을 맡겼다. 그는 오래전부터 아들 이동찬을 후계자라기보다는 경영 동료로 인정했다. 이동찬도 "일본에서 초기부터 회사를 맡아서 경리를 했다. 아버지하고 같이 공장을 했으니 나는 1.5세다"라고 말한 적이 있다. 이동찬은 아버지 이원만에 대해 이렇게 평한 적이 있다. "아버지는 누구보다도 인생을 참 재미있게 본인이 하고 싶은 대로, 남의 눈치 보는 것 없이 살아오신 분이다. 하지만 결정적인 상황이 닥치면 판단하는 게 다르다. 통도 크고 의리도 있지만 뭔가 강력한 원칙이 있다." 이동찬은 1996년 아들 이웅렬에게 경영권을 넘겼고, 이원만은 1994년 2월 14일 91세의 나이로 세상을 떠났다. 이동찬은 2014년 세상을 떴다.

코오롱그룹 딸과 며느리들, 이화여대 출신 많아

이원만은 이위문 여사와의 사이에 2남 4녀를 뒀다. 장남은 이동찬 전 코오롱그룹 회장이다. 경북 월성의 기계공립소학교를 전교 1등으로 졸업하고 포항에서 제일 큰 잡화점인 오오시다 상점에서 점원 생활을 하던 이동찬이 아버지 이원만의 편지를 받고 일본으로 간 것은 15세 때였다. 이동찬은 "1년 이내에 어떻게든 아버지를 설득해서 어머니를 일본으로 모시고 갈 테니까 보내달라. 만약 아버지가 허락을 안 하면 내가 돌아오겠다"고 어머니에게 말하고 일본으로 갔다. 이동찬의 아호는 '우정(牛汀)'이다. 아호를 지어준 사람은 언론인 최석채였다. 그는 '급한 성격 죽이고 알아도 모른 척 소처럼 살아가라'는 뜻을 아호에 담았다.

이동찬은 부친 이원만과 작은아버지 이원천이 경영권 다툼을 벌이는 것을 본 이후 그룹 경영에 집안사람을 쓰지 않는다. 이와 관련해 이동찬은 이렇게 회고한 적이 있다. "집안사람, 가까운 사람, 형제끼리는 절대 사업을 같이 안 한다고 결심했다. 사위가 다섯이나 있지만 회사 주주가 된 사람이 하나도 없다. 사위만이 아니라 친척이나 형제라도 사업을 같이 하면 안 된다는 게 내 확고한 생각이다."

이동찬의 결혼은 지금 돌아봐도 초스피드였다. 일주일 만에 평산 신씨가(家) 신병옥의 무남독녀 신덕진과 맞선을 보고 혼인했다. 일본에서 군 입대를 앞두고 있던 상황이어서 군에 가면 죽을지도 모르니 후손이라도 남겨야 한다고 이원만이 재촉해 급하게 결혼했다. 이동찬은 첫날밤만 보내고 다시 일본으로 돌아가야 했다. 이동찬과 신덕진은 슬하에 1남 5녀를 뒀다.

외아들인 이웅렬 코오롱그룹 명예회장은 서병식 동남갈포공업 회장의 외동딸 서창희와 결혼했다. 두 사람은 이웅렬의 큰누나인 이경숙의 소개로 만났다. 이경숙과 서창희는 이화여대 사회학과 선후배 사이다. 이웅렬가 여성들과 며느리들은 대부분 이화여대를 나왔다. 이웅렬의 장남 이규호는 미국 코넬대학에서 호텔경영학을 공부한 뒤 현재 코오롱글로벌 부사장으로 있다. 이웅렬의 두 딸인 이소윤·소민은 경영에 참여하지 않고 미술을 공부하는 것으로 알려져 있다.

◆

육영수 적극 주선으로 JP와 사돈 맺어

이동찬의 장녀 이경숙은 1969년 이효상 전 국회의장의 셋째 아들 이문조와 혼례를 올렸다. 이효상은 국회의장, 공화당 총재, 영남학원 이사장 등을 역임한 TK(대구·경북) 인맥의 대부 격이다. 이문조는 영남대 정치학과 교수를 지냈다. 천주교 대구교구장 등을 지낸 이문희 대주교는 이효상의 둘째 아들이다. 차녀 이상희는 고흥명 한국빠이롯드만년필 회장의 장남 고석진 전 빠이롯드전자 회장과 결혼했다. 3녀 이혜숙은 이학철 고려해운 창업자의 장남 이동혁 전 고려해운 회장과 혼인했다. 이동혁 전 회장의 여동생은 홍원식 남양유업 회장의 부인 이운경이다. 4녀 이은주는 신병현 전 부총리 겸 경제기획원장관의 장남 신영철과 결혼했다. 신병현은 한국은행 총재와 상공부장관, 무역협회장, 은행연합회장 등을 역임했다. 신영철은 의사다. 신병현의 딸 신수연은 봉명그룹 창업자인 이동녕의 아들로 신한국당 국회의원을 지낸 이승무와 결혼했다. 5녀 이경주는 개인사업을 하는 최윤석과 결혼했다.

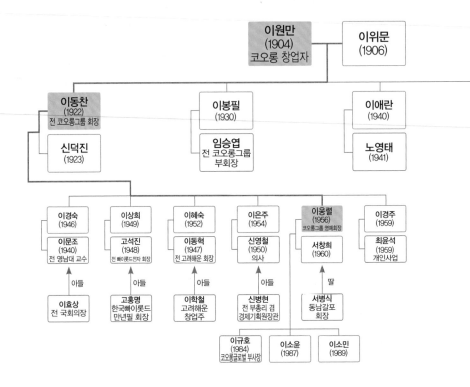

이원만의 장녀 이봉필은 고향 근처 임병진의 아들 임승엽과 결혼했다. 조달청 내자국장을 지낸 임승엽은 코오롱그룹 부회장을 역임했다. 차녀 이애란은 개인사업을 하는 노영태와 혼인했고, 3녀 이미자는 당시 포항의 대지주였던 박문학의 장남 박성기 전 한국바이린 사장과 결혼했다. 경영학 박사인 박성기는 삼경개발 사장과 코오롱호텔 사장을 거친 뒤 다국적 기업인 한국바이린 사장을 지냈다.

이원만의 차남인 이동보 전 코오롱TNS 회장은 1974년 제3공화국의 실세였던 김종필 전 국무총리의 장녀 김예리와 결혼했다. 당시 영부인이었던 육영수 여사가 적극 주선했다. 하지만 이들 부부는 성격 차이

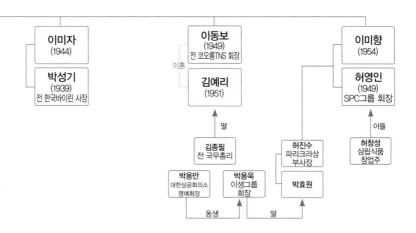

로 이혼했다. 이동찬은 "JP하고 사돈이 되기 전에는 골프도 한두 번
쳤다. 그러나 사돈이 된 뒤에는 그와 골프 한번 쳐본 적이 없다. 찾아
간 일도 없다"고 털어놓기도 했다.

막내딸 이미향은 허창성 삼립식품 창업자의 둘째 아들 허영인 SPC
그룹 회장과 혼례를 올렸다. 이미향의 아들 허진수 파리크라상 부사장
은 박용욱 이생그룹 회장의 딸 박효원과 결혼했다. 박용욱은 박용만
대한상공회의소 명예회장의 동생이다. 이원만의 동생인 이원천 코오롱
TNS 전 회장의 아들은 정일권 전 국무총리의 딸 정희경과 혼인했다.

◆

농심·조선일보 등과 혼맥 형성

한때 주식부자 2위 기록

한국전쟁이 한창이던 1951년 겨울, 부산 국제시장. 피에로 고깔모자
를 쓰고 얼굴에 연지곤지를 한 사내가 등 뒤에 멘 북을 치며 "동동구
리모! 동동구리모!"를 외치고 다녔다. 지나던 사람들은 재미있다는 듯
그를 쳐다보며 웃었다. 이 사내가 태평양화학 창업자인 서성환 전 회
장이었다. 사장인 그가 직접 제품 홍보에 나선 것이다. 서울 중구 남
창동에서 화장품 공장을 운영하던 서성환은 전쟁이 나자 부산으로 피
난을 가 초량동에 화장품 공장을 세운 후 식물성 머릿기름인 'ABC포
마드'를 막 출시한 상태였다. 이 제품은 해방 이후 최초의 화장품 히트
상품으로 알려져 있다.

서성환은 1923년 7월 황해도 평산군 적암면에서 태어났다. 1930년,
더 넓은 세상에서 미래를 도모하기 위해 개성으로 이사했다. 서성환
은 아버지 서대근과 어머니 윤독정의 3남 3녀 가운데 차남이었다. 당

시 서성환의 집은 윤독정이 중심이 돼 가내수공업 형태로 화장품을 만들어 파는 등 잡화 도매상인 창성상회를 운영하고 있었다. 윤독정은 어성들이 머릿결에 관심이 많은 것에 착안해 1932년부터 상류층이 쓰는 머릿기름인 동백기름을 만들어 팔아 돈을 벌었다. 이후 미안수·구리수 등을 만들어 팔며 점차 영역을 넓혔다.

◆

1950년대 최대의 화장품 히트작 'ABC포마드'

서성환은 개성 중경소학교를 졸업한 후 16세 때부터 어머니로부터 화장품 만드는 일을 배우는 등 집안일을 돕기 시작했다. 개성에서 자전거를 타고 서울 남대문시장까지 와 화장품 용기 등을 사오기도 했다. 창성상회는 구멍가게를 넘어 당시 개성의 백화점에 화장품 코너를 개설할 정도로 성장했다.

광복 직후인 1945년 9월 5일, 서성환은 서울 중구 남창동에 회사를 세우며 간판을 '태평양상회'로 내걸었다. 오늘날 아모레퍼시픽그룹의 시작이다. 서성환은 회사가 태평양처럼 넓은 세계를 향해 뻗어가는 기업으로 성장하기를 바라는 마음에서 이런 이름을 지었다. 당시 서울에는 크고 작은 화장품회사들이 난립해 있었는데 서성환은 광복 후 20일 만에 회사를 세우며 일본인들이 떠난 공백기를 차지하기 위해 발 빠르게 움직였다. 시대 흐름을 누가 빨리 읽고 대처하느냐에 따라 기업의 성패가 한순간에 갈리는 것은 예나 지금이나 마찬가지다.

서성환은 1947년 개성을 떠나 아예 서울로 근거지를 옮겼고 이때 부인 변금주를 만나 결혼했다. 태평양상회가 내놓은 1호 제품은 머릿기름인 '메로디크림'이다. 제품을 개발했는데 처음에는 담을 용기가 없어 어머니 윤독정이 서울 시내를 돌아다니며 쓰고 버려진 구리모 통을 줍거나 사오면 깨끗이 닦아 썼다. '메로디크림'이 인기를 끌면서 시장을 석권할 무렵 악재가 터졌다. 6·25 전쟁이 발발한 것이다. 서성환은 부산에 내려가 초량동에 공장을 세우고 연구를 계속했다. 이렇게 해서 탄생한 제품이 1950년대 최대의 화장품 히트작인 'ABC포마드'다. 식물성 기름으로 윤이 잘 나 미국 신사들의 스타일을 그대로 흉내 낼 수 있었기에 당시 장안의 신사들은 모두 이 포마드를 발랐다는 말이 돌았을 정도다. 서성환은 진작부터 '품질 제일주의'를 천명해 그가 생산한 제품은 국내에서 품질 면에서 좋은 평을 얻었다. 그는 '한번 잡은 거래처는 절대로 놓치지 말라', '고객을 속이지 말라'를 사업 신조로 삼았고 평생 이것을 지켰다.

서울 수복 후 서울로 돌아온 서성환은 거금인 160만 3,800원을 들여 분을 곱게 만드는 데 쓰는 특수 기계인 에어스펀지 기계를 도입했다. 당시 쌀 한 가마가 1,000원 하던 시절이었으니 그가 얼마나 큰돈을 투자했는지 알 수 있다. 1954년 화장품업계 최초로 연구소를 만든 서성환은 1956년에는 현재의 본사 자리인 서울 용산구 한강로2가로 회사를 옮겼다. 생산 체계를 갖춘 서성환은 당시 여성들이 가장 갖고 싶어 했던 코티분을 내놓기 위해 1959년 프랑스 코티사와 기술 제휴를 한다. 지금이야 기술 제휴가 일반화됐지만 1950년대라는 상황을 생각해보면 매우 빠르게 선진 기술을 받아들인 셈이다. 1960년부터 생산하기 시작한 코티분은 대히트를 쳤다. 현재의 그룹 이름인 '아모레퍼시픽'에서 아모레라는 브랜드명은 1960년대에 인기를 끌었던 이탈리아 가곡 「아모레미오(난 당신을 사랑합니다)」에서 유래했다.

서성환은 '품질 제일주의'를 고집했다. 1971년 벨기에 브뤼셀에서 열린 세계 화장품 콘테스트에서 3개의 금상을 수상해 세계적으로 품질을 인정받은 것은 이런 품질 경영에 힘입은 결과였다. 그는 진작부터 품질의 중요성과 한 우물을 파는 집중력을 기반으로 한 글로벌화를 체득했다. 서성환은 지금껏 없던 '아모레 아줌마'로 불리는 이른바 '방문판매 제도'를 도입해 판매 방법도 혁신했다. 당시 급격한 산업화 과정에서 여성들에게는 변변한 일자리가 없었던 상황이라 '아모레 아줌마' 모집은 전국적으로 큰 화제가 되었다. 대학에서 메이퀸으로 뽑힌 사람, 학생회장을 지낸 사람 등 엘리트 여성들이 대거 몰려들었다. '아모레 아줌마'는 단순 판매원을 넘어 상담사 역할까지 하면서 회사에 든든한 버팀목 역할을 했다.

이런 바탕에서 태평양화학은 업계 최초로 1964년 8월 아프리카 에티오피아에 화장품을 수출했다. 당시 외국 것을 배우고 물품을 수입하기에 급급했던 상황을 돌아보면 제품을 수출한다는 것은 매우 이례적인 사례였다. 1970년에는 태국에 이어 홍콩·일본으로 넓혔고 1973년에는 미국·독일에까지 수출하기에 이르렀다. 바야흐로 태평양화학은 1970년대 초에 세계를 무대로 영업을 하는 글로벌 회사로 성장했던 것이다.

◆

서성환의 호 '장원(粧源)' 뜻은 '화장품의 원천'

서성환의 호는 '장원(粧源)'이다. 화장품의 원천이라는 뜻이다. 간부회의 석상에서 그는 항상 "무한 경쟁 시대에는 한 우물을 파야 한다. 최초·최고의 상품만이 살아남는다"고 강조하곤 했다. 아모레퍼시픽 창업 이래 단 한 번도 업계 1위 자리를 놓치지 않은 것은 이런 강한 자부심과 노력에서 연유했다.

서성환과 관련해 빼놓을 수 없는 것이 차(茶)다. "세계 어디를 가더라도 내놓을 만한 자신들의 차가 하나씩은 있다. 그런데 우리나라는 뚜렷이 내세울 만한 차가 없다. 무슨 희생을 치르더라도 우리 전통 차 문화를 정립하고 싶다"는 강한 의지를 갖고 있었다. 서성환은 아무도 관심을 갖지 않던 1970년대에 우리 차의 중요성을 인식하고 차 문화를 확산시키기 위해 노력한 선구자였다. 2001년 9월 제주도에 세운 설록차 박물관 '오설록'은 그의 이런 노력이 집대성된 결과물이다. '오설록'은 한국의 전통문화를 국내외에 알리는 명소가 됐다. 아들 서경배 아모레퍼시픽그룹 회장 또한 유학 시절 기숙사 방에 수십 종의 녹차를 갖춰놓고 음미했을 정도로 전문가 수준의 식견을 갖고 있는 것으로 알려졌다.

서성환은 변금주와의 사이에 2남 4녀를 뒀다. 장녀 서송숙은 박내희 서강대 교수와 결혼한 후 이혼했다. 박내희는 박세정 전 대선제분 회장의 아들이다. 이화여대를 나온 둘째 서혜숙은 자유당 시절 상공·교통·내무부 장관을 지낸 김일환의 3남 김의광과 혼인했다. 연세대 정치외교학과를 나온 김의광은 아모레퍼시픽 계열사인 장원산업 회장을 지냈고, 지금은 서울 종로구 견지동에서 목인갤러리·박물관을 운영 중이다. 국내 유일의 목조각상 전문 박물관으로 2006년 3월 문을 연 목인박물관은 국내외 목조각상과 탈 등 8,000여 점의 목인을 소장하고 있다.

셋째 서은숙은 고려대 의과대학장을 지낸 최상용 고려대 의대 교수와 결혼했다. 최상용은 최두고 전 국회 건설위원장의 차남이다. 리베라호텔 고문을 지낸 넷째 딸 서미숙은 최주호 전 우성그룹 회장의 아들인 최승진 전 우성그룹 부회장과 결혼한 후 이혼했다.

서성환은 지난 1982년에 장남 서영배를, 1987년에 차남 서경배를 입사시키면서 후계 체제를 구축하기 시작했다. 태평양화학에 입사한 서영배는 도쿄·뉴욕 지사를 거쳐 태평양증권 부사장, 태평양종합산업 회장을 지냈고, 현재는 태평양개발 회장이나. 그는 고려대 경영학과를 졸업하고 일본 와세다대학 대학원을 수료했다. 서영배는 방우영 전 조선일보 상임고문의 1남 3녀 가운데 장녀인 방혜성씨와 결혼했다. 이화여대 영문과를 나온 방혜성은 한때 조선일보 문화부 기자로 근무하기도 했다.

1997년 서성환으로부터 경영권을 물려받은 차남 서경배는 현재 아모레퍼시픽그룹 회장을 맡고 있다. 태평양화학 과장으로 입사한 그는 1992년 경영난에 빠져 있던 태평양제약을 살려내며 아버지의 신임을 얻었다. 입사 이후 그룹 기획조정실장을 맡아 태평양증권·태평양패션·태평양돌핀스야구단·여자농구단 등 계열사를 정리하는 과감한 구조조정을 단행했다. 화장품을 팔아 번 돈으로 건설·증권·패션 등 다른 계열사들의 부채 돌려막기에 급급했던 악순환을 끊으며, 오로지 '화장품' 한 우물 파기에 주력하는 길을 택했고 결과적으로 성공했다.

◆

서경배, 주식 부자 2위 기록하기도

서경배는 지난 2015년 5월 시사저널과의 인터뷰에서 이렇게 말했다. "나는 1990년대 초반 회사 체질을 개선하기 위해 큰 도전을 했다. 당시 아모레퍼시픽은 창업 이래 줄곧 '대한민국 1등'을 유지해왔다. 안일함에 사로잡혀 변화된 세상과 고객 니즈를 제대로 파악하지 못했다. 나는 초심으로 돌아갈 것을 주문했다. 우리가 가장 잘할 수 있는 미(美)와 건강 사업 분야에 집중했다. 대다수 기업이 외환위기로 구조조정에 나섰지만 아모레퍼시픽은 선제적으로 체질을 강화시켜나간 덕분에 큰 어려움 없이 넘어갈 수 있었다. 지금도 마찬가지다. 아모레퍼시픽그룹은 뷰티 앤 헬스(Beauty & Health)를 중심으로 한 '원대한 기업(Great Global Brand Company)'을 지향하고 있다. 의약품 위주의 전통적인 제약회사에서 탈피해야 한다. 에스트라(구 태평양제약)가 의학과 화장품을 결합한 메디컬 뷰티 계열사로 거듭날 것으로 기대한다."

서경배는 1990년 신춘호 전 농심 회장의 막내딸 신윤경과 결혼했다. 서성환과 신춘호는 같은 지역에 살면서 가까워진 것이 사돈 관계로 발전했다. 서경배-신윤경 부부는 서민정·호정 등 2녀를 뒀는데, 둘 다 아버지가 공부했던 미국 코넬대학에서 공부했다. 연세대 경영학과를 졸업한 서경배는 1985~1987년 코넬대학 경영대학원에서 공부한 적이 있다. 서민정은 2020년 10월 신라호텔에서 홍석준(이건희 전 삼성그룹 회장의 부인 홍라희 여사의 동생) 보광창업투자 회장의 아들인 홍정환 보광창업투자 투자심사총괄과 결혼했으나 2021년 5월 결혼 8개월 만에 합의 이혼했다.

서경배는 시사저널과의 인터뷰에서 "부친이자 아모레퍼시픽 창업자인 서성환 선대 회장님을 가장 존경한다. 선친께서는 저보다 훨씬 어려운 조건에서 사업을 시작했다. 힘든 순간이 닥칠 때마다 '선대 회장님이라면 어떻게 했을까' 자문해보곤 한다. 선대 회장님의 여권은 나의 애장품 1호다. 선친께서 30대에 이리저리 뛰어다니시며 고생하셨을 모습을 종종 떠올려보곤 한다. 그러면 마음속 고민에 대한 해답이 나오는 경우가 많다"고 밝혔다.

서경배는 2015년 이건희 삼성그룹 회장에 이어 주식 부자 2위를 기록하기도 했다. 금융정보 제공업체인 에프앤가이드에 따르면 2021년 8월 9일 현재 서경배는 4조 263억 원의 주식을 갖고 있는 것으로 평가돼 주식 부자 8위를 기록했다.

아모레퍼시픽그룹 서성환-서경배家 혼맥

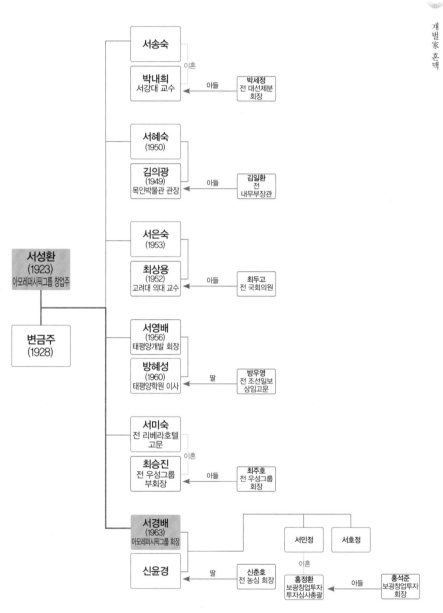

◆

두산·애경그룹과 사돈 맺은 제빵왕국

국내 최대 베이커리 프랜차이즈 파리바게뜨를 운영하는 SPC그룹 허영인 회장은 '제빵왕'으로 불린다. SPC그룹의 모태는 허영인의 아버지인 허창성이 1945년 황해도 옹진에 세운 '상미당(賞美堂)'이라는 빵집이다. SPC그룹 창업자인 초당(草堂) 허창성 전 명예회장은 1921년 2월 황해도 옹진군 옹진읍 온천리에서 태어났다. 집안 형편이 어려워 보통학교 졸업 후 진학을 포기한 허창성은 제과점에 취직해 제빵 기술을 배워 25세에 상미당을 창업했다. 당시 옹진에는 미군이 주둔해 있어 설탕·버터 같은 재료를 손쉽게 구할 수 있어 빵을 만들기에 좋은 환경이었다. 3년 후인 1948년 허창성은 더 큰 시장을 노리고 아무 연고가 없던 서울 을지로4가(현 방산시장 부근)로 상미당을 옮겼다.

상미당은 당시 흔히 볼 수 있는 여느 빵집과 다르지 않았다. 다른 점이 있다면 빵에 대한 허창성의 열정이 남달랐다는 점과 시대 흐름을 읽고 끝없는 변신을 거듭하는 감각이 뛰어났다는 점이다. 허창성은 1949년 기존보다 연료비를 10분의 1 수준으로 낮춘 무연탄 가마를 독창적으로 개발했다. 연료비를 아껴 이익이 남자 그것을 기술 개발에 투자했다. 1959년에는 서울 용산에 삼립제과공사(현 삼립식품)를 세워 연구·개발을 본격화했다. 이런 과정을 거쳐 1964년에 내놓은 것이 삼립빵, 즉 크림빵이다. 같은 빵을 대량으로 찍어내는 이른바 '공장 빵' 시대를 연 것이다. 업계 최초로 비닐 포장으로 출시된 크림빵은 큰 인기를 얻었다.

◆

"제빵 사업은 문화 사업이니만큼 품질이 중요"

그러나 국민소득 수준이 높아지면서 '공장 빵'의 인기는 시들해졌다. 새로운 제품 개발을 결심하고 떠난 일본 방문길에서 허창성이 본 것은 찐빵의 인기였다. '이것이다!' 생각한 그는 귀국 뒤 '찐빵의 특성을 살리되 제빵회사 제품답게 더 수준 있는 제품을 개발해야 한다'는 주문을 내걸고 연구·개발을 지시한다. 태스크포스팀을 구성해 인적이 드문 산속에 연구실을 짓고 신제품 개발에 몰두하도록 했다. 이렇게 해서 1년 만에 나온 것이 1971년 10월 첫선을 보인 삼립호빵이다. 당시 겨울은 제빵업계에서 빵이 팔리는 시기가 아니었다. 그러나 호빵이 나오면서 겨울에도 빵이 많이 팔리게 됐다. 제빵업계로서는 새로운 시장을 창출한 것이다. 1960년대가 크림빵의 시대였다면 1970년대는 '호호 불면서 먹는다'는 호빵 시대였다. 호빵이 하루 160만 개씩 팔려나가며 삼립식품은 재계 순위 30위권에 이름을 올리기도 했다.

당시 호빵의 크기는 직경 10㎝, 무게 108g이었는데 지금도 변함이 없다. "제빵 사업은 문화 사업이니만큼 절대 품질에 문제가 있어서는 안 된다"는 허창성의 의지가 그대로 배어 있다. 크기와 무게는 같지만 호빵의 내용은 시대 변화에 따라 단팥호빵, 야채호빵, 피자호빵 등으로 진화하며 오늘날에도 사랑을 받고 있다. 소비자들의 기호와 시대 흐름에 맞춰 혁신을 거듭해온 허창성은 1980년대에는 케이크형 보름달빵을 내놓았다. 아침 식사 대용으로 식빵 대량 생산에 나섰고, 라면·우동 사업에도 뛰어들었다. "살아서도 빵을 만들고 죽어서도 빵을 만들겠다"던 허창성은 1992년 경영 일선에서 물러났다.

허창성은 김순일과 결혼해 6남 1녀를 뒀는데 1983년 장남 허영선을 후계자로 택했다. 경기고를 나와 미국 보스턴대학에 유학 중이던 허영선은 귀국해 삼립식품의 대표이사 부회장을 맡았다. 20세 때인 1969년 삼립식품에 입사한 후 현장에서 경영을 배워온 차남 허영인은 당시 삼립식품 사장이었으나 후계에서 밀려 삼립식품 매출의 10분의 1에 불과한 작은 회사였던 샤니의 대표이사가 됐다. 허창성이 장남 허영선을 후계자로 택한 것은 '장남 우선'이라는 개성 상인의 오랜 전통에 따른 것으로 보인다.

◆

형과 달리 '빵'에만 집중한 허영인

사업과 관련해 허영선과 허영인은 다른 길을 걸었다. 허영선은 업종을 다각화하는 길을 택했다. '빵 사업'으로는 한계가 있다고 보고 음료·유선방송 사업 등에 진출했다. 3남 허영덕 삼립식품 사장과 함께 삼립개발·성일통상·삼립유지 등을 경영했다. 그러나 1990년대 중반에 뛰어든 강원도와 인도네시아 발리 등의 리조트 개발 사업 와중에 외환위기가 터지며 어려움을 겪었다. 결국 돌아온 3억 원의 어음을 갚지 못해 부도가 났다.

반면 허영인은 경희대 재학 시절 빵을 잘 만드는 곳이 있다면 어디든 달려가 맛을 보고 싶어 운전면허를 땄고, 1981년에는 미국제빵학교(AIB)에 유학을 갔을 정도로 빵 전문가였다. 1919년 개교한 이 학교는 빵 제조 및 유통 분야 전문가들이 필수 코스로 여기는 곳이다. 허영인은 "경영자는 경영마인드뿐만 아니라 엔지니어처럼 기술마인드도 갖춰야 한다"는 생각에서 유학을 떠났다. 대학생 때부터 제빵 현장에서 살았던 그는 본업인 '빵'에 집중해 진작부터 역량을 인정받았다. 1985년에는 시대 흐름에 맞춰 세계적인 아이스크림 브랜드인 배스킨라빈스를 도입했고, 1986년에는 서울 강남구 반포동에 파리크라상을 열었다. 1988년에는 파리바게뜨를 광화문에 개점했다. 파리바게뜨라는 이름 자체도 파격적이었지만 프랑스풍 정통 고급 빵을 즉석에서 구워내 고객에게 제공하는 형식도 신선했다.

허영인은 2005년 10월 한국경제신문과의 인터뷰에서 "파리바게뜨와 같은 베이커리 프랜차이즈, 배스킨라빈스 같은 아이스크림 사업은 모두 후발 주자로 시작한 것이다. 그저 남들처럼 해서는 이길 수 없고, 대신 남들이 못했던 소비자의 잠재된 욕구를 끄집어낼 수 있는 '차별화'에 몰입했다. 차별화할 때는 그저 한두 가지 해서는 안 되고 처음부터 끝까지 완벽하게 해야 한다. 당시 제과점은 '당'자 돌림 일색이었는데 이름부터 '파리크라상'으로 정했다. 지금 생각해보니 일종의 '블루오션'을 개척했던 게 아닌가 싶다"라고 회고했다.

형인 허영선이 이끌던 삼립식품이 외환위기 파고를 넘지 못하고 부도를 맞았을 때 동생 허영인은 파리바게뜨·배스킨라빈스 등을 급성장시키며 매출 5,000억 원대에 달하는 태인샤니그룹을 이끌고 있었다. 허영인은 이를 바탕으로 2002년 삼립식품을 인수했다. 형인 허영선으로서도 자신이 이끌다 부도난 회사를 동생이 인수해 창업자인 아버지의 뜻을 이어갈 수 있게 된 것은 다행스러운 일이었다. 당시 한국경영사학회에서는 허영인이 가업을 잇게 되었다는 의미에서 '효 경영'이라는 논문을 싣기도 했다. 허창성은 허영인이 삼립식품을 인수하자 "고맙다. 너는 어렸을 때부터 빵을 좋아했으니 잘할 수 있을 것이다"라고 격려했다.

◆

세계에서 가장 큰 제빵 프랜차이즈 일궈

창업자 허창성은 2003년 8월 별세했는데 죽기 전 병상에서 허영인을 불러 "다시 한번 옛날 그대로의 크림빵을 만들어달라"고 말했다. 아비지의 당부를 접한 허영인은 연구실에서 수십 개의 시제품을 만들었다. 직접 맛을 보고 다시 만들기를 반복해 옛날 그대로의 맛이라고 생각되는 크림빵이 만들어진 뒤에야 아버지에게 가져갔다. 아버지는 아들이 만든 빵을 먹으며 흐뭇한 미소를 지었다. 차남 허영인이 허창성에게 진정한 후계자로 인정받는 순간이었다. 허창성은 허영인에게 "회사는 수백만 개의 빵을 만들지만 고객은 단 한 개의 빵을 사는 것이기 때문에 모든 빵의 품질에 신경 써야 한다"고 강조하곤 했다. 허영인은 2004년 삼립식품(Samlip)과 샤니(Shany)의 'S', 파리크라상(Paris-Croissant)의 'P', 앞으로 함께할 새로운 가족(Company)을 의미하는 'C'를 합쳐 SPC그룹을 출범시켰다.

허영인이 사업을 크게 확장한 결정적 계기가 된 것은 파리크라상의 성공이다. 1988년 광화문점을 시작으로 파리바게뜨 프랜차이즈 사업을 시작했다. 당시 업계 1위는 '크라운베이커리'였다. 파리바게뜨는 아예 매장에서 빵을 직접 굽는 베이크 오프 방식을 도입했다. 소비자에게 매장에서 바로 구워낸 빵을 판매한다는 전략을 취한 것이다. 사업을 시작한 지 9년 만인 1997년 허영인은 고려당·신라명과·크라운베이커리 등을 제치고 파리바게뜨를 독보적인 1위로 올려놓았다. 파리바게뜨는 현재 세계에서 가장 큰 제과·제빵 프랜차이즈업체다. 중국은 물론 미국 뉴욕, 싱가포르, 베트남 등에도 매장이 있다. 2014년에는 빵의 본고장인 프랑스 파리에도 진출했다.

허창성-김순일 부부의 6남 1녀 가운데 허영인을 제외하고 현재 SPC그룹에 몸담고 있는 사람으로는 5남 허영석 SPC그룹 고문이 유일하다. 6남 허영한은 한국예술종합학교 음악원 교수다. 허영인 회장은 이원만 코오롱 창업자의 막내딸이자 이동찬 전 코오롱그룹 명예회장의 여동생인 이미향과 결혼했다. 이미향은 홍익대 미대를 졸업했다. 이동찬의 동생 이동보 전 코오롱TNS 회장은 1974년 당시 '2인자'로 불렸던 김종필 전 국무총리의 장녀 김예리씨와 결혼했으나 이혼했다.

허영인-이미향 부부는 두 아들을 뒀다. 장남 허진수는 파리크라상 부사장을 맡고 있다. 아버지가 나온 미국제빵학교(AIB)를 수료했고 2005년 그룹에 입사했다. 허진수는 2008년 고 박두병 두산그룹 초대 회장의 여섯째 아들 박용욱 이생그룹 회장의 장녀 박효원과 결혼해 아들 둘을 뒀다. 허영인의 차남 허희수 전 SPC그룹 부사장은 2007년 그룹에 입사해 미래사업부문장(상무)을 거쳐 부사장을 지냈다. 그는 장영신 애경그룹 회장의 손녀 안리나와 혼인했다. 안리나의 부모는 안용찬 전 제주항공 부회장-채은정 전 애경산업 부사장이다.

SPC그룹 허창성-허영인家 혼맥

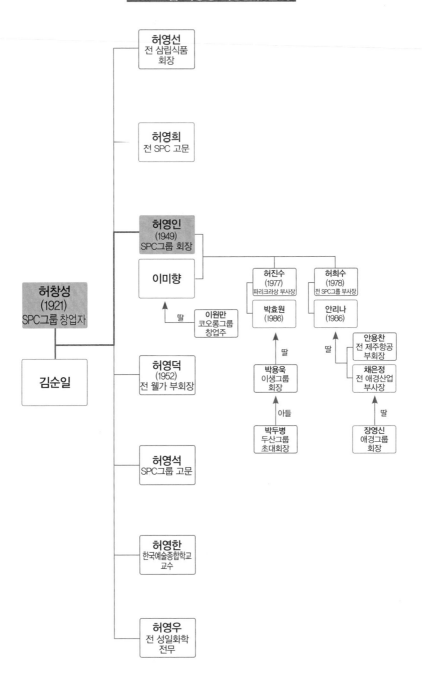

애경그룹
장영신家

여성 최고경영자 1호, 자녀들 연애결혼
현대차·SPC·세아그룹과 혼맥 형성

애경그룹 창업자는 채몽인이다. 장영신 애경그룹 회장의 남편이다. 1970년 7월 12일 채몽인이 갑작스럽게 심장마비로 사망하면서 경영 전선에 뛰어든 '주부' 장영신이 오늘날의 애경그룹을 만들었다. 장영신은 우리나라 여성 최고경영자 1호로 꼽히고 있다. 장영신의 남편 채몽인은 1954년 인천 송월동에 자본금 5,000만 환으로 대지 540평, 건평 370평의 '애경유지공업주식회사'를 창립했다. 종업원 50여 명을 데리고 비누를 만들기 시작했다. 창업 원년에 세탁비누 23만 개를 생산했는데 당시 수요와 맞물려 그야말로 순식간에 팔려나갔다. 채몽인은 원래 광복 전부터 단순히 세탁비누만 생산해오던 '애경사'라는 제조공장을 1,800만 환에 인수한 후 여기에 300만 환을 보태 시설을 개수했다. 가동 첫해에는 세탁비누만 생산했고, 이듬해부터 국내에서 유일하게 화장비누 생산에 들어갔다. 1956년 1월, 우리나라에서는 처음으로

5장 DB·효성·동국제강·코오롱·아모레퍼시픽·SPC·애경·교보생명家   255

순수 국내 기술에 의해 생산된 화장비누인 '미향비누'가 나왔다. 1958년에는 미향비누만 한 달에 100만 개를 팔았다.

채몽인은 장영신 모친 친구의 아들이었다. 해방 전 서울 종로구 명륜동에 살 때부터 이웃사촌으로 알고 지내던 사이였다. 당시 채몽인은 거의 매일 장영신의 집을 오가다시피 했다. 장영신보다 나이가 상당히 많아 장영신은 평소 채몽인을 아저씨라고 불렀다. 장영신이 유학을 떠나는 것을 계기로 채몽인은 반도호텔의 중국음식점 아서원에서 거창하게 송별회를 해주면서 장영신의 모친에게 정식으로 청혼을 했다. 하지만 장영신은 "어떻게 아저씨랑 결혼을 하느냐"고 거절했다. 장영신이 미국에 간 후 채몽인은 사업을 핑계 삼아 수시로 미국으로 가서 결혼 승낙을 받아내려고 애를 썼다. 여름방학 기간 중에는 아예 눌러앉아 졸라대곤 했다. 이렇게 3년 11개월 동안 뉴욕에서 청혼 작전을 편 채몽인과 어머니의 설득에 못 이겨 장영신은 마침내 결혼하겠다는 약속을 했다. 23세이던 1959년 6월, 서울 신당동 성당에서 결혼식을 올렸다.

◆

장영신, 남편 채몽인 급사하며 경영 뛰어들어

애경유지공업주식회사를 이끌던 채몽인은 1960년대 초 자동화된 작업 시스템을 갖췄다. '흑사탕비누', '레몬비누', '투명비누', '로맨스' 등 신제품을 내놓으며 국내 비누 시장을 동산유지와 양분할 정도로 성장했다. 1962년에는 영등포 비누공장 준공과 함께 처음으로 외국 기술을 도입했다. 서독의 라이홀드사와 '불포화 폴리에스테르 수지' 제조 기술 협정을 체결해 국내 시장에 '호마이카' 붐을 이룰 정도로 성공했다. 1966년에는 지금도 많이 팔리는 주방용 세제 트리오를 국내 최초로 개발했다. 트리오는 발매 직후인 1967년에는 28톤을 생산하던 것을 1970년에는 500여 톤을 생산해 4년 만에 무려 18배 가까운 성장을 기록했다. 애경이 생활필수품 세제 전문 회사로서 확고한 위치를 차지하는 전기가 이때 마련됐다.

남편이 사업에서 성공하면서 주부로서 평범한 일상을 보내고 있던 장영신은 뜻밖의 운명을 맞았다. 1970년 7월 12일, 막내아들 채승석을 낳은 지 사흘밖에 지나지 않았을 때 남편 채몽인이 잠을 자다가 심장마비로 사망한 것이다. 장영신은 이 사실을 며칠이 지나서 자신이 다니던 성당의 피터 양 신부가 알려줘서 알게 됐다. 장영신의 머리에 먼저 떠오른 생각은 '네 명의 아이들, 이 아이들을 어떻게 하나. 잘 키워야 할 텐데' 하는 걱정이었다. 당시 장영신의 가슴에 가장 크게 와 닿았던 말은 '여자는 약하다. 그러나 어머니는 강하다'였다.

그해 10월인가 11월, 집 앞에서 동네 학생들이 오가는 것을 넋을 놓고 바라보고 있던 장영신에게 열 살이던 큰아들 채형석이 "엄마, 걱정마. 이 앞에서 학생들 상대로 뽑기 장사 하면 되잖아"라고 말했다. 대견하고 안쓰러워 장영신은 처음으로 아들을 껴안고 울었다. 고민하던 장영신은 채몽인 타계 1주기를 맞아 회사 경영에 참여하기로 결심했다. 6개월간 남몰래 종로 낙원동에 있던 경리학원에 가 복식 부기, 재무제표 보는 법 등을 배웠다.

경영에 나서겠다고 발표하니 주위에서 모든 사람이 결사 반대했다. '암탉이 울면 집안이 망한다'는 말부터 시작해 회사 망한다며 회사를 그만두겠다는 극단적인 태도를 보이는 임원도 있었다. 당시 사장을 맡고 있던 장영신의 큰오빠 장윤옥과 임원들은 같이 일해달라는, 최소한의 수준까지만 가르쳐달라는 장영신의 부탁을 외면한 채 애경을 떠났다. 당시 상황에 대해 장영신은 자서전 『밀알 심는 마음으로』에서 이렇게 설명했다. "나도 내 자신의 능력에 대해 전혀 자신이 없었다. 그러나 당시 상황으로 볼 때 다른 선택의 여지는 없었다. 아이들을 잘 키워야겠다는 모성에서 출발했고 남편의 유업을 그냥 버려둘 수 없다는 아내로서의 의리, 애경 종업원들에 대한 책임감 등이 복합되어 운명적으로 기업 경영을 맡아야겠다는 오직 한 가지 생각에서 무모한 모험을 시작한 것이다."

장영신은 1972년 7월 1일 첫 출근을 했고, 8월 1일 정식으로 대표이사에 취임했다. 지금이야 여성 기업인도 많이 있지만 당시만 해도 여성이 기업을 경영하는 경우는 드물었다. 게다가 장영신은 집안일만 하던 주부였다. 자연히 이런저런 일이 많았다. 한번은 장영신이 회사 전무로부터 구둣발로 까인 적이 있었다. 관공서에 갔는데 장영신이 하면 안 되는 이야기를 너무 솔직히 공무원에게 얘기하니까 그것을 못하게 하느라고 그런 것이었는데 나중에 보니까 멍이 시퍼렇게 들었을 정도였다고 한다.

◆

장영신 부친은 와세다대 졸업한 대지주 아들

남편 채몽인이 하던 비누 사업을 이어받은 장영신은 비누 사업은 그대로 하되 미래 애경의 지표를 화학공업으로 설정했다. 처음으로 실력 발휘를 한 것은 1972년 말 1차 오일쇼크 때였다. 당시 세탁기가 보급되기 시작할 때여서 비누 대신 합성세제 시대가 도래할 것으로 예견하고 충남 대덕에 2,500여 평 규모의 대규모 합성세제 공장을 지은 것이다. 아니나다를까, 1975년 공장이 준공될 무렵 합성세제 수요가 폭발적으로 증가하기 시작했다. 1976년에는 플라스틱 용기류를 생산하는 성우산업을 출범시켰고, 폴리에스테르 수지를 제조하는 애경화학, 합성세제 원료를 생산하는 애경쉘, 도료 메이커인 애경공업, 애경유지의 사업을 그대로 이은 애경산업 등을 차례로 설립해 규모를 키웠다. 비누·세제와 석유화학을 두 기둥으로 한 애경의 성장사는 이때부터 본격화됐다. 장영신은 애경 창사 50주년을 맞은 지난 2004년 큰아들 채형석에게 회사를 맡기고 경영 일선에서 물러났다.

장영신은 1936년 7월 22일 서울에서 어머니 문금조와 아버지 장회근의 4남 4녀 중 막내딸로 태어났다. 장회근은 일본 와세다대학 영문과를 졸업한 대지주의 아들이었고, 문금조는 당시 일본의 귀족학교였던 쓰다여대 영문과를 나왔다. 장영신은 어릴 때 공부는 물론 노래도 잘해 전국 콩쿠르에서 상도 받았다. 학창시절에는 항상 1등을 하지는 못했지만 우등생이었다. 특히 수학을 잘했다. 장영신의 형제자매들은 모두 공부를 잘했다. 큰오빠 장윤옥은 일본대학 전문부 상과를 졸업한 뒤 감사원 국장(부이사관)을 지냈다. 서울대 음대에서 피아노를 전공한 큰언니 장영옥은 미국으로 이민 갔다. 서울대 화학과를 졸업한 둘째 오빠 장성돈은 애경유지 사장을 지냈다. 서울대 정외과를 나온 셋째 오빠 장위돈은 서울대 정외과 교수, 청와대 정치담당특별보좌관, 이집트 총영사, 에콰도르 대사 등을 지냈다. 성균관대를 나온 넷째 오빠 장기돈은 애경유지 이사를 지냈다.

채몽인-장영신 부부는 3남 1녀를 뒀다. 모두 연애결혼을 했다. 큰아들 채형석 애경그룹 총괄부회장은 1982년 성균관대 경영학과 4학년 재학 당시 학교에서 만난 홍미경씨를 보고 첫눈에 반해 사귄 지 1년 만에 결혼했다. 채형석은 1983년 졸업 후 미국 보스턴대학에서 MBA를 받았다. 이때 부인 홍미경도 함께 유학을 떠나 보스턴대학에서 미

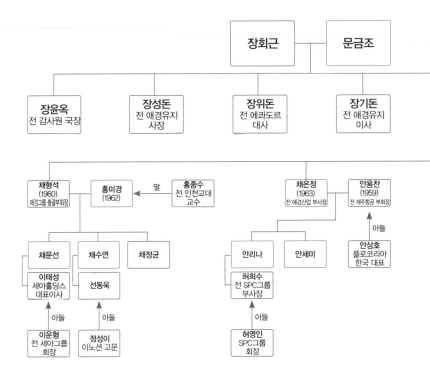

술을 전공했다. 홍미경의 부친은 인천교대 음대 교수를 지내고 서울시
립교향악단·KBS교향악단 등에서 활약한 음악가 홍종수다. 채형석은
미국 유학에서 돌아온 1985년 애경산업에 입사했다. 생산부 사원으
로 들어와 5개월간 생산 현장을 체험했고, 1985년부터 1986년 여름까
지 8개월간은 애경산업 영업부에서 일했다. 1986년부터 1987년까지 1
년 6개월간은 마케팅부에서 일했다. 이렇게 두루 경험을 쌓은 후
1987년 애경유지 대표이사를 맡아 본격적으로 경영 일선에 나섰다.

장영신은 큰아들 채형석으로부터 강한 인상을 받았던 듯하다. 『밀
알 심는 마음으로』에 이런 일화를 기록했다. "창고로 쓰고 있던 1만여

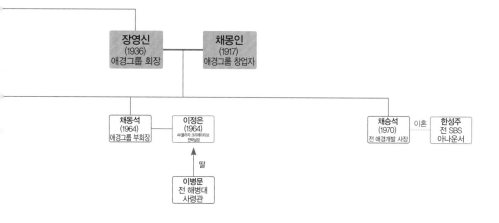

평의 땅으로 무엇을 할 것인지 1년여 연구 검토 결과 유통업을 하기로
했다. 1993년 10월 백화점 첫 문을 열고 가진 다과회에서 큰아들은
이렇게 말했다. '여기는 아버지가 남긴 땅입니다. 이 백화점을 아버지
께 바칩니다.' 그 말을 듣는 순간 가슴이 덜컥 내려앉을 정도로 깜짝
놀랐다. 찡하면서 그때 내 가슴에 흘러내린 눈물은 남편을 잃고 23년
간 잊었던 눈물의 샘이 봇물 터진 듯했다. 큰아들과 둘째아들은 아버
지에게 바치는 역사적인 첫 작품을 위해 최선을 다했다. 성공적인 새
출발을 하던 날 저녁 두 아들이 집에 와서 보니 하나는 발톱이 빠져
있었고 하나는 물집이 잡혀 구두를 신을 수가 없을 정도였다."

◆
사위·며느리도 애경그룹 경영 참여

채형석-홍미경 부부의 첫째 딸 채문선은 미국 맨해튼음악학교에서 성악을 공부했다. 2013년 7월 세아그룹 3세인 이태성 세아홀딩스 대표이사와 결혼했다. 이태성의 부친은 이운형 전 세아그룹 회장이다. 두 사람을 이어준 것은 이태성의 첫째 누나인 이은성이다. 채문선-이태성 커플은 1년 열애 끝에 결혼했다. 채문선이 일곱 살 어리다. 2013년 1월 애경산업 마케팅 부문 과장으로 입사했던 채문선은 현재는 경영에 참여하고 있지 않다. 둘째 딸 채수연은 2016년 4월 정몽구 현대차그룹 명예회장의 장녀인 정성이 이노션 고문의 아들 선동욱과 결혼했다. 막내인 아들 채정균은 2020년 8월 채형석 총괄부회장이 갖고 있던 AK홀딩스 주식 25만 주를 증여받으면서 후계 구도와 관련해 주목받았다.

장영신의 둘째 아들 채동석 애경산업 부회장은 성균관대 철학과 3학년 때 미팅으로 만난 동갑내기 이정은과 결혼했다. 채동석은 미국 조지워싱턴대학 국제경영학 석사 과정을 마친 후 1991년 애경에 합류했다. 서울대에서 서양화를 전공한 이정은은 AK플라자크리에이티브 전략실장으로 근무하고 있다. 이정은의 부친 이병문은 해병대 사령관, 아세아시멘트 회장을 역임했다.

장영신의 큰딸 채은정은 같은 아파트에 살던 안용찬 제주항공 전 부회장과 결혼했다. 두 사람은 안용찬이 미국 펜실베이니아대학 와튼스쿨 MBA 과정 재학 당시 잠시 한국에 들렀을 때 채은정의 외숙모가 소개해 만났다. 채은정은 이화여대 조소학과를 나와 미국 애크리하트대학에서 그래픽을 전공한 후 1998년 애경산업에 들어왔다. 애경산업 부사장을 지냈다. 통역장교 1기 출신인 안용찬의 부친 안상호는 육군 참모총장 수석보좌관, 미국 엔지니어링회사 플로코리아의 한국 대표 등을 지냈다. 채은정-안용찬 부부의 장녀 안리나는 미국 펜실베이니아 대학을 졸업했는데 SPC그룹 허영인 회장의 차남인 허희수 전 SPC그룹 부사장과 결혼했다. 장영신의 막내아들 채승석은 애경개발 대표를 지냈다. 미스코리아 출신으로 한때 SBS 아나운서를 지낸 방송인 한성주와 1999년 6월 결혼했으나 10개월 만에 이혼했다. 채승석은 2017년 9월부터 2019년 11월까지 강남의 한 성형외과에서 프로포폴을 불법 투약한 혐의로 재판에 넘겨져 2021년 4월 열린 항소심에서 징역 1년에 집행유예 3년을 선고받았다.

교보생명그룹
신창재家

◆

항일 정신 집안에 흘러
의사 출신 CEO

　2015년 5월 27일 서울 광화문 교보생명빌딩에서는 300여 명이 참석한 가운데 '광화문글판 25년 공감 콘서트'가 열렸다. 광화문글판은 신용호 교보생명 창립자가 제안해 1991년부터 광화문 네거리 교보생명빌딩에 걸리기 시작했다. 가로 20m, 세로 8m 크기의 글판에 시민들의 심금을 울리고 공감을 일으키는 글귀를 내걸어 화제를 모았다. 이자리에서 신창재 교보생명 회장은 "어떤 분들은 광화문글판이 바뀌면 계절이 바뀌는 걸 실감한다고 하신다. 처음에는 교보생명 직원들을 대상으로 경제 부흥 등 계몽적인 글귀를 올렸는데 점점 인문학적인 냄새가 나는 글귀로 바뀌었다. 이제는 일반 시민들을 위한 공간이 됐다"고 회고했다.
　교보생명 창업자는 신용호다. 그는 1917년 8월 11일 신예범-유매순 부부 슬하 6형제 중 다섯째로 태어났다. 전라남도 영암군 덕진면 노송

리, 일명 '솔안마을'이 고향이다. 이곳은 거창 신씨 집성촌이다. 조선 성종 때 신용호의 17대조인 통례공 신후경이 월출산 천왕봉이 보이는 이곳에 터를 잡았다. 유매순은 남편과 아들들이 적극적으로 독립운동에 뛰어드는 바람에 집안을 이끌며 고생을 많이 했다. 그 탓에 집에는 늘 일제 형사들이 드나들었다. 신예범은 영암 지역에서는 처음으로 단발을 하고 신학문을 익힌 선각자이기도 했다. 그는 일제 강점기에 야학을 열어 민족의식을 일깨우고, 호남 지방을 돌며 일본인 지주들에게 항의하는 소작쟁의를 주도했다. 이 때문에 두 차례나 감옥에 갔혔다. 풀려난 후에도 일제의 감시에 시달리는 요시찰 인물이 되었다.

◆

신용호 부친, 일제 때 두 차례나 투옥

어릴 적 신용호는 여러 차례 죽음의 문턱을 넘나들었다. 폐병에 걸려 죽을 뻔했으나 "월출산 정기가 너를 죽게 놔두지 않을 것이다"는 어머니 유매순의 강한 의지로 질경이풀을 달인 물을 먹으며 살아났다. 이후 둘째형 내외만 고향에 남기고 전 가족이 목포로 이사했다. 신용호는 보통학교에 가고 싶었다. 그러나 나이가 많다는 이유로 입학이 허락되지 않았다. 이 때문에 한때 좌절감과 소외감에 시달리기도 했으나 독학으로 실력을 연마했다. 낮에는 밭에서 일하고 밤에는 책을 읽었다. '천일(千日) 독서'를 목표로 각종 위인전 등을 닥치는 대로 읽었다. 당시 신용호가 가장 감명 깊게 읽은 책은 『헬렌 켈러』와 『카네기 전기』였다. 특히 『헬렌 켈러』는 신용호에게 큰 영향을 미쳤다. 훗날 사업가로 성공한 신용호는 "사흘만 시력이 주어졌다는 마음으로 세상을 보는 눈을 유용하게 쓰라"고 직원들에게 강조하곤 했다. 『카네기 전기』를 읽으면서는 취직보다는 장사를 해야겠다는 생각을 갖게 됐다.

보통학교 졸업장도 없는 신용호는 애초부터 취직할 생각을 갖지 않았다. 장사를 할 운명이라고 생각한 그는 일단 경성(지금의 서울)으로 간 뒤 기회를 봐 중국으로 가겠다는 결심을 굳히고 아버지 신예범에게 뜻을 밝혔다. 그러나 신예범은 경성행을 허락하지 않았다. 어머니 유매순의 반대는 더 강했다. 꿈에도 그런 생각을 하지 말라며 야단쳤다. 그러나 신용호는 꿈을 포기할 수 없었다. 마당에서 어머니가 있는 방을 향해 큰절을 올린 신용호는 목포역으로 가 경성행 야간열차를 탔다. 가출이었다. 1936년 3월이었다. 경성을 거쳐 중국으로 간 신용호는 1940년 24세 때 베이징의 자금성 동쪽에 사무실을 마련하고 회사를 세웠다. 곡물 유통업을 하는 이 회사의 이름은 '북일공사'였다. '허베이(河北) 제일, 베이징(北京) 제일'이라는 뜻이었다. 간판을 내건 지 2년 만에 직원이 100명을 넘어서는 등 큰 성공을 거두었다.

정신없이 사업에 열중하던 1943년 어느 날, 신용호는 어머니로부터 전보를 받았다. '아버지가 위독하다. 죽기 전에 너를 보고 싶어 하니 만사 제쳐놓고 다녀가라.' 깜짝 놀라 급행열차를 갈아타고 집으로 달려간 신용호는 마당을 거닐고 있는 아버지를 만나 깜짝 놀랐다. 신예범은 "네 나이도 이제 26세다. 돈 버는 것도 중요하지만 장가를 가야 한다. 그래서 거짓으로 전보를 쳤다. 이미 혼처를 정해두고 준비도 다 끝내놓았으니 두말 말고 장가를 들어라"고 했다. 며칠 후 신용호는 신부 집에 가서 전통 혼례를 올렸다. 신부의 이름은 유순이였다.

베이징으로 돌아온 신용호는 독립운동을 하던 시인 이육사를 만났다. 두 사람은 집안 어른인 신갑범의 소개로 이미 안면이 있던 사이였다. 신용호는 이육사가 필요로 하는 자금을 챙겨주었다. 이후에도 이육사는 자신이 직접 오거나 사람을 보냈고 그때마다 신용호는 많은 돈을 건네주었다. 신용호는 빼앗긴 조국을 위해 자신이 할 수 있는 일이 이것이라고 생각했다. 그러나 이듬해 2월 신용호는 이육사가 일제 경찰에 체포되어 고문을 받다 순국했다는 비보를 들었다.

◆

아무도 관심 갖지 않던 보험 사업에 일생 바쳐

신용호의 인생에서 잊을 수 없는 또 하나의 사건은 박정희 전 대통령과의 만남이다. 광복 이후 중국 톈진에서 부산으로 가는 배 안에서 신용호는 박정희를 만났다. 계급장을 뗀 군복 차림에 기다란 군도(軍刀)를 차고 있던 박정희와 인사를 나누고 대화를 주고받았다. 훗날 박정희가 5·16을 일으켰을 때 신용호는 고국으로 돌아오는 배에서 만났던 박정희를 떠올렸다. 신용호는 해방된 고국에 돌아와 '민주문화사'라는 출판사를 만들었다. 이때 신용호가 좌우명으로 삼았던 '사람은 책을 만들고 책은 사람을 만든다'는 경구는 1981년 교보문고를 열면서 서점 입구에 큰 글씨로 새겨진다. '민주문화사'는 1946년 말 펴낸 『여운형 선생 투쟁사』가 18쇄를 찍는 등 히트를 쳤다. 그러나 불합리한 서적 유통 구조를 접한 신용호는 사업을 접었다. 이어 '군산직물', '한양직물', '동아염직' 등을 잇달아 창업했으나 6·25를 만나 좌초했다. 광복 이후 벌인 사업에서 신용호는 실패를 거듭했다.

한국전쟁이 끝난 뒤에는 산업은행에서 부족한 자금 6억 원을 대출해주겠다는 약속을 받고 한국제철을 창업했다. 전쟁이 끝난 후 고철이 각지에 범람하는 것을 보고 제철 사업이 돈이 되겠다고 생각한 것이다. 서울 영등포 오류동에 20만 평의 부지를 사들이고 국내 최초로 냉간압연 시설을 도입했다. 그러나 자본금을 댄 동업자 중에 야당 중진이었던 양일동 의원이 있어 '야당 회사'로 찍히며 모든 것이 막혀버렸다. 이승만 정권은 허가를 내주지 않았고 1955년 초, 시운전을 눈앞에 두고 공사는 중단됐다. 신용호는 집은 물론 손목시계까지 팔아치우고 빈털터리가 되었다. 여섯 번째 실패였다.

좌절하지 않고 새 사업 아이템을 찾던 신용호는 한국 특유의 교육열과 당시 막 싹트기 시작했던 보험을 결합하는 것에 눈이 트였다. 보험회사 설립에 나섰으나 쉬운 일이 아니었다. 우선 신규 보험회사 설립을 불허한다는 정부 방침이 문제였다. 신용호는 하루도 빠짐없이 6개월 동안 김현철 당시 내무부장관의 집 앞에 가서 장관이 출근하는 것을 지켜보았다. 김 장관이 어느 날 수행 비서에게 물었다. "저 사람은 누군데 왜 매일 내 집 앞에 있는가?" 이렇게 해서 김 장관을 독대한 신용호는 그를 통해 박정희 대통령의 허가를 얻어 회사를 설립할 수 있었다. 무엇이든 한번 시작하면 끝장을 보는 그의 성격이 잘 드러나는 일화다. 당시 그의 나이 41세였다.

신용호는 1958년 1월, 서울 종로1가 60번지의 2층짜리 건물에서 직원 46명과 함께 교보생명의 전신인 '태양생명보험주식회사'를 창립했다. 창립 이념은 국민교육 진흥과 민족자본 형성. 이후 11일 만에 대한교육보험으로 이름을 바꿨다. '진학보험'이라는 이름으로 내놓은 교육보험은 6·25 전쟁으로 피폐해진 국민에게 보험에 가입하면 자녀를 대학에 보낼 수 있다는 희망을 안겨주면서 크게 인기를 끌었다. 대한교육보험은 창립 9년 만에 업계 정상을 차지하며 탄탄대로를 걷기 시작했다. 보험산업으로 국가 생산성 향상에 기여한 공로로 2000년 1월 아시아생산성기구(APO)로부터 'APO국가상'을 받은 신용호는 시상식에서 이렇게 말했다. "어려웠던 시절 우리나라가 발전하려면 무엇보다 우수한 인적 자원을 키워내고, 민족자본을 형성해 경제 자립 기반을 구축하는 길밖에 없다고 생각했다. 그래서 아무도 관심을 갖지 않는 보험 사업에 일생을 바치기로 결심했다. 앞으로 교육과 민족을 사랑한 기업가로 영원히 남고 싶다."

신용호와 관련해 빼놓을 수 없는 것이 교보빌딩이다. 1981년 완공돼 화제를 불러일으킨 광화문 교보빌딩의 설계자는 당시 빌딩 설계의 세계적 권위자였던 미국의 시저 펠리였다. 그는 미국 예일대학 건축대학장을 지냈다. 당시 신용호의 생각은 이런 것이었다. "건축물은 건축주의 품격과 인격을 말해준다. 비싼 재료를 써서 지나치게 화려함을 강조한 건물을 보면 사람들은 졸부를 떠올린다. 지나치게 권위적이고 딱딱한 인상을 주는 건물은 사람들이 외면한다. 자연 친화적이고 안정감을 주는 건물은 사람들의 마음을 편안하게 해주고 친근감을 느끼게 한다."

신용호는 2003년 9월 세상을 떠났다. 향년 86세였다. 어린 시절 호된 병마를 겪고 58세 때 교통사고로 다리 수술을 받은 것 말고는 보약 한 첩 먹지 않고 산 그도 세월을 이길 수는 없었다. 평소 신용호는 '일을 안 해서 죽지, 일을 해서 죽는 사람은 없다'는 생활철학을 갖고 있었다. 틈틈이 골프로 건강을 다졌다. 부인 유순이는 2012년 89세로 별세했다.

◆

산부인과 의사였던 장남 신창재 사업 이어받아

신용호의 큰형 신용국은 호남 지방의 항일운동을 주도하다가 옥고를 치렀고 일제의 감시를 피해 떠돌았던 독립투사였다. 그의 큰아들 신동재는 2000년까지 교보의 각종 시설물 관리회사인 교보리얼코 회

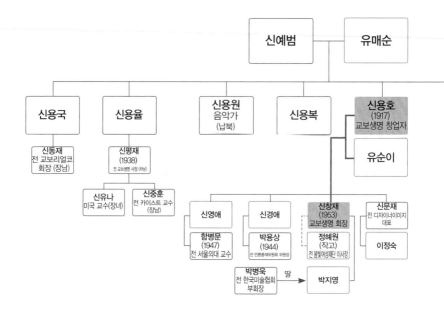

장을 지냈다. 신용호의 둘째 형 신용율은 고향에서 농사를 짓고 있었는데 그도 항일운동을 하다가 일제 경찰에 끌려가 고문을 당하는 등 고초를 겪었다. 신용율의 둘째 아들 신평재는 교보생명 사장, 루마니아 명예영사 등을 지냈다. 신용호의 셋째 형 신용원은 일본으로 유학가 도쿄 음악학교를 졸업했다. 전일본 클래식 콩쿠르에서 1등을 하는 등 실력을 인정받았다. 일본에서 공연을 하게 되면 반드시 불러야 했던 군국주의를 찬양하는 노래 「우미유카바」를 끝내 부르지 않는 등 항일 음악가로 활동하다가 6·25 때 납북됐다. 신용호의 넷째 형 신용복은 보통학교를 마치고 객지로 나가 일제 강점기에 조선인이 운영하던 조선생명에서 지사장을 지냈다. 그러나 6·25 때 실종됐다. 신용호의 동생 신용희는 목포상고를 나와 산업은행에서 일하다 30년간 교보에 몸담으며 부사장과 회장 등을 지냈다. 신용희의 아들 신인재는 이

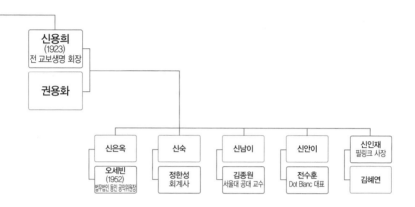

동통신사에 솔루션을 공급하는 코스닥 상장업체 필링크의 사장이다.

신용호는 유순이와의 사이에 2남 2녀를 뒀다. 첫째 신영애는 함병문 전 서울의대 마취과 교수와 결혼했다. 둘째 신경애의 남편은 서울고등 법원 판사, 헌법재판소 사무처장, 국회 공직자윤리위원장 등을 지낸 박용상 전 언론중재위원장이다. 두 사람은 1남 1녀를 뒀다. 신용호의 셋째이자 큰아들인 신창재 교보생명 회장은 2010년 지병으로 사망한 정혜원 전 봄빛여성재단 이사장과의 사이에 두 아들을 두고 있다. 신창재는 2013년 11월 박지영과 선으로 만나 재혼했다. 이화여대 중어 중문학과를 나온 박지영은 이화여대 대외협력처에서 근무했다. 박지영의 부친은 조각가인 박병욱 전 한국미술협회 부회장이고 박지훈 건국대 예술학부 교수가 오빠다. 신창재는 비밀리에 결혼식을 올린 한 달 뒤 임원회의에서 "저 결혼했습니다"라고 말했다.

신용호는 큰아들 신창재가 서울대 의대에 입학하자 이런 말을 해줬다고 한다. "세조는 의사를 여덟 가지로 나누었다. 첫째 심의(心醫), 둘째 식의(食醫), 셋째 약의(藥醫)다. 이를 제외한 나머지는 모두 나쁜 의사라고 했다. 그만큼 좋은 의사가 되기 힘들다. 학업에 정진해야 한다." 신창재는 1978년 서울대 의대를 졸업해 산부인과 의사로 활동했다. 특히 불임 치료에서 명성을 얻었다. 국내에서 첫 번째 시험관 아기를 탄생시킨 의료팀에서 활약하기도 했다. 이후 서울대 의대 교수로 있다가 1993년 대산문화재단 이사장을 맡았고 1996년 교보생명 부회장을 맡아 본격적으로 경영에 합류해 현재 교보생명 회장으로서 교보그룹을 이끌고 있다.

미국 파슨스스쿨에서 산업디자인을 전공한 신용호의 막내 신문재는 문구·팬시용품 등을 취급하는 교보핫트랙스를 운영하다 2005년 교보문고에 경영권을 넘겼다. 2012년 문구용품 도소매업체인 디자이너이미지를 세워 대표를 지냈다. 장녀 신혜진이 대표를 맡으며 회사 이름을 ㈜젠인터내셔널로 바꿨다.

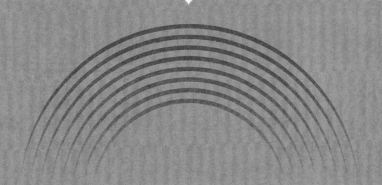

6장

신흥 재벌家

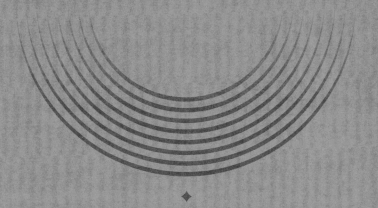

카카오
김범수家

◆

무일푼으로 자수성가한
IT 신화의 주인공

김범수 카카오 의장에게 2021년은 기억에 남을 만한 해다. 자신의 재산 절반을 사회에 기부하겠다고 선언했지만 혁신의 아이콘이던 카카오는 어느새 골목상권을 침해하고 문어발처럼 덩치를 키우는 탐욕스런 대기업이 됐다는 소리도 듣고 있다. 2017년 63개였던 계열사는 2021년 118개까지 늘었다. 71개 대기업집단 중 자산총액은 18위지만, 계열사 수는 SK(148개)에 이어 2위다. 문어발 확장이라고 해도 할 말이 없게 됐다. 아니나다를까, 공정거래위원회가 칼을 빼들었다. 자산·매출액 기준 외에 이용자 수 등 거래 규모를 기업결합 심사 대상 기준에 포함하기로 했다. 이렇게 되면 몸집 불리기에 대한 당국의 감시가 한층 강화될 것으로 예상된다. 일각에서는 카카오의 위기라는 말까지 나온다.

카카오 김범수 의장(이하 김범수)은 1966년 전라남도 담양군 수북면 두 정리에서 대이났다. 아버지는 김신용, 어머니는 한상분이다. 시골에서 농사를 짓던 가난한 집안이었다. 2남 3녀 중 셋째인데 위로 누나가 둘(김행자·김명희) 있다. 아래로 남동생 김화영과 여동생 김은정이 있다. 김범수는 지난 2021년 1월 19일 자신이 보유한 주식 33만 주, 1,452억 원어치를 친인척들에게 증여했다. 배우자인 형미선씨와 두 자녀 상빈·예빈씨에게 각각 6만 주씩 증여했고, 김행자(2만 5,000주)·김명희(2만 800주)·김대환(4,200주)·김화영(1만 5,000주)·장윤정(5,415주)·김예림(4,585주)·김은정(1만 5,900주)·김건태(4,550주)·김유태(4,550주)·형미숙(1만 9,000주)·박효빈(6,000주)씨 등 친인척에게도 주식을 줬다. 당시 주가로 얼추 계산해보면 가족들에게는 250억 원씩, 친인척들에게는 한 집당 100억 원씩 준 셈이다. 가난을 같이 헤쳐온 친인척들에 대한 나름의 '보은' 성격이라고 볼 수 있다.

김범수의 부모는 김범수가 아주 어릴 적에 노모를 모시고 서울로 이사했다. 그런 뒤 5남매, 부모, 할머니까지 8명이 방 한 칸에서 힘겹게 살았다. 부친은 중학교 졸업, 모친은 초등학교 졸업이 최종 학력이다. 아버지는 막노동과 목공 일을 했고 어머니는 지방에 머물며 식당에서 일했다. 일정한 곳에서 일하는 것이 아니라 여기저기 옮겨 다녀야 했기에 식구들끼리 오순도순 보내는 시간이 많지 않았다. 사정이 이렇다 보니 이사도 많이 다녔다. 김범수가 중학교에 들어간 뒤에 부친이 정육도매업을 하게 되면서부터 경제적으로 좀 여유가 생겼다. 부모는 김범수에게 어릴 적부터 뭘 하라고 하지 않았다. 알아서 하도록 그냥 뒀다. 부모의 이런 자유방임적인 교육 방식 덕택에 김범수는 스스로 계획하고 실천하는 습관을 갖게 됐다.

◆

가장 친한 친구는 천양현 코코네 회장

　서울 자양초등학교, 건대부속중학교, 건대부속고등학교를 졸업했는데 가장 친한 친구는 천양현 코코네 회장이다. 두 사람은 12년 동기 동창이다. 건대부고 3회 졸업생인 두 사람은 2010년 각각 1억 원씩 총 2억 원의 장학금을 모교에 기탁했다. 건대부고는 이를 바탕으로 '김범수 천양현 장학회'를 만들었다. 두 사람은 자신들의 영문 이니셜을 딴 서울 역삼동의 '씨앤케이(C&K)타워'에 공동으로 입주하기도 했다. 어쨌든 서울대학교 입시에 떨어진 날 집에 돌아오니 빚쟁이들이 몰려와 압류 딱지를 붙이고 있는 광경을 보고 김범수는 충격을 받았다. 공부 외에 다른 선택이 없었다. 이런 등의 이유로 재수할 때 그야말로 죽기 살기로 공부했다. 피웠던 담배도 끊고 결의를 다지는 혈서까지 썼다. 그렇게 해서 1986년 서울대학교 산업공학과에 입학했다. 현재 한국의 IT업계를 주름잡고 있는 인물들 다수가 이해에 대학에 진학했다. 묘한 인연이다. 이해진 네이버 창업자, 김정주 넥슨 창업자, 송재경 엑스엘게임즈 대표 등이 서울대 컴퓨터공학과 86학번이다. 이재웅 전 쏘카 대표는 연세대 컴퓨터공학과 86학번이다.

　김범수의 대학 시절 별명은 '킹오브게임'이었다. 계속 게임을 하며 술을 마시는 모습을 본 친구들이 붙여준 별명이다. 대학 졸업 후 서울대 대학원에 진학했는데 우연히 놀러간 후배의 하숙집에서 PC통신을 처음 접했다. 그때 새로운 눈을 떴다. 김범수는 그 세계에 빠져 3개월간 후배 하숙집에서 살다시피 했다. 대학원 논문 주제도 PC통신 관련한 주제로 바꿔 「PC통신에서 모뎀의 접속 대기 시간에 대한 수학적 연구」로 석사 학위를 받았다. 1992년 대학을 졸업한 김범수는 삼성SDS

에 취직했다. 그때 독학으로 프로그래밍을 배웠다. 당시 김범수와 같이 삼성SDS에 취직한 동기 중 한 명이 이해진 네이버 창업자다. 두 사람 모두 삼성SDS기술연구소에 근무했다.

삼성SDS는 김범수에게 여러 가지를 가르쳐줬다. 프로그램 개발부터 기획, 설계, 유통에 이르는 전 과정을 그곳에서 배웠다. 엔지니어 출신이 기획·마케팅까지 섭렵하는 드문 경험을 했다. 나중에 그가 사업을 할 때 이때의 경험이 상당한 도움이 됐음은 물론이다. 당시 그가 속한 삼성SDS TF팀에서 개발한 것이 유니텔이다. 그러나 대기업에서 꿈을 펼치는 데 한계를 느낀 김범수는 새로운 도전에 나선다. 회사를 사직하고 창업을 결심한다.

그때 김범수가 가진 돈은 500만 원밖에 없었다. 이것도 마이너스통장으로 마련한 돈이었다. 비용을 줄이기 위해 회사를 다니던 아내까지 사직하고 함께 뛰어들었다. 사무실에서 직원들과 동고동락하며 식사 등을 담당했다. 살고 있던 집을 담보로 돈을 빌리고 사채 시장도 기웃거려 2억 5천만 원을 마련해 한양대 앞에 '미션넘버원'이라는 이름의 국내 최대 PC방을 열었다. 현금을 확보하기 위해서는 이 방법이 좋다고 생각했기 때문이다. 법인 이름은 미션엔터테인먼트였다. 여기에서 번 돈 5천만 원을 밑천 삼아 1998년 11월 한게임커뮤니케이션을 설립했다. 1999년 12월부터 한게임서비스를 시작했고 2000년 4월 27일 네이버컴과 합병하며 새로운 분기점을 맞았다. 검색솔루션 회사인 서치솔루션과 마케팅 회사인 원큐까지 네 개 회사의 합병이었는데 오늘날 네이버의 토대가 이때 만들어졌다. 2001년 9월 네이버컴은 NHN으로 회사 이름을 바꿨다. NHN 대표 등을 지낸 뒤, 이해진과 함께 NHN을 설립한 지 7년이 넘은 2007년 9월 김범수는 NHN을 떠나 또다시 새로운 도전에 나선다. 재창업에 도전한 것이다. 본격적인 창업

전에, 그동안 가족들과 시간을 보내지 못했던 것이 못내 아쉬웠던 김범수는 2009년 1년을 오롯이 가족들과 지냈다. 미국에 있던 가족들이 모두 귀국해 함께 제주 올레길도 가고 PC방에 가서 게임도 하고 외국 여행도 다녀왔다. 그런 뒤 2010년 김범수가 내놓은 것이 한국의 대표 SNS가 된 카카오톡이다. 첫 달에 10만 다운로드, 그 1년 후에는 1,000만 다운로드를 기록했다. 김범수는 카카오톡이 급성장하자 아예 회사 이름을 아이위랩에서 카카오로 바꿔 오늘에 이른다.

◆ 소개팅으로 부인 만나, 처남은 스마트앤그로스 대표

김범수가 부인 형미선씨를 만난 것은 서울대 대학원에 다닐 때다. 소개팅으로 만났다. 당시 부인은 대학 4학년생이었다. 2년 6개월 정도 연애하고 삼성SDS에 다니던 1993년 2월에 결혼했다. 결혼 초에는 부모님과 할머니를 모시고 살기도 했다. 아이들이 성장하면서 형미선씨가 캐나다와 미국에서 아이들을 돌봤다. 에어로빅 강사 출신인 형씨는 운동 감각이 있어 골프도 싱글 수준인 것으로 알려졌다. 두 사람은 부부를 넘어 창업기에 어려운 고비를 함께 넘은 동지이기도 하다. 처남 형인우는 스마트앤그로스 대표다. 자녀는 1남 1녀로 1993년생인 아들 김상빈씨, 1995년생인 딸 김예빈씨를 뒀다. 자녀들은 한때 '가족회사'인 케이큐브홀딩스에서 일했다. 김범수의 막내 남동생인 김화영은 케이큐브홀딩스 대표를 맡기도 했고 경기 성남시 판교에 있는 옛 카카오 사옥에서 '카페톡'을 운영했다.

김범수 가족과 관련해서는 케이큐브홀딩스라는 회사가 주목받았다. 가족회사로 활용해 부를 늘렸다는 의혹이 제기됐다. 김범수의 막냇동생 김화영은 2020년 말 이 회사 대표직에서 물러나며 퇴직금으로 13억 9,600만 원을 받았다. 직원이 7명뿐인 이 회사는 카카오 지분 10.6%를 보유해 '옥상옥' 지주회사라는 지적을 받았다. 이 회사가 2020년 벌어들인 배당수익만 88억 원에 달한다.

김범수는 2021년 2월 8일 깜짝 선언을 했다. 사회 문제를 해결하기 위해 자신의 재산 절반을 기부하겠다고 밝혔기 때문이다. 그의 재산이 총 10조 원이 넘는 것으로 추산되는 만큼 언론들은 최소 5조 원 이상을 기부하겠다는 뜻이라고 풀이했다. 김범수는 "우리가 걸어가는 길이 세상을 바꾸기 위해 도전하는 또 다른 혁신가들의 여정에 보탬이 되기를 기대하며 지지해준 가족들에게 이 자리를 빌려 사랑하고 고맙다는 말을 전하고 싶다"는 입장을 밝혔다. 블룸버그통신은 2021년 7월 29일(현지시간) 카카오 주가가 올라 김범수의 순자산이 134억 달러(약 15조 4,000억 원)로 이재용 삼성그룹 부회장을 제치고 한국 최고 부자 자리에 올랐다고 보도했다. 이후 카카오 주가가 하락하면서 다시 이재용 부회장에게 1위 자리를 내주기는 했지만 자수성가한 IT 기업인이 글로벌 기업 삼성의 총수보다 부자가 됐다는 뉴스만으로도 화제가 되기에 충분했다.

'꿈꾸는 자만이 자유로울 수 있다'는 좌우명을 갖고 있는 김범수는 보통 아침 5시 30분에 일어나 1시간 정도 산책을 하며 하루를 시작한다. 이후 30분 동안 샤워를 하며 생각을 가다듬는다. 그런 뒤 7시부터 30분 정도 신문을 읽고 1시간 정도 독서를 한다. 오전 3시간을 생각과 독서로 보내는 게 일상이다. 성남 남서울파크힐에 사는데 대지면적이 4,425㎡(1,338평)에 달한다. 2015년에 118억 원 정도를 주고 땅을 매입한 것으로 알려져 있다. 본채는 지하 2층, 지상 2층인데 지붕에 태양광 패널을 깔아 보조전력을 생산하고 있다. 별채도 따로 있다.

네이버
이해진家

◆

글로벌로 뻗어가는 네이버의 선장

부친은 전 삼성생명 대표, 아들은 가수

네이버 창업자인 이해진 네이버 글로빌투자책임자(이하 이해진)는 1967년 6월 22일 서울에서 태어났다. 부친은 이시용 전 삼성생명 대표, 모친은 홍정자씨다. 남동생 이해영이 있다. 이해진은 상문고등학교, 서울대 컴퓨터공학과(86학번)를 졸업했다. 김정주 NXC 대표, 김범수 카카오 의장, 송재경 엑스엘게임즈 대표 등이 서울대 86학번 동기들이다. 카이스트에서 전산학 석사 과정을 마친 뒤 1992년 삼성SDS에 입사했다. 서울대 대학원을 마치고 입사한 김범수 카카오 의장이 입사 동기 중 한 명이었다. 나이는 김 의장이 재수를 했기에 한 살 많다. 이해진은 카이스트 재학 시절 김정주 NXC 대표와 기숙사에서 한 방을 썼다. 옆방에는 송재경 대표와 김상범 전 넥슨 이사가 있었다. 김정주·송재경·이해진은 카이스트에서 국내 인터넷의 아버지라 불리는 전길남 카이스트 명예교수로부터 수업을 들었다. 김정주는 카이스드 대학원에 합격했으나 서울대학교에서 졸업 학점을 다 이수하지 못해 1년을 더 다닌 뒤에야 입학했다. 유급하는 1년 동안 이러저러한 경험을 쌓으면서 프로그래머 대신 사업가로서 자질을 키웠다.

이해진은 1997년 삼성SDS에서 '항해하다'라는 뜻의 'navigate'에 접미사 '-er'을 붙여 '항해하는 사람'이라는 뜻을 가진 사내벤처 'NAVER'를 만들었다. 대기업에서 꿈을 펼치는 데 여러 가지 한계를 느끼고 1999년 퇴사해 '네이버컴(현 네이버)'을 창립한다. 벤처 붐이 시작되는 흐름에 올라타 인터넷 포털 사업에 도전장을 냈다. 이후 2000년 7월 김범수 카카오 의장이 세운 한게임 등 네 회사를 합병해 NHN을 출범시키며 새로운 성장의 토대를 마련한다. 합병 이듬해인 2001년 2월 한게임을 유료화하는 데 성공하며 영업이익 흑자를 기록했다. '지식iN' 서비스가 크게 성공하면서 2004년에는 포털사이트 1위에 올랐다. 이해진이 국내를 넘어 해외 시장으로 눈을 돌린 지는 꽤 됐다. '네이버저팬'을 출범시킨 것이 2000년인데 우여곡절 끝에 2011년 6월 일본에서 출시한 모바일 메신저서비스 '라인(LINE)'이 인기를 얻으며 해외 시장 공략에 박차를 가하기 시작했다. 2011년 일본 대지진 사태 때 전화·문자메시지가 안 되는 상황에서 라인이 새로운 커뮤니케이션 수단으로 주목받으며 일본의 '국민 메신저'가 됐다. 이해진은 2013년 말 벤처기업인 최초로 1조 원대 주식갑부에 이름을 올렸다.

'라인'의 사용자는 일본, 태국, 인도네시아 등에서 2억 명이 넘는다. 모바일 메신저를 넘어 쇼핑, 핀테크, 커뮤니티 등으로 사업영역을 넓히고 있다. 최근 태국에서는 이용자 수 5,000만 명을 달성하며 최고 기록을 다시 썼다. 2021년 3월에는 손정의가 이끄는 일본 야후재팬과 합병법인인 Z홀딩스를 출범하며 시장 장악에 고삐를 당겼다. 일본 최대 모바일 메신저와 검색 포털이 결합해 1억 명 이상의 사용자를 가진 '메가플랫폼'이 됐다. 라인이 일본에서 성공을 거둔 최초의 한국 기업이 될 것이라는 전망이 나오는 이유다. 디지털 뱅킹 플랫폼인 라인뱅크도 아시아 시장에 안착 중이다. 태국 라인뱅크는 출시 넉 달 만에 200만 명이 넘는 이용자를 끌어모았다.

이해진은 아시아만 노리는 것이 아니다. 북미 최대 웹소설 플랫폼 왓패드도 인수하며 글로벌 도전을 가속화하고 있다. 왓패드는 지난 2006년 설립된 세계 최대 웹소설 플랫폼이다. 9,400만 명이 넘는 이용자에, 작품을 올리는 창작자가 570여만 명, 콘텐츠는 10억 개가 넘는다. 이해진은 2021년 3월 11일 직원들을 상대로 한 강연에서 주요 사업과 동맹을 맺은 플랫폼 기업들을 세계지도에 표시하면서 네이버를 만화 「진격의 거인」에 비유했다. "글로벌 도전이 얼마나 어려운지 잘 안다. 하지만 올해 회사에 큰 기회가 왔다. 가슴이 두근거린다. 지금까지 수성(守城)에 집중했다면 올해부터 반격을 시작할 것이다."

◆

이재웅 다음 창업자와 동네 친구 사이

이해진은 김범수 카카오 의장과 여러 면에서 이름이 같이 오르내린다. 김 의장이 어려운 환경 속에서 자란 수재라면 이해진은 서울의 유복한 집안에서 '엄친아'로 자란 수재다. 두 사람은 같은 시기에 서울대 공대를 다녔고 삼성SDS 입사 동기다. 대기업 울타리를 벗어나 창업에 나선 점도 비슷하다. 사업 초기 김 의장은 게임으로, 이해진은 검색 포털로 승부수를 띄워 창업에 성공했다. 이해진은 얼핏 보면 수줍고 내성적인 성격의 인물로 보인다. 그러나 꼼꼼한 성격으로 치밀하고 냉정하면서도 과감하게 사업적 판단을 하는 것으로 알려져 있다. 이해진은 이재웅 다음 창업자와도 인연이 깊다. 동네 친구 사이다. 서울 청담동 같은 아파트의 같은 동 위아래 층에 살면서 어머니끼리도 서로 알고 지냈던 사이다.

2017년 공정거래위원회가 네이버 지분 4.31%를 가진 이해진을 '준대기업집단의 총수'로 지정한 이후 그는 이사회 의장, 등기임원을 내려놓고 글로벌 투자 책임자(GIO)로서 해외 시장 개척에 진력하고 있다. 2019년 6월 18일 서울 종로구 포시즌스호텔에서 한국사회학회와 한국경영학회 주관으로 열린 심포지엄에서 이해진은 "네이버의 소유-경영 분리 원칙을 계속 지켜나가겠다. 우리나라 데이터를 잘 지켜내서 오백 년, 천 년이 지나 후손들이 '그때 네이버가 있어서 다행이었다'고 말할 수 있었으면 좋겠다"고 말했다.

이해진은 스트레스를 해소하기 위해 「열혈강호」, 「용비불패」, 「나루토」, 「원피스」 같은 만화를 즐기는 것으로 알려져 있다. 가장 존경하는 인물은 세종대왕. 그는 "세종대왕은 한글을 창제해 성공적으로 보급해 대한민국 역사상 최고의 프로젝트를 진행했다"고 말한다. 네이버에서 2020년 보수로 19억 7,400만 원을 받았다.

◆

부친은 보험사 네 곳 대표 지내

이해진의 부친은 이시용 전 삼성생명 대표다. 서울 출신인 이 전 대표는 용문고와 성균관대 경제학과를 졸업한 뒤 1963년 공채 1기로 삼성생명에 입사했다. 삼성생명·삼성카드(1992~1994년), 태평양생명(1994~1995년), 중앙생명(현 미래에셋생명, 1995~1998년) 등 6년간 보험사 네 곳에서 대표를 지냈다. 당시 내걸었던 모토가 '인간 존중의 경영'이었다. 이해진은 1999년 네이버컴을 창립할 때 자금 확보 등에서 아버지의 도움을 받은 것으로 알려져 있다. 네이버 설립 초기에는 직원들이 대표이사인 이해진보다 이 전 대표를 더 무서워했다는 얘기도 있다. 네이버 홈페이지에서 틀린 글자를 발견하면 아들에게 전화해 "글자 틀린 것도 못 보면서 어떻게 기업을 운영하겠느냐"고 야단을 치곤했다는 것이다.

◆

아들은 가수 '로렌', 동생은 지음 대표

이해진의 부인은 이영린이다. 이영린이 한 살 어리다. 이해진은 1986년 명동의 고전음악감상실 '필하모니'에서 모이던 대학연합동아리 '샛별고전음악감상회' 회원으로 14기 회장을 지냈다. 삼성SDS에 다닐 때인 1992년 동아리 1년 후배인 이영린과 삼성동 공항터미널에서 결혼했다. 이해진-이영린은 아들 이승주, 딸 이연주 1남 1녀를 두고 있다.

아들 이승주는 로렌(LØREN)이라는 이름으로 가수로 활동하고 있다. 2020년 11월 13일 오후 6시 유튜브를 통해 첫 앨범 '엠프티 트래시(EMPTY TRASH)'의 음원과 뮤직비디오를 공개하고 가요계에 정식 데뷔했다. DJ로 활동해온 로렌은 블랙핑크 첫 정규앨범의 타이틀곡인 '러브식 걸즈(Lovesick Girls)'를 포함해 '프리티 새비지(Pretty Savage)', '유 네버 노우(You Never Know)'의 작사진에 이름을 올렸다. 블랙핑크의 '러브식 걸즈' 뮤직비디오에 출연하기도 했다.

이해진에게는 남동생이 한 명 있다. 지음 대표인 이해영씨다. 지음은 사업경영컨설팅을 목적으로 하고 싱가포르와 일본 등에서 부동산 임대업과 요식업을 하는 회사다. 2011년 자본금 1천만 원으로 만들어졌는데 직원은 5명이다. 2021년 3월 말 기준 총 41개의 네이버 계열사 중 이해진이 유일하게 지분 100%를 갖고 있는 회사가 지음이다. 한마디로 이해진 개인의 자산을 관리하는 회사다. 이해영은 1999년 설립된 정보기술 서버 관련 회사인 '인터베이스'에서도 대표를 맡은 적이 있다. 네이버, 다음 등 인터넷 기업에 서버 등을 납품한 것으로 알려진 이 회사는 2008년 청산됐다.

엔씨소프트
김택진家

◆

'천재소녀' 윤송이와 비밀스런 재혼
가족경영 논란 중심에 서기도

김택진 엔씨소프트 대표는 1967년 3월 14일 서울에서 태어났다. 그의 어린 시절은 가난했다. 아버지가 하던 사업이 부도가 나자 빚쟁이들이 몰려왔다. 당시 김택진의 아버지는 심하게 스트레스를 받아 한동안 가출까지 했었다. 집으로 돌아와 방방곡곡을 돌아다니면서 양말과 옷 등을 팔아 겨우 빚을 갚았다. 김택진은 공부에 매진했다.

서울대학교 전자공학과를 졸업했고 서울대 대학원에서 석사 학위를 받은 뒤 박사 과정에 다니다가 1997년 중퇴했다. 대학 시절에는 서울대 컴퓨터연구회에서 활동했다. 대학 재학 시절 1989년 이찬진 현 드림위즈 사장과 '아래아한글'을 공동 개발했으며, '한메타자교사'를 개발하는 등 소프트웨어 개발자로서 이름을 날렸다. 1991년부터 1992년까지 현대전자 보스턴 R&D센터에서 병역특례로 근무했다. 이후 1996년까지 현대전자에서 국내 최초의 인터넷 온라인 서비스인 아미넷(신비로) 개발팀장으로 일했다.

그러나 현대그룹 내부에서 아미넷을 두고 분열이 일어나자 창업을 결심하고 1997년 3월 자본금 1억 원과 당시 지내던 집을 판 돈을 기반으로 1997년 엔씨소프트를 창업하여 1998년 '리니지'를 내놓았고, 리니지의 대성공으로 억만장자의 반열에 오른다. 한국의 억만장자들은 상속받은 사례가 대부분이라서 김택진의 억만장자 입성은 IT 성공의 신화로 한때 큰 관심을 불러일으키기도 했다. 2009년 김택진의 부모는 김택진의 사업이 잘되자, 본인들이 운영하던 택시 회사와 가전제품 회사를 팔았다. 이렇게 리니지는 한국 온라인게임업계의 신화로 자리 잡았다. 지금도 연 매출이 2,500억 원에 이르는 엔씨소프트의 효자 게임이다. 김택진은 2010년 대통령직속 2기 미래기획위원회 위원으로 활동했으며 2011년부터 프로야구단 NC다이노스의 구단주로 활동하고 있다. 김택진의 남동생 김택헌은 엔씨소프트의 최고사업책임자와 엔씨재팬 대표를 겸직하고 있다.

◆

윤송이, 2015년 엔씨소프트 사장으로 승진

삼십 대 초반에 젊은 갑부로 떠올랐던 김택진은 비밀스런 이혼과 재혼으로 또다시 세상의 주목을 받았다. 현재의 아내인 8살 연하의 윤송이 전 SK텔레콤 상무와 재혼한 것이다. 2004년 11월 전 부인과 이혼하고 나서 재산 분할로 300억 원대의 주식을 증여한 것으로 전해진다. 김택진과 윤송이는 2007년 11월 양가 부모만 모시고 비밀 결혼식을 올렸는데 이듬해 출산을 앞둔 6월 말에야 결혼사실이 알려졌다. 둘의 결혼은 비밀스런 재혼뿐만 아니라 '두 천재의 만남'으로도 큰 화제가 됐다. 서울과학고와 KAIST를 수석 졸업한 윤 전 상무는 미국 MIT 미디어랩에서 박사 학위를 받은 뒤 28살에 SK텔레콤 상무가 됐다. '천재소녀'라는 별명과 SBS 드라마 '카이스트' 이나영 역의 실제 모델로도 유명하다. 김택진-윤송이 부부는 2008년 아들을 낳았다. 윤송이씨는 2008년 엔씨소프트 부사장으로 영입돼 2015년 정기임원인사에서 사장으로 승진했다.

윤 사장은 서울과학고와 카이스트를 조기 졸업했고 매사추세츠공과대학(MIT)에서 컴퓨터 신경과학, 뇌·인지과학 박사 학위를 3년 6개월 만에 딴 '최연소(24년 2개월) 박사'다. 그러나 예상을 깨고 학문의 길 대신 기업을 택했다. 첫 직장은 글로벌 컨설팅 회사 맥킨지앤드컴퍼니. 2004년 29세에 SK텔레콤 최연소 임원으로 발탁되면서 아시아 월스트리트저널(WSJ)의 '주목할 만한 세계 50대 여성 기업인'으로 선정되는 등 공학도 출신 경영인으로 자리 잡았다. 윤송이의 동생 윤하얀씨는 서울과학고등학교 졸업 이후 서울대 자연대 분자생물학과를 수석 졸업하면서 윤송이의 뒤를 이어 '천재'로 불렸다. 미국 하버드대학교 신경과학과에서 박사 학위를 받았다.

엔씨소프트는 '가족경영' 논란의 중심에 서기도 했다. 동생 김택헌이 부사장으로 있고 부인 윤송이가 엔씨소프트의 사장으로 해외사업을 이끌고 있기 때문이다.

◆

김정주 넥슨NXC 대표와 경영권 다툼 벌이기도

2015년에는 서울대 컴퓨터공학과 선후배 사이였던 김정주 넥슨 NXC 대표와 경영권 다툼을 벌였다. 당초 두 사람은 2012년 미국의 최대 게임업체인 일렉트로닉아츠(EA)의 경영권을 인수하기 위해 의기 투합했다. 넥슨 일본법인은 엔씨소프트 지분 14.6%를 인수해 최대주 주가 됐다. 이는 인수자금을 마련하기 위한 조치였다. 김택진이 최대 주주 자리를 넥슨에 넘기자 항간에 은퇴설이 돌기도 했다. 당시 넥슨 은 엔씨소프트의 최대주주에 올랐으나 경영에는 참여하지 않기로 했 다. 그러나 EA 경영권 인수에 실패하면서 두 사람의 관계는 불편해 졌다.

EA 인수가 불발되고 엔씨소프트 주가가 떨어지자 2014년 10월 넥 슨은 엔씨소프트 주식의 0.4%를 추가로 매입했다. 이를 통해 넥슨은 엔씨소프트의 지분 15.08%를 보유하게 되며 엔씨소프트를 인수할 수 있는 실질적인 조건을 갖추게 됐다. 공정거래법상 다른 회사의 지분 을 15% 이상 보유하게 되면 공정위에 신고를 해야 하고, 공정위의 기 업결합 승인을 받은 후에는 언제든 인수할 수 있게 된다. 넥슨은 '단 순 투자일 뿐'이라고 설명했지만 엔씨소프트 관계자는 "사전에 지분 매입에 대한 논의가 전혀 없었다"며 "공시 내용이 계속 지켜지는지를 계속 주시할 것"이라고 말했다. 업계에서는 '경영권 참여'로 가는 과정 이라는 관측도 나왔다. 2015년 1월 넥슨이 지분 보유 목적을 단순투 자에서 경영참여로 변경한다고 공시하자 엔씨소프트는 "넥슨 스스로 약속을 저버리고 신뢰를 무너뜨린 것"이라고 반발했다.

이에 김택진, 김정주 두 사람 사이에 경영권 분쟁이 시작됐다. 김택 진은 경영권 방어에 나서 엔씨소프트는 2015년 2월 넷마블에 지분 8% 가량을 매각해 우호지분을 확보했다. 넥슨은 결국 2015년 10월 엔씨소프트 지분 전량을 시간외 대량매매(블록딜) 방식으로 매각했고 두 회사 간 표면적인 갈등은 마무리됐다.

넥슨
김정주家

◆

'금수저' 변호사 아들, 글로벌 게임왕 되다

이모부가 김재익 전 경제수석

김정주 넥슨 창업자는 한국 온라인게임의 개척자다. 넥슨을 창업해 글로벌 게임회사로 키웠다. 게임 불모지였던 한국을 세계적인 게임 강국으로 만든 주인공 중 한 명으로 국내 게임 1세대 대표주자다. 세계 최초로 부분 유료화 모델을 개발했고 IT기업 최초로 도쿄 증시에 상장하는 데 성공했다. 회사에 왔다가 경비한테 쫓겨날 정도로 대중 앞에 잘 모습을 드러내지 않고 주로 이메일로 업무를 처리해 '은둔의 게임왕'으로 불리기도 한다. 블룸버그가 집계하는 세계 500대 부자 순위에 따르면 2021년 9월 20일 기준 김정주는 한국의 부자 5위, 세계의 부자 476위에 올라 있다. 재산이 약 61억 달러(7조 원 정도)에 달한다.

1968년 태어난 김정주의 고향은 서울이다. 부친은 서울고와 서울대 법대를 졸업하고 서울지방법원 판사, 대한공증협회 회장 등을 지낸 김교창 법무법인 정률 고문변호사다. 1937년생인데 지금도 사단법인 선

신사회만늘기연대의 '선사연칼럼'을 집필하는 등 활동하고 있다. 모친은 서울대 음대에서 피아노를 전공한 이연자다. 좋은 집안에서 태어나 스쿼시와 수상스키, 스노보드를 즐기고 음악과 연극에도 이해가 깊은 김정주는 이른바 '엄친아'다. 공부도 잘해 서울 마포에 있는 광성고와 서울대학교 컴퓨터공학과를 졸업했다.

김정주가 처음 컴퓨터를 접한 것은 중학교 3학년 때였다. 이후 서울 광화문에 있는 교보문고의 컴퓨터 체험시설을 자주 찾았다. 컴퓨터에 몰입하는 것을 본 이모부 김재익 전 청와대 경제수석(1983년 미얀마 아웅산 폭탄테러로 순국)이 컴퓨터를 선물해줬다. 서울대를 졸업한 뒤 카이스트 대학원에 합격했으나 뒤늦게 서울대 학점을 다 이수하지 못한 것을 알고 서울대에 1년을 더 다닌 뒤에야 입학했다. 서울대에 다닐 때는 음대에 가서 오케스트라 수업을 듣고 교양필수인 사회학개론을 듣는 대신 교양선택인 범죄심리학을 수강하는 등 다양한 분야에 관심을 보였다. 1988년에는 일본 상지대학교에서 국제학 과정을 수료하기도 했다.

◆

네이버 창업자 이해진과 같은 방 써

전산학 석사 학위를 받은 건 1993년인데 카이스트 대학원에 다닐 때 이해진과 같은 방을 썼다. 옆방은 송재경 대표와 김상범 전 넥슨 이사가 썼다. 한국 게임계와 IT업계를 호령하는 이들이 한자리에 있었으니 인연치고는 참 기묘한 인연이었다. 김정주는 삼성장학금을 받으며 대학원에 다녔다. 그러나 그는 삼성으로 가지 않고 창업하는 길을 택했다. 카이스트에서 박사 과정을 밟던 중 "공부 스타일이 아니니 그만둬라"는 교수의 충고로 6개월 만에 박사 과정을 중단했다.

이광형 KAIST 총장은 한 방송에 출연해 제자 김정주에 대해 이렇게 말했다. "김정주 넥슨 회장이 정말 미웠다. 학교를 밥먹듯 빠지고 사회성도 없는 부적응 제자였다. 앞으로 얘가 뭘로 밥 먹고 살지 걱정이 많았다. 교수 입장에서는 말 잘 듣고 성실한 학생에게 마음이 가기 마련이다. 김정주를 한때 미워하기도 했다. 인터넷도 없던 시기에 네트워크 게임을 하겠다고 매달리는 그를 이해하지 못했다. 하지만 지금 와서 생각해보면 정말 빠르게 세상의 변화를 읽은 것이다. 세상을 바꾼 천재들을 보면 어딘지 모르게 이상해 보이는 사람이 많다. 김정주도 지나고 보니 그런 사람이었다."

김정주가 서울 역삼동 성지하이츠Ⅱ 2009호에서 넥슨을 창업한 것은 1994년 27세 때다. 넥슨은 '넥스트 제너레이션 온라인서비스'의 약자다. 그의 제일 든든한 후원자는 아버지 김교창이었다. 창업자금 6,000만 원을 빌려줬고 5년간 넥슨의 대표직을 지내는 등 물심양면으로 지원을 아끼지 않았다. 부인 유정현도 창업 동지다. 대학에서 교육공학을 전공해 교육소프트웨어를 직접 만드는 실력을 갖고 있던 유정현은 넥슨의 안살림을 책임졌다. 김정주는 김진 작가의 동명 만화인 '바람의 나라'를 게임으로 만드는 과정에서 자금을 마련하기 위해 현대자동차 홈페이지 구축, 아시아나항공 홈페이지 구축, SK계열사 홈페이지 구축 등을 하며 버텼다. 그리고 마침내 1996년 세계 최초의 그래픽 다중접속 온라인 게임인 '바람의 나라'를 내놓았다.

◆

부친은 김교창 변호사, 형 김정우는 명지대 교수

'바람의 나라'는 국내 온라인게임의 문을 연 게임이자 넥슨을 게임업계 대표주자로 자리매김할 수 있도록 한 대표작이다. 때마침 불어온 PC방 붐과 맞물리면서 '바람의 나라'는 큰 인기를 끌었다. 이런 측면에서 운도 좋았다고 할 수 있다. '바람의 나라'는 1997년 영어권 서비스를 시작했고, 1999년 프랑스, 2000년에는 일본에 진출했다. 김정주는 1997년 10월 '어둠의 전설'을, 1998년 '알렌시아'를, 1999년 '퀴즈퀴즈'를 차례로 선보였다. '퀴즈퀴즈'는 한국 온라인게임 역사상 최초로 반 유료화를 도입해 성공을 거뒀다. 2004년에는 '크레이지레이싱 카트라이더' 등을 내놓아 성공시켰다. 2004년 '메이플스토리'와 위젯을 400억 원에 인수했고 2008년에는 네오플과 '던전앤파이터'를 3,852억 원에 인수하는 등 합병인수를 통해 회사를 키웠다.

2021년 7월, 15년 만에 김정주는 넥슨 지주사인 NXC 대표에서 물러났다. 최근에는 게임을 넘어 가상자산(암호화폐)과 엔터 사업 등에도 활발하게 투자하고 있다. 넥슨 일본법인은 2021년 4월 말 약 1억 달러(한화 약 1,130억 원)를 들여 1,717개의 비트코인을 매입했다. 전 세계 기업 중 8위에 해당하는 규모다.

김정주는 김교창-이연자의 2남 중 둘째다. 모친의 영향을 받아 바이올린과 피아노를 어릴 적부터 연주했다. 「Daily Game」과의 인터뷰에서 "어릴 때는 피아노를 배웠어요. 이후에는 바이올린을 했구요. 악기 가지고 논다고 학교를 빼먹기도 했고, 부모님도 별 말씀 안 하셨어요. 나중에 회사를 하겠다고 말했을 때도 그냥 지켜보셨지만요"라고 말했다. 그냥 하는 수준은 넘었던 것으로 보인다. 시작하면 끝을 보는 그의 성격을 알 수 있는 장면이다. 1979년 제28회 '이화경향 음악콩쿠르' 초등부 대회 바이올린 부문 1위에 오른 적이 있다. 형은 김정우 명지대 바둑학과 교수다. 바둑 아마 7단인 김 교수는 연세대 수학과를 나와 카이스트에서 확률론으로 석·박사 학위를 받았다.

◆

이모 둘, 외삼촌 등 세 명 모두 교수 지내

모친 쪽 혼맥이 화려하다. 김정주의 첫째 이모는 이화여고와 서울대 불문과를 나와 숙명여대 문헌정보학과 교수를 지낸 이순자 숙명여대 명예교수다. 이 명예교수의 남편이 1983년 아웅산에서 순직한 김재익 전 청와대 경제수석이다. 김재익-이순자는 아들 둘을 뒀는데 큰아들 김한회는 김앤장 변호사이고 둘째 김승회는 외국계 회사에서 일하고 있다. 둘째 이모는 덕성여대 교수를 지낸 이성미 전 미술사학회 회장이고 이모부는 고려대 교수를 지낸 한승주 전 주미대사이다. 외삼촌은 이성규 서울대 동양사학과 명예교수로 규장각 관장을 지냈다. 이성규 명예교수는 2021년 3·1문화상을 수상했다.

김정주의 부인은 유정현이다. 김정주가 대학 2학년이던 1987년 신입생으로 들어온 유정현과 사귀기 시작했다. 카이스트에는 박사 과정 학생은 결혼하면 안 된다는 불문율이 있어서 박사 과정에 들어가기 전에 결혼해 대전에 신혼살림을 차렸다. 유정현은 1994년 넥슨 창립 때부터 함께 하며 경영지원본부장을 맡는 등 회사 발전에 상당한 공헌을 한 것으로 알려져 있다. 넥슨 지주회사인 NXC의 감사를 맡고 있고 이 회사의 지분 29.43%를 보유하고 있다. 김정주-유정현은 2002년생, 2004년생인 김정민·김정윤 두 딸이 있다. 두 딸들은 NXC지분

0.68%를 갖고 있다.

김정주는 넥슨의 성장스토리를 다룬 책 『플레이』에서 넥슨을 이렇게 규정했다. "여러 사람들이 모여서 하고 싶은 일을 하면 인생이 즐거워질 수도 있다는 것을 보여준 그런 회사, 고생하고 괴롭고 실패할 수도 있지만 여러 명이 안 싸우고 버티면 좋은 회사 비슷한 걸 만들 수도 있고 돈도 벌 수 있다는 걸 보여준 회사, 그냥 취직해서 사는 인생과는 다른 인생을 살 수도 있다는 걸 보여준 회사, 놀듯이 다니는 회사."

우아한형제들
김봉진家

◆

'배달의민족'으로 배달 APP 석권

아시아 배달 시장 호령하는 '경영하는 디자이너'

김봉진 우아한형제들 의장(이하 김봉진)은 1976년 전라남도 완도군의 한 작은 섬 소안도에서 태어났다. 소안도는 건국훈장을 받은 독립유공자가 20명, 역사에 기록된 독립운동가가 89명이 될 정도로 '항일의 성지'로 불린다. 완도에서 18㎞ 떨어져 있는 이 섬은 본섬인 소안도와 부속섬인 당사도·횡간도·구도 등 4개의 유인도와 6개의 무인도로 구성돼 있는데 김 의장은 구도에서 빈농의 아들로 태어났다. 김옥준-한용임의 4형제 중 막내였다.

2021년 5월 31일 김봉진은 '군민의 상' 수상을 계기로 고향 완도의 중고생들에게 태블릿PC 한 대씩을 선물했다. 1,838대, 금액으로 치면 16억 7천만 원에 달했다. 그는 "작은 섬에서 태어나 넉넉하지 못했던 가정 형편에, 어렵게 예술대학을 나온 제가 이만큼 이룬 것은 신의 축복과 운이 좋았다는 것으로밖에는 설명하기가 어렵다"고 말한다.

'경영하는 디자이너' 김봉진은 엄마가 운영하던 조그마한 식당 안 손님을 받는 작은 방에서 잠을 자면서 성장했다. 그의 어릴 적 꿈은 고흐 같은 화가가 되는 것이었다. 그러나 가정 형편 때문에 가고 싶었던 예술중고등학교 대신 수도전기공고를 졸업했다. 내신은 15등급 중 14등급이었다. 이후 학원에서 디자인을 배워 서울예술대학 실내디자인과에 진학했다. 웹디자이너가 된 계기였다. 대학을 졸업한 뒤에는 이모션(2002~2003), 네오위즈(2003~2005), 네이버(2008~2010) 등에서 디자이너로 근무했다. 국민대 디자인대학원에서 석사 학위를 받았다.

그도 실패의 경험이 있다. TV에서 스웨덴 가구업체 이케아의 성공스토리를 다룬 다큐멘터리를 보고 "나만의 디자인을 해보고 싶다"는 생각에 직장 생활 8년차인 2008년 '수제 디자인가구'를 시작했을 때다. 질 좋은 가구를 만들어 강남 대치동 일대에서 판매를 시작했으나 그야말로 처참하게 실패했다. 전세보증금까지 날리고 2억 원의 빚더미에까지 올라앉아 월세 내기에 급급한 상황까지 몰린 적이 있다. 다행히 아는 이의 추천으로 네이버에 입사하며 밥벌이를 할 수 있었다. 디자인 때문에 무너졌지만 다시 일어설 수 있었던 것도 디자인 덕이었다. 네이버에 근무할 때 읽은 이나모리 가즈오의 『왜 일하는가』라는 책은 그에게 깊은 감명을 줬다. "일이라는 것은 나 자신을 수련하는 과정이다"라는 이나모리 가즈오의 말은 그가 전 세계 웹사이트를 섭렵하며 '디자인 근육'을 키우는 밑바탕이 됐다.

◆

셋째 형 김광수 등과 2010년 카페에서 창업

그가 자본금 3천만 원을 가지고 카페베네 답십리점에서 우아한형제들을 창업한 것은 2010년 34세 때다. '거리를 어지럽히며 덕지덕지 붙어 있는 음식점 전단지를 모바일로 옮기면 어떨까' 하는 생각이 창업으로 이어졌다. 창업 멤버는 정보기술 업체에서 개발자로 일하고 있던 셋째 형 김광수(본엔젤스벤처파트너스 파트너), 중학교 때부터 절친이었던 친구 3명 등 여섯 명이었다. 김 대표만 모두를 알고 있었는데 함께 모인 적이 없던 이들은 서비스를 시작한 뒤 삼겹살을 먹으러 간 자리에서 처음으로 서로 인사를 나눴다. 회의도 평소에는 모여서 하기보다 다자간 채팅이나 화상통화 등을 주로 이용했다. 주말에 한 번씩 모여 카페에서 작업을 했다. 우아한형제들이라는 법인명은 히트곡 제조기로 알려진 작곡가 용감한형제(강동철 브레이브엔터테인먼트 대표)를 패러디해 지은 것이다.

김봉진은 6개월 준비 기간을 거쳐 "치킨 배달이 급증한다"는 국가대표 축구경기(2010년 FIFA월드컵 조별예선 마지막 경기)가 있던 날인 2010년 6월 25일 앱을 처음으로 내놓았다. 이미 배달통 등 배달 앱이 열 개 이상 시장에 나와 있을 때였다. 김봉진은 '배달의민족'을 브랜드로 내세우면서 배달 주문 서비스 시장을 빠르게 장악했다. '우리가 어떤 민족입니까', '오늘 먹을 치킨을 내일로 미루지 마라' 등 이목을 끌고 시선을 모으는 광고를 내놓으면서 브랜드 파워를 높였다. 김봉진은 2020년 1월 「한국경제」와의 인터뷰에서 "창업자인 저부터가 비주류예요. 다른 창업자들처럼 가방끈이 길지도, 남다른 기술을 갖추지도 못했죠. 남들처럼 생각해서는 살아남을 수 없다는 생각이 박혀 있어요. 회사가 브랜드 마케팅을 하면서 내세우는 'B급 문화'도 그런 맥락에서 나왔습니다. 머리를 짧게 밀고 수염을 기른 제 외모도 마찬가지예요. 다른 길로 가자고 스스로에게 암시하기 위해서였는데 어느새 트레이드마크가 됐습니다"라고 말했다.

물론 그냥 된 것은 아니었다. 몸으로 뛰었다. 동네에 있는 전단지를 다 뒤졌다. 오피스텔을 다니며 전단지를 줍다가 수위 아저씨들한테 혼 나기도 했다. 전국에 있는 전단지를 모두 앱에 넣는 게 그의 목표였다. 아르바이트생들을 고용해 전단지를 모으는 이른바 '대동여지도 프로 젝트'를 가동했다. 수입이 없어서 1년 이상 고생했다. 제대로 월급을 가져가기 시작한 것은 2012년부터였다. 출시 1년 만에 사용자 200만 명을 모은 '배달의민족'은 2014년에 다운로드 1,000만 건을 돌파했다. 2015년에는 수수료 논란 국면에서 '수수료 0%'를 선언하며 국민 앱의 지위를 공고히 다졌다. '9시 1분은 9시가 아니다', '개발자가 개발만 잘 하고 디자이너가 디자인만 잘하면 회사는 망한다' 같은 '배달의민족'의 '일 잘하는 방법 11가지'는 많은 기업들이 벤치마킹하고 있다.

김봉진은 기부를 많이 하기로 유명하다. 2017년 100억 원 기부를 약속한 뒤 2020년까지 사랑의열매, 초록우산어린이재단, 서울예술대 학과 같은 NGO, 학교 등에 총 100억 3,100만 원을 기부했다. 얼마 전 에는 그는 자신의 재산 절반 이상을 사회에 환원하겠다고 선언했고 세계적 기부클럽인 '더 기빙 플레지'의 한국인 최초, 세계 219번째 기 부자가 됐다. '기빙 플레지'는 빌 게이츠와 워런 버핏 회장이 만든 기 부단체로 재산이 1조 원이 넘어야 하고, 최소 5,500억 원 이상을 기부 해야 자격이 부여된다. 페이스북 창업자 마크 저커버그, 테슬라 CEO 앨런 머스크, 영화 「스타워즈」의 조지 루카스 감독 등이 가입돼 있다.

2019년 12월 독일계 배달업체 '딜리버리 히어로'가 우아한 형제들의 국내외 투자자 지분 87%를 인수 합병한다고 발표했다. 이후 김봉진은 딜리버리 히어로의 아시아 총괄회장으로서 아시아 배달 시장 전체를 책임지고 있다.

◆

부인 설보미는 '수다마마' 창업하기도

김봉진의 부인은 설보미씨다. 2013년 육아맘들의 정보 공유 소셜네
트워크서비스(SNS) '수다마마'를 만든 우아한언니들의 창업자다. 설씨
또한 현대카드 등 대형 웹사이트 운영을 맡았던 디자이너이기도 하
다. 창업 원년에 경쟁회사이던 베이비프렌즈와 회사를 합병했는데 지
금은 경영에서 손을 뗐다. 두 사람은 2001년에 처음 만나 5년 뒤 결혼
했다. 한나, 주아 등 1남 2녀를 두고 있다. 자녀들 이름을 딴 한나체와
주아체는 배민의 무료 글꼴로 유명하다. 아이가 자신의 정체성을 잘
찾고 자존감이 높은 사람으로 성장하는 것(김봉진), 원하는 걸 아이한
테 강요하지 않는 것(설보미)이 중요하다는 교육관을 갖고 있다. 규칙
을 정해 월요일부터 금요일까지는 일하는 시간, 주말은 아이들과 보내
는 시간으로 구분해 일과 가정을 분리했다.

김봉진은 소개팅으로 설보미를 만났다. 2014년 11월 스타트업을 다
루는 매체 플래텀과의 인터뷰에서 두 사람은 결혼 과정을 자세히 설
명했다. 김봉진의 직장 선배이자 설보미와 동호회 활동을 같이 했던
사람이 소개해줬다. 김봉진은 첫 만남보다 두 번째 만나던 날이 기억
에 더 남는다고 말한다. 월급 전날이고 ATM기에서 돈을 인출하려고
보니 1만 원도 안 남아 있어서 약속을 미뤄야 하나 고민하다가 약속
을 지키는 게 더 중요하다고 생각해 약속 장소에 갔다고 한다. 김봉진
은 "돈이 없다. 미안하다"라고 말했고 "돈이 없어도 이 사람이 나를 만
나고 싶어한다"고 생각한 설보미는 오히려 기분이 좋았다고 한다.

결혼을 앞두고는 김봉진이 "엄마가 세례를 안 받으면 결혼 허락 안
하신대요, 어떡하죠?" 했는데 설보미가 교회에서 세례를 받아오면서

결혼에 이르게 됐다. 김봉진은 설보미와 결혼을 해야겠다고 결심한 이유에 대해 "특별한 이유라기보다 자연스러웠던 것 같아요. 원래 반말을 했었는데, 결혼할 때쯤 보미씨가 먼저 존댓말을 쓰자고 하더라고요. 그때 이후로 서로 존댓말 쓰고 있고요. 훨씬 좋은 것 같아요"라고 답했다. 설보미는 "깊은 뜻이 있어서라기보다, 제가 성격도 좀 욱하는 게 있고, 무엇 하나에 빠지면 굉장히 몰입하는 스타일이라 뾰족한 게 있어요. 흑백논리도 좀 있고요. 5년 간 이이를 만나며 많이 완화가 됐죠. 제 주변 사람들이 놀라워할 정도로요"라고 설명했다.

　김봉진은 독특한 방법으로 프러포즈를 했다. 2년 간 특별한 날마다 계좌이체를 하면서 메시지를 썼다. 마지막 메시지에 '같이 재미있게 살자'는 말을 넣고 통장정리를 하지 않은 채 프러포즈 하는 날 가져갔다. 설보미씨에게 단문 편지를 2년에 걸쳐 쓴 셈이다. 이어서 읽으면 편지가 되는 형식이었다. 이것을 설보미에게 주면서 통장정리를 해달라고 했다. 설보미는 통장에 찍히는 소리가 날 때 '봉진씨가 돈을 엄청 많이 모아서 금액으로 어필하려 하나?' 하는 생각도 했다. 편지가 있을 거라곤 생각도 못 했다. 편지를 읽어 내려가던 설보미는 울음을 터뜨렸다. 두 사람은 이렇게 결혼했다.

제2부

대통령家,
언론家
혼맥

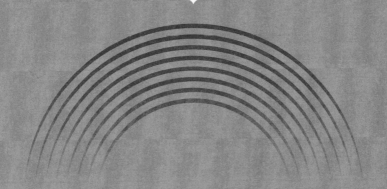

1장

대통령家

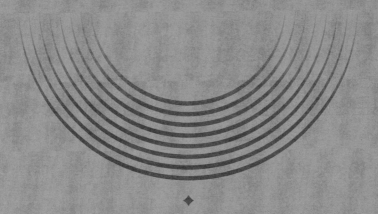

이승만家

◆

프란체스카와의 국경을 넘은 사랑

대 잇기 위해 양자 들여

1933년 스위스 제네바의 레만호반에 있던 '호텔 드뤼씨' 식당. 이곳에서 역사적인 만남이 있었다. 훗날 대한민국의 초대 대통령이 된 이승만 박사와, 여행 중이던 프란체스카 도너 리(이하 프란체스카)의 만남이었다. 당시 이승만은 58세, 프란체스카는 33세였다. 1900년 오스트리아 비엔나 교외 인처스도르프에서 태어난 프란체스카의 부친은 철물 무역과 함께 소다수 공장을 운영하던 유복한 사업가였다.

당시 어머니를 모시고 프랑스 파리를 경유해 스위스 여행을 하고 있던 프란체스카는 저녁 식사를 하려고 4인용 식탁에 어머니와 둘이 앉아 있었다. 이때 식당 지배인이 와 "동양에서 오신 귀빈이 자리가 없으신데, 합석해도 되겠습니까?" 하고 양해를 구했다. 지배인의 안내를 받으며 식탁으로 온 이승만에 대한 프란체스카의 첫인상은 '기품 있고 고귀한 동양 신사'였다. 이승만은 프랑스어로 "좌석을 허락해주셔서 감사합니다" 하고 인사를 한 뒤 앞자리에 앉았다. 이승만은 '사우어크라우트'라는 시큼하게 절인 배추와 조그만 소시지 하나 그리고 감자 2개를 시켰다. 조용히 식사만 하는 이승만을 바라보던 프란체스카는 눈이 마주치자 "동양의 어느 나라에서 오셨느냐"고 물었다. 이승만은 "코리아!"라고 힘 있게 말했다. 프란체스카는 여행 전 독서 클럽에서 보내준 『코리아』라는 책에서 읽은 내용이 생각났다. "코리아에는 아름다운 금강산이 있고 양반이 산다지요?" 하고 말했다. 이승만은 무척 놀라고 반가워했다.

그때 지배인이 베른에서 온 기자가 찾아왔다고 전했고 이승만은 급히 자리를 떴다. 다음 날 프란체스카는 신문에서 이승만의 사진과 신문 한 면에 실린 이승만의 인터뷰 기사를 보았다. 프란체스카는 기사를 오려 봉투에 담아 이승만에게 전해달라고 호텔 안내에게 맡겼다. 다음 날 다른 신문에 한국 독립과 이승만에 대한 기사가 또 실리자 프란체스카는 또 오려서 이승만에게 보내주었다. 이승만은 답례로 차를 대접하겠다는 제안을 해왔다. 두 사람은 아름다운 호수를 바라보면서 이야기를 나누었고 프란체스카는 점차 이승만에게 호감을 갖는 자신을 발견했다.

당시 33세였던 프란체스카는 영어통역관 국제 자격증을 갖고 있었다. 속기와 타자가 특기였다. 그녀의 어릴 적 꿈은 의사가 되는 것이었다. 그러나 아버지의 사업을 물려받을 아들이 없었기 때문에 부모님은 세 딸 중 막내인 프란체스카를 강인하게 키워 사업을 물려주려고 했다. 그래서 그녀를 상업전문학교에 보내고 영어를 배우도록 스코틀랜드 유학까지 보냈다. 프란체스카의 어머니 프란체스카 게르하르트는 가난한 한국의 애국자에게 마음을 쓰며 봉사하는 딸이 못마땅했다. 일정을 앞당겨 프란체스카를 데리고 오스트리아 비엔나로 서둘러 귀국했다. 프란체스카가 이승만과 작별할 시간도 주지 않았다. 그러나 프란체스카는 '아메리칸 익스프레스' 회사를 수신처로 해서 제네바에 있는 이승만과 서신 연락을 계속했다. 얼마 뒤 이승만이 모스크바로 가는 길에 소련 입국 비자를 받으러 비엔나에 왔다. 두 사람은 비엔나의 명소와 아름답고 시적인 숲 속을 거닐며 사랑을 키웠다. 프란체스카의 어머니는 "나이가 지긋한 동양 신사라 아무 탈이 없을 줄 알고 합석을 했다가, 내 귀한 막내딸을 그토록 멀리 시집보내게 되다니!" 하며 한숨을 지었다. 1934년 10월 8일, 이승만과 프란체스카는 뉴욕의 뭉클래어 호텔 특별실에서 윤병구 목사와 존 헤인즈 홈즈 목사의 합동 주례로 결혼식을 올렸다. 이번에는 이승만의 동지들과 동포들이 그가 외국 여성과 결혼했다고 해서 크게 실망하고 반발했다.

◆

용이 하늘에서 날아와 가슴에 뛰어드는 태몽

이승만은 황해도 평산군 마산면 능안골에서 한학자였던 아버지 이경선과 당시 여성으로서는 드물게 학문을 익히고 시집왔던 어머니 김해 김씨 사이에서 1875년 태어났다. 위로 딸 둘, 아들 하나가 있었으나 아들은 출생 직후에 마마에 걸려 죽었다. 사십이 다 되도록 아들이 없자 김씨는 북한산 문수사에 다니며 정성으로 치성을 드렸는데 어느 날 큰 용이 하늘에서 날아와 가슴에 뛰어드는 꿈을 꿨다고 한다. 이후 이승만이 태어났다. 부모님은 태몽에 착안해 아이의 이름을 승룡(承龍)이라고 지었다. 이승만의 어릴 적 이름이다. 어머니는 어린 이승만을 데리고 생일날이면 성동구 옥수동 미타사나 북한산 문수사를 찾아 불공을 드리곤 했다. 훗날 이승만은 기독교로 개종했지만 83

세 배(1958년) 북한산 문수사에 걸어 올라가 '문수사'라는 휘호를 쓰기도 했을 정도로 문수사와 이승만은 남다른 인연이 있다.

양녕대군의 16대손인 이승만은 프란체스카와 결혼하기 전에 박승선과 혼인했다. 대한민국의 첫 퍼스트레이디가 될 뻔했던 박승선은 나이 한 살 때 아버지를 여의고 궁중나인으로 있던 어머니마저 여덟 살때 잃어 고아나 다름없이 자랐다. 결혼 생활도 행복했다고 보기는 어렵고 죽음 또한 쓸쓸했다. 이승만과 박승선의 만남은 박승선의 외할아버지가 중재해 이루어진 것으로 알려져 있다. 이승만-박승선의 유일한 혈육이었던 이태산(호적명 이봉수)은 14세에 미국 필라델피아에서 디프테리아에 걸려 세상을 떠났다. 6대 독자였던 이승만은 이후 프란체스카와의 사이에도 혈육이 없었다. 이태산은 현재 뉴욕 한구석 조그만 묘지에 묻혀 있다. 묘지석에는 'RHEE'라는 큰 글자 아래 'TASANAH 1899~1906'이 새겨져 있다. 이태산은 이승만이 배재학당에 들어간 다음 해 태어났다. 이승만은 6년 감옥살이 끝에 미국 유학을 떠나 조지워싱턴대학에 편입해 학업과 독립을 역설하는 강연 활동에 바빴다. 사연이 어떠했는지 정확히 알려지지는 않았지만 박승선은 태산을 미국에 있는 이승만에게 보냈다.

◆

첫 부인 박승선, 인민군에게 즉결 처형 당해

이승만에게 어린 아들의 보육 문제는 큰 부담일 수밖에 없었다. 어쩔 수 없이 친분 있는 신문에 광고까지 내야 했다. 1905년 6월 4일자 워싱턴 타임스는 '아버지의 학업이 끝날 때까지 이 아이를 맡아줄 기독교 가정을 찾는다'는 내용의 광고를 내보냈다. 이승만을 위해 일요

판 신문에 광고를 내준 것이다. 태산은 기독교도인 보이드 부인에게 맡겨졌고 그녀는 다시 태산을 시립보육원에 맡겼다. 그리고 1년도 안 돼 이태산은 전염병 디프테리아에 걸려 죽고 말았다. 교회 강연을 하던 이승만은 전보를 받고 달려갔지만 이미 때는 늦었다.

박승선은 이승만이 독립당 사건으로 옥살이를 할 때 그의 석방을 위해 갓난아이를 등에 업고 덕수궁 인화문 밖에 엎드려 3일간 상소를 올리기도 했다. 1899년 3월 25일자 독립신문은 '여인의 상소'라는 제목으로 이런 사연을 보도했다. 박승선이 보통의 여인이 아니라는 것을 보여주는 내용이다. 미국 망명길에 외아들 태산을 잃고 귀국한 이승만은 부인 박승선에게 일본 유학을 권유했다. '신식 여성'으로 탈바꿈할 기회를 얻어 일본 유학길에 오른 박승선은 불행하게도 3개월 만에 병을 얻어 귀국길에 올랐다. 박승선은 남편이 미국으로 부를 것에 대비하여 상동교회의 서양 부인에게 영어를 배우기도 하면서 기다렸다. 그러나 미국으로 간 이승만으로부터는 연락이 오지 않았다. 시아버지 이경선은 그녀를 차갑게 대했다. 박승선은 할 수 없이 경기도 양주에 있는 친척집 등을 전전했다. 박승선은 시아버지의 장례를 혼자 치르고 외롭게 지내다가 패승(悖僧)에게 폭행을 당하는 등 고통스런 생애를 보냈다. 6·25 때 서울 사돈집에 머물던 박승선은 그해 9월 국군이 들어온다는 소문을 듣고 담벼락 불온벽보를 찢다가 후퇴하던 인민군에게 발각되어 즉결 처형을 당한 것으로 알려졌다.

박승선은 이은수를 양아들로 입적했는데 이러한 호적상의 가족 관계는 1949년 6월, 당시 경무대 비서실장이던 이기붕이 소송대리인이 되어 이승만의 호적에서 이름을 지움으로써 끝이 났다. 박승선, 이은수, 며느리 안연옥, 손자·손녀 등 7명을 호적에서 삭제한 것이다. 자신의 호적을 이화장으로 옮긴 이승만은 이듬해인 1950년 4월 프란체스카와 혼인신고를 했다.

이승만에게는 누나가 둘 있었는데 큰누나는 해주 우씨와 결혼했다. 손자로 우제하가 있다. 동아일보 1972년 12월 29일자는 '12월 27일 이승만 전 대통령의 비서였던 우제하씨가 53세의 나이로 자택에서 숙환으로 별세했다'는 부음 기사를 전하고 있다. 일본 요코하마 전문학교를 나온 우제하는 해방 이후 이승만의 비서로 일했다. 작은누나는 황해도 연백 심씨와 결혼해 심종화, 심종혁 두 아들을 두었다.

이승만은 1957년 82세 생일 때 이기붕-박마리아의 큰아들이었던 이강석을 양자로 들였다. 양녕대군의 후손이 아니라 효령대군의 후손이었지만 대가 끊기는 상황이어서 그대로 있을 수 없었기 때문이다. 당시 심경을 이승만은 「有感」이라는 시에 담았다.

"몇 번이나 죽을 고비 / 살아온 6대 독자 / 고향 산천 꿈에도 못 잊건만 / 선영에 묻힌 백골 돌아볼 이 없네."

그러나 이강석이 4·19 때 자결함으로써 또다시 이승만은 후사가 없게 되었다. 프란체스카는 자신이 지은『대통령의 건강』이라는 책에서 "경무대를 떠나기 전에 남편(이승만)은 그토록 정을 쏟아 사랑했던 양자 강석이가 경무대 안에서 권총으로 부모와 동생을 쏘고 함께 자결했다는 비보를 들었다. 노인의 슬픔과 충격이 얼마나 크고 깊었는지 모른다"고 썼다.

1960년 5월 하와이로 간 이승만은 1961년에 양자를 들일 생각을 한다. 그가 이 일을 부탁한 사람은 뉴욕에 사는 이순용이었다. 이순용은 이승만과 함께 독립운동을 했고 6대 내무부장관을 지낸 인물이다. 이승만을 위해 양자를 구하기 위해 한국에 온 이순용은 한때 연금을 당하는 등 우여곡절을 겪기도 했으나 종친회를 통해 양자를 찾은 끝에 이인수를 입양하도록 하는 데 성공했다. 이인수는 양녕대군의 2남인 함양군의 15대손 이승용(당시 양주군 교육감)의 장남이었다. 항렬로 따지면 이승만의 조카뻘 되는 셈이다. 보성고-고려대를 나온 이인수는 6·25 참전 공군 예비역 대위로서 당시 고려대학교 대학원에서 경영학을 공부하고 있었다. 그때가 1961년 5월이었다.

"지금 시기가 지나면 비행기 여행조차 불가능하다"는 주치의 의견과 조국의 땅을 밟아보고 죽겠다는 이승만의 뜻에 따라 프란체스카가 이승만의 한국 귀국일로 잡은 날은 1962년 3월 17일이었다. 그러나 박정희 정부는 이승만의 귀국을 허락하지 않았다. 김세원 총영사는 정부의 귀국 만류 권고를 이승만에게 전달했다. 이승만은 "누가 정부 일을 하든지 정말 잘해가기를 바라오" 하고 말했다. 그런 뒤 휠체어에 기댄 몸을 다시 혼자 일으키지 못했다. 양자 이인수는 공부를 계속해 뉴욕대학에서 정치학 박사 학위를 받았다. 이승만은 90세인 1965년 7월 19일 0시 35분 하와이에서 영원히 눈을 감았다. 이승만의 유해는 7월 23일 귀국해 일단 이화장에 안치됐다가 7월 27일 동작동 국립묘지에 안장됐다. 프란체스카는 이승만 서거 후 일단 조국 오스트리아로 돌아갔다가 1970년 영구 귀국해 이화장에서 만년을 보내다가 1992년 3월 92세를 일기로 세상을 떠났다.

◆

양자 이인수는 조혜자 전 유엔사회고문관 보좌역과 결혼

양자 이인수는 이승만 서거 3년 뒤인 1968년 중매로 조혜자씨를 만나 결혼했다. 그녀는 생전에 시아버지 이승만을 만난 적이 없다. 독립운동 자금을 지원했던 전남 영광의 지주 집안에서 부유하게 자란 조혜자는 이화여대 불문학과를 나와 스위스 페스탈로찌 아동촌 교사,

중앙일보 초대 스위스 통신원, 유엔사회고문관 보좌역 등을 지냈다. 이화장에서 프란체스카를 22년간 모셨다. 이인수는 명지대 교수가 되어 법정대학장을 지냈다. 이인수-조혜자는 두 아들을 두었다.

윤보선家

◆

역대 대통령家 중 가장 혼맥 화려

해평 윤씨인 해위(海葦) 윤보선 전 대통령(1897~1990)가는 우리나라 역대 대통령 중 혼맥이 가상 화려하나. 윤보선은 1897년 8월 26일 충남 아산군 둔포면 신항리 새말에서 아버지 윤치소와 어머니 이범숙 사이의 9남매 중 장남으로 태어났다. 1912년 일출소학교를 졸업한 뒤 일본에서 학교를 다니다 중퇴한 이후 상하이 임시정부에서 대한임시 의정원 의원으로 활동했다. 1921년 6월 영국 유학길에 오른 윤보선은 1930년 영국 에든버러대학교 고고학과를 졸업하고 1932년 귀국했다. 10여 년간 안국동 자택에서 칩거하다 해방을 맞은 윤보선은 미군정청 농상국 고문, 미군정청 경기도지사 고문직을 지냈다.

1948년 5·10 총선 때 고향인 충남 아산에서 제헌국회의원에 출마했으나 낙선했다. 이후 서울시장, 상공부장관, 대한적십자사 총재 등을 지냈다. 이승만 당시 대통령이 1952년 이른바 '발췌개헌안'을 통과시키자 야당으로 노선을 바꿨다. 1954년부터 3~5대 국회의원을 지내며 민주낭 중앙위원회 의장, 민주당 최고위원 등을 역임했다.

4·19 혁명으로 자유당 이승만 정권이 무너진 뒤 그해 8월 내각책임 제하에서 제4대 대통령으로 선출됐다. 그러나 1961년 5·16 군사쿠데 타가 일어나면서 1962년 3월 24일 대통령직에서 내려와야 했다. 1963 년 범야권 세력을 규합해 '민정당'을 만들어 5대 대통령 선거에 나섰지 만 박정희 당시 대통령에게 패배했다. 1965년 한일협정이 체결되자 의 원직을 사임하고 무기한 단식에 들어가기도 했다. 1967년에는 야권 후 보단일화를 위해 민중당과 합당한 '신민당'을 창당해 대통령 후보로 나섰으나 낙마했다. 1979년 신민당 총재상임고문을 지내던 중 정계에 서 은퇴한 그는 1990년 노환으로 종로구 안국동 자택에서 별세했다.

◆

1948년, 서울시장 시절 공덕귀와 재혼

윤보선의 할아버지는 안성군수를 지낸 윤영열이고, 부친 윤치소는 중추원 의원을 지냈다. 큰할아버지 윤웅열은 구한말에 군부·법무대 신을 지냈다. 삼촌 윤치영은 국회의원과 공화당 당의장을 지냈고, 당 숙 윤치왕은 초대 군의감을 지냈다. 또 다른 당숙 윤치상은 주영공사, 사촌형 윤일선은 서울대 총장, 6촌형 윤영선은 농림부장관을 지냈다.

큰할아버지 윤웅열은 한일합방 후인 1910년 병석에서 일제가 주는 일본제국 남작의 작위를 받았다. 이것은 1911년 장남 윤치호에게 승계 됐다. 윤치호는 '애국가'를 작사했다. 윤웅열의 차남 윤치왕의 딸 윤선 희는 2차 대전 때 OSS 대원으로 활동한 장석윤 전 내무장관과 결혼 했다. 3남 윤치창은 상하이 임시의정원 의장을 지낸 손정도 목사의 장 녀 손진실과 결혼했다.

윤보선의 동생으로 경기도지사를 지낸 윤완선은 을사늑약 후 자결한 충정공 조병세의 외손녀 이정순과, 윤보선의 둘째 동생 윤원선은 흥선대원군 이하응의 증손녀인 이진완과 각각 결혼했다. 윤완선의 딸 윤남경은 이화여대를 나와 동아방송 PD, 소설가로 활동했다. 윤남경의 남편 전상근의 형은 1공화국 당시 공보실장을 지냈고 CBS 기독교방송 사장을 지낸 전성천이다. 윤남경의 언니 윤연경은 이화여대 음대 학장을 지냈다. 방송인 남궁연이 외조카이다. 즉 윤완선이 남궁연의 외할아버지이다. 김남윤 한국예술종합학교 교수는 윤보선의 조카며느리이다. 윤보선의 막내 삼촌인 윤치영의 손자가 KBS 윤인구 아나운서이다.

윤보선은 첫 부인 민씨와의 사이에 두 딸을 뒀다. 첫째 윤완구는 남홍우 전 고려대 법대 학장과 결혼했다. 남홍우는 1939년 3월 경성제국대학을 졸업하고 그해 고등문관시험에 응시해 합격하였다. 1941년 황해도청 고등분관 견습으로 보임되었고 1943년 평강군수로 근무하였다. 1946년 1월 법무부 법무관으로 지내다가, 1948년 정부 수립 뒤에도 법무부에 2개월간 근무하였다. 1948년 10월 법무관을 사퇴하고 변호사가 되었으며, 1952년 4월 부산대학교 법학과 조교수를 시작으로 학계에 입문했다. 민족문제연구소가 펴낸 친일인명사전에 이름이 올라 있다. 둘째 딸 윤완희는 사업가와 결혼했으나 이혼했다.

윤보선은 민씨와 사별한 뒤 1948년 공덕귀 여사와 재혼했다. 당시 서울시장이던 윤보선은 51세, 공덕귀는 37세였다. 공덕귀는 초혼이었다. 윤보선의 안국동 자택에서 있었던 두 사람의 결혼식 주례는 함태영 전 부통령이 맡았다. 공덕귀는 경상남도 통영 출생으로 공도빈·방말선의 7남매 중 둘째 딸로 태어났다. 1936년 동래 일신고등여학교를 최우등으로 졸업한 뒤 1940년 일본 요코하마 공립여자신학교를 졸업하고 심전 황금농교회의 전도사로 부임한 이후 기독교계를 중심으로 사회활동을 해왔는데, 1972년에는 예수교장로회 여전도회 서울연합회 회장을 역임하였다.

1970년대 민주화운동, 인권운동에 투신했다. 1974년 윤보선이 민청학련 사건으로 실형을 선고받자 구속자가족협의회의 회장이 되었고, 이어 예수교장로회 여전도회 전국연합회 부회장(1974~1978)과 한국교회여성연합회 회장(1977~1980)을 역임했다. 1997년 서울 안국동에서 별세했다. 저서로는 『나, 그들과 함께 있었네』가 있다. 영어와 일본어, 프랑스어, 라틴어, 히브리어를 모두 유창하게 구사했다고 한다.

윤보선-공덕귀의 첫아들 윤상구는 연세대 부총장을 지낸 양재모의 딸 양은선과 1980년 10월 결혼했다. 미국 시러큐스대학 건축학과를 졸업한 윤상구는 한국내셔널트러스트문화유산 위원장을 지냈다. 현재 동서코퍼레이션 대표이자 세계로타리재단 부이사장을 맡고 있다. 양은선은 연세대 사회학과를 나왔다. 차남 윤동구는 미국 스쿨오브디자인유니버시티를 졸업한 뒤 한국예술종합학교 교수로 있다.

박정희·박근혜家

충북 옥천 갑부집 딸 육영수
외가 육씨 집안 혼맥 화려

1917년 경북 구미에서 태어난 박정희는 박성빈-백남의의 5남 2녀 중 막내다. 원래대로라면 6남 2녀였으나 장남은 두 살 때 죽었다. 큰형은 박동희인데 박정희가 대통령이 된 뒤에도 고향 상모리에서 농사를 지으며 살다가 1972년 사망했다. 박정희보다 22세나 많았던 그는 '대통령은 내 동생이지 내가 아니며 내가 근신하는 것이 동생을 돕는 일이다'라는 생각을 갖고 있었다고 한다. 막냇동생의 대통령 취임식에도 참석하지 않았고, 서울 나들이도 거의 하지 않았다. 한전에서 상모리에 전기를 가설하려고 하자 "대한민국의 모든 마을에 전기를 넣은 다음 상모리에 가설하고 그중에서도 맨 나중에 우리 집에 전기를 넣어라"라고 말했다는 얘기는 널리 알려져 있다. 그는 1남 1녀를 두었는데 아들이 박재홍 전 국회의원이다. 11대 때 처음 등원한 박재홍은 4선 의원을 지냈다. 1997년 15대 대선 때는 새정치국민회의에 입당, 김대중 후보를 지지해 화제가 되기도 했다. 딸 박재선은 경북대 의대를 졸업한 정동하와 결혼해 미국에서 생활했다.

박정희의 둘째 형 박무희는 5·16이 일어나기 전인 1960년 사망했다. 구미에서 연필 장사를 했던 장남 박재석은 훗날 국제전기산업 회장을 지냈다. 블록공장에서 일하며 생계를 유지했던 차남 박재호는 동양육운 회장을 지냈다. 딸은 구미에서 결혼해 살았다. 2011년 9월, 박재호의 차남 박용수가 박재석의 4남 박용철을 살해하고 자살한 사건과 관련해 의문이 제기되기도 했다.

◆

박정희의 셋째 형 박상희, 즉결 처분 당해

박정희에게 정신적으로나 현실적으로 큰 영향을 미친 셋째 형 박상희는 39세 때인 1946년 대구 10·2 폭동에 가담해 현장에서 즉결 처분됐다. 구미에서 동아일보 지국을 운영하던 그는 1남 5녀를 남겼다. 외아들 박준홍 전 대한축구협회장은 사촌지간인 박재홍 전 의원과 13대 총선에서 맞붙는가 하면 2010년 지방선거에서는 '친박연합'이라는 정당을 만든 후 3,500만 원을 받고 시의원 공천을 준 혐의로 구속되기도 했다. 박준홍의 누나인 장녀 박영옥은 김종필 전 국무총리의 부인이다. 박영옥-김종필은 박정희의 주선으로 1951년 봄 부산에서 결혼했다. 차녀 박계옥은 청와대 경호실에 근무했던 김용태와, 3녀는 총리실에 근무했던 반기언과 결혼했다. 막내딸 박설자는 김희용 동양물산기업 회장과 혼인했는데 그는 김인득 전 벽산그룹 회장의 차남이다. 박정희의 넷째 형 박한희에 대해서는 알려진 것이 없다. 결혼하기 전인 19세 때 사망했기 때문으로 보인다.

박정희의 누이는 박귀희·박재희다. 박귀희는 박정희가 태어나기 전에 경북 칠곡의 은용표와 결혼해 칠곡군 석적면에서 살다가 죽었다. 3남 2녀를 뒀는데 장남 은희은과 차남 은희준은 6·25 때 전사했고, 장녀와 차녀는 구미와 대구에서 살았다. 청와대 경호실에 근무하다 장충동에 있던 '사파리클럽' 회장을 지낸 3남 은희만이 가문을 이었다. 은희만은 김연순과 결혼해 3남 3녀를 두었는데 막내이자 3남이 가수 은지원이다. 박정희가 대구사범에 다닐 때 뒷바라지를 해주었던 손위 누이 박재희는 한정봉과 결혼했다. 5·16 이후 시골에서 농사를 짓던 것을 청산하고 서울로 왔다. 누이의 상경을 못마땅하게 생각한 박정희는 별다른 도움을 주지 않았다. 한정봉은 1966년 사망했다. 아들 한희승은 필터회사 사장을 지냈다.

박정희의 첫 번째 부인은 김호남이다. 김호남은 1920년 경북 선산군 도개면에서 태어났다. 집안은 풍족한 편이 아니었고 약간의 논과 밭을 경작하는 정도였다. 학교 공부라고는 구미보통학교 교사들이 여름과 겨울 방학을 이용해 연 학당에서 배운 것이 전부였다. 호적상 박정희-김호남은 1938년 7월 30일 혼인한 것으로 되어 있다. 그러나 딸 박재옥이 태어난 날이 1938년 9월 9일인 것으로 미루어 볼 때 1937년 여름쯤 결혼했을 것으로 보인다. 박정희가 20세 때로 김호남보다 세 살 많았다.

결혼 이후 김호남은 시가인 경북 선산군 구미면 상모리로 왔는데 두 사람의 결혼생활은 그리 순탄하지 않았다. 엄한 아버지의 지시로 결혼을 하긴 했지만 박정희가 원하던 결혼은 아니었기 때문이다. 김호남은 거의 박정희와 떨어져 딸 박재옥을 키우며 홀로 살았다. 생활비는 박정희의 큰형 박동희가 농사를 짓는 것으로 충당했다. 결국 박정희-김호남은 한국전쟁 와중인 1950년 11월 1일 합의 이혼했다. 이후 김호남은 불공을 드리는 등 불교에 의지했고 박정희는 죽을 때까지 단 한번도 김호남을 만나지 않은 것으로 알려졌다. 박재옥은 박정희의 둘째 형 박무희의 큰아들인 박재석이 생활과 교육을 책임졌다. 박재옥은 동덕여고-동덕여대 가정과를 졸업했다. 박재석은 일찍 작고한 삼촌 박상희(박정희의 셋째 형)의 딸 박영옥(김종필 전 국무총리의 부인)의 아버지 노릇도 대신했다. 사촌오빠가 동생들을 보살핀 셈이다.

◆

박정희와 재혼한 육영수는 충북 옥천의 부잣집 딸

박재옥은 유엔 대사를 지낸 한병기와 결혼했다. 평안남도 안주군 입석면에서 태어난 한병기는 6·25가 일어나자 동생 한병국과 월남한 뒤 통역장교로 군에 들어가 박정희의 부관이 되었다. 두 사람은 박정희의 혼인 권유에 따라 결혼에 이르렀다. 1961년 외무부장관 비서관으로 사회에 첫발을 내디딘 한병기는 8대 국회의원(민주공화당)을 지내고 캐나다 대사, 유엔 대사 등을 역임했다. 1998년에는 대통령 자문기구인 방송개혁위원회 위원도 지냈다. 두 사람은 2남 1녀를 뒀다. 장남 한태준은 중앙대 교수를 지냈고, 미국 뉴욕에서 태어난 차남 한대현은 설악산 권금성 산장으로 연결되는 케이블카를 운영하는 ㈜설악케이블카 회장이다. 영어가 능통해 국제가요제에서 차인태 아나운서와 함께 통역을 맡기도 했던 딸 한유진(몽베르컨트리클럽 고문)과 결혼한 박영우는 대유위니아그룹 회장이다. 박영우는 2012년 대선 국면 때부터 '주가조작 의혹'에 시달렸다. 2013년에는 스마트저축은행으로부터 부당 이익을 지급받았다는 혐의로 고발됐으나 검찰은 '무혐의 처분'을 내렸다.

박정희와 재혼한 부인인 육영수는 충북 옥천에서 유명한 갑부의 딸

이었다. 부친 육종관은 옥천·대전 일대에서 최초로 자가용 차를 가진 사람이었고 당시 유명 연예인·영화인들과 사귀기를 즐긴 것으로 알려졌다. 그는 이경령과의 사이에 1남 3녀를 두었는데 차녀가 육영수다. 위로 큰언니 육인순과 오빠 육인수, 아래로는 동생 육예수가 있었다. 이경령은 딸들에게 이렇게 가르쳤다. "아무리 속이 상하고 분한 일이 있어도 참아야 하고, 화난 얼굴로 남편과 시부모님을 대해서는 안 된다. 네 몸이 귀히 되어도 자만심을 갖지 말고 언제나 웃고 부드럽게 대해야 한다."

육영수가 박정희와 결혼한 것은 1950년이다. 외가 오빠뻘 되는 송재천이 중매를 했다. 송재천은 당시 육군본부 정보국의 박정희 밑에서 포로 심문관으로 있었다. 육영수의 부친 육종관은 두 사람의 결혼을 완강히 반대했다. 당시 박정희는 34세, 육영수는 26세였다. 두 사람은 대구 천주교성당에서 육종관이 참석하지 않은 가운데 결혼식을 올렸다.

육영수의 큰언니 육인순은 22세 때인 1935년 경성제대 법문학부를 나온 홍순일과 혼인했다. 당시 일본의 관리 양성 기관인 대동학원에 다니며 고등문관시험에 합격해 만주국 마정과장을 지낸 홍순일은 민족문제연구소가 펴낸 친일인명사전에 이름이 올라 있다. 홍순일은 6·25 때 납치당했다. 육인순은 1963년 서울특별시립부녀사업관장으로 임명되었고, 1969년에는 서울 망우동에 혜원여자중고등학교를 설립해 재단 이사장에 취임했다. 1972년 암으로 사망했다.

◆

한승수 전 총리, 김세연 전 의원, 가수 은지원도 친인척

육인순의 장남 홍세표는 춘천고, 고려대 경제학과와 대학원을 나와

외환은행장을 지낸 후 법무법인 태평양 고문 등으로 있다가 2021년 3월 별세했다. 장녀 홍은표는 한국 최초로 고시 3과에 합격한 수재로 유명한 장덕진 전 대륙종합개발 회장의 부인이다. 2017년 4월 세상을 떠난 장덕진은 44세에 농림수산부장관을 지냈고 대한축구협회장과 국회의원을 지냈다. 말년에 중국 하얼빈시 삼강평원 개발에 진력했으나 꿈을 이루지 못했다. TV조선 경제부장으로 있는 장원준이 장남이다. 홍세표의 차녀 홍소자는 대한적십자사 부총재를 지냈는데 한승수 전 국무총리가 남편이다. 보스턴대학에서 교육학 박사 학위를 받은 홍소자는 5·16 이후 한동안 육영수의 개인 비서를 맡기도 했다.

한승수-홍소자의 장남 한상준은 이수영 OCI(동양제철화학에서 개명) 회장의 조카딸과 결혼해, 장인이 지배하는 회사인 유니드의 임원으로 일하고 있다. 한승수-홍소자의 사위는 김세연 전 새누리당 의원이다. 김세연의 부친은 동일고무벨트 대표와 4선 국회의원을 지낸 김진재다. 3녀 홍정자는 유연상 전 영남대 이사장과 결혼했다. 홍정자는 육영수가 초등학교에 다닐 때까지 기르고 보살폈던 조카였다. 4녀 홍지자의 남편은 정영삼이다. 정영삼은 한국민속촌을 경영하는 조원관광진흥㈜의 회장이고, 장남인 정원석이 대표이사 사장이다. 5녀 홍재희는 윤석민 전 국회의원의 부인이다. 두 사람은 전 경기여고 교장이던 주월영씨의 소개로 1973년 결혼했다. 윤석민은 2015년 사건을 무마해 주겠다며 5,300만 원을 받은 혐의로 구속되기도 했다. 육인순의 차남 홍국표는 미국에 살고 있다. 막내인 3남 홍민표는 현대자동차 상무를 거쳐 혜원학원 이사장으로 있다.

육종관의 장남이자 육영수의 오빠인 육인수는 5·16 전에는 서울고·경동고 등에서 수학을 가르쳤다. 이후 공화당 공천을 받아 고향인 옥천·보은에 출마해 당선하면서 5선 국회의원(6~10대)과 국회 문화공

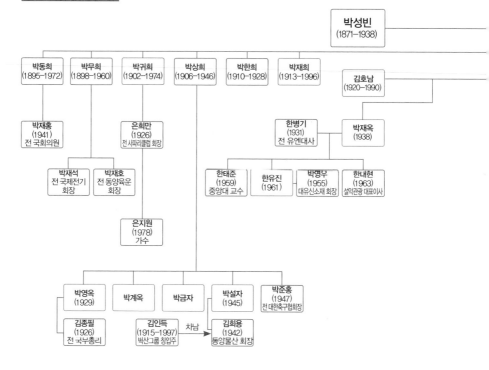

보위원장을 지냈다. 육인수의 딸 육해화는 이석훈 전 일신산업 대표
와 결혼했다. 이석훈은 일신산업 창업자이자 홍익학원을 설립한 고
이도영 회장의 차남이다. 육영수의 여동생 육예수의 남편 조태호는 박
정희와 대구사범 동기동창인데 부산일보 회장, 정수장학회 이사장 등
을 지냈다.

  박정희의 아들 박지만은 1958년 12월 15일, 박정희가 1군사령부 참
모장으로 있을 때 태어났다. 1974년 서울 중앙고등학교에 입학해
1977년 졸업하고 육군사관학교(37기)에 입학했다. 1981년 육군사관학
교를 졸업한 뒤에는 방공포병과 소위로 임관했으나, 재직 중 교통사고
로 인한 후유증 때문에 의무복무만 마친 후 1986년 육군 대위로 예편

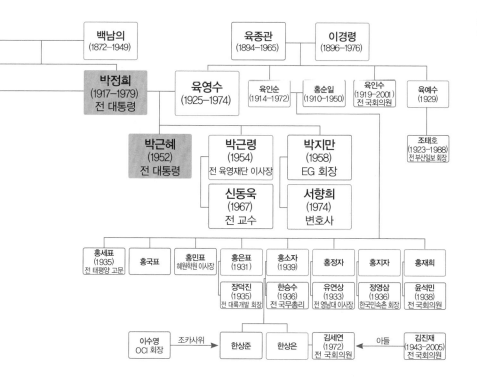

했다. 31세 때인 1989년 코카인 흡입 혐의로 입건되는 등 정신적 방황을 겪었다. EG는 삼양산업이라는 이름으로 1987년 창업했다. 충남 금산에 있는 이 회사는 산화철 및 페라이트 코어용 복합재료 등 다양한 복합재료를 제조·가공해 주로 포스코에 납품하는 전문 제조업체다. 1989년 부사장으로 이 회사에 입사한 박지만은 2021년 현재 대표이사 회장이다.

설 명절이었던 2014년 1월 31일 박지만의 부인 서향희 변호사는 서울 강남구 청담동에 있는 한 산부인과병원에서 아들을 낳았다. 지난 2005년 태어난 첫째 세현에 이은 두 번째 아들이었다. 박근혜 전 대통령은 남다르게 조카를 사랑했던 것으로 알려져 있다. 2007년 한나라당 대선 후보 경선에 나섰을 때는 신상명세서에 건강, 싸이 1촌, 조카 세현군 등 세 가지를 자신의 '보물 1호'로 꼽기도 했다. TV 예능 프로그램에 출연해서는 "조카에게 불러주기 위해 자장가를 연습했다"고 밝힌 적도 있다. 미혼인 자신은 물론 결혼한 여동생 박근령도 아이가 없는 상태에서 박지만에게서 태어난 두 명의 조카는 '박정희가(家)'를 잇는 유일한 핏줄이라는 점에서 특별한 느낌을 가졌을 만하다. 서향희는 2015년 4월 아들 쌍둥이를 출산했다. 아들만 넷을 됐다.

◆

서향희와 결혼한 박지만, 네 아들의 아버지

박지만이 16세 연하(1974년생)인 서향희 변호사와 결혼한 것은 2004년 12월 4일이다. 전북 익산에서 태어난 서향희는 부산에서 고등학교를 졸업하고, 1994년 고려대 법대에 입학했다. 1999년 사법시험 41회에 합격해 2002년 사법연수원(31기)을 수료했다. 그해 I&S 비즈니스컨설팅 법률사무소에서 변호사 생활을 시작했고, 2004년 새빛법률사무소 대표변호사가 됐다. 첫 아들을 출산한 이듬해인 2006년부터 중소기업의 감사·고문·사외이사 등의 직책을 맡아 활발하게 사회활동을 했다. 2009년 4월에는 대전고검장 출신 이건개 전 의원과 함께 법무법인 주원을 설립해 대표변호사를 맡아 포스코·코오롱 등 대기업 관련일을 했던 것으로 알려진다. 그러다가 2011년 법무법인 새빛을 다시설립해 2012년 8월까지 운영했다. 그러나 2012년 대선 정국에서 정치권으로부터 주목받자 활동을 접었고 한때 외국에 나가 있기도 했다. 서향희의 동생은 지난 2011년 장수홍 전 청구그룹 회장의 차남과 결혼했다. 박지만의 결혼 이후 한때 정가에는 '만사올통'이라는 말이 떠돌기도 했다. '모든 길은 올케로 통한다'는 말로 서향희의 활동적인 면모를 빗댄 표현이었다.

박근혜 전 대통령의 동생이자 박지만의 누나인 박근령 전 육영재단 이사장은 서울대 음대 작곡과를 나왔다. 1982년 풍산그룹 창업자 류찬우의 아들 류청과 결혼했으나 6개월 만에 이혼했다. 2008년 10월, 열네 살 아래인 신동욱 전 백석문화대 교수와 재혼했다. 신동욱은 2009년 5월 인터넷에서 박 전 대통령을 비방하는 글을 퍼뜨린 혐의로 구속됐다 2013년 2월 출소했다.

◆
아들은 한국투자공사 사장, 사위는 전 국정원 1차장

　최규하 전 대통령(1919~2006)은 1919년 7월 16일 강원도 원주군 원주면 봉산리에서 태어났다. 원주면장을 지낸 최양오와 이응선 사이 8남매 중 장남이었는데, 어릴 적 「동몽선습」, 「효경」, 「논어」, 「맹자」, 「대학」 등을 읽으며 한학을 배웠다. 원주보통학교와 경성고등보통학교(경기고등학교 전신), 도쿄고등사범고등학교 영어영문학과를 졸업했다. 학창 시절에는 공부를 워낙 잘해 수재로 통했으며 특히 영어 실력이 뛰어났다. 이승만 초대 대통령 다음으로 영어를 잘했던 대통령이라는 평가도 있다. 1937년 2월 경성제일공립고등보통학교를 33기로 졸업했다. 동기생은 이영섭 전 대법원장 등이 있다. 민관식 전 국회의장은 최규하와 함께 졸업장을 받았지만 실제는 최규하의 고교 1년 선배였다. 후일 최규하가 대통령 권한대행으로 있을 때 이영섭은 대법원장이었고, 민관식은 국회의장 직무대행 자격으로 만났다.

　최규하는 1945년 서울대학교 사범대학에 교수로 재직하던 중 1946

년 미 군정청 중앙식량행정처 기획과장으로 발탁되면서 공직에 발을 담그게 됐다. 농림부에 근무하던 그는 영어 실력을 인정받아 변영태 외무부장관에 의해 발탁되어 외무부로 옮겨 1959년 외무차관을 맡았다. 1963년 3월 국가재건최고회의 의장 외교담당 고문, 1967년 외무장관이 됐다. 박정희 전 대통령은 1976년 3월 그를 국무총리에 기용했는데 이유가 '과묵하면서도 정치적 수완이 부족한 점을 높이 평가했기 때문'이라고 한다. 1979년 10·26으로 박정희 대통령이 사망하면서, 대통령 직무대행으로서 권력을 이양받았다. 1979년 12월 6일 통일주체국민회의에서 대통령에 선출됐다. 그러나 1980년 8월 16일 최규하는 전두환을 필두로 한 신군부 세력의 압력에 못 이겨 대통령직을 사임하였다. 2006년 10월 22일 서울 마포구 서교동 자택에서 쓰러져 서울대병원으로 옮겼으나 사망했다. 88세였다.

최규하는 경성고등보통학교 4학년 때인 1935년 11월, 부모의 뜻에 따라 충북 충주 출신 홍병순(洪炳純)의 셋째 딸 홍기(1916~2004) 여사와 결혼했다. 최규하-홍기는 최윤홍(1943), 최종석(1951), 최종혜(1953)의 2남 1녀를 뒀다. 무역진흥공사에 근무했던 최윤홍은 지역난방공사 비상임이사를 지내기도 했다. 둘째 최종석은 한국투자공사 사장을 지냈다. 최규하의 막내딸 최종혜는 서대원 전 헝가리 대사와 결혼했다. 1973년 외무고시에 합격한 뒤 외무 관료로 오래 일한 서대원은 노무현 정부 때 국가정보원 1차장을 지냈고 이명박 정부 대통령직 인수위원을 지냈다. 유니세프 한국위원회 사무총장도 역임했다. 서동원 김앤장 법률사무소 고문, 서문원 전 NH선물 사장, 서정원 서름물산 대표 등이 서대원의 동생이다. 서동원의 부인은 신혜경 전 청와대 국토해양비서관이고 막냇동생 서경원의 남편은 오세영 포항공대 교수이다.

전두환家

◆

노태우·김대중·이명박
세 전직 대통령과 혼맥 연결

전두환 전 대통령은 1931년 1월 18일 경상남도 합천에서 태어났다. 부친 전상우와 모친 김점문의 6남 4녀 중 4남이었다. 위로는 형 전열환(1915년), 전규곤(1916년), 전기환(1929년)과 누나 전홍렬(1918년), 전명렬(1922년), 전선학(1925년)이 있다. 밑으로는 여동생 전점학(1935년)과 남동생 전석환(1937년), 전경환(1942년)이 있다. 가난한 농부였던 부친은 성격도 강했고 남에게 지는 것을 싫어했다. 전두환은 아버지를 닮았다.

전두환의 맏형 열환은 고향 친구들과 놀이 도중 사고로, 둘째 형 규곤은 어려서 추락 사고로, 동생 석환은 어렸을 때 병으로 사망했다. 왕복 20㎞를 걸어서 통학했던 전두환은 학창 시절부터 생계에 뛰어들어야 했다. 학창 시절 내내 전두환의 학업 성적은 우수했지만, 가정 형편이 어려워 대학 진학의 꿈을 접었다. 육군사관학교 생도 모집에 응시해 한국군 최초의 육군사관학교 정규 4년제 모집 과정에 합격해 1951년 진해의 육군사관학교에 입학하였다. 육사 11기였다.

전두환의 운명이 바뀌기 시작한 것은 5·16이 계기가 됐다. 전두환은 육사 생도들의 5·16 지지 행진을 끌어내는 데 역할을 했다. 1960년 5월 18일 오전 9시, 육사 생도 800여 명과 육사 소속 장교 및 졸업생 200여 명 등 1,000여 명은 쿠데타를 지지하는 시가행진에 나섰다. 육사 생도들의 시가행진은 군이 전체적으로 5·16 주체 세력을 지지한다는 이미지를 줌으로써 권력의 추가 쿠데타군으로 기울게 하는 데 큰 역할을 했다. 이 공로로 전두환은 국가재건최고회의 의장실의 비서관에 임명되어 권력 핵심부에 진입했다. 1961년 7월에는 국가재건최고회의 의장실 민원처리담당 비서관이 됐다.

◆

12·12 쿠데타 통해 권력 장악

군에서 승승장구하던 그는 1979년 3월 5일 국군 보안사령관에 임명되었다. 그해 10월 26일 박정희가 김재규 중앙정보부장에 의해 피살된 뒤에는 계엄사 합동수사본부 본부장을 맡아 수사를 지휘했다. 12월 6일 최규하가 제10대 대통령으로 취임했으나 그는 격변기에 나라를 다스릴 과단성과 지혜를 갖고 있지 못했다. 권력의 공백기에 전두환은 하나회 출신 육사 장교들을 주축으로 신군부 세력을 형성, 당시 육군참모총장인 정승화를 김재규로부터 돈을 받았다는 혐의로 체포하는 12·12 쿠데타를 통해 권력을 장악했다. 1980년 5월 18일 광주민주화운동을 피로 진압한 신군부 세력은 최규하 대통령을 위협해 8월 15일 하야하게 했다. 8월 29일 제11대 대통령으로 선출된 전두환은 9월 1일 대통령에 취임했다.

전두환은 이순자와 결혼해 장남 전재국, 둘째 전효선, 셋째 전재용, 넷째 전재만 등 3남 1녀를 뒀다. 세 아들은 모두 연세대를 나왔다. 전재국은 경제학과, 전재용은 정치외교학과, 전재만은 경영학과를 졸업했다.

전두환-이순자는 1958년 1월 24일 대구 제일예식장에서 결혼했다. 전두환은 28살, 이순자는 20살 때였다. 이순자는 아버지를 만나기 위해 드나들던 전두환과 결혼하면서 이화여대 의대 학업을 포기했다. 이순자는 진해여자중학교에 입학했다가 아버지 임지를 따라 서울로 이사하여 경기여자중학교와 경기여고를 졸업했다. 언니가 요절해 사실상 집안의 장녀 역할을 했다. 이순자는 미용 기술을 배워 미장원을 운영하는 등 생활력이 남달랐다.

이순자는 1939년 만주에서 아버지 이규동과 어머니 이봉년의 1남 6녀 중 둘째 딸로 태어났다. 경상북도 고령 출신으로 조선국방경비사관학교 2기인 이규동은 1960년 육군 준장으로 예편한 군인이었다. 5공화국 당시 대한노인회장을 지낸 이규동은 육군사관학교를 나온 이규승, 이규광 두 동생을 뒀다. 이규광의 부인이 장성희인데 장성희는 사기 사건으로 유명한 장영자의 친언니이자 김대중 전 대통령의 첫 부인인 차용애의 외사촌 동생이었다. 전두환-김대중 두 전직 대통령은 이렇게 혼맥으로 연결된다.

느닷없는 권력이 주어지면서 전두환의 일가친척들과 관련해 이런저런 구설수가 끊이지 않았다. 전두환 재임 시절 형 전기환은 노량진 수산시장을 인수했다. 동생 전경환은 새마을운동 중앙본부 회장을 지내며 이권을 챙겼다. 사촌 전순환은 골프장 허가를 미끼로 수뢰한 혐의로 구속되었다. 고향에서 정미소를 운영하던 사촌 전우환은 양곡가

공협회장이 되었으나 인허가 청탁 개입, 수뢰 혐의로 구속됐다.

전두환의 맏아들 전재국은 출판업체 시공사를 운영하다 2018년 71억 원에 매각했다. 그는 정도경과 1984년 결혼해 딸 전수현과 아들 전우석을 뒀다. 전재국의 장녀는 2012년 서울 신라호텔에서 중소기업 이사인 김아무개씨와 화려한 결혼식을 올렸다. 당시 윤보선 전 대통령의 5촌 조카인 윤인구 KBS 아나운서가 사회를 봤다. 윤인구 아나운서는 독립운동가로 초대 내무장관을 지낸 윤치영의 손자이다.

◆

효성·신동방그룹과 혼맥 연결

차남 전재용은 세 번 결혼했다. 전두환 대통령 재임 시절 박태준 전 포항제철 회장의 막내딸과 결혼했으나 2년여 만에 이혼했다. 이어 평범한 공무원 집안의 딸 최아무개씨와 결혼했으나 2007년 2월 이혼했다. 그해 7월 경기도 파주 헤이리의 한 화랑에서 탤런트 박상아와 결혼했다. 셋째 전재만은 1995년 이윤혜와 결혼했다. 이윤혜는 이희상 전 동아원그룹 회장의 장녀이다. 미국 나파밸리의 포도밭에서 출시한 두 종류의 동아원 와인이 G20 정상회담의 만찬주로 사용되어 화제가 됐고, 배용준-박수진 부부의 주례를 이희상이 맡아 다시 언론의 주목을 받았다.

이희상은 세 명의 대통령과 혼맥으로 연결된다. 이희상의 둘째 딸 이유경은 신명수 전 신동방그룹 회장의 조카인 신기철과 결혼했다. 신명수는 노태우 전 대통령의 장남 재헌씨를 사위(이혼)로 둔 적이 있다. 이희상의 막내딸 이미경은 조현준 효성그룹 회장과 결혼했다. 조현준의 사촌동생인 조현범 한국앤컴퍼니 사장이 이명박 전 대통령의 딸 이수연과 결혼해 사돈 관계로 연결된다.

　전두환의 장녀 전효선은 서경대학교 교양과정부 조교수(교양영어 담당)이다. 전효선은 예습을 제대로 해오지 않았다는 이유로 학생들을 교실에서 내쫓아 구설에 오르기도 했다. 프랑스어 학원에서 윤상현 국민의힘 의원을 만나 1985년 청와대 영빈관에서 결혼해 자녀 두 명을 뒀으나 2005년 이혼했다. 윤상현은 이후 2010년 신준호 푸르밀 회장의 딸 신경아와 결혼했다.

```
┌─────────────────────────────────┐
│                                 │
│            노태우家               │
│                                 │
└─────────────────────────────────┘
```

◆

정재계 혼사 화제 모으며 SK家와 사돈

그러나 딸은 이혼 소송 중, 아들은 이혼

노태우 전 대통령은 1932년 대구광역시 동구 신용동 용진마을에서 태어났다. 부친 노병수와 모친 김태향의 장남이었다. 노병수는 16세에 한 살 위인 김태향과 집안 어른들의 중매로 결혼했다. 당시 중학교에 다니고 있던 노병수는 유도 등 운동을 잘했다. 용진마을의 팔공산 반대쪽에서 태어난 김태향은 다섯 남매 중 셋째로 맏딸이었다. 노병수-김태향 부부는 결혼 이후 몇 년이 지나도 아이가 생기지 않았다. 이때부터 김태향은 절에 다니는 시어머니를 따라 팔공산 파계사에 불공을 드리러 다녔다. 이 같은 노력 덕택인지 드디어 결혼 8년 만에 아기가 태어났는데 그가 노태우였다. 김태향의 나이 25세 때였다. 2년 뒤 김태향은 노재우를 낳았다.

노태우가 6세 되던 해 면사무소에 다니던 노병수는 교통사고로 세상을 떴다. 막냇동생 노병상이 중학교 입학 시험을 치르는 것을 뒷바라지하기 위해 버스를 타고 시내로 나가다가 철도 건널목에서 버스가 기차와 충돌한 것이다. 노병상은 중학 입학을 포기하고 돈을 벌겠다며 만주로 갔다. 노병상은 만주에서 남만금속이라는 제강 공장, 사무용품을 제조하는 미은화학이라는 업체를 운영하며 큰돈을 벌어 5년 만에 귀국했다. 이때가 마침 노태우가 중학교에 입학할 때여서 노병상은 조카인 노태우의 아버지 역할을 자임하며 모든 뒷바라지를 했다.

대구공업중학에 들어갔던 노태우는 경북중학교 4학년 편입 시험에 합격했다. 5학년 때는 전교생 218명 가운데 63등을 했다. 원래 꿈이 의사였던 그는 한국전쟁을 겪으며 군인의 길을 걷게 됐다. 경북중학교 6학년 때 한국전쟁이 일어났는데 친구들과 함께 대구에 있던 헌병학교(9기)에 들어간 노태우는 이 학교를 1등으로 졸업했다. 그러다가 1951년 9월 생도를 모집한다는 신문광고를 보고 육군사관학교에 지원했다. 1955년 10월 4일 육사를 11기로 졸업했다. 전두환 전 대통령, 김복동·정호용 전 의원, 이상훈 전 재향군인회장 등이 동기생들이었다. 공수특전여단장, 대통령 경호실 작전차장보를 거쳐 9사단장으로 있을 때 10·26을 맞았다.

12·12사태 다음 날 수도경비사령관을 맡으며 권력의 핵심으로 떠올랐다. 1980년 8월 중장으로 진급해 보안사령관을 맡아 신군부 세력의 핵심 역할을 했고 1981년 7월 15일 전역해 정치에 뛰어들었다. 초대 체육부장관에 이어 내무부장관에 임명됐다. 이후 대한체육회장, 대한올림픽위원장 등 체육 관련 직책을 연달아 맡았다. 1985년 민정당 국회의원으로 국회에 진출했고 1987년에는 민정당 총재를 맡았다. 그해 국민이 요구했던 직선제를 받아들이는 6·29 선언을 한 데 이어 대통령 선거에서 김영삼·김대중 후보를 누르고 13대 대통령으로 당선됐다.

노태우는 김옥숙과 결혼했다. 김옥숙은 노태우의 육군사관학교 동기생인 김복동의 동생이다. 노태우는 결혼 과정을 이렇게 술회한 적이 있다. "7~8년간을 사귀었다. 처음에는 동생 관계였는데 전방에 근무하다 내려와 보니까 다 성숙해져서 그때부터 이성 관계로 변해서 결혼을 하게 된 것이다." 김옥숙은 경북대 사대를 다니다가 노태우와 결혼하기 위해 중간에 학교를 그만두었다. 두 사람은 1년 정도의 약혼 기간을 가진 뒤 대구 문화예식장에서 결혼했다. 젊은 시절 상당한 미인이었던 김옥숙은 "미스코리아 대회에 나가라"는 권유를 받기도 했다고 한다.

◆

1988년 결혼한 노소영-최태원은 이혼 소송 중

김옥숙은 김영한-홍무경의 3남 2녀 중 맏딸이다. 김영한은 경찰공무원이었다. 첫째 아들 김진동은 영남대 경제학과를 졸업하고 초등학교 교사, 대구 종로학원 원장을 지내기도 했다. 차남 김익동은 경북고와 경북대 의대를 졸업하고 경북대 보건대학원장, 경북대 총장을 지냈다. 셋째가 5사단장, 육사교장 등을 지낸 김복동 전 의원이다. 김옥숙의 동생 김정숙은 이대 약학과를 졸업했는데 금진호 전 상공부장관과 결혼했다.

노태우-김옥숙은 1남 1녀를 뒀다. 딸 노소영은 서울대 공대 재학 중 런던에 유학해 윌리엄앤드메리대학에서 경제학 학사 과정을 마치고 미국 시카고대학 대학원 경제학 박사 과정을 수료했다. 스탠퍼드대학 대학원에서는 교육학 석사를 받았다. 1988년 최태원 SK그룹 회장과 결혼했다. 그러나 2015년 12월 29일 최태원은 세계일보에 공개한 편지에서 노소영에게 이혼을 요구했다. 노소영과 결혼 생활을 지속하기 어렵다며 사귀는 여인이 있고 아이까지 낳았다는 사실을 고백한 것이다. 노소영은 "이혼할 의사가 없다"고 했으나 최태원이 2017년 이혼 소송을 내면서 현재 재판이 진행 중이다.

서울대 경영학과를 나온 아들 노재헌은 한때 민자당 지구당 위원장을 맡는 등 정치인을 꿈꿨으나 포기하고 동아시아문화센터 원장으로 활동하고 있다. 2013년 5월, 서울가정법원은 노재헌이 아내인 신정화를 상대로 냈던 이혼 및 위자료 소송을 취하했다고 밝혔다. 이에 따라 노재헌과 신정화는 결혼 23년 만에 이혼했다. 신정화는 과거 노재헌을 상대로 홍콩 법원에 냈던 이혼 소송에서 승소했다. 이에 대해 노재헌은 항소를 포기해 최근 판결이 확정됐다. 노재헌은 신명수 전 신동방그룹 회장의 장녀인 신정화와 1990년 청와대에서 결혼했으나 2011년 노재헌은 한국에서, 신정화는 홍콩에서 이혼 소송을 냈다. 노재헌은 2021년 5·18묘역을 참배하고 5·18민주화운동 기념 연극을 관람하는 등 병상에 있는 아버지 노태우를 대신해 '광주'와 화해하기 위해 노력하고 있다.

노태우는 동생 노재우와 소송을 벌이기도 했다. 노태우는 지난 2013년 9월 대법원 확정 판결이 난 지 16년 만에 자신에게 부과된 추징금 2,629억 원을 완납했다. 이 과정에서 노태우와 노재우는 비자금 은닉 여부를 둘러싸고 법정 다툼을 벌였다. 노태우가 동생인 노재우와 사돈이었던 신동방그룹 전 회장 신명수에게 자신의 비자금이 들어가 있으니 이들로부터 추징금을 환수할 것을 요구한 것이다. 노태우는 지난 2007년 노재우를 상대로 냉동창고 운영업체인 오로라씨에스를 내놓으라며 소송을 제기했지만 패소했다. 노태우는 2012년 6월에는 신명수가 마음대로 처분한 400억 원을 되찾아달라며 검찰에 진정서를 내기도 했다. 법원은 노재우에게 120억 원이, 그리고 신명수에게 230억 원이 맡겨졌다고 판결했다. 형제간의 지리한 싸움은 노재우와 신명수가 미납 추징금을 대납하기로 합의한 뒤에야 끝났다.

노태우는 지병으로 오랜 세월 투병하다 2021년 10월 26일 향년 89세를 일기로 병상에서 눈을 감았다. 10월 26일은 공교롭게도 박정희 전 대통령의 기일이기도 하다.

김영삼家

◆

만 26세 국회의원 돼 9선 의원

김웅세 전 롯데월드 사장과 사돈

김영삼 전 대통령의 부친 김홍조는 17세 되던 해 신부의 얼굴도 모른 채 박부연과 결혼식을 올렸다. 이듬해 낳은 아들이 김영삼 전 대통령이었다. 영삼이라는 이름은 할아버지인 김동옥이 지은 것으로 알려져 있다. 김동옥은 자신의 땅을 희사해 교회를 세운 독실한 개신교인이었다. 김홍조 또한 마산의 마산교회와 수정교회 그리고 창원의 수정교회 등 교회를 세 개나 지었다. 김영삼은 모친을 일찍 잃었다. 1960년 4·19가 일어나고 민주당 정권이 수립되었을 때 거제도에는 공비들이 많았다. 이런 와중에 산속에 숨어 있던 공비들이 내려와 돈을 내놓으라고 위협하면서 교회 집사였던 김영삼의 어머니 박부연을 쏘아 사망케 한 것이다. 박부연은 위로 오빠 박부공, 아래로는 남동생 박부호가 있었다.

김홍조는 이후 얻은 두 번째 부인 최남순도 사망하고 세 번째 부인인 이수남과 살다가 2008년 9월, 97세의 나이로 세상을 떠났다. 김홍조는 2남 4녀 중 차남이었다. 위로 맏형 김홍도, 누이 김순이가 있었고 아래로는 김연순, 김연이, 김길연이 있었다. 김홍조는 10남매를 낳았지만 그 시절이 대개 그렇듯 홍역 등으로 4남매를 잃고 1남 5녀가 남았다. 유일한 아들이 김영삼인 셈이다. 딸은 김호금, 김호아, 김호임, 김두선, 김두악이다.

경남 거제군 장목면 외포리에서 태어난 김영삼은 장목초등학교를 나와 통영중학교에 들어갔다. 기운이 장사여서 툭하면 일본인 학생들과 싸워 정학을 당하거나 교사를 난처하게 하곤 했다. 해방 이후 부산제이중학(현 경남중고) 3학년에 편입했다. 운동 특기를 살려 학교의 축구 대표선수로 활약했다. 경남고를 졸업한 김영삼은 서울대 문리대에 들어가 장택상의 선거운동을 도왔고 이후 비서관으로 일하며 정계에 발을 디뎠다. 김영삼은 1954년 전국 최연소인 만 26세로 자유당 국회의원에 당선됐다.

◆

손명순과 맞선으로 만나 한 달 만에 결혼

이후 9선 국회의원을 지내며 야당 지도자로서 민주당 원내총무, 신민당 원내총무, 통일민주당 총재로 활동하며 민주화운동을 이끌었다. 1979년 뉴욕타임즈와의 인터뷰에서 미국에게 박정희 정권에 대한 지지를 철회하라고 강력히 주장했는데 이로 인해 당시 박정희 공화당 정권에 밉보여 의원직에서 제명됐다. 이는 부마항쟁을 촉발했고 10·26으로 이어져 유신정권의 종말을 가져왔다. 1983년에는 23일 동안 단식투쟁을 하기도 했다. 1987년 통일민주당을 창당했으나 소수 정당의 한계를 절감하고 1990년 노태우가 이끌던 민정당, 김종필이 이끌던 신민주공화당과 3당 합당을 했다. 1992년 대선에서 승리, 제14대 대통령이 되어 문민정부 시대를 열었다.

김영삼은 1951년 손명순과 결혼했다. 마산여중고-이화여대 약대를 나온 손명순은 부산에서 군복, 훈련화, 신발, 타이어 등을 생산하는 '경향고무'라는 직원 500명의 공장을 경영하던 손상호-감덕순의 딸이었다. 2남 7녀 중 맏이다. 1951년 초 학도익용대원으로 부산에서 근무하던 어느 날 김영삼은 부친 김홍조로부터 한 통의 전보를 받았다. 할아버지가 위독하니 빨리 귀가하라는 내용이었다. 서둘러 귀향한 김영삼은 자신을 장가보내기 위한 전보였다는 것을 깨달았다. 당시는 전쟁 중이라 부모들은 자식들을 빨리 장가보내려고 할 때였다. 김영삼은 처음에는 안 가겠다고 버텼으나 어른들의 성화에 못 이겨 선이나 한번 보자고 마산으로 갔다. 마산에서는 김홍조의 부탁을 받은 마산 학산병원장 이아무개씨가 김영삼이 맞선을 볼 사람들의 명단을 갖고 기다리고 있었다. 이씨를 따라 세 번째로 간 곳이 손상호의 집이었다.

손명순은 "멋쟁이 같고 의리와 뚝심이 있어 보여 마음에 들었다"고, 김영삼은 "맨 처음 선보는 자리에서 빙긋이 웃고 들어오는데 나와 닮았다는 느낌이 들었고 특히 목소리가 좋아서 결혼했다"고 밝힌 적이 있다. 선을 본 지 한 달 뒤인 1951년 3월, 김영삼-손명순은 북마산 문창교회에서 결혼했다. 김영삼의 나이 24세, 당시 이화여대 약대에 수석 입학해 다니고 있던 손명순은 22세였다. 손명순의 부친 손상호의 아래 동생이 손상률인데 그는 손주환 전 공보처장관의 부친이다. 김영삼은 2015년 11월 22일 패혈증과 급성신부전증으로 서울대병원에서 서거했다.

◆

차남 김현철 아들, 윤석열 캠프 청년정책 총괄

김영삼-손명순은 2남 3녀를 뒀다. 차남 김현철만 빼고 미국에서 생활하고 있다. 큰딸 김혜영은 경기여고-연세대 도서관학과를 나와 미국에서 무역업을 하는 이창해와 결혼했다. 연세대 정치학과를 나온 이창해도 한때 정치에 뜻을 두었지만 김영삼의 반대로 미국 유학을 떠났다. 둘째 딸 김혜경은 경기여고-이화여대 성악과를 나와 하와이대 건축과를 나온 건축가 송영석과 결혼했다. 박정희 전 대통령의 차녀인 박근령이 김혜경과 고교 동급생이어서 학교에서 화제가 되기도 했다. 송영석의 원래 이름은 송영삼이었으나 장인과 이름이 같아 개명했다.

장남 김은철은 박정희 전 대통령의 장남인 박지만의 중앙고 1년 선배이다. 한양대 열공학과를 졸업했는데 경동교회 장로이며 농장을 경영하던 황철의 딸 황경미와 결혼했다. 김영삼이 가택연금 중이던 1982년 10월에 결혼했는데 "1시간만 풀어주겠다"는 당국의 제의를 김영삼이 거절해 아버지 없는 결혼식을 치렀다.

차남 김현철은 경복고-고려대 사학과를 나와 미국 남가주대에서 경영학 석사 학위를 받았다. 한때 쌍용투자증권에 근무하기도 했으나 1987년 대통령 선거를 계기로 김영삼을 돕기 시작했다. 국민대 특임교수로 정치대학원에서 '한국 정치와 권력'이라는 주제로 강의를 했다. 지금은 동국대 석좌교수이며 김영삼민주센터 상임이사로 있다. 권영세 의원실에서 6급 비서관으로 근무한 차남 김인규는 국민의힘 대선 후보 경선 때 윤석열 후보 캠프의 청년정책을 총괄했다. 2021년 8월 "불의와 당당히 맞서 싸운 윤석열 전 총장만이 정권교체를 이룰 수 있는 유일한 적임자"라며 윤석열 후보 지지를 표명했다. 부인 김정현은 성심여대 의상학과를 졸업했으며 장인 김응세는 롯데월드 사장을 지냈다. 막내 김혜숙은 올케 김정현과 초등학교, 중학교, 성심여대 의상학과 동기동창인 친한 친구 사이이다. 이화여대 대학원 성악과를 나와 미국 코넬대를 나온 재미 변호사 이병노와 결혼했다. 김봉조 전 의원과 홍인길 전 청와대 총무수석도 김영삼과 먼 혼맥으로 연결된다.

김대중家

◆

전두환 전 대통령과 혼맥 연결돼

세 아들은 모두 전·현직 국회의원

　김대중 전 대통령은 1924년 전남 신안군 하의면 후광리에서 태어났다. 부친은 소지주로 비교적 유복했던 김운식이고 모친은 장수금이다. 김운식은 첫 부인과의 사이에 1남 2녀를 뒀고, 둘째 부인인 장수금과의 사이에 3남 2녀를 낳았다. 그러나 3남 2녀 중 한 명은 6·25 때 자동차 사고로, 또 다른 한 명은 이화여대 재학 중 병으로 사망해 김대중에게는 김대의, 김대현 두 남동생만 남았다. 결과적으로 김대중은 4남 2녀 가운데 차남이 된다. 장수금은 해방 직전까지 목포에서 여관을 운영하며 자식 교육에 열성을 다했던 여성이었다. 장수금은 1972년 동교동에서, 김운식은 1974년 하의도에서 세상을 떠났다.

　김대중은 하의보통학교 4학년 때 하의도에서 목포북교공립심상소학교로 전학했다. 1937년 수석으로 졸업하며 목포일보 사장상을 받았다. 이후 목포상업고등학교에 수석 입학한다. 당시 그의 꿈은 만주 건

국대학에 진학하는 것이었다. 시험에는 합격했다. 하지만 징집 위기에
처하면서 당시 일본인 상선회사였던 목포상선에 취업해 경리사원으로
근무하다 해방을 맞았다. 이 시기에 첫 부인 차용애(호적 이름 차용수)
를 만나 1944년 백년가약을 맺는다. 김대중이 21세, 차용애가 19세 때
였다. 차용애는 일본에서 학교를 다니다 귀국했는데 김대중의 목포상
고 동기였던 차은수의 동생이었다. 김대중은 차용애에 대해 "첫눈에
호감이 갔다. 미인이었고 대단히 마음씨가 작하고 쾌활한 여성이었다"
고 말한 적이 있다. 결혼식은 처가에서 한식으로 치렀다.

　차용애는 부친 차보륜과 모친 장점순 사이의 5남 3녀 중 맏딸이었다.
차보륜은 큰 인쇄소를 경영하던 목포 지역의 유지였다. 해방 뒤에는 한
민당 목포시지구당 부위원장을 지내고 독립촉성회 활동도 하는 등 정치
에도 관심이 있었다. 차용애의 오빠 차원식은 김대중과 목포상업고등학
교 동창이었다. 밑으로는 차태식, 차인식, 차우식, 차창식 등 남동생 넷
과 차은경, 차명자 등 여동생 둘이 있었다. 딸 김소희, 아들 김홍일, 김
홍업을 낳았으나 김소희는 두 살 때 질병으로 사망했다. 차용애의 모친
장점순은 사기 사건으로 유명한 장영자의 고모였다. 장영자의 언니 장
성희는 이규광과 결혼했는데 전두환 전 대통령의 부인인 이순자가 이규
광의 조카이다. 김대중-전두환은 이렇게 혼맥으로 연결된다.

　1954년 3대 국회의원 출마를 시작으로 잘나가던 해운사업가에서 정
치가로 변신한 김대중은 내리 네 번의 도전에 실패한다. 차용애는 용
산에서 미장원 등을 하며 김대중을 도왔으나 이런 과정에서 극심한
심적 고통을 겪다가 1960년 5월, 34세로 생을 마감했다. 당시 자살했
다는 소문이 파다했으나 김대중은 "누적된 피로와 선거전에서의 정신
적 타격 때문이어서 그런 오해를 받았으나 사실과 다르다"고 해명한
바 있다. 김대중은 1961년 5월 14일 인제 보궐선거에서 승리하며 꿈에

그리던 금배지를 달지만 이틀 뒤 5·16 쿠데타가 일어나면서 의원 선서도 해보지 못한 채 첫 임기를 마감해야 했다.

김대중은 1963년 제6대 국회의원, 1967년 제7대 국회의원에 당선된다. 1971년 제7대 대통령 선거에서 신민당 대통령 후보로 출마해 540만 표를 얻었지만 634만 표를 얻은 박정희에게 패했다. 박정희 정권에서 전두환 신군부 정권에 이르는 기간 동안 55차례의 가택연금, 6년여의 옥고, 2차례의 망명을 겪으며 4차례 죽을 고비를 넘겼다. 일본 망명 중이었던 1973년 8월에는 도쿄의 한 호텔에서 중앙정보부에 납치당해 동해에 수장당할 뻔하기도 했다.

1980년 5월, 12·12 쿠데타로 집권한 신군부는 '내란음모사건'을 조작해 김대중에게 사형을 선고한다. 그러나 여론에 밀려 사형에서 무기로, 무기에서 다시 20년형으로 감형한다. 1982년 12월 석방된 그는 미국으로 떠나 1985년 귀국했다. 1987년 대선에서는 민정당 노태우 후보에게, 1992년 대선에서는 3당 합당을 한 김영삼 후보에게 패하고 정계에서 은퇴했다. 영국에 머물다 귀국해 새정치국민회의를 창당, 1997년 제15대 대통령 선거에서 이회창 한나라당 후보를 물리치고 대통령으로 당선됐다. 2000년 6월 15일 분단 이후 최초로 남북정상회담을 이끌어내며 노벨평화상을 받았고 2009년 8월 18일 세상을 떠났다.

김대중은 첫 부인 차용애가 사망한 2년 뒤인 1962년 YWCA 총무로 있던 이희호와 재혼했다. 이희호는 연세대 의대를 나와 의사면허 4호인 이용기 전 포천도립병원장의 6남 2녀 중 장녀였다. 큰오빠 이강호는 증권업협회 회장을 지냈고 둘째 오빠 이경호는 의사였다. 이경호는 1971년 김대중이 대통령 후보가 되어 유세를 하기 위해 전국을 돌 때 주치의를 맡아 함께 고생했다. 셋째 오빠 이태호는 조그만 사업을 했다. 동생은 이영호, 이상호, 이철호, 이성호가 있다. 이희호는 이화여고와 서울대 사대 교육학과를 나와 미국 스카렛대학에서 4년간 유학했다. 김대중보다 세 살 연상이고 초혼인 데다가 정치하는 사람에게 딸을 맡길 수 없다는 부모의 반대가 거셌으나 이희호를 이기지 못했다. 결혼식은 이희호의 외삼촌인 이원순 전 전경련 고문의 자택에서 조향록 목사의 주례로 이루어졌다.

◆

차남 김홍업, 당시 감사원 감사위원의 딸과 결혼

김대중-차용애의 큰아들 김홍일은 경희대 정외과를 나와 신촌에서 작은 가게를 운영하다 정치권에 뛰어들었다. 1974년 8월15일 동생 김홍업의 친구 여동생이었던 윤혜라와 결혼했다. 윤혜라의 부친 윤경빈은 백범김구선생기념사업회 이사 등을 지낸 독립유공자였다. 윤경빈은 일본 명지대학을 졸업한 뒤 학병으로 끌려갔다가 김준엽 전 고려대 총장, 장준하와 함께 탈출해 상해 임시정부를 찾아가 이청천 장군을 보좌했다. 김구 선생이 암살당하기 전까지 경호대장이었다. 김홍일은 전남 목포시에서 15, 16대 국회의원을 지내고 17대 때는 비례대표로 당선됐다. 그러나 안상태 전 나라종금 사장으로부터 인사 청탁 등의 명목으로 돈을 받은 혐의로 2006년 의원직을 상실했다. 2019년 4월 20일 세상을 떠났다.

둘째 아들 김홍업은 경희대 경영학과를 나와 LA 한국인권문제연구소에서 일하다 귀국해 '밝은세상'이라는 광고회사를 운영하며 아버지를 도왔다. 김대중이 대통령에 재임 중이던 2002년 7월 대통령 아들이라는 점을 이용해 각종 이권 청탁을 받고 대가를 받아 알선수재와 변호사법 위반, 조세범처벌법 위반(증여세 탈세) 등으로 구속됐다.

2007년 전남 무안·신안 지역의 재보궐선거에서 당선돼 국회의원이 되었지만 18대 때는 공천심사에서 '금고형 이상 부정·비리 전력자 배제' 기준에 걸려 공천을 받지 못했다. 억울하다며 무소속으로 출마했으나 낙선했다. 김홍업은 1984년 3월 신현수 당시 감사원 감사위원의 딸 신선련과 워싱턴에서 결혼식을 올렸다. 신선련은 경희대 영어교육과를 졸업하고 대한항공 여승무원, 주한 캐나다대사관 등에서 근무했다. 김홍업-신선련은 경희대 선후배 관계여서 대학 시절부터 알고 지냈는데 이들의 결혼을 반대했던 신현수는 엄혹한 군사정권 분위기 속에서 공직을 떠나야겠다는 생각까지 가졌다. 그런데 보고를 받은 전두환 전 대통령이 "요즘 시절에 다 큰 자식이 부모 말을 듣느냐. 신현수 감사위원에게 결혼에 대한 내 축하의 뜻을 전하라"고 지시해 신현수 부부는 미국행 비행기를 탈 수 있었다.

◆

막내아들 김홍걸은 무소속 국회의원

김대중-이희호의 유일한 혈육인 막내아들 김홍걸은 이대부고를 졸업하고 고려대 불문과를 나와 미국으로 유학, 캘리포니아대학 대학원에서 국제정치학 박사 학위를 받았다. 1991년 부산 출신인 임미경과 결혼해 두 아들을 뒀다. 김홍걸은 김 전 대통령 재직 중이던 2002년 5월 최규선 게이트에 연루되어 구속되었다. 2012년 11월 문재인 대선 후보 선대위에서 국민통합위원회 부위원장을 맡았고 이후 민족화해협력범국민협의회 대표상임의장을 맡았다. 2020년 총선에서 더불어민주당 비례대표 의원으로 당선됐다. 그러나 2020년 9월 부동산 투기와 재산누락 신고 의혹 등으로 제명돼 현재 무소속 국회의원이다.

노무현家

◆

사위 곽상언 변호사 정치 입문

조카사위도 정치 도전

노무현 전 대통령은 1946년 경남 김해시 진영읍 본산리에서 과수원을 경영하던 아버지 노판석(1976년 별세)과 어머니 이순례(1998년 별세) 사이에서 3남 2녀 중 막내로 태어났다. 위로 노영현, 노명자, 노영옥, 노건평이 있었다. 이 가운데 큰형 노영현은 1973년 5월, 교통사고로 일찍 세상을 떠났다.

노무현은 2002년 펴낸 자전 에세이집 『여보, 나 좀 도와줘』에서 아버지와 관련해 이렇게 기록했다. "어머니는 아버지를 무척 구박했다. 아버지는 정직하고 양심적이었으나 수완은 없는 사람이었다. 성실한 농사꾼이었다. 가지고 있던 작은 공장과 논밭들이 친척들에게 넘어갔다. 친척들 간 금전 거래에도 악착스러운 면이 없었던 탓에 집안 살림을 빼앗기거나 아니면 헐값에 넘겨버리는 일이 적지 않았다."

자신의 어린 시절에 대해서는 이렇게 회상했다. "공부도 잘하고 성격도 명랑한 편이었지만 진영대창초등학교 시절 기억에 남는 일의 대부분은 가난과 열등감 그리고 그로 인한 반항적 태도였다. 그러나 우월감과 자존심도 그에 못지않게 강했다." 어린 시절 그의 삶에 아로새겨진 강한 기억은 그의 정치 역정과도 연결되는 부분이 있어 보인다.

초등학교 6학년 때 노무현은 전교학생회장이 됐다. 502표 중 302표를 얻었으니 압도적으로 당선됐다고 할 수 있다. 그를 아껴주었던 담임선생님을 실망시킬 수가 없어 출마했다. 어쨌든 이 일로 노무현은 남 앞에 나서는 일에 자신감을 갖게 됐다. 진영중학교에 진학해 2학년 때 부일장학생 시험에 합격했고 이어 부산상고에 장학생으로 진학했다. 졸업 후에는 농협에 시험을 쳤으나 낙방하고 삼해공업이라는 어망 회사에 취직했다.

그러다가 그만두고 고향에 내려와 마을 건너편 산기슭에 '마옥당(磨玉堂)'이라는 토담집을 짓고 고시 공부를 시작했다. 노무현이 고시 공부를 하게 된 데는 큰형 노영현의 영향이 컸다. 부산대 법대를 나온 노영현은 고시 공부를 하다가 가난 때문에 포기했다. 노영현 말고는 인근 마을에도 대학생이 한 명도 없어 노무현은 큰형에 대해 남다른 자부심을 갖고 있었다. 노영현을 따라 마을 뒤 봉화사라는 절에 가 그곳에서 고시 공부를 하는 형님 친구들이 법 이론이나 시국에 대해 토론하는 것을 자주 듣곤 했다. 이런 환경이 노무현이 고시에 도전해보겠다는 꿈으로 연결되었다. 가난 때문에 노건평도 학업을 중단했고 결국 과수원까지 팔아야 했다.

이때쯤 노무현은 울산의 한국비료 공장 공사 현장에서 막노동을 하다가 이빨 3개가 부러지는 사고를 겪었다. 고향으로 돌아와 작은형 노건평과 돈을 벌 궁리를 하면서 김해농업시험장에 가 감나무 묘목 1,000그루 정도를 뽑아온 적도 있다. 훔친 묘목을 신문지에 싸들고 돌아왔는데 집에 와서 펴보니 '사법 및 행정 요원 예비 시험(일명 예시)' 공고가 실려 있었다. 당시에는 대학을 나오지 않으면 예시에 합격해야 사법시험을 볼 수 있었다. 노무현은 1966년 11월, 제7회 예시에 합격했다. 동생에게 자극을 받은 노영현은 1967년에, 노건평은 1968년에 5급 공무원 시험에 합격했다. 1968년 군에 입대한 노무현은 1971년 제대했다.

◆

권양숙과는 한 마을에서 같이 자라

고시 전문 잡지인 「고시계」 1975년 7월호에는 '과정도 하나의 직업이었다'는 제목의 노무현 합격 수기가 실려 있다. 이 수기에서 노무현은 합격을 앞두고 권양숙과 사귀던 시절을 이렇게 기록했다. "제대 후 공부도 시작하기 전부터 마을 처녀에게 마음을 뺏기기 시작했다. 상대방의 단호한 거부에도 열을 올리게 되고 8개월에 걸쳐 집요하게 추근거려 1차 시험 직전에야 겨우 처녀의 마음을 함락시키고는 안도했다. 그런데 이제 그녀가 결혼 적령기를 넘었다는 사실과 고시와 연애는 양립할 수 없다는 중론 사이에서 그녀와 나는 고민의 연쇄 반응을 일으켰고 또 이틀이 멀다 하고 만나지 않고는 배길 수 없는 애정의 열도에 비례하여 공부를 위한 시간에의 집착이 강하여 심리적 갈등이 심했다. 그러다 9월에야 정신을 바짝 차리고 장유암이라는 절에 들어가 '수석 합격'이라는 표어를 내걸고 열심히 공부했다."

권양숙은 노무현의 고향인 경남 진영의 한 마을에서 같이 자란 사이다. 1971년 노무현이 군에서 제대하고 돌아와보니 고등학교를 졸업하고 부산에 취직했던 권양숙이 마을에 있었다. 권양숙의 할아버지가 몸이 불편해 병구완차 와 있었던 것이다. 고시 공부 와중에 본격적으로 연애를 시작했는데 처가가 펄쩍 뛰었다. 노무현은 『여보, 나 좀 도와줘』에 이렇게 기록했다. "내 딴에는 고시 공부한다고 책 붙들고 씨름하고 있었지만 장모 눈에는 가당치 않은 일이었다. '서울법대를 나오고도 고시에 안 되는 경우가 허다했는데 하물며 상고밖에 안 나온 시골뜨기가?' 하는 눈치였다. 우리 집도 마찬가지였다. 형님들은 내가 고시에 합격할 것이라고 철석같이 믿고 있었다. 그런 뒤 학벌 좋고 집안 좋은 부잣집 딸에게 장가갈 것이라고 생각하고 있었는데 '돈도 문벌도 없는 사람과 사귀다니!' 하는 것이었다." 권양숙의 아버지가 좌익운동을 하다가 형을 선고받고 복역 중 사망했다는 것도 영향을 미쳤다. 노무현의 형과 모친은 연좌제에 걸리면 고시에 합격해도 판검사 임용도 안 되어 노무현의 앞길을 망친다고 걱정했다. 이런 난관을 뚫고 노무현-권양숙은 1973년 1월 결혼했다. 5월에는 아들 신걸(건호의 옛 이름)을 낳았다.

◆

김영삼 전 대통령 권유로 1988년 정계 입문

30세 때인 1975년 제17회 사법시험에 합격한 노무현은 대전지법 판사를 거쳐 1978년 5월 변호사 개업을 했다. 사법연수원을 졸업한 문재인과 동업을 시작한 것은 1982년부터이다. 1983년에는 연구소를 차려 노동 분야 변론을 시작했고 1986년 9월부터는 노동, 시국, 조세 사건 외에는 다른 변호사에게 사건을 맡겼다. 노무현은 부림 사건을 겪으며 노동·인권 변호사로 거듭난다. 부림 사건은 1981년 9월 부산 지역의 양서협동조합을 통하여 사회과학 독서모임을 하던 학생·교사·회사원 등을 영장 없이 체포한 뒤, 짧게는 20일에서 길게는 63일 동안 불법으로 감금하며 구타 및 고문을 가한 사건이다. 독서모임의 몇몇이 다방에 앉아서 나눈 이야기들이 정부 전복을 꾀하는 반국가단체의 '이적 표현물 학습'과 '반국가단체 찬양 및 고무'로 몰리게 되었고 이 사건으로 부산 지역 대학생 22명이 구속됐다. 노무현은 "부림 사건은 내가 재야 운동에 뛰어들게 된 결정적인 계기였다. 내 삶에서 가장 큰 전환점이었다"라고 말한 바 있다. 당시 부산대 학생이던 이호철 전 민정비서관을 만난 것도 이 사건 때문이었다.

노무현은 1986년 송기인 신부를 만나 그의 성당에서 '유스토'라는 세례명을, 아내 권양숙은 '아델라'라는 세례명을 받았다. 그러나 종교 활동을 적극적으로 하지는 않았다. 훗날 노무현은 생을 마치기에 앞서 쓴 유서에서 "삶과 죽음이 모두 자연의 한 조각 아니겠는가"라고 했다. 이는 불교적 생사관으로 경전인 「열반경」과 「유마경」에 근거한 것이다. 노무현은 천주교 영세를 받았지만 자신은 평소 특정한 종교가 없다며 "방황 중이다"라고 농담처럼 답하곤 했다. 16대 대선 후보 시절에는 "어머니가 집에 부처님을 모셔놓고 아침마다 독송했는데 그 소리에 잠을 깨곤 했다"고 회고할 만큼 어려서부터 불교적 영향을 깊이 받았다고 밝히기도 했다. 2002년 해인사에서 법전 종정으로부터 보살계와 법명인 '대덕화(大德華)'를 받기도 한 권양숙은 독실한 불교 신자이다.

김영삼 전 대통령의 권유로 1988년 부산 동구 국회의원으로 정계에 입문한 노무현은 5공 청문회를 거치며 스타 의원으로 떠올랐다. 그러나 3당 합당을 거부하며 김영삼과 결별하고 지역주의에 맞선 그의 도전은 네 번 낙선이라는 시련으로 돌아왔다. 이 과정에서 자발적으로 탄생한 '노무현을 사랑하는 사람들의 모임(노사모)'이라는 강한 지지 세력이 생겨났다. 김대중 정권 시절 해양수산부 장관을 거쳐 2002년 최초의 국민경선제에 의해 동교동계의 지원을 받던 이인제 후보를 꺾고 새천년민주당 대통령 후보로 선출되었다. 그해 12월 한나라당 이회창 후보를 꺾고 대한민국 제16대 대통령에 당선되었다. 검찰 수사가 진행 중이던 2009년 5월, 고향 마을 뒷산 부엉이바위에서 스스로 몸을 던져 생을 마쳤다.

아들 노건호는 노무현이 당선자 시절이던 지난 2002년 12월 결혼했다. 상대는 연세대를 다닐 때 캠퍼스에서 만난 후배 배정민이었다. 배정민의 부친 배병렬은 김해농협 전무로 퇴직했고 농협 감사를 지냈다. 노건호는 2002년 7월 LG전자에 공채로 입사했다. 2006년 휴직하고 미국 스탠퍼드대학 MBA 과정에 진학했으며 이후 해외 주재원 생활과 휴직을 반복했다. LG전자를 2013년 9월 휴직한 뒤 중국 베이징대학 국제관계대학원에서 박사 과정을 밟았다. 2015년 5월 23일, 노무현 서거 6주기 추도식에 참석해 당시 새누리당 김무성 대표를 향해 "권력으로 전직 대통령을 죽음으로 몰아넣고는 반성도 안 했다"고 직격탄을 날리기도 했다.

◆

딸 노정연은 곽상언 변호사와 결혼

홍익대를 나와 주한 영국대사관에 근무하는 노무현의 딸 노정연은 2003년 곽상언 변호사와 결혼했다. 곽상언의 은사인 서울대 법대 권오승 교수가 주례를 섰다. 곽상언은 서울대 국제경제학과, 대학원 법학과를 나와 2001년 사시 43회에 합격했다. 두 사람은 2002년 7월 노정연의 고교 친구 어머니의 중매로 만나 사귄 지 두 달 만인 9월 말

결혼을 결심하고 양가의 허락을 받았다고 한다. 부친이 일찍 세상을 떠나 가정형편이 넉넉지 않았던 곽상언은 대학 시절 아르바이트를 하며 용돈과 학비를 조달한 평범한 집안 출신이다. 지난 2020년 총선 때 충북 보은·옥천·영동·괴산에 출마했으나 낙선했다.

노무현의 친형 노건평은 1남 3녀를 뒀다. 노건평은 지난 2004년 남상국 전 대우건설 사장 측으로부터 연임 청탁과 함께 3,000만 원을 받은 혐의로 징역형을 선고받았다. 또 세종캐피탈의 세종증권 인수를 도와주는 대가로 금품을 받은 혐의로 2008년 12월 구속 기소돼 징역 2년 6월을 선고받고 복역하다 2010년 8·15 특사로 석방됐다.

부산 경성대를 졸업한 노건평의 아들 노상욱은 울산대를 나와 이화여대 대학원에 다니던 강민정을 맞선으로 만나 결혼했다. 고영진 전 경남 교육감이 주례를 섰다. 법무법인 '부산'의 정재성 변호사는 노무현의 조카사위인데 2010년 8월, 민주당 부산 서구 지역위원장에 선임되기도 했다.

이명박家

◆

현대건설 CEO 출신의 '샐러리맨 신화'
LG·효성·삼성家와 사돈

이명박 전 대통령 집안의 혼맥은 역대 대통령 가운데 화려한 편이다. 효성그룹·LG그룹 등과 연결되고 한 다리 건너면 삼성그룹과도 닿아 있다. 전두환 전 대통령, 오명 전 부총리와도 연결된다. 이명박은 아버지 이충우와 어머니 채태원의 4남 3녀 중 다섯째로 태어났다. 동지상고를 다니던 3년 내내 주야간 통틀어 1등을 한 번도 놓치지 않았고 고려대 경영학과를 졸업했다. 현대건설에 입사해 20대 이사, 30대 사장, 40대 회장을 지내며 샐러리맨 신화의 상징적 인물이 됐다. 1992년 현대를 사직한 뒤 14~15대 국회의원을 지냈고, 서울시장을 거쳐 17대 대통령을 지냈다.

이명박의 부친 이충우의 고향은 경북 포항 북구 흥해읍 덕성리다. 그는 1935년 일본 오사카로 건너가 그곳에서 목장 일을 거들면서 생활했다. 새벽부터 일어나 우유를 짜고 목초를 베고 축사를 돌보는 것이 그의 일이었다. 이충우는 일본에서 어느 정도 자리를 잡자 고향에 돌아와 채태원과 결혼했다. 채태원은 지금은 대구광역시 동구로 편입된 반야월에서 자랐는데, 이충우와 중매로 결혼한 후 오사카로 가 신혼생활을 시작했다.

이명박을 비롯한 여섯 남매는 일본에서, 막내 이상필만 포항에서 태어났다. 광복 직후 이명박 가족은 한국으로 돌아왔다. 그러나 한국으로 돌아오는 귀국선은 쓰시마 섬 앞에서 난파했다. 그나마 일본에서 모은 얼마간의 돈도 바다에 잠겼다. 바다에서 건져올려져 고향 땅을 밟았을 때 이명박은 네 살이었다. 빈털터리로 포항에 새로 둥지를 튼 이명박의 가족은 가난에 시달렸다. 채태원은 과일 행상에 나서야 했고, 이명박은 밥 대신 곡식으로 술을 빚어 술을 짜내고 난 뒤 남는 찌꺼기인 술지게미로 끼니를 때우곤 했다. "부자건 가난한 사람이건 사람 대 사람의 관계로 당당히 만나야 한다"고 말하곤 했던 어머니는 아들에게 큰 영향을 미쳤다. 독실한 기독교 신자였던 채태원의 영향으로 이명박도 기독교 신자가 됐다.

이명박은 자서전 『신화는 없다』에서 부모로부터 받은 영향에 대해 이렇게 밝혔다. "보상을 기대하지도, 받지도 않는 자세는 일찍이 내가 어릴 때 어머니로부터 물려받은 삶의 자세였다. 지독하게 가난한 형편 속에서도 떳떳하라고, 당당하라고 어머니는 행동으로 가르쳐주셨다. 아버지를 통해서는 양심을 속일 수 없는 사람은 원리 원칙에 벗어난 행동을 할 수 없다는 사실을 깨달았다. 원리 원칙은 가장 단순한 논리지만, 가장 힘이 있다."

이명박의 형제자매는 7명이지만, 바로 손위 누이인 이귀애와 막냇동생 이상필은 한국전쟁 때 사망했다. 이명박의 머릿속에 남아 있는 누이와 동생의 죽음에 대한 기억은 이렇다. "(6·25 와중에) 우리는 고향

홍해의 큰아버지 집에 피난해 있었다. 무덥고 지루한 여름 아침나절이었다. 귀애 누이는 포항에 와서 태어난 막내 상필이 칭얼거리자 등에 들쳐업고 마당에 나가 달래고 있었다. 비행기 소리가 들리는가 싶더니, 생철 지붕에 주먹만 한 우박 떨어지는 소리가 머리 위를 훑고 지나갔다. 얼마나 지났을까. 고개를 들었을 때 쌕쌕이는 이미 보이지 않았다. 소스라쳐 놀란 가족들이 문을 열고 밖으로 뛰어나왔다. 누이와 막냇동생은 마당 한가운데 쓰러져 있었다. 등과 이마에서는 피가 솟아오르고 온몸은 화상을 입어 차마 볼 수가 없었다. 어머니의 애달픈 기도에도 불구하고 모진 목숨을 이어가던 누이와 동생은 두 달을 버티다가 고통 속에서 숨져갔다."

남아 있는 이명박의 형제자매로는 자동차 부품업체 ㈜다스(구 대부기공) 회장으로 있는 큰형 이상은과 5선 의원으로 국회부의장을 지낸 둘째 형 이상득, 누이 이귀선, 여동생 이귀분이 있다. 이명박의 가장 든든한 배경은 둘째 형 이상득이었다. 이상득은 동지상고를 수석으로 졸업한 후 등록금이 없는 육군사관학교에 들어갔다가 건강이 좋지 않아 1년 만에 퇴교했다. 그 뒤 서울대 경제학과를 졸업한 이상득은 코오롱 사장을 지내고 정치권에 입문했다. 이명박은 『신화는 없다』에 이렇게 썼다. "둘째 형은 가족의 희망이었다. 형은 서울에서 고학을 하며 우리 못지않게 고생하고 있었다. 부모님은 둘째 형에게 조금이라도 보탬을 주기 위해 포항에서 허리띠를 졸라매고 일에 매달려야 했다. 나는 당연히 관심 밖이었다."

'집안의 기대주'였던 이상득은 이명박이 대선 후보가 되는 과정과 대통령직을 수행하는 과정에서 의원들을 '친이'로 묶어세우는 데 큰 역할을 했다. 서울시장 시절이나 대통령 시절, 이명박에게 말하기 힘든 내용이나 이명박을 설득해야 하는 일이 있으면 사람들은 이상득에

게 달려갔다. 이상득은 2012년 7월 저축은행 로비 사건으로 구속됐다
가 2013년 9월 9일 1년여의 수감 생활을 마치고 출소했다.

◆

이명박, 동지상고 시절 선생님 소개로 김윤옥 만나

이명박의 큰형 이상은은 이명박이 현대건설 회장 시절 현대자동차
하청업체인 다스를 차려 크게 돈을 벌었다. 현대그룹으로부터 서울
도곡동 땅을 사고팔며 시세 차익을 남겼다. 이명박의 아들 이시형은
현재 다스 전무로 있다. 2020년 10월 대법원은 다스 비자금 횡령과 삼
성 뇌물 수수 혐의 등으로 기소된 이명박 전 대통령에 대해, 징역 17
년에 벌금 130억 원의 유죄 판결을 확정했다. 다스의 실소유주가 이
명박이라고 봤다.

이명박은 모교인 동지상고 시절 영어선생님의 소개로 김윤옥을 처
음 만났다. 영어선생님 친구의 여동생이 김윤옥이었다. 이와 관련해
이명박은 이렇게 회고했다. "무엇보다 부잣집 딸이 아니고 부친이 청
렴결백한 공직자로 이름난 분이어서 호감이 갔다. 우리가 만난 1970
년 봄에 이화여대를 졸업했는데, 나중에 안 일이지만 재학 시절 메이
퀸에 뽑힌 소문난 미인이었다. 그러나 내 눈에는 특별한 미인이라기보
다는 그저 심성이 고운 여자였다."

이명박이 김윤옥과 결혼하기로 결심한 후 찾아간 곳은 어머니의 무
덤이 있는 퇴계원 공동묘지였다. 이명박은 말없이 어두운 밤길을 따라
와준 김윤옥을 무덤 속 어머니에게 인사시킨 뒤 결혼했다. 3남 3녀 중
셋째였던 김윤옥이 23세 때였다. 경남 진주 출신으로 대구여고, 이화
여대 보건교육과를 나온 김윤옥은 통이 크고 성격이 둥글둥글해 날

카로운 인상인 이명박을 보완하는 역할을 했다고 평가된다. "선거 때만 되면 (사람들을 만나느라) 살이 찐다"고 말할 정도로 현장에 잘 적응하는 '선거 체질'이다. 김윤옥의 부모는 이명박보다는 맞선을 본 검사를 사윗감으로 선호했지만, 큰오빠가 적극 이명박을 추천했던 것으로 알려져 있다. 두 사람의 결혼기념일인 12월 19일은 이명박의 양력 생일이고 2007년 대선 투표일이기도 했다.

김윤옥의 막냇동생은 김재정이다. 그는 2007년 한나라당 대선 후보 경선과 12월 본선을 뜨겁게 달구었던 '도곡동 땅 실소유주' 논란의 핵심 당사자였다. 이명박이 현대건설 사장으로 있던 1985년, 맏형인 이상은과 처남인 김재정은 서울 도곡동 땅 4,240㎡를 15억 6,000만 원에 샀다가 10년 후 263억 원을 받고 포스코건설에 팔았다. 그 땅의 실소유주가 이명박이 아니냐는 게 논란의 핵심이었다. 김재정은 이명박이 대통령으로 있던 2010년, 당뇨병과 신부전증에 의한 심근경색으로 세상을 떠났다. 그는 이명박의 큰형 이상은과 함께 설립한 ㈜다스의 감사이자 최대주주였다. 1978년부터 1992년 사이 전국에 224만㎡(67만 7,600평)에 달하는 땅을 사들인 땅 부자이기도 했다.

김재홍 전 KT&G복지재단 이사장은 김윤옥의 사촌오빠다. 1965년 전매청 9급 공무원으로 출발해 김대중 정권 시절인 1997~2001년 담배인삼공사 사장을 지냈다. 2011년 12월 제일저축은행 유동천 회장으로부터 3억 9,000만 원을 받아 특정범죄가중처벌법상 알선수재 혐의로 구속됐다.

이명박-김윤옥은 딸 셋을 먼저 낳고 아들 하나를 뒀다. 장녀 이주연과 차녀 이승연은 미국 줄리아드 음대에서 기악을 전공했다. 막내 이수연은 이화여대 미대를 나왔다. 모두 전업주부다. 장녀 이주연의 남편은 이상주 삼성전자 전무다. 그는 애플과의 특허소송 등 특허 부문

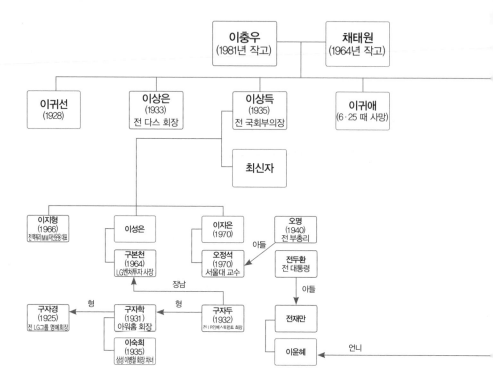

을 제외한 해외 법률 업무를 총괄하고 있다. 이상주는 사법연수원 25기 출신으로 검사로 재직하다가 2004년 삼성화재에 입사한 뒤, 2008년부터 삼성전자로 옮겨 해외 법무 일을 맡고 있다. 그는 이명박이 대통령이던 시절 정무적인 측면에서 나름으로 역할을 했다. 한때이기는 했지만 정권 초기 생생한 민심을 대통령에게 전하는 창구였다. 둘째 이승연의 남편은 서울대병원 내과 전문의인 최의근 박사다. 최의근의 부친은 서울대병원 순환기내과 전문의인 최윤식 교수인데 그는 이명박 대통령 시절 대통령 주치의를 지냈다. 이승연은 2008년 서울대병원 홍보대사로 위촉돼 구설에 오르기도 했다.

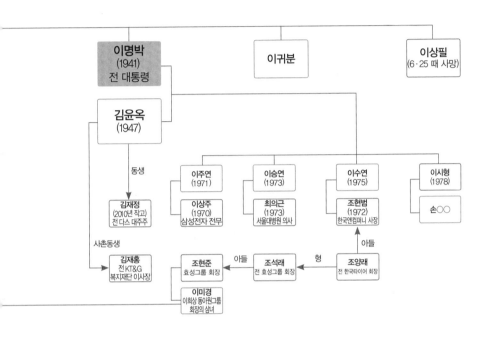

셋째 딸 이수연의 남편은 조현범 한국앤컴퍼니 사장

셋째 딸 이수연의 남편은 조현범 한국앤컴퍼니 사장

　미술을 전공한 셋째 딸 이수연의 남편은 조현범 한국앤컴퍼니 대표
이사 사장이다. 조현범은 이수연의 리라초등학교 선배로 주변 친구들
과 함께 오랫동안 가까이 지내온 것이 결혼으로 이어졌다. 이수연은
이명박이 서울시장 선거를 치를 때 넥타이 코디를 전담하는 등 전공
을 살려 선거 과정에서 아버지를 적극 도왔다. 조현범의 부친은 조양
래 한국앤컴퍼니 회장이다. 조양래는 조석래 전 전경련 회장(효성그룹

회장)의 동생이다. 조석래는 "경제대통령이 나와야 한다"며 대통령 후보 경선 과정에서 사실상 이명박 지지를 밝히기도 했다. 이명박은 셋째 사위 조현범을 매개로 전두환 전 대통령과 연결된다. 조석래의 장남 조현준 효성그룹 회장의 부인은 이희상 동아원그룹 회장의 셋째 딸 이미경이고, 이미경의 언니 이윤혜는 전두환 전 대통령의 막내아들인 전재만과 결혼했기 때문이다.

이명박의 아들 이시형은 2002년 서울시청에서 슬리퍼를 신고 히딩크 당시 축구 국가대표팀 감독과 사진을 찍어 구설에 올랐다. 2011년에는 별 수입이 없던 시형씨가 거액을 들여 땅을 산 사실이 드러난 '내곡동 사저 사건'으로 다시 화제에 올랐다. 현재 ㈜다스 전무인 이시형은 2014년 10월 결혼했다. 부인 손아무개씨는 고교 시절 유학을 떠나 미국 동부 지역 한 대학에서 디자인을 전공한 것으로 알려졌다. 손씨의 부친은 서울의 한 대학병원 의사이고, 모친은 강남에서 아들 명의의 외식업체를 관리하고 있다고 한다. 동생은 힙합 가수로 활동하고 있다.

이상득은 1남 2녀를 뒀다. 아들 이지형은 맥쿼리IMM자산운용 대표를 지낸 후 2011년 싱가포르로 거처를 옮겼다. 장녀 이성은이 구자두 전 LB 회장의 아들인 구본천 LB그룹 부회장과 결혼하면서 LG가와 혼맥으로 연결된다. 구자두는 구자경 전 LG그룹 명예회장의 셋째 동생이다. 즉 이명박의 조카사위 구본천이 구자경의 조카다. 또 구자두의 바로 위 형인 구자학의 부인은 이병철 전 삼성 회장의 셋째 딸인 이숙희다. 이렇게 삼성가와도 연결된다. 서울대 음대를 나온 막내 이지은은 오명 전 과학기술부총리의 장남인 오정석 서울대 경영학과 교수와 결혼해 1남 1녀를 두고 있다. 오명과 이상득은 육군사관학교 선후배 사이다.

문재인家

◆

학생운동 동지 김정숙과 결혼

아들은 미디어 아티스트, 동생은 선장

　문재인 대통령의 부친 문용형씨는 함경남도 홍남의 문씨 집성촌인 '솔안마을(소나무숲이 둘러싸인 마을)'에서 태어났다. 함흥농고를 나와 공무원 시험에 합격해 홍남시청 농업과장을 지냈다. 조용한 성품이었고 술도 마실 줄 몰랐다. 문용형-강한옥 부부는 한국전쟁 중이던 1950년 12월 홍남 철수 때 미군 LST선박을 타고 경남 거제로 피난을 왔다. 그 시절 대개 그러했듯이 문 대통령의 부모 또한 2~3주 정도면 다시 돌아갈 수 있을 것으로 예상하고 고향을 떠나왔다. 그러나 결국 다시는 고향에 돌아가지 못했다. 부친 쪽에서는 그래도 가까운 친척들이 함께 피난을 내려왔지만 모친 쪽에서는 아무도 내려오지 못했다. 문재인의 외가는 홍남의 북쪽을 흐르는 성천강 바로 건너에 있었는데 피난민이 걷잡을 수 없이 밀려들 것을 염려한 미군이 다리를 막았기 때문이다. 거제에서 피난살이 중에 문재인이 태어났다. 시골집 방 한 칸에

세 들어 살 때였다. 부친 문용형은 포로수용소에서 노무 일을 했고, 모친 강한옥은 거제에서 계란을 사서 머리에 이고 문재인을 업은 채 부산에 가 파는 행상을 하며 삶을 영위했다. 문재인은 초등학교에 입학하기 직전 부산 영도로 이사했다.

문용형은 장사를 했는데 부산에 있는 양말 공장에서 양말을 구입해 전남에 있는 지역 판매상들에게 공급하는 일이었다. 그러나 돈을 벌지는 못하고 외상 미수금만 잔뜩 쌓여 빚에 허덕였다. 이후 주로 생계를 꾸린 것은 강한옥이었다. 강한옥은 구호 물자 옷가지를 시장 좌판에 놓고 팔기도 하고, 연탄 배달을 하기도 했다. 가난은 문재인을 주눅들게 했다. 학창 시절 문재인은 선생님이 시키면 마지못해 대답했지만 스스로 손을 들고 발표한 일은 한 번도 없었다.

◆

경희대 축제 때 부인 김정숙 파트너로 만나

문재인은 자서전 『문재인의 운명』에서 "아버지는 경제적으로 무능했고 가난에서 헤어나지 못했다. 내가 대학에서 제적당하고 구속됐다가, 출감 후 군대에 갔다 왔는데도 복학이 안 되던 낭인 시절, 제일 어려웠던 때에 돌아가셨다. 불행했던 삶이 불쌍했고, 내가 잘되는 모습을 조금도 보여드리지 못한 게 참으로 죄스러웠다. 평생의 회한으로 남았다"고 썼다. 부친 문용형은 1978년 59세 때 심장마비로 세상을 떠났다. 일을 마치고 목욕을 한 뒤 저녁을 먹는 자리에서 맥주 한 잔 정도 마시고는 옆으로 고개를 떨구더니 그대로 세상을 떴다. 문용형은 사회 의식이 있는 사람이었다. 때로 「사상계」를 읽었으며 한일회담 때 이웃 학생에게 왜 한일회담에 반대해야 하는지 설명하던 아버지의 모습은 문재인에게 각인되어 있다. 모친 강한옥은 2019년 10월 세상을 떠났다.

문재인은 경남중-경남고를 나왔다. 서병수 국민의힘 의원, 박종웅 전 국회의원, 최철국 전 국회의원, 건축가 승효상 등이 경남고 동기들이다. 원래 대학에서 역사를 전공하고 싶었으나 담임선생님과 부모님이 반대해 재수 끝에 당시 후기였던 경희대 법대에 입학했다. 총학생회 총무부장이던 1975년 4월 학내 시위를 주도한 혐의로 구속됐다. 당시 총학생회장은 강삼재 전 국회의원이었다. 구속과 동시에 학교에서도 제적되어 1980년이 되어서야 복학할 수 있었다.

구치소에 있을 때 훗날 아내가 된 김정숙이 면회를 왔다. 서울 종로에서 태어나 숙명여중과 숙명여고를 졸업한 김정숙은 1974년 경희대 음대 성악과에 입학했는데 문재인보다 2살 어렸다. 두 사람은 1974년 5월 초 '법의 날'에 맞춰 열린 '법 축전'이라는 이름의 경희대 법대 축제에서 파트너로 처음 만났다. 문재인은 첫 만남에서 호감을 가졌으나 다시 만날 마음의 여유가 없었다. 그러다가 1975년 4월 시위 때 다시 만났다. 비상학생총회 뒤 교문 앞까지 행진했다가 페퍼포그에 맞아 실신한 문재인이 누군가 물수건으로 얼굴을 닦아주는 것을 느끼며 눈을 떠보니 김정숙이었던 것이다.

1975년 8월, 강제 징집되어 군에 입대한 문재인은 특전사령부 예하 제1공수 특전여단 제3대대에서 근무했다. 주특기는 폭파였다. 김정숙은 통닭 대신 안개꽃 한 아름을 들고 면회를 왔다. 문재인이 상병 때 '판문점 도끼 만행 사건'이 일어났다. 그 사건에 대한 대응으로 미루나무를 자르는 작전을 문재인이 속한 부대가 맡았다. 준전시태세였지만 다행히 충돌은 일어나지 않았고 문재인의 부대원들은 미루나무 토막을 넣은 기념물을 '국난 극복 기장'이라고 하나씩 나눠가졌다. 제대한 것은 1978년 2월이었다. 그해 부친이 세상을 떴다. 부친의 49재를 치른 문재인은 사법시험을 보기로 결심하고 전남 해남 대흥사 내 암자로 갔다. 1979년 초 1차 시험에 합격하고 1980년 2차 시험을 치렀다. 1980년 5월 17일 문재인은 김정숙과 함께 강화도에 있는 김정숙 부친의 농장으로 놀러 갔다. 김정숙의 부모와 문재인-김정숙, 처형 될 사람과 그의 남자친구 등 여섯 명이 석모도 보문사에 다녀왔다. 농장으로 가는 진입로 입구의 버스정류장에서 내리는 순간 5·6명의 긴장한 괴한이 둘러싸며 권총을 들이댔다. 청량리경찰서 정보과 형사들이었다. 문재인은 청량리경찰서 유치장에 수감된 뒤 '계엄포고령 위반' 혐의로 구속됐다.

문재인은 유치장에 있을 때 제22회 사법시험에 합격했다는 소식을 들었다. 경희대학교 학생처장, 법대 동창회장 등이 유치장 안으로 소주와 안주를 가져와 축하하며 축하주를 따라줬다. 박원순 전 서울시장, 박시환 전 대법관, 송두환 전 헌법재판관, 이귀남 전 법무부장관, 박정규 전 민정수석, 천성관 전 검찰총장 후보자 등이 연수원 동기들이다. 조배숙·고승덕·함승희 전 의원 등도 동기다. 22회 사법시험 합격자 수는 141명이었다.

◆

변호사 시절 부산에서 노무현과 운명적 만남

1981년, 7년여를 사귄 김정숙과 결혼한 뒤 1982년 8월 사법연수원을 수료한 문재인은 판사를 지망했다. 연수원을 차석으로 졸업해 법무부장관상까지 받았으나 시위 전력 때문에 임용을 받지 못했다. 당시는 연수원을 마치면 거의 모두 판사나 검사로 임용되던 시기였다.

금방 소문이 나 김앤장 등 괜찮은 로펌에서 스카우트 제의가 들어왔다. 법무법인에서 많은 돈을 버는 변호사보다는 그냥 보통 변호사의 길을 가기로 한 문재인은 어머니도 모실 겸 부산으로 내려갔다. 당시 김정숙은 서울시립합창단원으로 활동하고 있었으나 직장을 그만두고 문재인을 따라 부산으로 갔다. 문재인과 노무현을 연결시켜준 사람은 연수원 동기인 박정규 전 민정수석이었다. 박정규는 노무현과 김해 장유암에서 함께 고시 공부를 한 인연이 있다. 노무현은 문재인보다 여섯 살 많았고 고시도 5년 선배였으나 두 사람은 금방 의기투합했다. 노무현은 문재인을 만나기 전 '부림사건', '부산미문화원방화사건'을 맡아 시국 사건에 어느 정도 관심을 갖기 시작할 때였다.

문재인은 그 시절을 『문재인의 운명』에서 이렇게 돌아보았다. "처음부터 인권변호사의 길을 걸으려고 작정했던 것은 아니었다. 그러나 우리를 찾아오는 사건을 피하지 않았고, 그들의 말에 공감하면서 열심히 변론했다." 어느덧 두 사람은 부산 지역의 대표적인 노동·인권 변호사가 됐다. 그리고 그것은 새로운 시작이었다.

1988년 4월, 노무현은 국회의원이 됐다. 문재인은 노무현의 출마를 찬성했다. 본인이 하고 싶어 한다고 느꼈고 출마하면 당선될 것이라고 보았기 때문이다. 노무현은 자신이 오래 살던 부산 남구가 아니라 5공의 핵심이었던 허삼수와 맞붙겠다며 아무 연고가 없던 부산 동구에 출마해 허삼수를 꺾었다. 당시 노무현이 내세운 선거 구호가 '사람 사는 세상'이었다. 5공 청문회 과정에서 청문회 스타로 떠오른 노무현은 낙선을 거듭하며 지역주의에 맞서 싸운 끝에 2002년 대통령에 당선됐다. 2003년 노무현 정권이 시작되면서 문재인은 청와대 민정수석이 되었다. 이때 문재인이 노무현에게 내건 '조건'은 두 가지였다. '민정수석으로 끝내겠습니다', '정치하라고 하지 마십시오'였다. 돌이켜보면 둘다 지킬 수 없는 약속이었다. 2004년 청와대 시민사회수석을 거쳐 2007년에는 비서실장을 맡았다. 2009년에는 고 노무현 전 대통령 국민장의위원회 상임집행위원장을 맡았고 2012년 대통령 선거에서 민주통합당 대선 후보가 되어 새누리당 박근혜 후보와 맞섰으나 패배했다. 박근혜 전 대통령이 탄핵되는 촛불정국 흐름에 힘입어 2017년 5월 대통령에 당선됐다.

◆

아들 문준용은 미디어 아티스트로 활발하게 활동

문재인-김정숙은 1남 1녀를 두었다. 김정숙은 지난 2012년 문재인이 대선 출마를 선언한 뒤『정숙씨 세상과 바람나다』를 출간해 출판기념회를 갖기도 했다. 이후에도 보궐선거 때 현장을 누비는가 하면 동료 의원들을 집으로 초대해 음식을 대접하는 등 적극적으로 남편을 뒷바라지했다. 처가에 대해서는 강화도에서 농장을 했다는 것 외에 알려진 것이 별로 없다. 아들 문준용은 건국대 시각디자인과를 졸업한 뒤 미국 파슨스 디자인스쿨에서 석사 학위를 받았다. 2011년 광주비엔날레에 「마쿠로쿠로스케 테이블」이라는 작품을 출품한 미디어 아티스트이다. 특히 증강현실을 이용한 작품을 많이 창작하는 것으로 알려져 있다. 코로나 예술지원금을 받은 사실이 알려지면서 정치권에서 논란이 일기도 했다. 문준용의 장인은 목사로 알려져 있다. 요가 강사였던 딸 문다혜는 평범한 가정에서 태어난 직장인 서아무개씨와 2010년 3월 부산 수영구 남천성당에서 결혼식을 올렸다. 혼주 측은 청첩장을 돌리지 않았다. 문다혜는 당초 아버지가 대선에 출마하는 것을 반대했다. 문재인의 대선 출마 선언 행사에 다른 가족은 다 참석했는데 그녀만 참석하지 않았다. 서씨는 게임회사, 태국 타이이스타 고위직 등에 근무했던 것으로 알려져 있다. 문 대통령의 동생 문재익은 한국해양대학을 나와 케이엘씨SM 원양어선 선장이다. 누나 문재월, 여동생 문재성은 주부다. 막내 여동생 문재실은 부산 영도에 살고 있다.

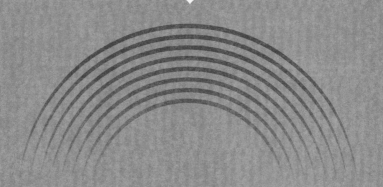

2장

◆

언론家

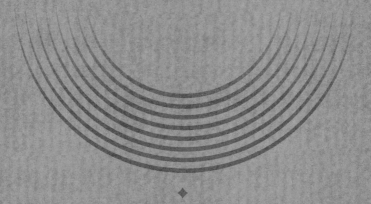

◆

아모레퍼시픽·롯데·GS·일신방직 등과 혼맥 형성

윤보선 전 대통령, 정몽준·홍정욱 전 의원 등과도 연결

　　1920년 3월 3일 창간된 조선일보는 1933년 3월 2일, 방상훈 조선일
보 사장의 증조부인 방응모에게 경영권이 넘어갔다. 방응모는 자신이
운영하던 교동광산을 일본 중외광업주식회사에 판 돈으로 조선일보
사의 경영권을 인수해 같은 해 7월 10일 사장으로 취임했다. 1990년에
간행된 『조선일보 70년사』에서는 "방응모는 조만식 사장의 적극적인
권유로 조선일보사와 인연을 맺었다. 처음에는 영업국장으로 입사했
다. 영업국장에 취임한 공식 날짜는 1933년 1월 18일이다. 그러나 비
공식적으로는 그 전해인 1932년 6월 15일 조선일보에 입사했다"고 기
록하고 있다. 방응모가 조선일보를 인수하기 전 조선일보는 재정이 취
약해 내분과 파업을 겪고 있었다. 당시 편집국장은 시인 주요한, 영업
국장은 1960년 민주당 대통령 후보였으나 병원에서 치료를 받다가 느
닷없이 사망한 유석 조병옥 박사였다.

1980년 발간된 『계초 방응모전』에는 이와 관련한 주요한의 증언이 나와 있다. "방응모는 광산을 일본인 회사에 판 돈 4,000원이 든 예금 통장을 총독부에 제시했다. 총독부에서는 종래의 인가를 취소하고 새로 인가를 내주는 형식으로 방응모의 뜻을 받아들였다. 방응모는 필진을 강화하려고 정주 출신 소설가인 춘원 이광수를 동아일보에서 초치해 주필 겸 논설위원으로 앉혔다." 1935년에는 언론사 최초로 취재 전용 비행기를 구입하고 사옥을 준공하는 등 공격 경영을 펼쳤다.

◆

아들들 일찍 잃은 방응모, 손자 방일영 키워

방응모는 고향인 평안북도 정주에서 농촌진흥회와 민립대학 설립 운동을 하다가 1926년 7월 금광을 발견하면서 막대한 부를 일궜다. 2,000평 대지를 사들여 99칸짜리 한옥을 지어 살았다. 맏손자 방일영을 6인승 미제 포드 자동차의 뒷자리에 태워 정주에서 삭주까지 140 리 길을 내달리곤 했다. 방응모는 손자인 방일영·우영 형제에게 어렸을 때부터 위아래를 분명하게 가르쳤다. 식사 때도 장손인 방일영하고만 겸상을 했다. 방응모는 16세 때 승계도와 결혼해 두 아들을 두었으나 모두 어린 나이에 병으로 사망했다. 부인 승씨 또한 경성의전에서 복부 수술을 받은 후 아이를 낳을 수 없는 상황이 됐다. 방응모가 형 방응곤의 아들 셋 가운데 둘째인 재윤을 양자로 받아들인 이유는 이 때문이었다.

광복 후 방응모는 한때 정치에 뜻을 두었다. 한독당 재정부장을 지냈다. 1950년 5월 30일 치러진 국회의원 선거에서는 경기도 의정부 지역에 출마해 조선일보의 홍종인 주필, 성인기 편집국장 등으로 유세

반을 조직하고 선거운동을 했다. 당시 손자 방일영은 대한청년단 단장으로 활동했다. 그러나 1,100표 차이로 낙선하자 상심한 방응모는 몸져누웠고 적자에 허덕이던 조선일보는 빚이 더 늘어났다. 사원들의 월급 석 달 치가 밀리자 반발이 일기 시작했다. 방응모는 신문사 주식을 처분해 체불 임금을 지불하려고 갖고 있던 주식의 절반을 동양화재보험에 팔기로 했다. 그런데 계약을 하기로 한 날이 1950년 6월 25일이었다. 그날 6·25가 일어났고 모든 것이 변했다. "내가 뭘 잘못했느냐"며 피난을 가지 않고 서울 장충단공원 부근 신당동 집에 머무르던 방응모는 6·25 때 납북됐다. 방일영은 북한산 동굴 속 암자를 은신처로 삼아 숨어 지내며 위기를 넘겼다.

방재윤이 방응모의 양자로 입적된 것은 1924년 8월 23일이었다. 방응모와 달리 방재윤은 "맞아야 사람이 된다"면서 아들 방일영을 엄하게 키웠다. 의주농업학교를 나와 훗날 평안북도 박천군에 있는 조일보통학교 농업교사가 된 방재윤은 1923년 유기 도매상을 운영하던 이은엽의 장녀 이성춘과 혼인했는데 그해 첫째 아들 방일영이 태어났다.

◆
방응모는 6·25 때 서울 머물다 납북

방재윤은 이성춘과의 사이에 3남 3녀를 뒀다. 그러나 둘째 아들 방필영은 두 돌도 되기 전에, 누이동생 셋 가운데 맏이였던 방숙영은 1951년 1·4 후퇴 때 피난지인 경북 하양에서 숨졌다. 셋째 아들 방우영은 1928년 평북 정주에서 태어났다. 방응모는 "일등인 형(일영)과 더불어 또 번영하라는 뜻에서 우영이라고 하자"며 손수 손자의 이름을 지었다. 방재윤은 39세 때인 1940년 4월, 조림사업을 지휘하며 머무르

던 함경북도 영흥에서 간호사가 실수로 잘못 놓은 주사를 맞고 쇼크
사했다.

오늘날 조선일보의 기초를 닦은 방일영 전 조선일보 회장은 1923년
11월 26일, 평안북도 박천군 가산면 동문동 672번지에서 태어났다.
1937년 서울로 와 경기중·고등학교의 전신인 경성제일고보에 입학했
다. 조부 방응모는 방일영의 제일고보 진학을 축하하고 기념하는 뜻
에서 학교에 선뜻 피아노 한 대를 기증했다. 당시 조선에 두 대밖에 없
었다는 독일제 그랜드피아노였다. 방일영은 졸업장 없이 제일고보 4
학년을 수료하고 1941년 일본 도쿄에 있는 중앙대학으로 유학을 떠났
다. 일본에서 방일영은 언론인이자 아동문학가인 윤석중과 한솥밥을
먹으며 같은 지붕 아래서 살았다. 1943년 4월 6일 서울로 돌아와 조선
일보사에 입사해 1999년 3월 18일 퇴임했다.

방응모는 손자 방일영이 학병에 끌려가는 것을 막기 위해 백병원 설
립자인 고향 후배 백인제를 불러 상의했다. 백인제는 방일영의 왼쪽
뺨 귀밑에서부터 턱까지 생살을 째는 수술을 집도했다. 그런 뒤 방일
영은 일단 징집이 면제되는 면서기를 했다. 1945년 봄부터 여름까지
였다. 21세였던 방일영은 1944년 11월 세 살 아래 박현숙과 결혼했다.
박현숙은 한학자인 부친 박순흠과 고영선의 넷째 딸로 숙명여고를 졸
업했다. 한 해 전 동생 방우영의 영어교사였던 이용덕이 박현숙의 흑
백 사진 한 장을 들고 방응모를 찾아온 것이 결혼으로 이어졌다.

충남 당진군 면천면 성상리 친정집에서 방일영과 혼례를 치른 박현
숙은 6·25가 일어날 때까지 6년 동안 시할아버지와 시할머니를 모시
고 살았다. 박현숙은 당시 의정부 집에서 방응모의 부인 승계도 말고
도 둘째 부인 이인숙 등 시할머니 네 명을 모시고 살았다.

할아버지 방응모가 납북되자 1950년 10월 23일 속간 당시부터 조선

일보 영업국장을 맡은 방일영은 사실상 경영 책임자나 다름없게 되었
다. 그의 나이 27세 때였다. 1952년 4월에는 한국은행 부총재를 지낸
장기영씨(한국일보 창업자)가 조선일보에 합류해 대표를 맡았다. 2년 후
조선일보를 떠난 장기영은 김활란으로부터 경영난에 허덕이던 영자지
「코리아타임스」를 인수해 사장이 됐다. 그러더니 곧 태양신문을 인수
해 제호를 한국일보로 바꿔 1954년 6월 9일 창간호를 냈다.

　1954년 방일영은 조선일보의 발행인과 대표를 맡아 '방일영 체제'를
출범시켰다. 이 과정에서 빼놓을 수 없는 인물이 백남일이다. 방일영
의 제일고보(지금의 경기중·고교) 동창이었던 그는 당시 태창방직 사장
과 자유신문사 사장을 맡고 있었다. 그가 빌려준 5억 환으로 빚을 말
끔히 갚고 출발했던 것이다. 백남일의 동생이 비디오아티스트 백남준
이다. 방일영은 본부인 박현숙과의 사이에 2남 1녀를 뒀다. 장남이 방
상훈 조선일보 사장이고, 차남이 방용훈 전 코리아나호텔 사장이다.
방일영은 본부인 외에 첫 번째 혼외부인과의 사이에 아들 셋, 두 번째
혼외부인과의 사이에 1남 2녀를 둔 것으로 알려져 있다.

　방일영은 1964년 조선일보 대표이사에서 이사회 회장으로 옮겼다.
41세 때였다. 후임 대표이사는 동생인 방우영 전무가 맡았다. 방일영
은 회갑 기념 논문집인『태평로 1가』에서 동생과의 관계를 '따로 움직
이는 한 몸'이라며 이렇게 표현한 적이 있다. "한배에서 태어난 형제가
단둘뿐인데 의(義)가 좋은 것은 당연지사다. 하나는 어려서 잃고 두
형제이니, 우리는 끝까지 한 몸 같은 형체로 남을 수밖에 없는 것이
다. 우리는 몸은 갈라진 형체로서 둘이지만, 어떤 것을 의논하다 보면
때때로 꼭 따로 움직이는 한 몸 같다는 느낌을 갖게 된다."

◆

아모레퍼시픽·롯데·GS·일신방직 등과 혼맥 형성

방우영은 "소생은 충실히 전 대표이사의 방침을 따를 생각입니다"로 시작하는 내용의 취임사를 했다. 방우영은 회고록 『나는 아침이 두려웠다』에서 이렇게 말했다. "아버지가 일찍 돌아가신 때문이기도 했지만 나는 평소 형님을 아버지 이상으로 어려워했고 형님의 뜻을 거역해본 적이 없었다." 방우영 전 조선일보 명예회장은 이선영씨와 결혼했는데 장모는 민족사학자인 호암 문일평의 딸이다. 문일평의 아들 문동표는 조선일보 편집국장을 지냈다. 방응모와 문일평이 가까운 사이여서 식구들끼리도 알고 지냈다. 1959년 5월 15일 있었던 방우영-이선영의 결혼식에서 주례는 유진오 전 고려대 총장이 서고 송인상 전 재무부장관이 축사를 했다.

방우영은 1남 3녀를 뒀다. 딸 셋을 둔 다음 마흔을 훌쩍 넘겨 아들이 태어났다. 막내딸을 낳은 지 8년 만이었다. 장녀 방혜성의 남편은 서성환 태평양그룹 창업자의 장남으로 고려대 경영학과와 일본 와세다 경영대학원을 나온 서영배 태평양개발 회장이다. 이화여대 영문과를 나와 조선일보 문화부 기자로도 근무했던 방혜성은 태평양학원 이사로 있다. 서영배의 동생인 서경배 아모레퍼시픽그룹 회장의 부인은 신춘호 전 농심 회장의 막내딸 신윤경이다.

방우영의 차녀 방윤미의 시아버지는 9대 유정회 국회의원을 지낸 김도창 전 법제처장이다. 3녀 방혜신의 남편은 정연욱 경남에너지 부회장이다. 정연욱의 부친은 국회 외무위원장을 지낸 정재문 대양산업 회장이고, 조부는 7선 의원을 지낸 정해영 전 국회부의장이다. 방우영의 외아들인 방성훈 스포츠조선 대표는 최창근 고려아연 회장의 딸

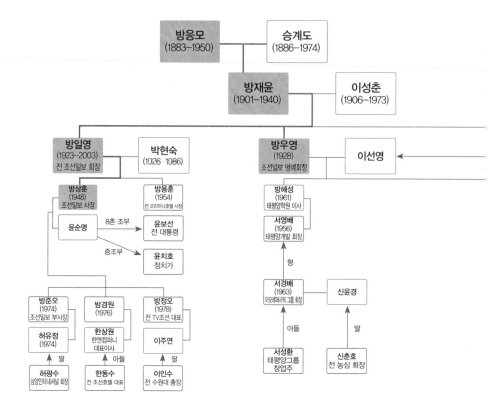

조선일보 방응모-방재윤-방일영-방우영-방상훈家 혼맥

방응모
(1883-1950)

승계도
(1886-1974)

방재윤
(1901-1940)

이성춘
(1906-1973)

방일영
(1923-2003)
전 조선일보 회장

박현숙
(1926-1986)

방우영
(1928)
조선일보 명예회장

이선영

방상훈
(1948)
조선일보 사장

방용훈
(1954)
전 코리아나호텔 사장

방혜성
(1961)
태평양학원 이사

윤순명

8촌 조부

윤보선
전 대통령

서영배
(1956)
태평양개발 회장

중조부

윤치호
정치가

형

방준오
(1974)
조선일보 부사장

방경원
(1976)

방정오
(1978)
전 TV조선 대표

서경배
(1963)
아모레퍼시픽 그룹 회장

신윤경

허유정
(1974)

한상원
한앤컴퍼니
대표이사

이주연

아들

딸

딸

아들

딸

허광수
삼양인터내셔널 회장

한동수
전 조선호텔 대표

이인수
전 수원대 총장

서성환
태평양그룹
창업주

신춘호
전 농심 회장

인 최강민과 결혼했다. 방우영의 막내 여동생인 방선영의 시아버지는 숭실대 이사장과 총장을 지낸 김형남 일신방직 창업자다. 방선영의 남편 김창호는 일신방직 명예회장으로 있다.

방일영은 정치권의 윤보선 전 대통령과 윤치호 전 장관과도 혼맥이 연결된다. 방상훈 사장의 부인 윤순명씨의 중조부가 바로 대한제국 시기와 일제 강점기 때의 정치가였던 윤치호다. 윤순명은 또 윤보선 전 대통령과 친척 관계이기도 하다.

방상훈 사장의 장남 방준오 조선일보 부사장은 지난 2000년 허광

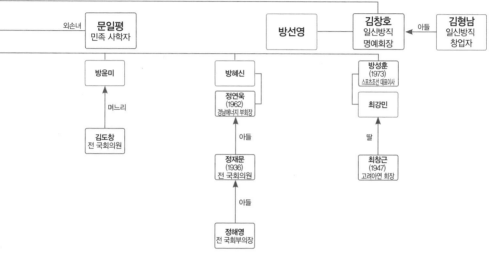

수 삼양인터내셔널 회장의 장녀 허유정과 혼인했다. 허광수의 부인은 김동조 전 외무부장관의 딸인 김영자다. 김영자는 정몽준 전 의원의 부인 김영명의 언니다. 홍정욱 올가나카 회장의 장모가 김영자의 언니 김영숙이다. 허광수의 아들 허서홍은 홍석현 중앙홀딩스 회장의 장녀 인 홍정현과 결혼했다. 허광수를 매개로 조선일보·중앙일보가 연결 된 셈이다. 방상훈의 차남 방정오 전 TV조선 대표는 수원대학 설립자 이종욱의 차남 이인수 전 수원대 총장의 딸 이주연과 결혼했다. 방상 훈의 장녀 방경원은 한상원 한앤컴퍼티 대표와 결혼해 한용호·한성호

두 아들을 두고 있다. 미국 예일대 경제학과를 졸업하고 하버드에서 MBA를 받은 한상원은 조선호텔 최고경영자(CEO)를 지낸 한동수의 아들이다.

중앙홀딩스 홍석현家

◆

삼성·현대·GS그룹 등 재계는 물론
조선일보·동아일보와 그물망 혼맥 형성

삼성그룹 창업자인 이병철은 한때 정치가가 되려고 생각했던 적이 있다. 그러나 1년여 만에 포기하고 대신 언론사 창업에 나섰다. 그래서 탄생한 언론사가 중앙일보다. 이와 관련해 이병철은 자서전『호암자전』에서 이렇게 밝혔다. "나는 4·19와 5·16을 거치면서 정치가가 되려고 생각한 적이 있다. 하늘이 내린 사명이 사업에 있다고 믿고 사업을 통해 경제와 사회를 번영시킴으로써 국가나 민족에 공헌하려는 일념이었는데, 두 차례 변혁으로 중첩된 정치의 혼미는 경제에 파국적이라고 할 영향을 미쳤고, 그것은 국가 백년대계에 치명적인 손실이 아닐 수 없었다. (그러나) 기업 활동에서 얻은 수익으로 세금을 납부하여 정부 운영과 국가 방위를 뒷받침하는 경제인의 막중한 사명과 사회적 공헌은 전적으로 무시되고 부정축재자라는 죄인의 오명까지 쓰게 됐다. 이 같은 경제인의 힘의 미약함과 한계를 통감한 것도 정치가가 되려고 한 동기였다. 그러나 1년여를 두고 깊게 생각한 끝에 정치의 길을 단념했다. 올바른 정치를 권장하고 나쁜 정치를 못하도록 하며 정치보다 더 강한 힘으로 사회의 조화와 안정에 기여할 수 있는 방법은 없을까 생각한 끝에 종합 매스컴 창설을 결심했다.

'마상(馬上)에서 천하를 잡을 수는 있으나 마상에서 천하를 다스리지는 못한다'는 명언이 있다. 마상의 총검보다도 강한 힘을 갖고 있는 펜, 언론도 잘못 사용하면 흉기가 된다. 언론은 그것을 구사하기에 따라 정의가 되기도 하고 불의가 되기도 한다. 펜이란 이 양면의 성격과 기능을 지닌 '양날의 검(劍)'인 것이다. 이것을 충분히 인식한 바탕 위에서 자율의 억제가 통하고 균형 감각이 잡힌 힘 있는 종합 매스컴을 만들어 그것을 육성하고 싶었다."

◆

이병철, 신문·방송 경영 홍진기에게 맡겨

1964년 늦가을, 이병철은 훗날 사돈이 되는 홍진기에게 매스컴 사업을 맡아달라고 제안한다. 홍진기가 감옥에서 나온 지 채 1년이 안됐을 때였다. 두 사람은 1951년 부산 피난 시절부터 교분이 있었다. 두 사람이 서로를 깊이 이해하는 특별한 정을 갖게 된 것은 이병철이 비료공장 건설을 계획했던 1959년의 만남에서다. 이병철은 비료공장을 건설할 차관을 교섭하기 위해 이승만 정부와 사전 협의를 해야 했는데, 이때 찾아가 만난 사람이 당시 홍진기 법무부장관이었다. 이병철은 이와 관련해 "차관을 들여오는 문제로 정부의 여러 관계자들을 만났는데 홍진기 장관은 국가 경영이나 국가가 나아갈 방향에 대해 뛰어난 안목을 지니고 있었다"고 평했다고 한다. 그러다가 이승만 정권에서 법무·내무부장관을 지낸 홍진기가 4·19 이후 사형 언도를 받고 감옥에 가게 되자, 이병철은 사식 및 과일 바구니를 들여보내고 4~5차례 직접 형무소를 찾아가 특별면회를 한 적이 있다. 3년 3개월여 동안 감옥 생활을 한 홍진기는 1963년 8월 15일 형 집행정지로 풀려났다.

중앙일보를 창간하기에 앞서 이병철은 일본에 가 마이니치신문·아사히신문 등 일본 주요 신문들의 경영과 편집 시설 등 신문 제작 전반을 시찰했다. 한국 신문들이 갖고 있는 문제점에 대해서도 검토를 끝냈다. 홍진기는 1963년 겨울부터 중앙일보 창간 계획 입안에 착수했지만 겉으로 나선 것은 1964년 라디오서울 사장을 맡으면서부터였다. 라디오서울은 1966년 회사 이름을 TBC동양방송으로 바꾸었다.

중앙일보 창간을 준비하면서 이병철과 홍진기는 주 1회 이상 만났다. 1965년 4월 어느 날에는 반도호텔 555호실에서 오전 10시부터 오후 6시까지 방에서 나오지 않고 의논을 하기도 했다. 홍진기는 훗날 "아직 근대적 기업 경영의 불모지라 할 수 있었던 1960년대 중반의 언론계에서 신참 중앙일보가 기업적 경영을 내걸자 많은 사람들에겐 돈키호테처럼 보였던 것이 사실이다. 신문 사업을 일반 회사처럼 기업적 경영으로 할 수 있을까 걱정스러운 충고를 해주는 분도 많았다. 이 같은 경험이 우리 언론계가 자본제적 경영에 눈뜨는 한 동인이 되었음을 자부한다"고 털어놓은 바 있다. 중앙일보는 1965년 9월 22일 창간됐다. 창간호로 20만 부를 찍었다.

홍진기가 중앙일보 창간 때부터 강조한 것은 세 가지였다. 정보성·계도성·오락성이다. 그러나 창간 1주년을 앞두고 '한비(한국비료) 사건(삼성그룹이 공장 기계와 건설 장비를 들여오는 과정에서 밀수를 한 사건)'이 터졌다. 한비 사건과 관련한 중앙일보의 보도 태도는 사회적으로 비판을 받았고 이 여파로 부수가 크게 줄어들었다. 한비 사건 이후 중앙일보의 사세 회복에 고심하던 홍진기에게 기쁜 일이 생겼다. 장녀 홍라희가 이병철의 3남 이건희와 혼인한 것이다.

이병철은 『호암자전』에 이렇게 썼다. "홍진기 사장은 나의 사돈이면서 고락을 같이한 동지라고 생각하고 있다. 중앙매스컴의 운영에 있어서 나는 기본 방침만을 정하는 데 그치고 일체를 홍 사장에게 일임했다. 그는 신문·방송의 운영 전체를 책임지고 성심성의껏 심혈을 기울여왔다. 홍진기 사장만큼 나를 이해해주고 협력해주는 사람도 드물다."

중앙일보는 1999년 보광그룹과 함께 삼성그룹으로부터 계열 분리돼 독립법인화했다. 2006년에는 보광그룹과 중앙일보가 다시 분리됐다. 이때부터 홍석현 중앙홀딩스 회장은 중앙일보를 맡고, 동생들은 보광그룹 경영을 맡았다.

홍진기는 1917년 3월 13일 고양군 한지면 하왕십리(현재 성동구 하왕십리)에서 홍성우-이문익 부부의 두 형제 중 장남으로 태어났다. 홍진기의 선대는 조선 중기부터 하왕십리에 터를 잡은 것으로 알려졌다. 조부 홍준표는 정미소를 운영했는데 동대문 밖에서는 가장 큰 정미소였다. 하왕십리 집은 대지가 1,000평이 넘었다. 홍준표는 외아들 홍성우에게 정미소를 물려준 뒤 1933년 8월 세상을 떠났다. 홍진기의 부친 홍성우는 정미소 운영보다는 다른 곳에 관심이 있었던 것 같다. 동아일보 왕십리분국 총무, '시대일보' 동부지국 고문 등으로 활동했고 한때 추풍령 부근 금광에 투자했다가 실패하기도 했다. 지금의 한양대 일대 땅이 홍성우 일가의 소유였다. 55세 때인 1943년 고혈압으로 쓰러졌다가 1955년 67세 때 세상을 떠났다.

◆

사돈 허광수 통해 방상훈·정몽준과 연결

당시 홍진기의 집에서 하숙했던 하숙생들 중에는 좋은 가문 출신수재가 많았다. 대표적인 인물은 법무부·문교부 장관을 지낸 황산덕, 문교부장관과 부산대 총장을 지낸 문홍주, 농림부 차관을 지낸 김봉관, 국회 사무총장을 지낸 선우종원 등이다.

1940년 3월 경성제대 법학과를 졸업한 홍진기는 1941년 10월 일본고등문관시험 사법과에 합격했다. 그가 판사로 임명을 받은 것은 1943년 10월이었다. 홍진기는 전주지방법원에 부임한 지 두 달 만인 1943년 12월 조흥은행 상무를 지낸 김신석과 남의현 부부의 1남 1녀중 장녀인 김윤남과 결혼했다. 동료 법관이 홍진기에게 당시 이화여전에 재학 중이던 김윤남의 얘기를 한 것이 계기가 됐다. 홍진기는 김신석에게 청혼을 허락해달라고 청했으나 김윤남의 부친인 김신석과 그녀의 오빠는 홍진기의 집안이 가난하다는 이유로 1년 이상 결정을 하지 못했다. 김윤남의 적극적인 의지가 있어 결국 결혼에 이르렀다. 홍진기-김윤남 부부는 전주에 근무할 때인 1945년 7월 15일 첫 딸을 얻자 이름을 라희(羅喜·전라도에서 얻은 기쁨)라고 지었다. 이어 1949년 장남 홍석현, 1953년 차남 홍석조, 1954년 3남 홍석준, 1956년 4남 홍석규, 1958년 차녀 홍라영을 낳는 등 4남 2녀를 뒀다.

홍석현은 서울대 전자공학과를 나와 미국 스탠퍼드대학에서 경제학 박사 학위를 받았다. 세계은행 이코노미스트, 청와대 비서실장 보좌관, 한국개발연구원(KDI) 연구위원 등을 지낸 후 현재는 중앙홀딩스 회장을 맡고 있다. 홍석현은 신연균과 결혼했다. 신연균의 부친은 신직수 전 중앙정보부장이다. 신직수는 검찰총장·법무부장관·중앙

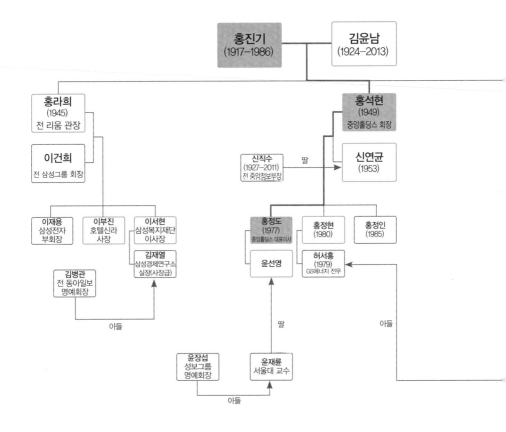

중앙홀딩스 홍진기-홍석현-홍정도家 혼맥

홍진기
(1917-1986)

김윤남
(1924-2013)

홍라희
(1945)
전 리움 관장

이건희
전 삼성그룹 회장

홍석현
(1949)
중앙홀딩스 회장

신직수
(1927-2011)
전 중앙정보부장

딸

신연균
(1953)

이재용
삼성전자
부회장

이부진
호텔신라
사장

이서현
삼성복지재단
이사장

김재열
삼성경제연구소
실장(사장급)

김병관
전 동아일보
명예회장

홍정도
(1977)
중앙홀딩스 대표이사

홍정현
(1980)

홍정인
(1985)

윤선영

허서홍
(1979)
GS에너지 전무

아들

딸

아들

윤장섭
성보그룹
명예회장

윤재륜
서울대 교수

아들

정보부장을 지낸 특이한 이력을 갖고 있다. 검찰총장직에는 무려 8년 이상 있었다.

홍석현의 자녀(2남 1녀) 중 장남인 홍정도는 현재 중앙홀딩스 대표이사다. 그는 2005년 5월 중앙일보 전략팀 사원으로 입사해 2009년 1월 전략기획담당 이사, JTBC 대표이사 부사장 등을 지냈다. 2006년 5월 윤재륜 서울공대 재료공학과 교수의 딸 윤선영과 결혼했다. 호림박물관 등을 운영하는 윤장섭 성보문화재단 이사장이 윤선영의 할아버지다. 윤재륜의 장남 윤보현은 2012년 1월 구자균 LS일렉트릭 회장의

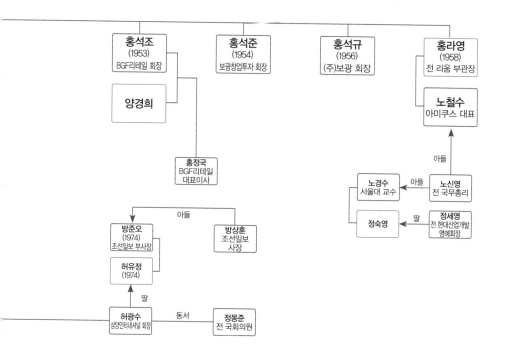

차녀 구소희와 결혼했으나 이혼했다. 구자균은 LG그룹 창업자 구인회의 동생 구평회의 3남이다. 구소희는 뉴욕 시러큐스대학과 고려대 대학원 국제통상학과를 졸업했다.

홍석현의 장녀 홍정현은 2007년 삼양인터내셔널 허광수 회장의 장남 허서홍과 결혼했다. 허서홍은 서울대에서 서양사학을 전공한 뒤 삼정KPMG와 GS홈쇼핑 등에서 근무했으며, 미국 스탠퍼드대학 비즈니스스쿨에서 경영학 석사 과정을 밟았다. 현재 GS에너지 전무이다. 허광수는 LG그룹 창업자인 구인회와 동업한 허만정의 장남인 허정구의 3남이다. 허광수의 둘째 형이 허동수 GS칼텍스 명예회장이고, 전경련 회장이자 GS그룹 명예회장인 허창수가 사촌동생이다. 허광수의 아랫동서는 정주영 현대그룹 창업자의 6남 정몽준 전 새누리당 국회의원이다. 허광수의 장인은 김동조 전 외무부장관이다. 홍정현-허서홍이 결혼함으로써 홍석현 중앙홀딩스 회장과 방상훈 조선일보 사장은 허광수의 딸과 아들을 매개로 혼맥이 이어진다. 방상훈의 장남 방준오가 지난 2000년 5월 허광수의 장녀 허유정과 결혼했기 때문이다.

홍석현의 누나인 홍라희는 이건희 전 삼성그룹 회장의 부인이다. 홍진기가 훗날 사위가 되는 이병철의 3남 이건희를 처음 만난 것은 1964년이다. 이건희가 와세다대학 경제학부 졸업반일 때 이병철이 함께 일본에 들른 홍진기에게 "우리 셋째입니다"라고 인사를 시켰다. 홍라희가 이병철을 처음 만난 것은 그 후였다. 홍라희가 서울대 미대 3학년 때인 1965년 대한민국 미술전람회(국전)에서 입선했는데, 당시 그녀는 부친 홍진기의 부탁으로 국전을 관람하러 온 이병철을 안내했다. 이런 인연은 1966년 8월, 이병철 내외와 이건희 그리고 홍라희와 그녀의 모친 김윤남 등이 함께한 일본 도쿄의 오쿠라 호텔 만남으로 이어졌다. 1967년 1월 이건희와 홍라희는 약혼했고, 그해 5월 결혼했다.

◆

노신영 전 총리 매개로 현대가와도 인연

홍석현의 첫째 동생 홍석조는 편의점 CU를 운영하는 BGF리테일 회장이다. 경기고, 서울대 법대를 졸업한 홍석조는 검찰에 오래 몸담았는데 광주고검장을 끝으로 공직에서 나왔다. 그의 부인은 양택식 전 서울시장의 동생인 양기식의 딸 양경희다. 홍석조의 아들 홍정국은 BGF 대표이사 사장이다. 그는 미국 스탠퍼드대학에서 학사와 석사 과정을 마치고 2011년까지 보스턴컨설팅그룹코리아에 근무하다 2013년 6월 BGF리테일 경영혁신실장으로 입사했다.

홍석현의 둘째 동생 홍석준은 보광창업투자 회장이다. 보광창업투자를 맡기 전에는 삼성SDI에서 부사장으로 근무했다. 홍석현의 막내 남동생 홍석규는 외교관으로 주미 한국대사관에서 근무한 후 외무부를 떠나 지금은 보광그룹 회장이다.

홍석현의 여동생인 홍라영 전 삼성미술관 리움 부관장의 시아버지는 노신영 전 국무총리다. 노철수 아미쿠스그룹 대표가 홍라영의 남편이다. 홍석현가의 혼맥은 노신영을 통해 현대가와도 연결된다. 정세영 전 현대산업개발 명예회장의 장녀인 정숙영이 노 전 총리의 장남인 노경수 서울대 행정대학원 교수와 결혼했기 때문이다.

◆

삼성·현대·DB그룹과 사돈
매일경제와도 혼맥

동아일보 창업지는 인촌 김성수 전 부통령(1891~1955년)이다. 김성수
는 교육계에 오래 종사했던 교육자였고, 일제 강점기에는 재벌 기업인
이었으며, 해방 후에는 부통령을 지낸 정치가였다. 김성수는 1891년
10월 21일 전라북도 고부군 부안면 인촌리에서 김경중(1863~1945년)과
장흥 고씨 사이의 4남으로 태어났다. 호 '인촌'은 태어난 마을 이름에
서 따왔다. 울산 김씨로 해서 김인후의 13대손이다. 위로 세 형이 있
었으나 모두 요절하고 동생 김연수(삼양그룹 창업자)가 있다. 김성수의
어린 시절 이름은 김판석이었다.

김성수 집안은 원래 전남 장성에 자리 잡았으나 김성수의 할아버지
김요협이 전북 고창의 갑부 정계량의 딸에게 장가들면서 고창으로 옮
겨 정착했다. 김요협은 정씨 부인과의 사이에 기중·경중 두 아들을 뒀
다. 김요협은 기중에게 1,000석, 경중에게는 200석의 재산을 물려줬

다. 양가는 이를 바탕으로 2만 석이 넘게 추수를 할 수 있는 호남의 대부호가 되었다. 김성수가 기업·교육·언론 사업을 펼칠 수 있었던 막후에는 이런 재력의 뒷받침이 있었다.

김성수는 세 살 때 자녀가 없는 큰아버지 김기중(1859~1933년)의 양자로 들어갔다. 김기중은 진사가 된 뒤 1907년까지 용담(지금의 진안)·평택·동복(지금의 화순) 군수를 지냈다. 일제 강점기에는 줄포에 영신학교를 세워 신교육을 펼치기도 했다. 김성수의 생부 김경중은 진산군수를 지냈다. 1907년『조선사』17권을 냈고, 유고집『지산유고(芝山遺稿)』가 있다.

창업자 김성수는 호남의 대부호 집안

김성수는 13세 때 다섯 살 위인 창평(지금의 담양군)의 장흥 고씨 고광석과 결혼했다. 김성수는 규장각 직각을 지낸 장인 고정주에게서 신학문과 구학문을 배웠다. 고정주는 고향 담양에 창흥의숙을 열었는데 한문은 물론 영어, 일어, 산수도 가르쳤다. 서울에서 영어교사를 초빙하기도 했다.

1907년 부안 줄포면 줄포리 향제로 이사한 김성수는 1910년 첫 아들 상만을 낳았다. 6년 후 장녀 상옥을 낳고, 2년 후 차남 상기, 이듬해에 쌍동아들인 3남 상선과 4남 상흠을 낳았다. 원래 몸이 가냘프고 약했던 고씨 부인은 산고에 시달리다가 1919년 10월, 34세의 젊은 나이에 세상을 떴다. 김상만은『일민 김상만 전기』에서 어머니 고광석에 대해 이렇게 썼다. "엄격한 유교 가정에서 태어나 현모양처 교육을 받은 전형적인 조선 여인이었다. 시조부님과 시부모님을 모시는 장손의 며느리로서 쉽지 않은 시집살이에도 어른들의 귀여움을 받은 효부였다. 그러면서도 자신의 주장을 당당히 밝히곤 했다."

1921년 1월, 김성수는 법정에서 만난 평북 강계 공북면 출신 이아주(1899~1968년)와 두 번째 결혼을 했다. 법정에서 당당히 소신을 밝히는 이아주에게 반한 김성수가 이아주의 은사 김필례를 통해 청혼해 결혼으로 이어졌다. 당시 김성수는 31세, 이아주는 23세였다. 김성수는 창흥의숙에서 공부할 때 평생의 동반자인 고하 송진우를 만났다. 1908년 김성수와 송진우는 부모에게 용서를 비는 편지와 더불어 상투를 자르고 찍은 사진을 보낸 뒤 금호학교의 교사 한승복의 주선으로 군산항을 출발해 일본으로 갔다. 도쿄에 도착한 두 사람은 벽초 홍명희의 하숙집을 찾았다. 일본 유학 시절 김성수는 홍명희·이광수·최남선·장덕수·현상윤·최두선·조만식·김병노·조소앙 등과 사귀었다. 1911년 와세다대학 정치경제학부에 진학한 김성수는 1914년 7월 졸업했다.

1914년 일본에서 귀국한 25세의 청년 김성수는 중앙학교를 인수했다. 최남선·안재홍 등과 논의해 백두산의 정기를 이어받을 학교를 만들겠다는 염원으로 학교 이름을 '백산학교'라고 하고 당국에 인가 신청을 했다. 그러나 이름이 불온하다는 이유로 인가를 받지 못했다. 중앙학교로 허가를 받은 것은 1915년 4월이었다. 그런 다음 김성수는 한국인이 설립한 우리나라 최초의 제조공업회사로, 당시 경영난에 빠져 있던 경성직뉴(京城織紐)를 인수했다. 1919년 1월에는 경성방직주식회사를 창립했다.

◆

29세에 동아일보 창간, 계속 고문직 유지

동아일보라는 제호는 유근이 제안했다. 우리 민족이 발전해 독립을 쟁취하려면 동아시아 전역을 무대로 삼아야 하고 우리나라가 일본의 속국이 아닌 동아시아의 일원이라는 것을 시사한 것이다. 김성수는 1919년 10월 9일 동아일보라는 제호로 신문을 발행하겠다는 신청서를 총독부 경무국에 냈다. 총독부에 제출된 10여 건의 허가 신청 중에서 동아일보·조선일보·시사신문 셋만이 허가되었다. 시사신문은 신일본주의를 내걸고 만든 협성구락부의 민원식이 발행인이었다. 조선일보는 대정실업친목회의 예종석을 발행인으로 한 비정치적인 실업 신문이었다.

서울 화동 138번지 중앙학교 옛 교사에 창립사무소 간판을 내걸고 창간 작업에 들어간 김성수는 1920년 4월 1일 동아일보 창간호를 냈다. 당시 동아일보는 20대 청년들이 주축을 이룬 청년 신문이었다. 김성수가 29세, 주간 장덕수가 25세, 편집국장 이상협이 27세였다. 그러나 창간 15일 만에 평양에서 일어난 만세 시위 사건 기사를 보도해 발매·배포 금지 처분을 받았다. 김성수가 일제 강점기에 동아일보 사장을 맡은 기간은 4년 5개월이다. 1920년 7월부터 이듬해 9월까지, 1924년 10월부터 1927년 10월까지다. 해방 후에는 1946년 1월부터 1947년 2월까지 사장을 지냈다.

동아일보는 1926년 12월 광화문 사옥으로 이사하고 1926년 11월 이광수가 새 편집국장을 맡아 안정된 기반을 확보했다. 김성수는 동생 김연수가 경영했던 해동은행, 고무신 제조와 무역업을 하는 경성상공회사 등을 합쳐 1930년에 500만 원 정도의 재산을 갖고 있었다. 인척들의 재산까지 합치면 1,000만 원을 동원할 실력을 가진 것으로 평가됐다. 그러나 1936년 일장기 말소 사건 등을 겪고 중일전쟁을 일으킨 일제가 강압 통치로 돌아서면서 동아일보는 1940년 8월 폐간됐다. 김성수는 해방 이후 미군정의 군정장관 고문 11명 중 한 명으로 위촉되었고 고문회의 의장을 맡았다. 1945년 12월 1일에는 동아일보를 다시 발간했다. 그러나 당시 사장을 맡고 있던 김성수의 평생 동지 송진우는 그해 12월 30일 암살됐다.

김성수는 해방 이후 정계로 진출했다. 1946년 10월 간접선거로 실시된 민의원 선거에서 당선됐다. 김성수는 한민당을 이끌면서 일관되게 이승만과 김구의 합작에 의한 민족 진영 중심의 통일 정부 수립이라는 기본 목표를 추구했다. 이승만은 재무부장관을 맡으라고 권유했으나 김성수는 거절했다. 1949년 7월, 동아일보 고문으로 추대된 김성수는 사망할 때까지 이 직함을 유지했다.

◆
김상만-김병관-김재호로 장자 승계

1951년 5월 16일 실시된 제2대 부통령 선거에서 당선한 김성수는 건강이 좋지 않았다. 신체와 안면에 가벼운 마비 증세가 있었다. 뇌혈전증이었다. 8월 중순 스웨덴 병원에 입원했다가 퇴원해 동래온천에서 온천을 했으나 병세는 호전되지 않았다. 김성수가 기독교에 관심을 갖기 시작한 것은 이때부터였다. 1952년 5월 29일 국회에 부통령직 사임 이유서를 제출한 김성수는 5월 30일 무초 주한 미국 대사의 알선으로 미군 병원선에 입원했다. 1954년 민의원 총선거에서 그가 이끌던 민주국민당이 참패한 후 김성수는 정계에서 손을 뗐다. 1955년 2월 위출

혈로 쓰러진 김성수는 장면 박사의 권유로 세례를 받았다. 세례명은 '바오로'였다. 김성수는 "나라의 앞날이 걱정이다"라는 유언을 남기고 1955년 2월 18일, 65세로 별세했다.

김성수는 9남 4녀를 뒀다. 장남 김상만(1910년), 장녀 김상옥(1916년), 차남 김상기(1918년), 3남 김상선·4남 김상흠(1919년), 차녀 김상숙(1922년), 5남 김상오(1924년), 3녀 김상현(1926년), 6남 김상종(1929년), 7남 김남(1930년), 8남 김상석(1933년), 9남 김상겸(1935년), 4녀 김순민(1937년) 등이다. 장남 김상만은 1928년 19세 때 장흥 고씨 집안 고현남과 결혼했다. 조부 김기중이 앞장서서 성사시킨 혼인이었다. 김상만은 일본 중앙대학, 영국 런던대학교 정경대학, 일본 와세다대학 법학부에 유학했다. 자녀로는 장남 김병관(1934년), 장녀 김명의(1939년), 차녀 김명진(1941년), 차남 김병건(1943년), 막내딸 김명초(1946년) 등을 두었다. 1961년 6월 동아일보 발행인이 된 김상만은 1971년 13대 대표이사 사장, 1977년 2월 회장이 됐다. 1981년 명예회장으로 일선에서 물러난 김상만은 1994년 세상을 떠났다. 장남 김병관은 동아일보 회장, 차남 김병건은 동아일보 부사장을 지냈다.

안경희와 결혼한 김병관은 김태령·김재호·김재열 등 2남 1녀를 뒀다. 동아일보의 경영은 김성수의 뒤를 이어 김상만·김병관 사장이 차례로 맡았고, 현 김재호 사장에 이르기까지 장자(長子) 승계 원칙을 지키고 있다. 서울대 조소과를 졸업한 장녀 김태령은 일민미술관 관장을 맡고 있다. 장남 김재호는 동아일보사와 채널A의 대표이사다. 그의 부인 이정원은 이한동 전 국무총리의 차녀다. 이한동은 부인 조남숙과의 사이에 1남 2녀를 뒀다. 김재호가 둘째 사위이고, 첫째 사위는 허태수 GS그룹 회장이다. 허태수의 큰형이 허창수 전경련 회장이다. 삼성경제연구소 글로벌전략실장을 맡고 있는 차남 김재열은 이건희 전 삼성그룹 회장의 차녀 이서현과 결혼했다.

동아일보 김성수-김상만-김병관-김재호家 혼맥

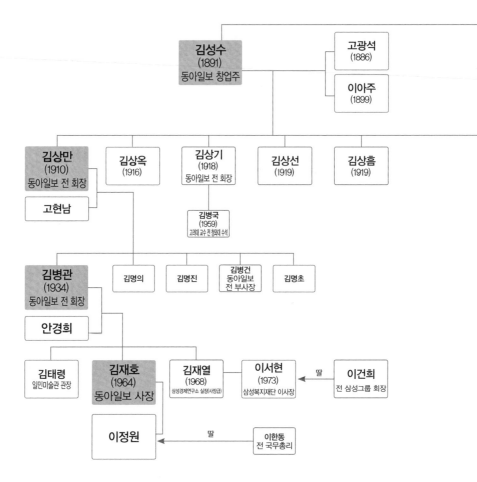

김성수의 차남인 김상기 동아일보 전 회장의 장남은 이명박 정부 때 청와대 외교안보수석을 맡았던 고려대 김병국 교수다. 김성수의 5남 김상오의 장남은 고려대 총장을 지낸 김병철 고려대 교수다. 김성수의 7남 김남은 국립공원관리공단 이사장을 지냈다. 김성수의 9남 김상겸 전 대한체육회 부회장의 딸 김수혜는 정주영 현대그룹 창업자의 둘째 동생인 정순영 전 현대시멘트그룹 명예회장의 4남 정몽용 현

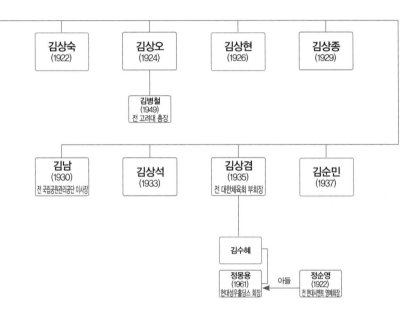

대성우홀딩스 회장과 결혼했다. 한글학자 이희승은 김성수와 김연수 형제의 관계를 이렇게 설명했다. "인촌(김성수)과 수당(김연수) 형제분의 우애가 돈독했다는 것은 세상이 다 아는 일이다. 수당은 인촌에게 이렇게 말하곤 했다. '형님은 문화 사업을 하세요. 저는 뒤에서 돈을 대겠습니다' 하고 말이다."

◆

동생 김연수, 삼양그룹 창업해 별도 혼맥 일궈

김성수의 유일한 동생인 김연수 삼양그룹 창업자는 1910년 두 살 위인 박하진과 혼인했다. 7남 6녀를 뒀다. 장남 김상준(1918년), 차남 김상협(1920년), 3남 김상홍(1923년), 4남 김상돈(1925년), 5남 김상하(1926년), 장녀 김상경(1928년), 차녀 김상민(1929년), 3녀 김정애(1932년), 4녀 김영숙(1935년), 5녀 김성유(1936년), 막내딸 김희경(1941년) 등이다. 장남 김상준은 삼양염업 명예회장을 지냈다. 차남 김상협은 국무총리를 역임했고, 3남 김상홍은 삼양그룹 명예회장을 지냈다. 5남 김상하는 삼양홀딩스 명예회장을 지냈다. 김상준은 1943년 이화여대 총장 김활란 박사의 소개로 보사부장관을 지낸 구영숙의 맏딸 구연성을 부인으로 맞았다. 김상준-구연성의 장녀 김정원의 남편은 고려대와 국가대표팀에서 축구선수로 활약했던 김선휘다. 차녀 김정희는 DB그룹 창업자 김준기 전 회장과 결혼했다. 3녀 김정림은 전 문교부장관 윤천주의 장남 윤대근과 결혼했다. 장남 김병휘는 한양대 교수로 재직하고 있다.

차남 김상협은 의사 김준형의 2남 3녀 가운데 맏딸 김인숙과 연애결혼을 했다. 장녀 김명신은 송상현 서울대 명예교수와 혼인했다. 송상현의 부친은 고하 송진우 전 동아일보 사장이다. 3남 고 김상홍 명예회장은 수원 갑부 차준담의 맏딸로 이화여고와 이화여전을 나온 차부영과 결혼해 2남 2녀를 뒀다. 장남 김윤 삼양홀딩스 회장은 김종규 전 서울신문사 사장의 딸 김유희와, 차남 김량 삼양사 부회장은 장지량 전 공군참모총장의 막내딸 장영은과 결혼했다. 장영은의 오빠 장대환은 매일경제신문 창업자인 정진기의 사위다. 장대환은 현재 매경

미디어그룹 회장이다.

5남 김상하 전 삼양홀딩스 명예회장은 박상례와 중매 결혼했다. 장남 김원 삼양사 부회장은 배영화 전 경희어망 사장의 딸 배주연과 결혼했다. 차남 김정 삼양패키징 부회장의 부인은 안상영 전 부산시장의 딸인 안혜원이다. 외동딸 김영란은 송하철 모나미 부회장과 혼인했다. 송하철의 부친은 송삼석 모나미 명예회장이다. 김연수의 장녀 김상경은 '아폴로박사' 조경철과 결혼한 후 이혼했다.

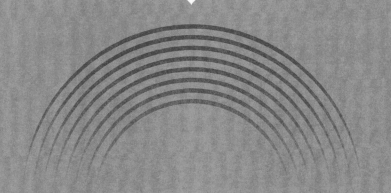

3장

제20대 대통령선거 후보家

이재명家

◆

흙수저 출신 대선후보
처남은 성지건설 이사

이재명 더불어민주당 대선후보는 경주 이씨 국당공파(菊堂公派)다. 1963년(주민등록상은 1964년) 12월 경북 안동시 예안면 도촌리 지통마을에서 5남 4녀 중 일곱째로 태어났다. 지통마을은 이 후보가 "나는 흙수저보다 더 낮은 무수저"라고 말할 정도로 버스도 안 다니는 오지마을이었다. 지통은 한지를 만드는 통이라는 뜻인데 마을에 한지의 원료인 닥나무가 많았다고 해서 이런 이름이 생겼다고 한다. 1931년생 동갑내기였던 부친 이경희, 모친 구호명의 5남 4녀 중 일곱째였다. 삼계초등학교(지금은 월곡초등학교 삼계분교)를 졸업했다. 초등학교 시절 코를 많이 흘려 '코찔찔이'로 불렸던 이재명이 좋아했던 곳이 있었다. 학교 도서실이었다. 이곳에서 『암굴왕』, 『지하세계』, 『해적 2만리』 등 많은 책을 읽었다.

그는 자서전 『이재명의 굽은 팔』에서 "삼계초등학교 1층 교무실 옆에 있던 그 작은 공간은 내 영혼의 생성소이자 고향이었다"고 말한다. 부친 이경희는 일반 하사관으로 공군을 제대한 뒤 뒤늦게 야간학교와 청구대학을 다니다 그만뒀다. 강원도 태백에서 탄광 관리자 노릇도 하고 잠시 교사 생활을 하기도 했다. 지통마을에 들어온 아버지는 집안일보다 동네일을 많이 하는 편이었다. 집은 늘 빈궁했다. 이재명이 28회 사시에 합격한 1986년 55세 나이에 위암으로 세상을 떠났다. 경북 봉화에 묘소가 있다.

이재명의 어릴 적 꿈은 선생님이 되는 것이었다. 이유가 독특하다. "(선생님으로부터) 하도 많이 맞아서 (선생님이 돼) 나도 때려보기 위해서"였다. 초등학교를 마친 이재명은 셋째 형이 중학교 졸업식을 치르자마자 경기도 성남으로 이사했다. 1976년 2월이었다. 아버지는 성남 상대원시장에서 청소부로 일했다. 고물상을 하기도 했다. 어머니와 여동생은 시장통 공동화장실에서 요금을 받았다. 소변은 10원, 대변은 20원이었다. 이재명은 성남으로 온 지 한 달 만인 1976년 3월 상대원시장에 있는 목걸이를 만드는 가내공장에 취업했다. 목걸이 납땜을 하며 일당 200원, 한 달 6,000원을 받았다. 5개월 동안 일하다 월 9,000원을 준다는 다른 목걸이 공장으로 옮겼다. 그러나 사장이 도망가는 바람에 3개월 치 임금을 받지 못했다. 이후 동마고무라는 회사에 들어갔다. 이곳에서 모터벨트에 왼손이 감겨 손에 고무가 들어가는 사고를 당했다. 이때 철야 작업을 하면서 불렀던 하남석의 「밤에 떠난 여인」이 그가 배운 첫 유행가였다.

1977년 아주냉동에 들어가 함석을 절단하는 일을 했다. 그때 함석에 찢긴 자리가 100군데 가까이 생겼고 지금도 흉터로 남아 있다. 그해 가을 야구 글러브와 스키 장갑을 만드는 대양실업으로 다시 직장을 옮겼다. 다섯 번째 공장이었다. 이곳에서 프레스 기계에 왼쪽 손목이 끼이면서 뼈가 골절돼 기형이 됐다. 이 때문에 6급 장애인 판정을 받아서 병역이 면제됐다. 팔이 굽어 있는 이재명은 지금도 넥타이를 한 손으로 맨다.

1979년 대양실업이 부도나면서 시계를 만드는 회사인 오리엔트에 입사했다. 밀폐된 공간에서 손목시계에 스프레이를 뿌리는 작업을 하다 냄새를 맡지 못하는 장애를 얻게 됐다. 이재명은 시계 없는 시계공이었는데 이 공장에서 시계를 받아 처음 차 보았다. 이재명이 누구에겐가 선물을 처음 준 것도 손목시계였다. 이재명은 1978년 공장 선임들에게 매를 맞지 않고 강제로 시키는 권투시합도 피하며 관리자를 할 수 있는 길은 고등학교를 졸업하는 것이라고 생각해 검정고시 학원에 등록했다. 1978년 중학교 검정고시를, 1980년 고등학교 검정고시를 통과했다. 대입검정고시를 준비하면서 성남 성일학원에 다녔는데 "무료로 다녀라. 너는 다른 놈이다. 널 믿어라"라고 격려했던 김찬구 원장을 지금도 잊지 않고 있다.

이재명은 1982년 중앙대학교 법대에 입학했다. 3학년까지 등록금을 면제받고 월 20만원을 받는 장학생이었다. 그는 "서울대학교 한두 개 학과를 제외하고는 어느 대학, 어느 학과에도 갈 수 있는 점수였다"고 말한다. 학력고사 성적이 전국 2,000등 정도였다는 것이다. 1981년 11월 12일 치른 1982년도 대입 고사에서는 340점 만점에 332점을 맞은 원희룡(현 제주지사)이 전국 수석을 차지했다. 당시에는 대입 체력장이 있었는데 이재명은 20점 만점에 16점을 받았다. 팔 장애 때문에 턱걸이는 한번도 못 하고 윗몸일으키기는 30번도 하지 못했다. 그가 법대를 선택한 이유는 '성적이 잘 나온 게 아까워 가장 성적이 높은 과를 선택했기 때문'이다.

이재명은 고무신에 야상과 코트, 교련복을 줄기차게 입고 대학을 다

넜다. 3학년 때 전남 구례 화엄사 금정암, 4학년 때는 경북 긴천 청암사에서 고시 공부를 했다. 통째로 외우는 것이 비법이었다. 고시원에서 공부할 때는 졸리지 않도록 앞에 압침을 세워놓고 밤새워 공부하는 올빼미형이었다. 그때부터 쟁점을 파악하는 능력이 남달랐다. 이재명은 "고시 공부만이 살길이었다"고 고시 공부를 하게 된 배경을 설명한다.

◆

대학 시절 『태백산맥』과 광주민주화운동에 영향 받아

대학 시절 이재명에게 강한 충격을 준 두 가지가 있다면 1980년 있었던 광주민주화운동과 조정래의 소설 『태백산맥』이었다. 이재명은 "5월 광주는 나의 사회의식을 비로소 단련시켰다. 광주를 만나지 못했다면 나는 한낱 개가 되고 말았을지도 모른다. 그러므로 광주는 나의 구원이었고 스승이었고 내 사회의식의 뿌리였다. 나를 바꿔놓았다"고 말한다. 1986년 사법시험(28회·연수원 18기)에 합격했다. 3학년 때 사시 1차에 합격했는데 4학년 때 2차에 떨어지고 졸업 이듬해에 최종 합격했다. 그해 11월 부친 이경희는 세상을 떠났다. 사시 동기는 문병호·최원식 전 의원, 정성호 더불어민주당 의원, 민주사회를 위한 변호사모임(민변) 사무총장과 노무현 정부 당시 청와대 사법개혁담당비서관을 지낸 김선수 변호사 등이 있다.

1989년 사법연수원을 졸업하고 경기도 성남에 변호사 사무실을 냈다. 인권변호사로, 시민운동가로 활동했다. 그가 정치에 뛰어들기로 결심한 것은 새누리당 의원이 다수인 시의회에서 시민들의 청원이 부결되는 일을 겪은 뒤다. 42세 때인 2004년이었다. 2006년 성남시장 선거, 2008년 국회의원 선거에서 연이어 낙선한 뒤 2010년 성남시장에 당선됐고 2014년 재선했다. 성남시장 당시 내세웠던 슬로건은 '성남은 합니다'였다. 촛불정국에서 '박근혜 탄핵'을 외치며 인지도를 올린 뒤 2017년 1월 23일 자신이 노동자로 생활했던 성남 오리엔트 공장에서 '노동자 출신 대통령 후보'를 표방하며 대선 출마를 선언했다. 2018년 지방선거에서 경기도지사에 당선됐다. 2020년 3월 모친 구호명 여사가 세상을 떠났다. 이재명은 2021년 10월 이낙연 전 대표 등을 꺾고 더불어민주당 대선후보로 선출됐다.

이재명은 간결하고 이해하기 쉬운 메시지를 구사하는 능력이 매우 뛰어나다. 오늘날 정치인 이재명이 있기까지는 이런 능력이 한몫을 했다. 이재명은 "정치는 미사일 대신 말폭탄이 오가는 언어 전쟁이다. 소신 있는 정책과 사실에 근거한 적절한 언어 구사는 나의 힘이다. 참모들에게 언어를 간명하게 만들어보자는 제안을 자주 한다. 정치는 언어의 전쟁이다"라고 말한다. 선명성은 또 다른 강점이다. 쟁점을 파악해 단순화한다. 사람을 끌어들이는 흡인력도 있다. 그를 취재했던 한 기자는 "바짝 다가앉으며 자신의 주장을 쏟아내는 이재명을 보며 친근감이 들었다"고 말했다. 이재명은 자신의 단점에 대해 "좀 가볍다는 말을 자주 듣는다. 업무에 있어서는 독종이지만 표현이나 일상의 행동이 그렇다는 것이다"고 말한 바 있다.

◆

셋째 형수 소개로 김혜경 만나 1991년 결혼

서울 출생으로 숙명여대 피아노과를 나온 김혜경씨와 1991년 결혼했다. 김혜경의 어머니가 원래 성악을 하고 싶어 했는데 꿈을 이루지 못해 딸이 성악을 하기를 바랐으나 김혜경은 피아노를 진공했나. 심혜경은 1녀 2남 중 둘째다. 충북 충주 산척면 송강리 대소강 마을 출생인 아버지는 서울시립대를 나왔고 오빠는 미국 스탠포드대에 유학을 다녀왔다. 1970년생인 동생 김민한은 중앙일보 출판사진부에서 근무했고 성지건설 이사 등을 지냈다. 김혜경은 1990년 이재명을 처음 만나 1991년 결혼식을 올리고 1992년과 1993년 연년생인 두 아들을 낳았다. 아들들은 고려대 경영학과와 고려대 행정학과를 졸업했다. 이재명은 "내가 처음 들어가본 아파트가 처갓집이었다"고 했다. 두 사람이 실제 태어난 연도는 1963년(이재명), 1966년(김혜경)이지만 둘 다 출생신고를 늦게 해 법적 나이는 한 살씩 어리다.

두 사람이 만난 계기는 이재명의 셋째 형수와 김혜경의 어머니가 같은 교회에 다닌 것이 인연이 됐다. 두 사람이 얘기를 나누다가 장가 안 간 시동생과 피아노 레슨을 하는 딸을 만나게 해준 것이다. 김혜경이 대학을 졸업한 이듬해인 1990년 8월 '007 미팅(소개시켜주는 사람 없이 둘이 알아서 만나는 것)'으로 처음 만났다. 이재명은 처음 만난 자리에서 자신은 검정고시 출신이라며 살아온 이야기와 집안 분위기를 솔직히 털어놓았다. 김혜경의 집안은 부자는 아니었지만 먹고살 만은 했다. 경제적으로 차이가 많이 났지만 두 사람은 그날 같이 차도 마시고 저녁도 먹었다. 결혼으로 이어진 인연의 시작이었다. 김혜경은 「여성동아」 인터뷰에서 "남편이 첫 대면하는 자리에서 자기는 검정고시 출신이라며 살아온 이야기와 집안 분위기를 솔직히 털어놨어요. 친정이 부자는 아니어도 먹고살 만은 했는데, 양쪽 집안이 경제적으로 차이가 많이 나더라고요. 그런데도 자신의 처지를 당당히 말하는 모습이 싫지 않았어요. 그날 같이 차도 마시고 저녁도 먹었죠"라고 말했다.

「여성중앙」 2017년 3월호 인터뷰에서는 "남편이 양가 부모님께 허락

받고 사귀자며 1990년 8월 저희 집에 먼저 인사하러 왔어요. 그해 9월엔 제가 시어머니에게 인사를 드렸고요. 그 부담감에 진지하게 만나다 보니 그해 10~11월엔 평생을 같이 살아도 좋겠다는 생각이 들었어요. 이 사람과는 포장마차를 해도 괜찮겠다는 확신이 들어서 결혼을 결심했어요"라고 결혼 배경을 설명했다. 이재명에 대해서는 이렇게 평가했다. 김혜경은 이재명에 대해 "남편으로서는 A마이너스, 아빠로서는 80점"이라고 평가했다. "밖에서나 집에서나 앞뒤가 똑같은 사람이에요. 대중도 남편의 솔직하고 담백한 면을 긍정적으로 봐 주시면 좋을 것 같아요. 행동이 앞선다고 할 수도 있지만 불의를 참지 못해서 그래요. 시골에서 여러 형제들과 함께 자라서 정도 많고 모질지 못해요. 강자에게는 강하지만 약자에겐 한없이 약하죠. 변호사 시절 월세로 시작했는데, 시민운동 할 때 제가 잔소리를 많이 했어요. 바깥일을 그렇게 열심히 할 거면 집이라도 한 채 사놓고 하라고요. 그래서 외환위기 때 집을 샀어요. 제일 쌀 때였죠. 그 집값이 많이 올랐어요. 재산의 절반 이상이 집값일 거예요." 결혼 예물로 예약금만 주고 반지를 맞췄다가 돈이 없어서 찾지 못해 두 사람은 지금도 결혼반지가 없다. 김혜경은 2018년 『밥을 지어요』라는 집요리 관련 책을 낸 적이 있다.

◆

김혜경, 『밥을 지어요』라는 요리책 출간하기도

친인척 문제에 대해서 이재명은 무척 엄격한 것으로 보인다. 김혜경의 말에 따르면 병적으로 경계한다는 것이다. "친구나 친인척은 뭘 하지 않아도 존재 자체가 관심의 대상이잖아요. 같이 나타나기만 해도 '저 사람이 누구래?' 할 수 있으니까요. 남편이 그걸 병적으로 경계해요. 행사장에 친척들이 나타나는 건 있을 수 없는 일이죠. 이 사람이 항상 얘기하는 게 공직자의 친인척은 존재 자체가 부담이고 권력이라고. 굉장히 예민해요. 그냥 조심해서도 안 되고 정말 처절하게 조심해야 돼요." 이재명은 위로 이재국·이재순·이재영을, 아래로 동생 이재문을 두고 있다. 이른바 '형수 욕설 파문'과 관련해 갈등을 빚었던 형 이재선은 회계사로 있다가 2017년 11월 세상을 떠났다.

◆

'조국 사태' 거치며 '반문재인' 상징 떠올라
부모는 교수 출신, 외종조부는 국회의원 지내

　윤석열 국민의힘 대선후보(이하 윤석열)는 1960년 12월 18일 서울 서
대문구 연희동에서 태어났다. 대광초-충암중-충암고를 졸업하고(1979
년) 서울대학교 법대·대학원(석사)을 졸업했다. 이후 9전 10기 끝에
1991년 32세 때 제33회 사법고시(연수원 23기)에 합격했다. 1차는 대학
4학년 때 합격했는데 2차에서 낙방한 뒤 합격하기까지 꽤 시간이 걸
렸다. 술 마시며 친구들과 어울리는 것을 좋아해 시험이 얼마 남지 않
은 상황임에도 친구가 부친상을 당하자 지방에 내려가 상여를 멘 적
도 있다. 시험에 합격했을 때 동기들보다 나이가 워낙 많아 연수원에
서 '형'으로 불렸다. 당시 윤석열은 거의 고시를 포기하고 한국은행에
도 원서를 내고 결과를 기다리는 상황에서 사시 합격 소식을 들었다.
주광덕 전 자유한국당 의원과 박범계 법무부장관, 조윤선 전 문화체

육관광부 장관, 강용서 변호사, 이정렬 진 창원지방법원 판사 등이 윤 후보의 사법연수원 23기 동기들이다.

윤석열과 충암고등학교 동창인 이경욱 전 연합뉴스 기자가 쓴『윤석 열의 진심』에 따르면 당시 충암고는 문과 240명을 4개 반으로 나눠 1 개 반을 우반으로, 3개 반을 열반으로 운영했다. 윤석열은 당시 최상 위권 성적이었는데 그때부터 어깨를 좌우로 흔들면서 걷는 습관이 있 었고 축구, 농구 등 운동을 좋아했다고 한다. 야구에 일가견이 있는 그는 서울대 법대에 진학한 후 교내 야구대회에 출전해 5연승을 거두 기도 했다. 포지션은 투수였다.

윤석열의 원래 꿈은 법학교수가 되는 것이었다. 대학원에 진학한 뒤 외국 유학을 다녀올 계획이었으나 실무 경험이 없이 강단에 서면 후배 법학도들이 무슨 생각을 할지 자문하다가 사법시험에 도전하게 됐다. 적절하게 실무 경험을 쌓은 뒤 학자의 길을 걸을 생각이었지만 운명은 다르게 굴러갔다. 검사 생활이 적성에 맞는다는 것을 느꼈기 때문이 다. "수사할 때가 가장 행복했다"고 말했을 정도다. 이후 그를 상징하 는 단어가 '검사가 된 것은 자연스런 일이었다.

윤석열이 1994년에 처음 검사 생활을 시작한 곳은 대구지검이다. 대 검 중수부 검찰연구관, 대구지검 특수부장, 대검 범죄정보2담당관, 대 검 중수부 2과장과 1과장, 서울지검 특수1부장, 수원지검 여주지청장 등을 거쳤다. 주로 특수 수사 분야에서 존재를 알렸다. 1998년 검찰 을 떠나 법무법인 태평양에서 변호사 생활을 잠시 한 적이 있다. 그러 나 업무를 보러 검찰청에 갔다가 수사할 때 먹곤 했던 자장면 냄새를 맡고 자신의 자리는 변호사가 아닌 검사라는 생각에 다시 검사로 돌 아왔다.

윤석열이 특수부 검사로 이름을 알린 첫 사건은 김대중 정부 당시 호남 출신인 박희원 경찰청 정보국장을 구속한 일이다. 이후 2003년 대선자금 수사, 변양균-신정아 게이트 수사, 2006년 정몽구 현대기아차그룹 회장 구속 수사, 2013년 국정원 댓글 수사, 2016년 박근혜 국정농단 수사 등에서 핵심 역할을 했다. 윤석열의 카카오톡 프로필 글귀는 'Be strong and calm'이다.

문재인 정부 출범과 함께 국정농단 수사 공헌과 공소 유지를 명분으로 2017년 5월 19일 서울중앙지검장에 임명됐고 2019년 7월 25일 전국 검사들을 이끄는 수장인 검찰총장이 됐다. 그러나 '조국 사태'를 서치면서 '살아 있는 권력'에 칼을 들이대며 문재인 정권과 멀어졌고 추미애 장관과 이른바 '추-윤 갈등'을 빚으며 '반문재인' 상징자본을 획득하여 정치적 몸집을 키웠다. 여권에서 '검수완박(검찰 수사권 완전 박탈)을 추진하자 2020년 3월 4일 문재인 정권을 강하게 비판하며 임기(7월 24일)를 넉 달 앞두고 전격 사퇴했다. 그는 사임 전 『미국의 영원한 검사 로버트 모겐소』라는 책을 전국 검사들에게 배포했다. 사퇴 3개월 만인 6월 29일 정치 활동을 선언하며 대선 도전을 공식화했다. 7월 30일 국민의힘에 입당했고 11월 5일 국민의힘 대선후보로 선출됐다. 검찰총장 출신 0선이 정치 활동 시작 4개월 만에 제1야당 대선후보가 되는 정치사의 새 기록을 썼다.

◆

윤석열의 부모는 모두 교수 지내, 여동생 한 명 있어

윤석열의 부친은 윤기중 연세대 통계학과 명예교수(이하 윤기중)다. 파평 윤씨 집성촌인 충남 논산 노성면 죽림리에서 태어난 윤기중은 공주농고를 나와 연세대학교 경제학과를 졸업하고 일본 히토츠바시

대학 대학원에서 통계학과 경제학을 전공했다. 한국이언공업, 부흥부 지역사회개발위원회 등에서 근무하다가 한양대학교 경제학과 교수가 됐다. 이후 연세대학교로 옮겨 통계학과 교수로 재직하다 정년퇴임했다. 불평등 연구에 있어서 학문적 업적을 쌓은 것으로 알려져 있다. 2001년부터 대한민국학술원 회원으로 있다. 한국경제학회장을 지낸 경제학계 원로로 꼽힌다. 김종인 전 국민의힘 비대위원장은 윤기중을 가장 존경하는 선배로 꼽은 적이 있다. 윤석열의 모친 최정자씨는 이화여자대학교 교수였다. 결혼 뒤 사직했다. 윤기중-최정자는 1남 1녀를 뒀다. 윤석열의 여동생은 윤신원이다.

윤석열은 중수부 1과장으로 있던 2012년 53세 때 12살 연하인 김건희 코바나컨텐츠 대표(이하 김건희)와 결혼했다. 1972년생인 김건희는 경기도 양평에서 김광섭-최은순의 2남 2녀 중 둘째 딸로 태어났다. 부친 김광섭은 1987년 세상을 떠났다. 서울 강동구에 있는 명일여고를 졸업했고 경기대 예술대 서양화과를 나와 숙명여대 대학원 미술학과에서 석사, 국민대 테크노디자인대학원에서 박사 학위를 받았다. 국민대, 서일대, 서울정보대 등에서 강의했다. 2006년 『디지털미디어 스토리텔링』이라는 책을 공동 번역하기도 했다. 당시 이름은 김명신이었다. 2008년 김건희로 개명했다. 2011년 서울대 경영전문대학원을 졸업했고 서울대 인문학 최고지도자 과정도 마쳤다. 2014년에는 단국대 문화예술대학원 최고경영자 과정도 다녔다.

2007년 전시 기획회사인 코바나컨텐츠를 설립해 대표이사로 있다. 코바나는 하와이의 코나와 쿠바의 하바나를 합친 이름이다. 김건희는 이 두 도시에 남다른 매력을 느꼈던 것으로 보인다. 코바나컨텐츠는 미술 전시 업계에서 나름 이름이 알려진 회사이다. 2008년 까르띠에 소장품전, 2009년 앤디워홀 전, 2010년에 뮤지컬 「미스 사이공」,

2010~2011년에는 '색채의 미술사' 샤갈 전, 2012~2013년에는 마크 리 뷰 사진전, 2013~2014년에는 필립 할스만 사진전, 2015년 마크 로스 코 전을 열었다. 특히 마트 로스코 전은 예술의전당 예술대상에서 최 다관람객상, 최우수작품상, 기자상을 수상했다. 이 전시회는 국내 전 시회 사상 가장 비싼 보험료를 낸 전시회이기도 하다. 작품 평가액이 2조 5천억 원 정도였다. 이후 알베르토 자코메티 특별전 등을 여는 등 수준 있는 작품들을 들여와 전시했다.

◆
김건희, "스님이 윤석열과 연 맺어줘"

김건희가 국민대 테크노디자인대학원에서 박사 학위를 받은 것은 2008년이다. 박사 논문 주제는 「아바타를 이용한 운세컨텐츠 개발 연 구」였다. 박사 논문을 쓰기 전에 기초조형학연구와 한국디자인포럼에 도 논문을 발표했다. 「애니타를 이용한 와이브로용 컨텐츠 개발에 대 한 연구-관상 궁합 아바타 개발을 중심으로」, 「온라인 운세컨텐츠 이 용자들의 이용만족과 불만족에 따른 회원 유지와 탈퇴에 대한 연구」 가 논문 제목이었다. 김건희는 주간조선과의 인터뷰에서 윤석열과 결 혼하게 된 배경과 관련해 "오래전부터 그냥 아는 아저씨로 알고 지내 다 한 스님이 나서서 연을 맺어줬다. 결혼 당시 전 재산이 2천만 원 정 도라 가진 돈도 없어 내가 아니면 영 결혼을 못할 것 같았다. 재산은 1990년대 후반 주식으로 번 돈을 밑천 삼아 불렸다"고 말했다.

김건희의 어머니 최은순씨는 의료법 위반 등 혐의로 1심에서 징역 3 년을 선고받고 2021년 7월 법정구속됐다. 최은순은 세상을 떠난 남편 이 남긴 서울 송파구 석촌동 땅을 종잣돈 삼아 돈을 불리기 시작했고 양장점, 미시령휴게소 등을 운영한 것으로 알려져 있다. 부동산 개발 사업에 몸담으면서 각종 송사에 연루돼 곤욕을 치렀다.

윤석열 외할머니의 동생(외종조부)은 고(故) 이봉모(1930~2016, 이하 이봉모) 전 국회의원이다. 이봉모는 강원도 강릉·명주·양양에서 한국국민당 소속으로 11, 12대 국회의원을 지냈다. 이 때문에 윤석열은 어릴 때 강릉시 금학동에 있는 외가에 자주 오간 것으로 알려져 있다. 그가 서울대 재학 시절 모의재판에서 전두환에게 사형을 구형하고 도피한 곳도 외가인 강릉이었다. 그때 갔던 낙산사에서 기인(奇人)이자 '걸레스님'으로 유명한 중광(重光, 2002년 사망) 스님과 인연을 맺기도 했다. 모친이 독실한 불교 신자다. 한양대 화공과를 졸업하고 한양대 공대 교수를 지낸 이봉모는 한양대 병원장도 지냈다. 한양대 설립자인 김연준 전 이사장과 가까웠던 것이 인연이 됐다. 이봉모는 당시 고교 야구에서 두각을 나타낸 경북고 선수들을 대거 스카우트해 한양대로 끌어오는 등 경북고와도 인연이 있다. 1970년대 야구협회 부회장도 지냈다.

2021년 6월 25일 관보에 공개된 윤석열의 재산은 71억 6,900만 원이다. 이 가운데 윤석열이 갖고 있는 것은 2억 4천만 원에 불과하고 나머지는 김건희의 소유다. 예금만 51억 원이 넘는다.

윤석열은 부동시로 병역을 면제받았다. 그는 "부동시로 운전면허를 취득하지 못했고 안경을 착용하면 어지러워 계단을 오르기 어려울 정도로 일상생활에 불편을 겪고 있다"고 말한 적이 있다.

윤석열의 지인들이 그를 어떻게 평하는지도 참고할 만하다. 서울대 법대 동기로 윤석열과 '절친'이었던 허창언 전 금융보안원장은 2017년 9월 1일 세계일보와의 인터뷰에서 윤석열에 대해 이렇게 말했다. "기질이 서로 맞았다. 어울려 술도 많이 마시고, 나 따라 한은에 입행하려고도 했다"고 회고했다. "당시 윤석열도 시위에 참여했는가"라는 기자의 질문에는 이렇게 답했다. "부친이 유명한 통계학 교수셨다. 금수저 출신들은 데모 현장에 잘 나타나지 못했다. 그래도 석열이는 데모 끝나고 뒷풀이할 때 꼭 나타나 같이 어울렸다. 생각을 공유하는 게 많았다. 사정을 뻔히 아니까 왜 데모 현장에 안 왔냐, 이런 얘긴 안 했다."

사법연수원 동기인 조우성기업분쟁연구소 대표변호사는 "진보도 보수도 아닌 그냥 검사"라고 평가한 적이 있다. 강용석 변호사는 2013년 JTBC 프로그램 「썰전」에서 "굉장히 똑똑한 사람"이라고 평가했다. 이정렬 전 판사는 2013년 10월 22일 국민TV라디오 「김남훈의 인파이팅」에 출연해 "원칙에서 벗어나지 않는 사람으로 다른 연수원생에 비해 사법시험 합격은 늦었지만 모르는 부분은 완벽히 이해할 때까지 파고드는 성격이었다. 시험에 안 나오는 부분에도 지식이 깊고 교수님과 논쟁이 붙어도 밀리지 않을 정도였다"라고 윤석열을 평가했다.

참고문헌

○ 서울신문사 산업부, 『재벌家 脈』上, 무한, 2005

○ 서울신문사 산업부, 『재벌家 脈』下, 무한, 2007

○ 오경환, 『한국 명문가의 인맥·혼맥』, 한그룹, 1988

○ 김동운·김덕민 外, 『재벌의 경영 지배 구조와 인맥 혼맥』, 나남출판, 2005

○ 이병철, 『湖巖自傳』, 중앙일보사, 1986

○ 이맹희, 『묻어둔 이야기』, 청산, 1993

○ 이채윤, 『삼성家 사람들 이야기』, 성안북스, 2014

○ 이건희, 『이건희 에세이—생각 좀 하며 세상을 보자』, 동아일보사, 1997

○ 김용철, 『삼성을 생각한다』, 사회평론, 2010

○ 정주영, 『시련은 있어도 실패는 없다』, 제삼기획, 1991

○ 정세영, 『미래는 만드는 것이다』, 행림출판, 2000

○ 정인영, 『재계의 부도옹 雲谷 정인영』, 한국경제신문, 2007

○ 정몽준, 『나의 도전 나의 열정』, 김영사, 2011

○ LG, 『LG창업회장 연암 구인회의 삶—한번 믿으면 모두 맡겨라』, 1994

○ 구자경, 『오직 이 길밖에 없다』, 행림출판, 1992

○ 김한원, 『SK그룹 최종건 창업회장의 창업 이념과 기업가 정신』, 삼우반, 2009

○ 최종현, 『도전하는 자가 미래를 지배한다』, 서문당, 2012

○ 정순태, 『신격호의 비밀』, 지구촌, 1998

○ 서진모, 『청년 신격호』, 이지출판, 2010

○ 유영수, 『한국 화약산업의 개척자 현암 김종희』, 홍익출판사, 2010

○ 고수정, 『김종희처럼』, FKI미디어, 2013

○ 만우 조홍제 회장 추모위원회, 『여보게, 조금 늦으면 어떤가』, 북21, 2003

○ 만우 조홍제 회장 탄신 100주년 기념사업회, 『늦되고 어리석을지라도』, 에이지21,
  2006

○ 김동운, 『박승직 상점, 1882~1951』, 혜안, 2001

○ 조중건, 『蒼空에 꿈을 싣고』, 선미디어, 2005

○ 이창동, 『금호그룹 창업주 박인천 일대기, 집념』, 책만드는 집, 1996

○ 이호, 『정직한 경영인 이동찬』, 올림, 2006

○ 이동찬, 『벌기보다 쓰기가 살기보다 죽기가』, 전원, 1992

○ 박시온, 『이원만처럼』, FKI미디어, 2013

○ 장영신, 『밀알 심는 마음으로』, 동아일보사, 1994

○ 대원장경호거사평전간행위원회, 『대원 장경호 거사』, 2005

○ 매일경제산업부, 『1등 기업의 비밀』, 매일경제신문사, 2010

○ 제갈정웅, 『德이 있는 富家 淸富다』, 열매출판사, 2003

○ 정인영, 『신용호, 길이 없으면 길을 만들며 간다』, RHK, 2006

○ 김영희, 『이 사람아, 공부해』, 민음사, 2011

○ 維民 洪璡基 傳記 간행위원회, 『維民 洪璡基 傳記』, 중앙일보사, 1993

○ 일민 김상만 선생 전기간행위원회, 『一民 金相万 전기』, 동아일보사, 2003

○ 신일철 外, 『評傳 仁村 金性洙』, 동아일보사, 1991

○ 방우영, 『나는 아침이 두려웠다』, 김영사, 2008

○ 조선일보사, 『方一榮 先生 華甲 紀念文集 太平路 1街』, 1983

○ 방일영 문화재단, 『격랑 60년 방일영과 조선일보』, 1999

○ 오경환, 『대통령가의 사람들』, 명지사, 1992

○ 박목월, 『육영수 여사』, 삼중당, 1976

○ 전두환, 『전두환 회고록』, 자작나무숲, 2017

○ 노태우, 『노태우 회고록』, 조선뉴스프레스, 2011

○ 김영삼, 『김영삼 회고록』 上, 조선일보사, 2001

○ 김영삼, 『김영삼 회고록』 下, 조선일보사, 2001

○ 김대중, 『김대중 자서전』, 삼인, 2010

○ 김동민 外, 『조선일보를 아십니까?』, 개마고원, 1999

○ 이명박, 『신화는 없다』, 김영사, 1995

○ 이명박, 『대통령의 시간』, 알에이치코리아, 2015

○ 노무현, 『여보, 나 좀 도와줘』, 새터, 2002

○ 노무현, 『운명이다』, 돌베개, 2010

○ 문재인, 『운명에서 희망으로』, 다산북스, 2017

○ 김용민, 『마이너리티 이재명』, 지식의숲, 2020

○ 서해성, 『이재명의 굽은 팔』, 김영사, 2017

○ 신용진, 『바보처럼 공부하고 천재처럼 꿈꿔라』, 크레용하우스, 2012

○ 윤선영, 『이것이 네이버다』, SYNC, 2007

○ 김재훈 신기주, 『플레이』, 민음사, 2015

○ 홍성추, 『재벌 3세』, 황금부엉이, 2016

○ 김봉진, 『책 잘 읽는 방법』, 북스톤, 2018

○ 김범수, 『어제를 버려라』, 다산북스, 2012

○ 천준, 『별의 순간은 오는가』, 서울문화사, 2021

○ 이경욱, 『윤석열의 진심』, 체리M&B, 2021

한국 최고 부자들의 금맥과 혼맥

발행일	2021년 11월 19일

지은이	소종섭		
펴낸이	손형국		
펴낸곳	(주)북랩		
편집인	선일영	편집	정두철, 배진용, 김현아, 박준, 장하영
디자인	이현수, 한수희, 김윤주, 허지혜, 안유경	제작	박기성, 황동현, 구성우, 권태련
마케팅	김회란, 박진관		
출판등록	2004. 12. 1(제2012-000051호)		
주소	서울특별시 금천구 가산디지털 1로 168, 우림라이온스밸리 B동 B113~114호, C동 B101호		
홈페이지	www.book.co.kr		
전화번호	(02)2026-5777	팩스	(02)2026-5747

ISBN	979-11-6836-020-4 03330 (종이책)	979-11-6836-021-1 05330 (전자책)

(주)북랩 성공출판의 파트너

북랩 홈페이지와 패밀리 사이트에서 다양한 출판 솔루션을 만나 보세요!

홈페이지 book.co.kr • **블로그** blog.naver.com/essaybook • **출판문의** book@book.co.kr

작가 연락처 문의 ▶ ask.book.co.kr

작가 연락처는 개인정보이므로 북랩에서 알려드릴 수 없습니다.